中央编译局出版基金项目 | 前沿问题系列 |
教育部人文社科当代社会主义重点研究基地基金

多重困境中的艰难抉择
——拉美共产党的社会主义理论与实践

靳呈伟◎著

拉美共产主义运动在曲折中前进（代序）

徐世澄[*]

拉美共产主义运动历史悠久，它是世界共产主义运动的重要组成部分。早在 19 世纪 50 年代中叶，马克思主义就开始传入拉丁美洲。19 世纪 70、80 年代，在南美洲避难的一些前巴黎公社社员，在阿根廷建立了第一国际的支部；在墨西哥、智利、巴西和乌拉圭等国，成立了最早的工人阶级的组织。

智利和阿根廷是最早建立无产阶级政党的拉美国家。早在 1912 年 6 月 4 日，智利工人领袖路易斯·雷卡瓦伦创建了智利第一个工人阶级的政党——智利社会主义工人党。1922 年 1 月 2 日，智利社会主义工人党召开"二大"，决定改名为智利共产党，并加入共产国际。1918 年 1 月 6 日，国际社会党在阿根廷成立，1919 年加入共产国际，1920 年 12 月召开特别代表大会，改名阿根廷共产党。

1917 年以列宁为首的俄国共产党布尔什维克领导的十月革命，推翻了沙皇和资产阶级的反动统治，建立了世界上第一个无产阶级掌权的社会主义国家。十月革命作为 20 世纪人类历史中最重要的事件之一，对全世界产生了深远影响，对远隔重洋的拉丁美洲也产生了不可磨灭的影响。十月革命唤醒了拉美各国人民的民族觉醒，拉美工人阶级开始登上政治舞台。十

---

[*] 中国社会科学院荣誉学部委员、拉丁美洲研究所研究员。

月革命对拉美最直接的影响是使马列主义在拉美得到广泛传播，促使拉美国家先后建立了一批无产阶级政党。

在十月革命的影响下，秘鲁和拉美杰出的马克思主义思想家何塞·卡洛斯·马里亚特吉（1894—1930）提出了具有秘鲁和拉美特色的社会主义思想，即马里亚特吉思想。马里亚特吉因积极参加工人运动和反独裁斗争，被独裁政府勒令流亡国外，在流亡欧洲各国期间，他接受了马克思主义。1923年回国后，他热情宣传马克思主义，同时运用马克思主义方法研究秘鲁历史和现实，主张将马克思主义的普遍真理同秘鲁本国实际相结合，摸索秘鲁革命的道路。1928年10月，他创建秘鲁社会党（1930年改称共产党）并任总书记。马里亚特吉认为，社会主义是一场世界性的运动，是人类的希望和前途，也是解决秘鲁和拉美问题的答案，"拉丁美洲的未来是社会主义的"。他充分肯定马克思主义对秘鲁和拉美革命的重大指导意义，非常重视把马克思主义同拉美革命实际相结合，并意识到要在拉美的现实中进一步发展马克思主义。他说："我们确实不想在美洲照搬照抄马克思主义，它应该是一种英雄的创造性事业。我们必须用自己的现实和自己的语言创造出印第安美洲的社会主义"，"我有一个公开宣告的强烈愿望：参与创立秘鲁的社会主义"。

在第三国际存在期间（1919—1943），拉美当时20个独立国家除玻利维亚以外，先后都建立了共产党：墨西哥共产党（1919）、乌拉圭共产党（1921）、巴西共产党（1922）、智利共产党（1922）、危地马拉共产党（1924）、古巴共产党（1925，后改称人民社会党）、尼加拉瓜劳动党（1925）、厄瓜多尔社会党（1926，1931年改称共产党）、洪都拉斯共产党（1927）、秘鲁社会党（1928，1930年改称共产党）、萨尔瓦多共产党（1930）、巴拿马共产党（1930）、哥伦比亚共产党（1930）、哥斯达黎加共产党（1931）、委内瑞拉共产党（1931）、巴拉圭共产党（1933）、波多黎各共产党（1934）、海地共产党（1934）、多米尼加民主革命党（1942，1944年改称人民社会党）[1]。玻利维亚共产党是在1950年成立的。

---

[1] ［美］福斯特：《美洲政治史纲》，冯明方译，北京：人民出版社1956年版，第502—506页。

在十月革命的鼓舞下,在拉美各国无产阶级政党的领导下,拉美工人阶级的斗争进入一个崭新的阶段,拉美各国普遍成立工会组织;十月革命使拉美社会主义运动与苏维埃俄国和共产国际之间的关系加强。1925年成立了共产国际南美洲局。1929年7月,共产国际南美洲局成功地在阿根廷举行首次联席会议。

拉美共产党运动在曲折中不断前进,既取得过辉煌成绩,也经历了严重挫折。十月革命后,拉美共产主义运动曾一度获得广泛发展,然而也遭受反动政府的残酷镇压,经历了不少挫折。20世纪30年代,智利共产党曾在智利11个城市成立了工人代表苏维埃,宣布智利为"社会主义共和国"。但是,反对派策动政变,苏维埃均被解散,智利共产党被迫转入地下。

20世纪三四十年代,拉美各国共产党响应共产国际的号召,积极开展建立人民阵线、反对法西斯主义和本国反动势力的斗争,使拉美共产党的力量迅速壮大。拉美各国共产党党员总数从1937年的9万人增至1947年的46.7万人。党的政治影响和在群众中的威望显著提高。1947年,在拉美各国议会中,有共产党议员72人。在厄瓜多尔、智利等国,共产党人还一度进入内阁。

但是,40年代后期,拉美一些共产党受美国共产党白劳德主义的影响,力量有所削弱。战后,拉美各国政府在"冷战"气氛下掀起一股反共逆流,对拉美共产党进行迫害和镇压。

1956年苏联共产党"二十大"以后,特别在20世纪60年代中苏两党分歧加剧、国际共运发生大论战后,拉美共运内部产生了比较严重的思想混乱,拉美各国共产党领导机构在治党方针、参与国内政治斗争的方式以及对待中苏争论等政策立场问题上产生严重分歧,一些共产党发生组织分裂,出现一国有两三个甚至四五个共产党组织并存的局面。例如,1962年以后巴西形成两个共产党并存的局面,哥伦比亚和智利共产党一分为二,乌拉圭和委内瑞拉共产党一分为三,秘鲁共产党甚至一分为四。拉美的共产党最多时达到五六十个。共产党组织的数量虽有所增加,但因组织分裂,力量和政治影响却有所下降。大多数传统的拉美共产党(老党)支持苏共的立场，一些新成立的共产党（新党）支持当时中共的立场。

20世纪50年代，在古巴，菲德尔·卡斯特罗领导的"七·二六运动"发动武装斗争，古巴人民社会党（1925—1944年称作共产党，1944年改名为人民社会党）一开始表示反对，后改变态度，积极参与和支持。1959年古巴革命胜利后，1961年卡斯特罗宣布古巴为社会主义国家。1965年"七·二六运动"、古巴人民社会党和"三·一三革命指导委员会"合并为古巴共产党。在中苏两党大论战初期，古共持中间立场，但随后，支持苏共立场。1966年至1988年间，尽管中古两国保持着国家关系，但中古两党之间的往来中断，直到1988年才正式恢复。①

20世纪70年代初，有些拉美国家的共产党在合法斗争方面取得过一些成效和胜利。例如，智利共产党曾同智利社会党等组成人民团结阵线，支持社会党领导人萨尔瓦多·阿连德（1908—1973）竞选总统。1970年阿连德当选总统后，智共成为阿连德政府（1970—1973）的主要参政党之一。在共产党支持下，阿连德曾力图通过宪法途径实现社会主义。然而，1973年9月阿连德政府被军事政变推翻，智共遭到军政府的残酷镇压。又如，乌拉圭共产党也和其他左翼政党组成"广泛阵线"，然而，乌拉圭也在1973年发生右翼军事政变，乌共遭到严厉镇压。

20世纪70年代后期和80年代初，拉美地区的形势发生了重大变化。随着民主化进程的发展，绝大多数拉美共产党恢复了合法地位，力量有所恢复和发展，并且积极探索适合本国国情的斗争目标与策略。80年代初，拉美各国各类共产主义政党，包括共产党和自称信奉马克思主义的政党有50多个，党员总数约100万人（其中古巴共产党党员约占一半）。在拉美共运取得进展的同时，拉美也涌现出各种流派的左翼和社会主义思潮，如圭亚那合作社会主义、拉美民主社会主义、拉美基督教社会主义、托洛茨基主义、桑地诺主义、新社会主义等。

20世纪80年代末和90年代初，苏东国家的剧变和苏联的解体使国际共运陷入低潮，也使拉美的共产主义运动和共产党受到巨大冲击，有的共

---

① 祝文驰等：《拉丁美洲的共产主义运动》，北京：当代世界出版社2002年版，第324页。

产党改旗易帜，如巴西的共产党改名"社会主义人民党"，不再信奉马克思主义，自称是"工党和社会民主党的混合物"；有的则自行解散。

但是，苏东剧变、苏联解体20多年来，大多数拉美共产党逐渐调整方针、路线和策略，不仅继续生存下来，而且取得了一定复苏和发展。1990年11月30日，为迎接苏东剧变后新形势的挑战，16个拉美和加勒比地区的共产党和工人党在墨西哥举行会晤，发表《墨西哥声明》，坚信马克思主义"完全行之有效"，表示要从剧变中吸取教训，继续领导人民争取社会主义。目前拉美共产党可以说是国际共运中联系最密切的一支地区性共产党力量，它们通过定期举行地区性国际会议协调彼此立场，加强联合。2007年10月9日，拉美六国共产党（乌拉圭、古巴、哥伦比亚、阿根廷、巴西、巴拉圭）在乌拉圭首都蒙得维的亚会晤，并发表了声明。① 2008年11月，世界共产党和工人党第10次会晤在巴西圣保罗举行。会议由巴西共产党主持，来自世界54个国家的65个共产党和工人党与会。讨论重点是国际金融危机。会晤发表了《圣保罗宣言》，强调社会主义是腐朽的资本主义的出路。② 2012年11月15—16日，拉美共产党在厄瓜多尔瓜亚基尔举行国际会晤，委内瑞拉、玻利维亚、古巴、尼加拉瓜、秘鲁、萨尔瓦多、多米尼加共和国、阿根廷、巴西、智利、乌拉圭、巴拿马、墨西哥、危地马拉、哥斯达黎加、美国、加拿大和厄瓜多尔等国的20多个共产党和左派政党、组织与会。③ 2014年11月，在厄瓜多尔瓜亚基尔举行了第16次共产党和工人党国际会晤，会晤通过决议，号召拉美和世界各地劳动者和人民声援共产党，为反对帝国主义干涉和侵略、争取民族解放和社会主义而斗争。④

到21世纪第二个十年，拉美仍有20多个共产主义政党。⑤ 根据拉美左翼组织圣保罗论坛网站的最新材料，参加圣保罗论坛的拉美和加勒比地

---

① http://www.redglobe.org/index.php?option=com_content&task=view&id=1396&Itemid=9.
② http://www.abn.info.ve/noticia.php?articulo=160325&lee=16.
③ http://ecuador.indymedia.org/es/2012/11/39604.shtml.
④ http://www.semanariovoz.com/2014/11/25/acuerdos-del-xvi-encuentro-internacional-de-partidos-comunistas-y-obreros/.
⑤ http://forodesaopaulo.org/partidos/.

区的政党和组织中,有以下15个国家(或地区)的20个共产党(不包括左翼社会主义或民族主义政党):阿根廷共产党、阿根廷共产党(特别代表大会)、玻利维亚共产党、巴西共产党、巴西的共产党、智利共产党、哥伦比亚共产党、哥斯达黎加人民先锋党(共产党)、古巴共产党、厄瓜多尔共产党、厄瓜多尔共产党(马列)、马提尼克争取独立和社会主义共产党、墨西哥共产党、墨西哥共产主义者党、巴拉圭共产党、秘鲁共产党(红色祖国)、秘鲁共产党、多米尼加劳动共产党、乌拉圭共产党、委内瑞拉共产党等。这些共产党努力坚持将马克思主义普遍真理同本国实际相结合,探索本国革命的道路。

拉美唯一执政的共产党——古巴共产党坚持马克思主义、坚持社会主义,经受住了苏东剧变和苏联解体的考验,目前正在"更新"古巴的经济社会模式。有的党如巴西共产党、委内瑞拉共产党、智利共产党等同本国左翼执政党一起参政,不断壮大自己的力量。

巴西共产党1990年党员人数为9万人,到21世纪初已发展到30万人以上。① 2009年巴西共召开"十二大",通过了新的社会主义纲领。2013年11月14—16日,召开"十三大"。目前,巴西共是巴西劳工党罗塞芙政府的参政党之一,该党在巴西联邦众议院拥有15席,在联邦参议院拥有2席,占有1名州长、57名市长、18名州议员、976名市议员职位。

智利共产党支持并参加社会党巴切莱特的"新多数"选举联盟,巴切莱特第二次当选并就任总统后,智共成为参政党之一,智共党员克劳乌迪娅·帕斯夸尔被任命为妇女部长。目前智共在国会中占有6名州议员,其中包括智共主席吉列尔莫·泰列尔和总书记乌戈·古铁雷斯以及在大学生抗议运动中崭露头角的大学生运动领袖、年轻的智共女党员卡米拉·巴列霍。此外,智共另有15名大区议员,102名市议员,5名省长,6名市长。

委内瑞拉共产党2007年召开"十三大",决定该党不合并到委内瑞拉统一社会主义党,但党全力支持查韦斯政府,参加委统社党的"大爱国中心"选举联盟。在2012年大选中,委共得票489941张,得票率3.29%。

---

① 康学同主编:《当代拉美政党简史》,北京:当代世界出版社2011年版,第112页。

在 2013 年大选中，委共得票 283659 张，得票率为 1.89%。委共的口号是："社会主义继续是各国人民的希望。"目前，委共继续支持马杜罗政府，在国民大会中占有 3 席，在拉美议会中占有 1 席，还占有 9 名市长职位。2007 年 1 月，委共中央委员戴维·贝拉斯克斯曾出任查韦斯政府的社会发展部长。

拉美共产主义运动具有以下特点：首先，如前所述，它起步早，已有一百多年的历史。其次，受外部影响大。第一国际、第二国际、第三国际，俄国十月革命和苏联共产党，美国共产党，中苏两党的大论战等都对拉美共运先后产生过不同程度、正面或负面的影响。再次，拉美共运曾为国际共运提供了不少成功的经验和失败的教训。如古巴共产党（指 1965 年由"七·二六运动"、古巴人民社会党和"三·一三革命指导委员会"合并而成的新党）和古共领导的古巴社会主义革命和建设的治党理政的经验；1970—1973 年由智利共产党参加的智利社会主义道路的经验和教训。

当前拉美国家的共产党都是合法政党。拉美共产党的政治地位可分成以下几种：其一，执政党。到目前为止，只有古巴共产党是执政党，而且是古巴唯一的政党。其二，参政党。目前参政的主要有巴西、智利、委内瑞拉、乌拉圭等国的共产党。其三，在野党。多数拉美国家的共产党是在野党。一些国家的共产党在议会中占有席位，例如哥伦比亚共产党在参议院和众议院中都有议员。

拉美独特的地理、历史、政治、经济和社会条件塑造了拉美地区共产党不同于其他国家或地区共产党的特性；实事求是地说，拉美共运所走过的发展道路是曲折的，是不平凡的。拉美共运起步较早，一百多年来，在各国不同的政治和社会环境中，拉美共产党通过议会或武装斗争的道路，为社会主义和共产主义事业进行了各种有益的探索。但是，由于不少拉美共产党没能将马列主义很好地与本国实际紧密结合，没有很好地与本国群众运动紧密结合，致使拉美国家的共产党都未能取得政权。但是，这并不否认拉美共产党在拉美地区的发展进程中曾经发挥并且继续发挥不可抹杀的进步作用。

进入 21 世纪以来，拉美共产党面临新的机遇与挑战。随着拉美左派的崛起和拉美政坛的变化，拉美有十多个国家由左派执政，这无疑给徘徊中的拉美各国共产党带来了生机，坚守共产主义和社会主义理想，为本国经济和社会发展，为加强本国人民的福祉，不断反思和调整斗争策略和批判帝国主义和新自由主义，已成为拉美共产党的共同选择。

值得向广大读者推荐的是中央编译局靳呈伟副研究员撰写的《多重困境中的艰难抉择——拉美共产党的社会主义理论与实践》一书。作者以政党生态环境理论为依据，展开相应研究，借用生态学的观点与方法研究和探讨拉美的共产党的生存、发展与作用发挥多样性的问题，全面系统地阐述了拉美共运的生态环境、历史，分析了拉美共产党的思想理论、政策主张和组织建构，总结了拉美共运的经验教训。该书共分七部分：导言、第一章至第五章和结论。导言部分主要说明选题缘由、研究意义、研究视角与方法和基本内容结构等问题。第一章描述拉美共产党所处的生态困境；第二章分析拉美共产党的历史；第三章阐述拉美共产党的思想理论；第四章分析拉美共产党的政策问题；第五章介绍拉美共产党的组织建构。最后结语部分通过分析拉美共产党未能获取政权的原因，总结探讨拉美共产党抉择的经验教训，揭示其所反映的规律，并明确各国共产党自觉遵循规律应该注意的原则或问题。该书层次分明、史论结合、资料翔实、分析精当，是作者对拉美共运多年研究的结晶。

在书中，作者强调拉美共产党有着自己的特点："独特的社会历史条件塑造了拉美地区共产党不同于其他国家或地区共产党的特性"，对拉美共运的历史作用做了充分肯定，认为"共产党在拉美地区的历史发展过程中也发挥着不可抹杀的重要作用"。作者认为，"拉美地区共产党的发展历程是全世界共产党发展历程的一个缩略版"。"拉美各国共产党具有极其丰富的经验教训可资总结与借鉴"，对这些经验教训进行历史的、全面的总结，无疑具有重大的理论意义。

迄今为止，国内理论界对于拉美共运和拉美共产党的研究关注不够，尤其缺乏系统性研究，研究成果不多。其原因有多种，其中一个重要原因是自20世纪60年代初中苏两党大论战之后，直至80年代，由于大多数拉美共产党站在苏共一边，反对中共的立场，中共与拉美这些老共产党断绝了往来。尽管在中国改革开放后，中共与拉美的大多数老共产党恢复了关系，但相互来往也不多。而随着形势的发展，与中共有联系的、从拉美老共产党分裂出来的新党发生分化，少数新党坚持马列主义与本国实践相结合，逐步摆脱极"左"的影响，支持中国拨乱反正及改革开放政策，继续与中共保持友好关系；但也有相当一部分新党对中国粉碎"四人帮"、否定"文革"和改革开放政策表示不理解，有的甚至公开反对中共。① 1978年中共十一届三中全会以后，随着党的对外工作指导思想和工作方针的调整，中拉党际交往开启了新局面。中共遵循"独立自主，完全平等，相互尊重，互不干涉内部事务"四项原则，突破了原来主要与共产党交往的框框，开始尝试与拉美民族民主政党开展交往并取得重大突破。随着中拉友好合作关系深入发展，目前中共主要致力于同拉美各国执政党、参政党和有重要影响的合法在野党交往。②

靳呈伟的这本书，无疑具有开创性意义，填补了国内研究的空白，拓宽了我国国内政党研究的领域和视野。该书的时空跨度大，涉及面广，但作者能梳理有序、概括全面、重点突出、条理清楚，做到这一点委实不易。对拉美共运的研究，有助于我们研究和探讨国际共运中各种社会主义模式的理论和实践，有助于评估当前世界共运的总体形势，也有助于我们更好地认识当前拉美的政治形势，以及拉美缘何会出现左派崛起和"社会主义"缘何在一些拉美国家成为时髦的口号等值得关注的现象。

---

① 祝文驰等：《拉丁美洲的共产主义运动》，北京：当代世界出版社2002年版，第322—325页。
② http://news.163.com/12/0807/16/88ANB2M800014JB6_all.html。

目 录

导 言 ··· 1

第一章 "传统"与"变革":拉美共产党的生态困境 ············· 27
  第一节 "混合"与"断裂":拉美共产党的社会生态
          环境困境 ··· 27
  第二节 "前资本主义"与"资本主义":拉美共产党
          的经济生态环境困境 ································ 38
  第三节 "革命"与"反革命":拉美共产党的政治生态
          环境困境 ··· 49
  第四节 "世界主义"与"民族主义":拉美共产党的
          文化生态环境困境 ·································· 61
  第五节 "自主"与"依附":拉美共产党的国际生态
          环境困境 ··· 69
  第六节 "富饶"与"贫乏":拉美共产党的自然生态
          环境困境 ··· 82
  小 结 ··· 87

第二章 拉美共产党的历史发展 ································ 88
  第一节 拉美共产党的兴起(1918—1928) ··············· 89
  第二节 拉美共产党的发展(1928—1991) ·············· 103

第三节　拉美共产党的全面调整（1991— ）……………… 145
　　小　结 …………………………………………………… 157

第三章　拉美共产党的思想理论 …………………………… 159
　　第一节　拉美共产党人对客观形势、党的目标及实现目标
　　　　　　的道路等基本问题的理论认识 ……………………… 161
　　第二节　马克思主义普遍原理与拉美实际"结合"的主要
　　　　　　理论成果 …………………………………………… 191
　　小　结 …………………………………………………… 206

第四章　拉美共产党的政策主张 …………………………… 208
　　第一节　拉美共产党的现行政策 ……………………………… 209
　　第二节　拉美共产党增强革命力量的政策 …………………… 225
　　小　结 …………………………………………………… 238

第五章　拉美共产党的组织建构 …………………………… 240
　　第一节　拉美共产党的组织构成要素 ………………………… 241
　　第二节　拉美共产党的组织机构设置 ………………………… 252
　　第三节　拉美共产党的组织制度 ……………………………… 263
　　第四节　拉美共产党的纪律与经费 …………………………… 269
　　小　结 …………………………………………………… 274

结　语 ………………………………………………………… 276

附一　古巴共产党章程 ………………………………………… 305
附二　巴西共产党章程 ………………………………………… 321

参考文献 ………………………………………………………… 348
后　记 …………………………………………………………… 368

导 言

作为第三世界最早出现政党的地区，拉丁美洲这片有着独特文明的神奇土地孕育了数量众多、类型丰富的政党组织，共产党是其中重要一支。独特的社会历史条件塑造了拉美地区共产党不同于其他国家或地区共产党的特性；而共产党在拉美地区的历史发展过程中也发挥着不可抹杀的重要作用。在明确其面临的社会历史条件的基础上，对拉丁美洲地区共产党的历史发展进行系统梳理，对其思想理论、政策主张与组织问题进行研究，有助于形成关于拉丁美洲地区共产党的全面、系统的认识，有助于把握共产党在不同社会历史条件下生存、发展与功能作用发挥的共性与个性问题，能为正确处理共产党之间的党际关系，为共产党自身价值及最终奋斗目标的实现提供借鉴。

一、选题缘由与研究意义

（一）选题缘由

自 1847 年世界上第一个共产主义政党——共产主义者同盟诞生至今，共产党从无到有，从少到多，经历了虽曲折但却不断发展壮大的历程。整体上讲，共产党已经无可否认地作为世界舞台上一支影响巨大的力量，作为推动人类社会发展的一种重要政党类型而长期存在。但具体到某一地区或民族国家的共产党，其发展情况则不尽一致。有的共产党成功获取了国家政权，并成为长期领导社会主义建设的执政党，不仅党自身得到长足发展，党的价值也得到很好体现；有的共产党成功地在非社会主义国家或单独执政，或联合执政，或参与国家政权，或在地方执政，党得到了较大发展，在国内生活中也具有举足轻重的影响；有的共产党曾经是执政党，但后来却失去了国家政权，党的发展也受到严重削弱以致日益窘迫甚至生存都成了问题，党的事业也遭受巨大挫折，党的影响与日俱下；有的共产党虽然未能执掌国家政权，但长期以来党的发展较为稳定，党在国家政治生活中具有相当影响；有的共产党则一直发展缓慢、力量弱小，在国家政治生活中影响甚微；还有的未能抵御诸如苏东剧变、国内环境变化的冲击，或分裂，或分化，或改弦易帜，或消失，等等，不一而足。

同为共产主义政党，发展情况为何出现如此差异？纵观共产党发展史，从经验教训的角度讲，主要的一条恐怕在于各国党能否很好地把马克思主义普遍原理同本国具体实际和时代发展的新形势紧密结合起来，制定出符合本国国情的路线、方针、政策。换言之，同属一种政党类型的各国共产党具有共性；但在不同社会历史条件下，共产党还具有丰富多样的发展个性。共产党的生存、发展与功能的实现不仅受制于一般规律，还受制于特殊规律。

在共产党发展史中，与"能否把马克思主义普遍原理同本国实际相结合"密切相关的一个重要问题是"如何处理彼此之间的关系"，或者如何协调好"国际联合（国际主义）"与"独立自主"的关系。如何协调国际联合（国际主义）与独立自主的关系是贯穿共产党发展进程的又一基本问题。从共产党产生伊始，就存在如何协调二者关系的问题。在《共产党宣言》中，马克思、恩格斯指出："联合的行动……是无产阶级获得解放的首要条件之一"[1]，"共产党人到处都努力争取全世界民主政党之间的团结和协调"[2]，并号召"全世界无产者，联合起来"[3]，明确了共产党人的国

---

[1] 《马克思恩格斯文集》第2卷，北京：人民出版社2009年版，第50页。
[2] 《马克思恩格斯文集》第2卷，北京：人民出版社2009年版，第66页。
[3] 《马克思恩格斯文集》第2卷，北京：人民出版社2009年版，第66页。

际联合（国际主义）问题。但是他们并没有因此而否定民族的因素、各国党的平等与独立，他们认为："无产阶级的国际运动，无论如何只有在独立民族的范围内才有可能"①，"民族独立是一切国际合作的基础"，"国际联合只有在平等者之间才有可能"。② 可以说，尽管马克思、恩格斯在理论上强调国际主义，但在实践中非常注意国际主义与独立自主的结合与协调，在他们指导下的共产党，相互之间的关系一般都比较正常。后来，特别是第三国际时期，在国际主义原则的指导下，以推进世界革命、解放全人类、实现共产主义为目的，各国共产党之间形成了相互支持、相互承担义务的党际关系，极大推动了共产党事业的发展；但由于苏共大党主义和大国沙文主义的影响，国际主义被过分强调而独立自主却遭到打压甚至抹杀，国际联合的实践偏离了正常轨道，逐渐演变成为一党、一国谋利的工具，各国共产党之间的正常关系遭到破坏，共产党人事业的健康发展遭受严重损害。苏东剧变以来，各国共产党对二者关系的认识与态度出现较大差异，多数党开始突出强调独立自主，有的党仍然强调国际主义原则，但已开始持谨慎态度，有的党却基本不再提国际主义的问题，等等。

为什么在不同历史时期，共产主义政党之间的关系状况有好有坏，国际联合与独立自主二者之间或分离或有机结合？总体来讲，共产党党际关系及国际联合与独立自主关系的协调状况如何，取决于对不同社会历史条件下各国共产党发展个性或多样性的认知、认可程度，取决于马克思主义普遍原理与各国具体实际结合的程度。

共产党的存续、发展与功能发挥受其社会历史条件（亦可理解为生态环境条件）的深刻影响。在不同社会历史条件下，共产党的发展具有多样性。"无产阶级不能对自己为之进行斗争的政治、社会和文化条件采取无所谓的、漠不关心的态度。"③ 无产阶级必须把握其斗争"由于各国经济、政治、文化、民族构成情况（例如爱尔兰等）、所属殖民地以及不同宗教

---

① 《马克思恩格斯全集》第35卷，北京：人民出版社1971年版，第261页。
② 《马克思恩格斯全集》第35卷，北京：人民出版社1971年版，第262页。
③ 《列宁全集》第17卷，北京：人民出版社1988年版，第170页。

信仰等方面的特征而具有的并且必然具有的具体特点"①。作为无产阶级先锋队与领导力量的共产党，必须充分考虑不同的社会历史条件，必须把马克思主义普遍原理与本国具体实际和时代新形势紧密结合起来。相应地，在国际共产主义运动中国际联合固然重要，但也"不能排除因为环境的多样性而成为必要的自主性"②。

能否把马克思主义普遍原理与本国实际相结合，以及能否正确处理共产党党际关系的问题，是关系共产党命运，关乎共产党存续、发展及其最终奋斗目标能否实现的核心命题。

拉丁美洲地区是继共产党起源地——西欧之后，较早出现共产主义运动、建立共产主义政党的地区。由于独特的社会历史条件，拉美地区的共产党在90多年的发展历程中表现出不同于其他地区共产党的特性，其特性为不同社会历史条件下共产党发展的多样性提供了很好的注脚；同时，拉美地区共产党的经历可谓丰富多彩，可以将拉美地区共产党的发展历程看作全世界共产党发展历程的一个缩略版。在共产党所面临的诸问题中，如何把马克思主义普遍原理与自身实际相结合，如何协调国际联合与独立自主关系的问题对拉美地区共产党的影响尤为明显和突出，拉美地区共产党的经历是研究这两个关系共产党命运的核心问题的极佳案例。

从历史经验的角度讲，拉美各国共产党具有极其丰富的经验教训可资总结与借鉴。在拉美地区有"古巴、智利、尼加拉瓜等国革命和建设方面的成功和失败，武装斗争及和平过渡的十分丰富，非常全面的经验可以总结"，而"这些历史遗产，可能是各大洲中最为丰富多彩的"，对之"历史地、全面地加以总结，从中找出规律性的东西"③，无疑具有重大理论意义，对其他地区的共产党包括中国共产党具有"他山之石"的功效。

---

① 《列宁选集》第4卷，北京：人民出版社1995年版，第199—200页。
② 转引自华东师大政教系国际共运史教研室：《国际共运史讲座》，上海：华东师范大出版社1989年版，第139页。
③ 祝文驰、毛相麟、李克明：《拉丁美洲的共产主义运动》，北京：当代世界出版社2002年版，第357页。

进入21世纪以来，拉美多国左派通过选举或上台执政，或重掌政权，或赢得连任，出现了左翼力量兴起的现象。拉美左翼的兴起，给拉美地区的共产党提出了怎样的要求，又提供了怎样的契机？面对新形势，拉美的共产党应该如何应对？这些也都需要给予相应研究与解答。而且，认识与研究拉美集体"向左转"这一在当今世界社会主义运动研究中颇受关注的问题，不仅要研究其他左翼力量，也要研究左翼阵营的重要成员共产党；不仅要从拉美地区今天的形势入手，也要从历史当中寻找答案，"对于拉丁美洲左派的任何历史的论述的起点仍然必须是各个不同共和国的共产党。共产党因其主张的普遍性，因其几乎存在于拉丁美洲各个国家，以及因其与苏联的国际联系，在历史上的重要性方面应占有特殊的地位"①。因此，亦有必要加强对拉丁美洲地区共产党的研究。

另外，与对其他国家或地区共产党的研究相比，目前国内理论界关于拉丁美洲地区共产党的研究不多、不够，尤其缺乏系统性研究，某种意义上甚至可以说对拉美地区共产党的研究被忽视了。这不利于把握世界共产党的多样性，不利于评估世界共产党的总体形势，不利于认识拉丁美洲的左派运动。

鉴于此，本书的主要目的在于：第一，结合拉美地区独特的社会历史条件即生态环境，从历史发展、思想理论、政策主张及组织状况等方面对拉美地区的共产党进行全方位展示，对拉美地区共产党生存、发展与功能发挥的总体情况进行系统梳理、概括和总结，也为后续的深入研究做一些基础性工作。第二，通过对拉丁美洲地区共产党历史发展、思想理论、政策主张及组织状况等问题的比较研究，把握作为共产党大家庭重要成员的拉美各国共产党的共性及个性问题，探讨在不同社会历史条件下共产党如何把马克思主义普遍原理与自身实际和时代新形势相结合、如何协调国际联合与独立自主的关系，力图发现共产党在不同生态环境中存续、发展与实现自身价值所遵循的特殊与一般规律。总结历史，把握现在，展望未

---

① [英]莱斯利·贝瑟尔：《剑桥拉丁美洲史》第六卷（下），中国社会科学院拉丁美洲研究所组译，北京：当代世界出版社2001年版，第174页。

来,为共产党在不同社会历史条件下更好地发展提供借鉴。第三,通过对拉美地区共产党与其生态环境互动的案例分析,探讨政党与生态环境的关系,揭示支配政党生存、发展与功能发挥的规律,加深对不同生态环境下的政党的认识。

(二)研究意义

第一,国际共产主义运动必须要由自己的政党——共产党来领导,这是一个半多世纪共产主义运动所得出的宝贵经验。共产党的发展状况直接决定了国际共产主义运动的前途和命运。而共产党的发展状况,则主要取决于党的组织结构是否合理,党的运转是否顺畅有效,党的路线、方针、政策是否符合实际,党能否协调好国际联合与独立自主之间的关系,共产党相互之间的关系是否健康等方面。

拉丁美洲各国的共产党是共产党大家庭的重要成员,它们为实现社会主义而进行的理论与实践探索的内容异常丰富。对其进行研究,有助于研究和探讨国际共产主义运动中各种社会主义模式的理论和实践,有助于评估当前世界共产党的总体形势,有助于进一步认识在不同社会历史条件下共产党如何存续、发展与发挥作用,有助于总结协调国际联合与独立自主暨共产党党际关系的经验教训。拉美的共产党还是本地区左翼力量的重要成员,对共产党进行研究,有助于更好地认识该地区的左翼运动,有助于更好地认识拉美集体"向左转"的现象。

第二,拉丁美洲各国在争取民族解放和国家独立的过程中同中国有着相似经历,中国改革开放进程中出现的一系列问题同拉美国家现代化进程中遇到的问题亦有相似之处。对拉美问题进行研究无论是对于我们总结历史,还是对于我们借鉴拉美的经验教训以全面深化改革,都具有特别的价值。拉美的共产党是推动拉美现代化进程的重要力量,为推动本地区的发展做出了不容抹杀的贡献。对拉美地区共产党的社会主义理论与实践进行研究,有助于更好地把握共产党在诸如拉美各国这样的发展中国家的现代化进程中,应该如何给自己定位,更好地发挥自身价值的问题。

第三,中国共产党历来重视与其他政党的党际交往。"自1992年10月十四大以来，中共从国家总体外交布局出发本着增进了解、相互借鉴、发展友谊、促进合作的真诚愿望，积极开拓和发展与世界各国各类政党的交流合作，并以此推进国家关系的全面发展。"① "我们将开展同各国政党和政治组织的友好往来"②，党的十八大报告再一次明确了党的一贯态度。

"中国和拉美虽然相距遥远，但中拉友好源远流长。早在几个世纪前，中拉贸易使者就开辟了'海上丝绸之路'，成为联系东西两个半球的重要贸易通道。进入新世纪以来，面对复杂多变的国际形势，中拉双方坚持平等互利原则，牢牢把握共同发展主题，携手努力推动中拉关系取得长足进展。"③ 中国非常重视发展与拉丁美洲的交流与合作。其中，党际交流与合作是一个重要方面。党际交往是中拉交往的重要内容、渠道与形式。

中拉党际交往始于20世纪50年代，当时的主要交往对象是拉美各国的共产党。改革开放以来，在"独立自主，完全平等，相互尊重，互不干涉内部事务"四项原则的指导下，中国共产党与拉美各国的民族民主政党陆续开展了友好交往，中拉党际交往开启新局面。进入新世纪以来，中国共产党继续积极开拓和发展与拉美各国各类政党的交往。中国共产党已与拉美30多个国家的90多个政党和政治组织建立了经常性友好往来，与拉美政党常设大会、圣保罗论坛、社会党国际拉美与加勒比委员会、美洲基民组织等拉美地区性政党组织保持联系，中拉党际关系呈全方位、宽领域、多层次的良好态势。④

虽然同中国共产党开展党际交往的拉美政党的类型不断扩大，但鉴于党的性质和历史使命，共产党是中国共产党党际交流与合作的重要对象。对拉美地区的共产党进行相关研究，有助于加深对它们的了解和认识，借

---

① 周余云：《相交无远近 万里尚为邻——十四大以来中国共产党与拉美政党的交往》，载《拉丁美洲研究》1998年第1期。
② 胡锦涛：《坚定不移沿着中国特色社会主义道路前进 为全面建成小康社会而奋斗》，北京：人民出版社2012年版。
③ 《习近平谈中国与拉美关系：海内存知己天涯若比邻》，载《人民日报》2013年6月1日。
④ 参见武菊：《中国共产党和拉美政党：海内存知己 天涯若比邻》，http://www.china.com.cn/international/txt/2012-08/07/content_26156993.htm。

鉴其历史经验和教训，恰当处理党际关系。

第四，虽然目前理论界有关共产党的研究成果甚丰，但其研究的对象、范围主要集中于执政的共产党、苏联与东欧地区的共产党和非执政共产党中的西欧等发达国家的共产党，对拉美地区共产党的研究不多、不够；而已有拉美地区共产党研究中又以国别共产党研究为主，缺乏综合性的系统比较研究。因此，对拉美各国共产党的产生、发展与作用发挥问题进行系统梳理，有助于加强已有研究的薄弱环节，为后续研究工作提供条件。

二、研究对象

第一，拉丁美洲的政党组织众多，类型庞杂。有些与共产党关系非常密切——有的是共产党的前身，有的系共产党和其他党派联合而成，有的由共产党分化、分裂而来，还有一些自称为共产主义政党的组织，等等。虽然在行文中对这些政党组织会有所涉及，但它们都是为本书的"红花"拉美共产党作陪衬的"绿叶"。

什么样的党能够被归入共产党的类型范畴？在国内理论界，这基本上不算是什么大问题。但国外的部分学者却在为是否把某一政党视为共产党而大费周章，他们仔细地区分 Socialist，Marxist 和 Communist，并在不同意义上使用这些概念，甚至还为此提出了自己的标准①；他们对一些政党的类型归属（亦即某一政党是否是共产党）的理解往往与国内的理解不太一致。本书不打算探讨与深究共产党的划分标准问题，将在参考国外研究成果的基础上，遵循国内学界的理路，以公认的拉丁美洲各国的共产党为本书的"红花"。

第二，由于地理位置等因素的影响，虽然拉丁美洲地区的共产党是国际共产主义运动中的一支重要力量，但无论是在有"革命中心"、强调国际联合的历史时期，还是在无"革命中心"、更强调独立自主的今天，这

---

① 参见 David Bell, *Communist and Marxist Parties of the World*, Longman Group UK Limited, 1990; Richard F. Staar, *Yearbook on International Communist Affairs*: 1991, Stanford CA: Hoover Institute Press, 1991.

支力量都未得到应有的重视。对拉美各国共产党进行系统研究，帮助人们去认识、了解进而给其以应有的关注有其必要性。

第三，虽然拉美地区的共产党具有共产党这一政党类型的共性，但受独特生态环境系统的影响，拉美各国共产党在争生存、求发展、谋功能发挥的过程中还表现出不同于其他地方或地区共产党的个性特点。此处的个性问题包括两个层次：其一，相较于世界共产党而言是个性问题，而就拉美本地区共产党而言是共性问题的；其二，拉美各国共产党的个性问题。这些个性问题是本书的研究重点之一。

第四，多数拉美国家都有或者至少曾经有共产党。拉丁美洲的第一批共产党产生时间较早，时至今日已近百年；而且其生存、发展和功能发挥历程的内容异常丰富。对此时间跨度大、内容丰富的题材系统地进行梳理与分析是一项艰巨的任务，而且也很难找到一种单一的有关拉美各国共产党生存、发展和作用发挥历程的模式。

"将历史划分成阶段并通过分析确定转折点——是历史学家用来使往事简明化并加以解释的重要手段。"① 针对时间跨度大的问题，对拉美地区共产党生存、发展和作用发挥的历程有必要适当进行阶段划分。目前，国内外理论界不同学者对此的处理方式不尽一致——一种处理方式是不对拉美地区共产党的发展史进行阶段划分，而是按照时间先后顺序依次展开②；另一种处理方式是尝试对拉美地区共产党的发展史进行一定阶段划分，却没有形成明确观点③；再就是对拉美地区共产党的发展史进行较为明确的阶段划分，例如，有的学者以1959年古巴革命胜利为标志，将拉美地区共产党发展史划分为前后两个阶段④，也有一些研究者没有简单地将拉美地

---

① [美]谢里尔·E.马丁、马克·瓦塞尔曼：《拉丁美洲史》，黄磷译，海口：海南出版社、三环出版社2007年版，第226页。
② 参见[苏]维·沃尔斯基：《拉丁美洲概览》，孙士明、刘德、姚新美译，北京：中国社会科学出版社1987年版。
③ 参见David Bell, *Communist and Marxist Parties of the World*, Longman Group UK Limited, 1990.
④ 参见[英]莱斯利·贝瑟尔：《剑桥拉丁美洲史》第六卷（下），中国社会科学院拉丁美洲研究所组译，北京：当代世界出版社2001年版。

区共产党的历史一分为二，而是做了较为细致的分期①。

笔者认为，根据拉美地区共产党面临的社会历史条件的特点及其影响，大体可以将拉美地区共产党生存、发展和作用发挥的历程分为五个阶段：1918年至1928年为第一阶段，标志性事件为第一批共产党的诞生；1928年至1935年为第二阶段，系在共产国际指导下的武装斗争阶段；1935年至1947年为第三阶段（或者约略可以称为二战及其前后阶段），即为抗击法西斯势力而结成人民阵线的阶段；1947年至1991年为第四阶段，即共产党在冷战笼罩下的拉丁美洲为争取自身生存、发展和理想的实现而进行各种探索的阶段；1991年至今为第五阶段，冷战结束后的新阶段。

如果以拉美各国共产党自身发展的情况为依据，也可以将其生存、发展和作用发挥的历程大致分为拉美地区共产党的兴起、发展与调整三个阶段。兴起阶段与上一种阶段划分的第一阶段大致吻合，而发展阶段则包括其第二、第三与第四阶段，调整阶段即为第五阶段。

严格来讲，上述拉美地区共产党生存、发展和作用发挥历程的各阶段不具有明显的起始标志，其起止时间只能是约略而言。在再现拉美各国共产党生存、发展和作用发挥的历程时，本书拟将此两种历史分期方式结合。之所以如此，实质上是一种将拉美地区共产党生存、发展和作用发挥的历程置于广阔的社会历史条件下（或生态环境系统中），将其自身发展因素与环境条件因素相结合的研究方法，是为研究提供方便的工具。

无论从哪个角度考虑，由于相关内容异常丰富，在对拉丁美洲地区共产党生存、发展和作用发挥问题进行研究的过程中，实际上不可能照顾到所有发展阶段所有共产党的所有方面。本书将避繁就简，重点探讨拉美各国共产党的共同经历或共性问题，而不面面俱到。当然，也会对部分共产党做较为详细的梳理与分析，剪裁标准是其在应对生态环境要求过程中的表现及由此带来的影响——在应对环境要求中表现较好的党（主要体现在

---

① 例如，在其著作《拉丁美洲革命动向》一书中，罗纳尔多·芒克将拉美共产党1973年以前的历史分为早期（1917—1928）、"第三时期"阶段（1929—1935）、"人民阵线"阶段（1935—1945）与自劳德主义影响阶段及以后等五个阶段。参见 Ronaldo Munck, *Revolutionary Trends in Latin America*, Centre for Developing-Area Studies, McGill University, 1984。

对环境要求的判断，对自身的定位，政策、策略的选取与调整等方面，在这些方面表现越好说明该党适应环境的能力越强），一般能够较好地适应环境，从而能够生存下去并保持良好的发展态势和旺盛的生命力，也会拥有较大影响；反之亦然——下文将选取典型案例（无论是较好地应对了环境要求的，还是未能如此的）进行研究。

三、研究方法与内容结构

（一）研究方法

"工欲善其事，必先利其器"，"我们的任务是过河，但是没有桥或没有船就不能过。不解决桥或船的问题，过河就是一句空话。不解决方法问题，任务也只是瞎说一顿"[1]。讲的都是关于解决问题的工具或者方法。方法对于学术研究非常十分重要，一项研究能否深入、能否得出科学结论，在很大程度上仰赖于其采用的方法。在学术研究中，无论人们冠以何种称呼——研究范式、研究视角、分析框架、理论框架、研究方法，等等，其实质都是在寻找一种工具或方法，以更好地帮助研究者剪裁材料（哪些材料可用，哪些不可用；哪些材料相对重要，哪些相对不重要，等等），组织材料（把所选的材料以合乎逻辑的方式组织成有机整体），进而达到研究目的。

学术界（尤其是国外学术界）有关拉丁美洲政治变迁的理论或范式主要有发展主义（Developmentalism）、依附论（Dependency Theory）以及文化传统论（Latin American Tradition）等。[2] 这几种理论的合理性与说服力各有千秋，既有自己的独到之处，亦有涵盖不到的盲点。在解释拉丁美洲政治变迁的问题上，都不失为可资借鉴的范式。虽然共产党生存、发展与作用发挥的历程包含在拉丁美洲政治变迁的进程之中，是其重要内容与组成部分；但二者毕竟不是同一问题，上述有关拉丁美洲政治变迁的范式不

---

[1]《毛泽东选集》第1卷，北京：人民出版社1991年版，第139页。
[2] Howard J. Wiarda, "Toward Consensus in Interpreting Latin American Politics: Developmentalism, Dependency, and 'the Latin American Tradition,'" *the Journal of Intercultural Studies*, 1999.

能简单地用于拉美地区共产党生存、发展与作用发挥问题的研究。

本书是以拉丁美洲地区共产党的生存、发展与作用发挥问题为案例,探讨共产党在不同社会历史条件下生存、发展和作用发挥的多样性的研究。共产党发展的多样性源于社会历史条件(生态环境)的多样性,生态环境的视角是把握不同社会历史条件下共产党发展多样性的有效工具。因此,本书将依托政党生态环境理论展开相应研究,借用生态学的观点与方法研究拉美地区的共产党。

生态学研究源于早期的"自然的经济体系"研究,其主要思想是生物的内在依赖性。1866年德国生物学家E.赫克尔(E. Hacekel)为他研究的有机体与环境之间关系的模式创设了"生态学"的名词。较早将生态学的理论和方法运用于社会政治领域的是H.廷斯滕(H. Tingsten)。1932年,廷斯滕选取了斯德哥尔摩400个选区中的55个做了案例研究,考察了阶级内部选举参与率与阶级相对实力以及社会党的得票与工人阶级的相对数量之间的关系。在其1937年出版的经典著作《政治行为》中,廷斯滕提出了著名的"廷斯滕定律"(Tingsten's Law)①,奠定了生态政治分析的基本结构——环境对政治行为的影响,或者不同的环境对于特征相似的个人或团体所产生的不同影响。1947年美国哈佛大学J.高斯(J. Gaus)教授最早提出行政的生态研究,认为了解生态环境的各种因素是阐释行政行为的唯一途径。夏威夷大学东西方文化研究中心教授W.里格斯(W. Riggs)的代表作《行政生态学》研究了美国、泰国、菲律宾等国的社会经济结构及文化历史与公共行政的相互影响,认为了解行政行为必须超出行政系统本身,由社会背景入手,探寻行政系统与外部环境的互动关系。② 这大大推进了行政生态理论的发展。在我国,王沪宁的《行政生态分析》一书借用生态学研究生命主体与其环境的相互关系和作用的理论与方法,来研究行

---

① 参见H. Tingsten, *Political Behavior*, London, 1937.
② 参见刘京希:《政治生态论——政治发展的生态学考察》,济南:山东大学出版社2007年版,序第2—3页。张伯玉:《日本政党制度政治生态分析》,北京:世界知识出版社2006年版,第37—38页。

政系统与社会圈的相互关系①,率先在大陆开始了把生态学的理论和方法运用于行政学研究的尝试。

"无论中外,对生态理论的研究的一大缺憾,是均少涉及政治体系与生态体系的关系,即使有所涉及,也仅限于探讨生态环境对政治决策的影响,而未能深入一步,实现生态学与政治学的对接,进而借鉴生态学的理论和方法论,去研究政治体系的生态化运作。……他们对政治学研究新方法的拓展,仍局限于政治学领域的某个局部……"在其著作《政治生态论——政治发展的生态学考察》中,学者刘京希对已有研究成果做了如是总结。为了"通过对政治体系的生态学分析,实现政治学与生态学的对接与融合",《政治生态论——政治发展的生态学考察》一书"借鉴生态学原理,参照其方法论原则,探讨政治体系与其次体系的关系及其生态化重塑,政治体系内部诸次体系的关系及其生态化发展,以及政治体系与社会环境的关系及其生态化演进,政治体系与自然环境的关系及其生态化推演,以在一般理论意义上,探寻一种普遍适用的政治理论模式和政治运作模式,谋求政治体系的生态化和民主化"。②这充分体现了作者试图确立一种新的政治观的理论尝试,代表了与上述生态政治研究相异的另一种研究倾向——政治生态研究③。

用生态学的理论和方法研究政党制度问题是生态政治研究的重要一支④。较早用生态学的理论和方法研究政党制度的当推迪维尔热(M. Duverger)。在其1951年出版的里程碑式的著作《政党》一书中,在对影响政党制度发展的诸多因素进行考察的基础上,迪维尔热聚焦选举制度对政党结构和政党制度的影响,提出了著名的"迪维尔热定律"

---

① 参见王沪宁:《行政生态分析》,上海:复旦大学出版社1989年版,第28页。
② 刘京希:《政治生态论——政治发展的生态学考察》,济南:山东大学出版社2007年版,序第3—4页。
③ 此处的"生态政治研究"、"政治生态研究"不同于环境政治学中的"生态政治研究",它们遵循的是不同的研究框架与话语体系。有关环境政治学的问题可参考郇庆治《环境政治学:理论与实践》等著作,本书不准备对之进行探讨。
④ 国内外理论界将生态学的理论和方法运用于政治领域的已有研究,主要集中在行政系统领域即行政学方向和政党制度专题。

(Duverger's Law)，开创了比较政党政治研究的先河。在我国，较早尝试将生态学的观点用于政党制度研究的是王邦佐先生。由他组织编写的《西方政党制度的社会生态分析》和《中国政党制度的社会生态分析》两部著作，运用社会生态分析的方法，将政党制度置于广阔而复杂的社会环境系统之中，通过分析政党制度与社会生态系统的相互作用，探索并把握政党制度产生、变革与发展的基本方式与深层根源。这种尝试，不仅提供了分析的科学基础，而且拓宽了分析政党制度的理论视野。① 2006 年出版的张伯玉的《日本政党制度政治生态分析》是一部用生态分析方法研究一国政党制度的著作，该书"将日本政党制度这一生态单位作为生态分析中的生命系统，将政党制度产生和变化发展的政治生态条件作为其环境系统，通过分析政党制度与政治生态环境系统的内在关联及相互作用，揭示日本政党制度产生并得以发展的依据，分析政治生态环境系统的变化对日本政党制度提出的特殊要求，并在此基础上把握日本政党制度的发展趋向"②。

上述关于政党制度的生态研究遵循了同一理路——侧重用生态学的观点和方法分析政党制度，但较少触及政党层面。③ 虽然政党与政党制度是高度相关的，但两者毕竟不是同一层次的问题。

用生态学的理论与方法对政党层面的问题进行的研究也有一些。L. 爱泼斯坦（L. Epstein）的《西方民主国家的政党》是西方学界此方面的经典著作之一。在该书中，爱泼斯坦用大量篇幅论述了政党组织与特定社会政治环境之间的对应关系，指出政党的不同发展路径、不同类型和风格是由不同社会政治条件决定的，每个国家都有与众不同的国情，因而也有与众不同的政党模式，盲目借鉴迥异环境下的政党模式，既不可行也不可取。在我国，林勋健《西方政党是如何执政的》一书认为"分析西方政党的执政方式，有必要首先了解西方政党在国家政治生活中的地位和作用，其次

---

① 参见王邦佐：《中国政党制度的社会生态分析》，上海：上海人民出版社 2001 年版，序第 2 页。
② 张伯玉：《日本政党制度政治生态分析》，北京：世界知识出版社 2006 年版，第 38 页。
③ 迪维尔热的《政党》和王邦佐的《西方政党制度的社会生态分析》中有一定的篇幅涉及生态环境系统和政党之间的关系。这些内容给本书以极大启发。

应该熟悉各国政党和政党制度运作的生态环境"①。"政党作为政治行为体，本身是政治系统的一个组成部分，它的活动必然受到系统内外部环境的影响，从环境中获得信息输入，并对来自环境的压力作出反馈。"② 在此认识的基础上，全书各章都以对各国政党运作的生态环境的分析为基础，政党生态环境的分析因而成为贯穿全书的一条红线。在《新加坡人民行动党执政形态研究》中，孙景峰用一章的篇幅对人民行动党的执政环境进行了分析。作者指出，"分析人民行动党的执政环境，可使我们客观地认识人民行动党与新加坡社会生态系统之间的良性互动关系的确立过程、运作方式，进而在更深的层次和更高的层面上认识人民行动党在新加坡现代化进程中的作用。从另一角度来说，分析新加坡人民行动党的执政环境，可使我们更清楚地认识人民行动党执政模式形成与发生作用的特殊社会生态环境，不能照抄照搬或过分推崇其党建经验。一个政党所处的环境不同，其执政过程、执政方式等也必然各异"③。在《全球视野下的共产党》一书中，郭亚丁对导致共产党多样性的客观因素——生态——也进行了一定阐述。作者认为，"政党作为一个政治事物，存在于特定的社会生态中，并在特定的社会生态中体现出其功能作用。不同的社会生态有不同的需求，政党的生成和发展与这种需求相联系，因此政党与社会生态存在着内在勾联。把政党作为一个'政治生态单位'，置于特定的社会生态环境中进行分析和考察，有利于认识、鉴别政党的功能作用"④。

本书准备借鉴生态学的观点与方法，以拉丁美洲地区的共产党为案例来研究政党生存、发展与发挥作用的问题。

政党自身是一个由不同部分（或子系统）组成的系统，同时它又处于更大的生态环境系统之中。政党的生态环境系统为其生存、发展与作用的

---

① 林勋健：《西方政党是如何执政的》，北京：中共中央党校出版社2001年版，第1页。
② 林勋健：《西方政党是如何执政的》，北京：中共中央党校出版社2001年版，第4页。
③ 孙景峰：《新加坡人民行动党执政形态研究》，北京：人民出版社2005年版，第48—49页。
④ 郭亚丁：《全球视野下的共产党》，北京：中国经济出版社2007年版，第219页。

发挥提供了必要的生态资源条件；同时，生态环境系统还通过提供支持①、提出要求等方式对政党施加影响。对政党而言，由生态环境系统提供的资源为其所能整合的外部资源，主要有物质、财力、工具、技术、信息等。能否获取足够的外部资源在很大程度上影响政党生存、发展与作用的发挥，在特定时期、特定情况下甚至具有决定意义。譬如，在竞争性政党制度环境下，能否获取足够的资金、能否拥有足够的宣传媒介与手段，会很大程度上影响一个政党在选举中的表现，影响到其是否能够获取政权，进而影响其发展及作用发挥的状态与程度。从一定意义上讲，政党所获取的外部资源的数量、质量反映了生态环境给政党提供的支持的程度。二者基本上呈正相关关系，所提供的资源数量越多、质量越高，表明所提供的支持程度越高。来自生态环境的支持标识生态环境与政党互动关系的性质及状态。如果是正向度支持，通常表明二者不存在根本性的矛盾，为二者之间开展良性互动提供了前提；如果是零度支持，通常表明二者的关系正处于一个临界点，各种因素的力量博弈处于均衡状态；而如果是负向度支持，则表明政党与生态环境处于一种交恶状态，其结果或者是政党灭亡，或者是生态环境得到根本改变。提出要求是生态环境影响政党的又一主要方式，是生态环境与政党互动的重要一环，其与政党通过政策输出的形式对环境要求的反馈共同构架了生态环境与政党互动关系循环系统的两大桥梁。鉴于生态环境系统对身处其中的政党的深刻影响，可以说，不同政党的生态环境塑造了其特性，锻造了其生存、发展及作用发挥的不同轨迹与历程。

虽然存在相对的稳定性与连续性，但政党的生态环境系统不是静止不变的，而是始终处于一个动态变化过程之中。生态环境系统的变化必然会"波及"政党，譬如，给政党提供的生态资源的构成、数量上的变化，可能会对政党形成新要求，等等。"当一个群体或某一文明衰落时，这不是出于某一团体生活神秘的局限性，而是出于其政治或学术界领导人未能满

---

① 此处不是用"支持"的一般含义，其有正向、零点及负向的向度。如果切换成"支持"的一般含义，可以理解为"是否提供支持"。

足变革的挑战。"① 对于生态环境系统的变化，政党不能"无动于衷"，必须明确自身该如何应对。一般而言，政党的应对方式不外乎改变自身（调整、变革甚至重建）和改变生态环境（调节、修整甚或根本改变）两种。就改变自身来讲，"党内的关键行为者要使环境变化产生政党变革这种结果，必须洞察到环境的变化及其对政党的可能影响"②。正是在这个意义上，西方学者梅尔等认为政党改变自身的根本原因"经常来自政党所处的环境……这种动态过程表明政党是根据环境的变化而调整自己的"③。受生态环境和自身因素的影响，政党改变自身应对生态环境变化的方式有不同的形式选择，或者存在程度的差别。同样类型的政党甚至同一政党在不同的生态环境下对改变自身方式的选择是有差异的。在相对成熟、稳定或友好的生态环境下，政党更倾向于对自身的某些方面做出适当调整，"改良"的倾向相对占上风；而在变化幅度大、不成熟、不稳定或恶劣的生态环境下，政党则不得不做出全方位的、根本性的改变甚至对自身进行从头到尾的重新打造，"革命"的情绪更盛。比如，在当前和平与发展作为时代主流而全球化、新科技革命等深刻推动社会变革的形势下，各民族国家的共产党通常倾向于对自身的思想理论、政策主张等进行"改良"性调整，以适应世情、国情的新变化；而曾几何时，面对苏东剧变的巨大打击，许多国家的共产党未能采取科学、合理的态度应对，导致党"变修"甚至败亡。政党通过改变自身应对环境变化的方式还受其自身因素的影响。政党性质、指导思想、组织程度以及自身成长经历等方面的差异，影响到同样生态环境下政党变革自身方式的选择及所能忍受、达到的程度。譬如，在同样的生态环境下，相对而言，共产党更注重通过加强自身思想理论、组织等方面的建设来应对环境变化；资产阶级政党则更倾向于调整自身政策，而不注重对自身思想理论、组织等方面的调整。就改变环境而言，此

---

① 转引自［美］E.布拉德福德·伯恩斯：《简明拉丁美洲史》，王宁坤译，长沙：湖南教育出版社1989年版，第354页。
② 转引自荣敬本、高新军：《政党比较研究资料》，北京：中央编译出版社2002年版，第226页。
③ 转引自荣敬本、高新军：《政党比较研究资料》，北京：中央编译出版社2002年版，第223页。

种方式不等同于在其生存、发展和发挥作用的过程中,政党活动对生态环境的客观影响,还包括政党在主观上出于应对生态环境变化的需要,有意识地将应对的着力点放在改变环境而非改变自身上。政党的活动是围绕获取或维持国家政权开展的。执政党往往利用自身所处的地位来改变外部环境,使之更有利于维护自身的地位。譬如,一些执政党通过在宪法、选举法等相关法律中增设有关政党的条款甚至直接出台政党法的方式,来规范、约束或限制其他政党的活动。而致力于获取政权的政党,当不认同现有政治框架体系或在现有政治框架体系内无法获取政权时,往往倾向于从根本上打破该政治框架体系,通过革命再造生态环境的方式来推动自身的发展进而更好地实现自身价值。在政党应对生态环境变化的方式中,改变自身是政党应对生态环境变化的主要方式,不论是何种类型、何种政治地位的政党亦即所有政党均可采用;而改变生态环境的方式却并非所有政党都能"力有所及"。总之,政党并不总是消极被动地、单方面地受制于生态环境。政党可以通过改变自身或改变生态环境的方式来获取维系其生存、发展及价值实现的资源,来消解生态环境要求所造成的压力,来获取生态环境的支持。在此过程中,政党的活动也对生态环境产生重大影响。

无论是通过改变自身还是改变生态环境的方式来维持自身的存续与发展,都是政党适应性[1]的体现。政党的适应性如何决定着政党的命运。政党的适应性主要取决于政党的能力或才能。政党能力在某种意义上主要体现为政党能有效整合资源[2]的程度,或者说,政党能够满足生态环境要求的能力取决于其所拥有的资源及其对资源的有效整合程度。政党越能有效地整合资源,政党的能力越强,其适应性也越强;反之,亦然。

---

[1] 政党适应性的问题,西方学者 B. 迪克森、S. 亨廷顿等都有所论述。想对其有所了解可参见董少鹏:《从亨廷顿政党适应性理论看新时期我们党的执政能力建设》,载《中共山西省委党校学报》2007 年第 2 期。需要指出的是本文"政党适应性"所指和这些学者所讲的"政党适应性"有相似之处但不尽相同。

[2] 政党所能整合的资源主要有外部资源与内部资源两类。外部资源由政党所处的生态环境系统提供,主要有物质、财力、工具、技术、信息等方面。内部资源则源自政党自身,主要包括政党的组织制度资源和文化资源(政党的价值目标、思想理论及纲领、政策是其中的核心部分),其基本作用在于提供了活动的规则、规范及行为模式,提供了保障和增加党员对政党认同的组织基础、目标基础和绩效基础。

综上,"首先存在着政党不仅被环境影响也影响周围环境这个事实",政党不可否认的受到其外部生态环境的影响,而为了生存、发展与实现自身价值,政党也不得不积极地适应生态环境。政党适应生态环境的过程,同时也是政党反作用于环境的过程。为提高自身适应性,政党必须采取切实措施提高自身能力,而有效整合生态资源的能力则是重中之重。

把握政党与生态环境系统互动关系的前提之一是要明确政党生态环境系统的构成。大致而言,政党生态环境系统包括社会政治生态环境系统与自然生态环境系统两部分。

由于研究对象、思考问题的角度等方面的不同,用生态学的观点和方法分析社会政治领域问题的学者对社会政治生态环境系统的构成的认识和理解存在差异。林勋健在《西方政党是如何执政的》一书中指出:"这些环境因素概括起来主要有四类,即自然状况、社会结构、国家结构和政府体制、政治文化。"① 在《西方政党制度的社会生态分析》中,王邦佐等学者把社会生态系统理解为系由政治、经济、文化诸子系统构成的整体,认为"政党作为一部分社会成员的政治组织,政党之间构成的相互关系,及其与政权的关系,均受到一定国家的政治、经济、文化系统的影响与制约。同时,政党及政党制度对于政治、经济、文化系统也有强大的反作用"②。而在《中国政党制度的社会生态分析》一书中,作者则从社会政治环境③、社会经济发展、社会阶级结构、社会文化认同等方面探讨了影响中国政党制度的生态环境。张伯玉在《日本政党制度政治生态分析》一书中详细探讨了社会政治生态环境的构成问题。她认为,社会生态环境是指影响政党制度形成和发展的政治、经济、文化诸因素,主要包括政治生态环境、经济生态环境以及文化生态环境。其中,政治生态环境是影响较大的因素,主要包括国家政体形式、国家结构形式、选举制度、各种不同政治势力的力量对比、社会阶层结构的变动五个方面;经济生态环境强调的

---

① 林勋健:《西方政党是如何执政的》,北京:中共中央党校出版社2001年版,第4页。
② 王邦佐、李惠康:《西方政党制度的社会生态分析》,上海:学林出版社1997年版,引言。
③ 书中从宪法基础、国际环境、政治体系与政策过程四方面探讨社会政治环境。

是经济发展水平；而文化生态环境诸因素中强调的是政治文化。①

上述关于社会政治生态环境系统构成的观点存在共同之处——基本上都认为社会政治生态环境系统主要包括政治生态环境（政治子系统）、经济生态环境（经济子系统）以及文化生态环境（文化子系统）。这些观点抓住了社会政治生态环境系统的主要构成部分，但又都囿于传统思想的影响而显得不完整。笔者认为，社会政治生态环境系统除了包括政治、经济、文化诸子系统外，至少还应包括社会子系统。

1. 社会生态环境

社会生态环境是影响和制约某一民族国家政党发展的重要因素。一般来说，可以从人口、种族、阶级、社会结构和社会性质等方面来把握影响政党发展的社会生态环境。社会生态环境的这些构成因素从不同角度影响着政党的发展。就人口因素来讲，人口的数量规模、来源构成、性别构成、年龄构成、人员素质等都与政党发展密切相关，政治成员个体数量多是出现代议制民主（间接民主）的原因之一，而政党政治是现当代代议制民主的主要表现形式，政党是政治成员政治参与的中介、桥梁，当政治成员个体数量多寡等因素不再成为人们选择民主形式的考量时，民主形式会发生变化，政党的中介、桥梁作用会受到削弱，而政党的命运也会发生相应改变；人口的来源构成主要涉及的是移民问题，如何协调外来移民与土著居民的利益关系，或者移民的利益应该通过何种途径得到表达，给政党提出了要求，如果政党解决不好，这些要求就会转化成对政党的压力；不同性别、不同年龄段的政治成员个体的政治态度不同，对于政党的倾向、情感也存在差异②；人员素质不仅影响到政党成员的素质还影响到人们对于政党的态度、情感等。就种族因素来说，种族构成、来源、混合（同化）程度等都是要考虑在内的，这些因素如上文的人口来源与构成一样，

---

① 张伯玉：《日本政党制度政治生态分析》，北京：世界知识出版社 2006 年版，第 18—22 页。

② 不同年龄阶段的政治态度往往不一样，老年人往往趋向于守成或保守，而年轻人则更易于赞成变革。有意思的是，目前世界上很多传统政党的成员年龄结构也呈现"老龄化"——年轻党员比例较低，政党在年轻群体中的吸引力下降。

主要涉及的是利益表达的问题；还有种族主义的问题，种族主义有时会是一些民族主义政党、宗教型政党的思想渊源，而且往往通过极端形式表现出来。按照马克思主义的观点，阶级基础问题毫无疑问是政党的一个基本问题，政党本身就是代表一定阶级利益的政治组织。社会结构广义上包括职业结构、社会流动（或社会变迁）、城乡社会关系等方面，狭义上特指城乡关系问题，无论是在广义上还是狭义上使用社会结构，其对政党的影响往往与阶级问题挂钩或者要通过阶级因素来实现——职业结构影响到阶级结构或不同阶级、阶层的力量对比，社会流动机会的多少、难易程度以及城乡社会结合的程度关系着不同阶级、阶层之间关系的状态或紧张程度。社会性质是政党设定其目标、任务、纲领、路线、方针、政策的基本依据，一个政党只有在合理认识、判断社会性质的基础上，才能对自身形成合理判断与定位。

2. 经济生态环境

马克思主义认为，物质生活的生产方式制约着整个社会生活、政治生活和精神生活的过程，物质资料生产方式是社会发展的决定性力量；经济基础决定上层建筑，经济是政治的基础，政治是经济的集中表现。作为人类社会发展到特定阶段才出现的政治事物，现代意义上的政党是资本主义生产方式的产物——政党的产生和发展无疑是由经济基础决定的，经济生态环境是影响政党的决定性因素。

3. 政治生态环境

政治生态环境是影响政党发展的关键因素，其他领域的生态环境因素对政党的影响往往要集中到政治领域来。影响政党发展的政治生态环境主要有哪些因素构成？在《日本政党制度政治生态分析》一书中，张伯玉认为国家政体形式、国家结构形式、选举制度、各种不同政治势力的力量对比及社会阶层结构的变动五个方面是影响政党制度较大的政治生态环境因素。她指出，不同国家的政体规定着政党在不同国家的政治生活中有不同的作用、作用方式和程序，会孕育出不同的政党结构模式；不同类型的国家结构形式对政党行为的影响也不同，在实行地方分权的联邦制国家政党呈现出地方分权的形态,其组织也较为松散,而在实行权力集中的单一制国家,政党则呈现出中央集权的形态,其组织也较为严密;无论其选举制度具体内容如何,国家政党制度在很大程度上取决于其选举制度;特定政党的产生及其作为政治斗争的领导力量是特定政治势力成熟的标志;社会阶层结构是经济发展的伴生物,它通常决定一国政党结构模式和政党力量对比的状况,对于政党制度的生成、发展、变化具有重要作用。①

笔者认为上述观点比较有道理,也相对全面,基本上涵盖了政治生态环境中影响政党发展的主要因素;但把社会阶层结构这一社会生态环境因素列入政治生态环境似乎不是很妥当。另外也没有给予国家政策以足够重视,国家政策是制约政党发展的重要因素,政党等社会政治组织的发展状况如何很大程度上受到国家政策的影响。因此,可以从政治体制、政治力量比较、国家政策等方面探讨政党的政治生态环境。

4. 文化生态环境

近现代政党的产生与发展不仅有其社会条件、经济基础和政治依据,还有其思想理论渊源;换言之,政党的产生与发展不仅离不开社会、经济与政治生态环境,还需要一定的文化生态环境——以一定的文化环境为前提,受特定文化环境所制约。在影响制约政党发展的文化生态环境诸因素中,作为直接引导、规范政党行为深层次因素的政治文化毫无疑问是最重要的,无论研究哪国的何种类型的政党,其处身其中的政治文化都是必须要考察的。

就自然生态环境②而言,"自然状况,或称自然生态,是影响政党活动的基本因素。但人们在分析政党行为时往往忽略了这一点。事实上,一个国家的自然生态状况,诸如地形、气候、物产、版图、资源等,既是该国

---

① 张伯玉:《日本政党制度政治生态分析》,北京:世界知识出版社 2006 年版,第 18—22 页。

② 与自然生态环境密切相关的一个问题是"政治地理"问题。人类社会政治现象与地理环境的关系早就为人们所注意到,并以之为研究对象形成了"政治地理学"。虽然目前政治地理学学科就研究对象、研究内容、研究方法等问题并未达成一致,但其中的一些观点仍然具有重要借鉴意义。本书行文中会借鉴一些政治地理学的研究成果。

民族赖以生存的条件,也是形成该国民族性格、文化特质和社会模式的重要因素,同时也是该国各政党制定纲领、政策,开展内外活动的基本依归"①。这段话既突出强调了自然生态的重要性,也点明了自然生态的构成内容,是关于政党自然生态环境问题的很好的论述。本书准备遵循其思路。

关于自然生态环境对政党的影响,需要强调的是:一般来讲,除了少数情况②以外,自然生态环境对政党的影响显得不是那么直接,自然生态环境往往需要借助一定的渠道间接地施加影响。前后经历的大概过程是,自然生态环境借助于特定渠道,分别作用于政党的社会、经济、政治、文化生态环境中的某一个方面或同时作用于其中的几个方面,再通过这些社会政治生态环境因素作用于政党。

关于政党生态环境系统的构成,需要强调的是:其一,影响政党发展的生态环境系统的各个部分相互之间不存在泾渭分明的界限,它们是相互联系、相互交叉、交相作用的,彼此之间很可能存在对方的因素或影子,而且某一部分对于政党的影响可能会通过另一部分体现出来。例如,社会生态环境往往很难与文化生态环境分开,文化生态环境中的政治文化亦可归入政治生态环境之中,等等。其二,有些时候,不仅各子系统相互之间会存有相互冲突的要求与影响,各子系统内部也往往存在着对政党提出不同甚至对立要求的相互矛盾、相互冲突的影响因素,多样化的要求在不同方向上影响着政党的发展,而它们之间的交互作用使情况变得更为复杂。其三,政党的生态环境系统处于不断变化之中,是变动不居的各方面的结合体。

---

① 林勋健:《西方政党是如何执政的》,北京:中共中央党校出版社2001年版,第4—5页。
② 这些例外情况主要有:第一,生态环境问题可以衍生一国内部或国家之间的政治问题,进而催生、孕育诸如绿党之类的政党类型。关于此,可参见曹诗图、王恩涌发表于《武汉水利电力大学学报(社会科学版)》1999年第6期的《政治与地理环境》一文,也可参见郇庆治教授的相关文章与书籍,如《欧洲绿党研究》、《当代欧洲政党政治》等。第二,共同的地缘关系会催生一些跨国性政党或政党联盟等地区性组织。近来,地区性政党组织在拉美地区政治舞台上表现比较活跃,如"圣保罗论坛"、拉美政党常设大会等,历史上拉美也曾出现过跨国性的共产党,各国共产党也曾召开过地区性代表会议。

生态环境系统对政党的影响主要集中于其理论、政策与组织制度等方面——政党理论的选择、政策的制定及组织制度的设计基于满足生态环境系统要求的需要，是对这些要求的一种反映；而政党的理论、政策、组织结构等要素加在一起则决定了生态环境对政党的影响效应。

思想理论因素。思想理论是一个政党对诸基本问题的系统认识与解答。从政党与生态环境关系的角度讲，政党的思想理论可以理解为政党对生态环境及自身在生态环境系统中位置的认识与估计，应对环境要求、缓解环境压力、获取环境支持方法的选择。如果把对生态环境的认识，看作对"外因"的认识；那么，对自身位置的判断，即对自身的定位，则是对"内因"的把握。对"内外因"的认识、说明与判断能力的大小，即政党思想理论水平的高低，是决定一个政党生死存亡的大事，对政党具有根本意义。

政策因素。政党要实现自身发展，仅有对生态环境的理论认识和对自身的定位还不够，还应该在此基础上，对应该做什么以及怎样做等问题进一步做出规定、细化与说明。也即，将对党的根本目标及实现目标的工具设计等基本问题的抽象理论认识，转换到可操作的层面。因而，政党的政策是连接其理论与实践的关键环节，是政党与生态环境互动关系中的重要一环。

组织因素。政党组织是与政党的"软要素"——政党的思想理论相对应的"硬要素"；或者说，政党的组织是政党意识形态（政党文化）的物化，是政党存在的物质载体。没有相应的组织架构，政党的思想理论无法得到体现，而其政策主张也无法得到贯彻执行。

从生态环境系统和政党互动关系的角度进行研究，有利于更好地把握不同类型政党生存、发展和作用发挥的历程及其中表现出来的特点，有利于加深对不同社会历史条件下政党发展多样性的认识，有利于解答政党的兴衰更替，从而把脉政党，为政党更好地发展与发挥作用提供借鉴，避免认识上的简单、误解、偏差以及由此导致的行动上的教条、盲目与偏执。

当然，任何一种研究工具都有其缺陷与不足，生态学的理论、观点与方法也不例外。例如，运用生态学的工具时，一不留神就容易陷入"环境决定论"的泥沼。在用生态学的理论、观点与方法研究政党问题时,要注意避免机械的倾向,避免过分强调生态环境的作用而忽视政党自身因素的倾向,要注意生态环境与政党的互动关系,在动态的过程中把握政党问题。

(二) 内容结构

本研究定位为政党生态理论指导下的关于拉美地区共产党生存、发展与作用发挥的案例分析。拉美的共产党与其生态环境的互动是贯穿本书的主要线索,在政党生态系统原则、生态环境理论、整体观方法论和矛盾法则的基础上①,从有关的历史事实和材料出发,采用"分述归结"、"分类对比"和"纵横交织"等具体方法。

第一,基本思路和内容结构。导言部分主要解决选题缘由、研究意义、研究视角与方法和基本内容结构等问题。除导言外,本书还包括六大部分:第一部分简要概括描述拉美地区共产党面临的生态困境。第二部分在给出生态环境条件的基础上,系统梳理不同历史发展阶段拉美地区共产党生存、发展与作用发挥的总体情况,探讨每一时段拉美地区共产党面临的共同问题及每一发展阶段所表现出的特点。第三部分就拉美地区共产党对一些基本问题的认识与解答,即拉美地区共产党的思想理论问题进行梳理,对拉美地区共产党继承、运用与发展马克思主义的理论成果加以介绍,并明确其特点及存在的问题。第四部分关注拉美地区共产党细化了的、操作性的"思想理论"——政策问题,主要梳理与分析执政的古巴共产党及部分非执政共产党的现行政策和拉美各国共产党为增加革命力量而采取的群众组织政策、统战政策及国际主义政策等长期政策。第五部分从党的构成要素、结构设置、运行制度与原则等方面把握拉美地区共产党的组织问题。最后一部分总结探讨拉美地区共产党抉择的经验教训,揭示其所反映的规律,并探讨各国共产党自觉遵循规律应该注意的原则或问题。

第二,具体方法。坚持灵活性,对不同问题采用不同方法。例如,对

---

① 参见刘京希:《政治生态论——政治发展的生态学考察》,济南:山东大学出版社2007年版。

不同历史阶段拉美地区共产党发展情况的分析比较，采用"分述归结法"——对不同阶段分别叙述和分析，最后加以归结形成结论；而对拉美地区共产党的组织类型、理论主张等问题的分析比较，则用"分类对比法"，比较其异同。

第一章 "传统"与"变革"：拉美共产党的生态困境

上文提到，影响政党的社会政治生态环境系统至少包括政治、经济、文化与社会诸子系统。这主要针对民族国家范围内而言。在全球化趋势日益深化的今天，各民族国家之间的联系日益紧密，民族国家难以"鸡犬相闻，老死不相往来"。在把握政党生态环境时，不能局限于民族国家内部，也要考虑国际因素。本章主要从社会生态困境、经济生态困境、政治生态困境、文化生态困境、国际生态困境与自然生态困境方面明晰拉美地区共产党面临的生态环境困境。

第一节 "混合"与"断裂"：拉美共产党的社会生态环境困境

本节主要从人口与种族问题、阶级问题和城乡社会结构问题等方面把握拉美共产党的社会生态环境。人口与种族方面，移民与土著的关系是基础问题，是线索。阶级方面，阶级结构、工人阶级状况是重点。城乡社会结构方面，社会流动是纽带，城市化是趋势。以人口与种族问题、阶级问题和城乡社会结构问题为主的社会生态环境，表现出"混合"与"断裂"并存的特征。

一、土著与移民（"国民"与"异乡人"）：人口与种族问题

（一）人口问题

1. 人口数量

拉丁美洲曾是地广人稀的大陆，最近几个世纪以来，由于外来移民的大量涌入①及本地区较高的人口自然增长率②，其人口增长较快——18世纪中期拉丁美洲人口只占世界人口的2%，20世纪初这一比例上升到4.5%，而到20世纪末21世纪初拉丁美洲人口已逾5亿，占世界人口的8%多③。人口的高增长、巨额的人口意味着更多的资源消耗，无形中对各个领域都形成巨大压力。正如几乎所有的发展中国家和地区一样，人口压力在拉美地区是一个不争的事实。④ 当社会经济发展相对落后，无法满足这些人口的需要、不能缓解人口的压力时，各种社会问题会纷至沓来，进而催生变革要求。

2. 人口分布

拉丁美洲人口的地区分布非常不平衡，其不平衡程度甚至可以说远远高于世界很多地区。不同国家的人口多寡、人口密度高低不一，即使同一国家的不同地区人口密度也存在很大差异。大部分地区尤其是农村地区人口稀少且居住分散，而大量人口汇集于一个或几个大城市是其显著特点。

3. 人口的年龄结构

人口的年龄结构对国家的经济发展及各国社会经济政策的制定有着较大影响。年龄结构相对年轻从总体上有利于生产力的发展，但相应的就业

---

① 仅在1841—1940年间，净移民就达1000万。参见毛爱华、张善余：《当代拉丁美洲人口发展特点和趋势分析》，载《拉丁美洲研究》2006年第4期。
② 在20世纪60年代高达28.5‰。参见毛爱华、张善余：《当代拉丁美洲人口发展特点和趋势分析》，载《拉丁美洲研究》2006年第4期。
③ 2005年，拉美总人口为5.61亿，占世界人口的8.7%。参见毛爱华、张善余：《当代拉丁美洲人口发展特点和趋势分析》，载《拉丁美洲研究》2006年第4期。
④ J. T. Roberts, *Trouble in Paradise: Globalization and Environmental Crises in Latin America*, Routledge (UK), 2003, p. 69.

压力也大，要求国家必须高度重视青少年工作且努力提供足够的就业岗位；在老龄化国家，主要问题则是如何确保老年人的权利，国家的政策相应地围绕如何建立和完善养老保障机制展开。不论是就业的压力，还是养老的要求，得不到很好的缓解和满足，会成为影响发展的负面因素。① 拉美人口年龄结构的演变历程是：在20世纪60年代以前，拉美人口经历了一段明显的年轻化过程；当前正处于低龄人口相对减少又尚未进入老龄化阶段的"黄金时期"；今后将步入老龄化社会，随后老龄化将趋于加速。②

4. 性别问题

在拉丁美洲，性别在社会关系及个人经历中是一个关键因素。重要的文化现实是，由于传统社会、文化观念及态度的影响，大男子主义、主从制、家长制统治长期盛行，造成两性事实上的持续不平等，女性处于弱势地位；而女性在生产、生活中却发挥着不可替代的作用，一项革命或社会运动，如果能够得到女性的参与和支持，成功的几率将大大增加，如果没有女性的参与和支持，成功的几率则大大降低。拉丁美洲的性别现实要求各类革命或社会运动设法满足女性作为被剥削和被歧视者的特殊需求，注重维护女性权利，并鼓动女性的参与，争取其支持。

(二) 种族与移民问题③

1. 种族问题

拉丁美洲以"世界人种的大熔炉"著称于世，该地区的民族和种族构

---

① 拉美各国经济发展程度不一，在不同的时期经济状况也不同，但可以确定的是，一直以来拉美各国的正规经济并不能提供充足的就业岗位，非正规经济吸收了大量无业人员，即便如此，国际机构统计的拉美地区的失业率仍相对较高，例如，进入21世纪以来，拉美地区失业率维持在8%到11%之间。较高的失业率是导致一系列社会问题的重要根源。关于养老问题，大部分拉美国家普遍缺乏养老保障，除了阿根廷、乌拉圭、智利和巴西以外，其他拉丁美洲国家的大多数老人难以获得来自公共的或私人的社会保障体制的收入。参见 http://finance.sina.com.cn/roll/20090301/10452701447.shtml；http://www.china.com.cn/chinese/kuaixun/407040.htm。

② 参见毛爱华、张善余：《当代拉丁美洲人口发展特点和趋势分析》，载《拉丁美洲研究》2006年第4期。

③ 作为共产党生态环境构成因素的种族和移民问题对党发展的影响往往通过其对阶级问题的影响来体现，所以本部分将重点探讨种族、移民与阶级的关系。

成极其驳杂——既有土著印第安人，也有来自欧洲、非洲和亚洲的多种肤色与众多民族的移民，还有各个民族和种族的混血人。复杂的民族和种族构成与拉丁美洲历史发展的特点有关，拉美地区曾有三百多年的殖民地经历，在殖民地时期就有土生土长的印第安居民、欧洲的白人殖民者、非洲黑人以及它们各自和相互之间通婚的后裔——克里奥尔人、梅斯蒂索人、穆拉脱人，等等；独立后，很多国家实行了鼓励外来移民尤其是欧洲移民的政策，导致大量移民的涌入。经过长期的民族和种族同化与融合，形成了现代拉丁美洲国家的民族、种族局面。

拉丁美洲的种族问题与阶级问题密切相关，阶级问题往往带有鲜明的种族烙印。在殖民地时期，拉丁美洲是一个严格按种族划分的社会，个人隶属的种族通常决定了他的社会地位及阶级阵营。欧洲人及其后裔占据着社会的最高层，梅斯蒂索人、穆拉脱人、印第安人和黑人则处于金字塔的底层。① 不同的种族群体自成系统，彼此之间正式交往甚少，而且在"征服传统"②的作用下，不同族群之间的关系经常处于紧张状态。独立后，上述状况在拉美国家仍持续了很长时间，甚至在20世纪中期的某些地区还可看到它的影子。另外，宣扬种族优劣论的种族主义在拉美大陆也很有市场，其典型表现是把印第安人称为"野蛮人"。"野蛮人"享受不到"国民"待遇，并常常成为屠刀的祭品，而"野蛮人"的种族主义也成为在各个时段大肆屠杀甚至灭绝印第安人的"理论依据"。今天，拉美各地都努力采取措施来消除种族歧视，传统的种族观念有了很大变化，印第安人、黑人等的地位也有了很大提高；但是，种族问题积重难返，仍有很多问题有待解决。③ 种族问题对于阶级问题的影响还体现在种族杂多、种族敌对情绪影响了各国工人之间的合作，干扰工人运动达数十年之久，尤其给欧

---

① 参见[美] E. 布拉德福德·伯恩斯：《简明拉丁美洲史》，王宁坤译，长沙：湖南教育出版社1989年版，第262页。
② 所谓"征服传统"，即在不同的种族群体中制造隔离、不信任、甚至仇恨，这样便不时引起冲突。参见[英] 莱斯利·贝瑟尔：《剑桥拉丁美洲史》第六卷（下），中国社会科学院拉丁美洲研究所组译，北京：当代世界出版社2001年版，第417页。
③ 参见[美] E. 布拉德福德·伯恩斯：《简明拉丁美洲史》，王宁坤译，长沙：湖南教育出版社1989年版，第270页。

洲移民众多的地区的工人运动造成巨大困难。①

2. 移民问题

拉美地区的人口构成及民族和种族的形成很大程度上仰赖于移民现象的存在。移民现象可以以是否跨越拉美地区为准简单分为外部移民和内部移民。② 无论是外部移民还是内部移民，都对拉美地区的阶级构成、阶级状况及国家相关政策产生了巨大影响。

虽然外来移民也对拉丁美洲"中等收入阶层"或者"中产阶级"的形成做出了贡献，但外来移民对于拉丁美洲工人阶级的影响更大。拉美工人阶级的形成及早期阶段（大体在19世纪70、80年代至20世纪30年代之间），外来移民尤其是来自诸如意大利、西班牙、葡萄牙等国的欧洲移民构成了工人阶级非常重要的部分（在有些地方，如布宜诺斯艾利斯、蒙得维的亚、圣保罗等地，甚至占压倒性优势），而且他们在拉美的工人阶级及工人运动中发挥着不可低估的作用。外来移民在工人阶级及工人运动中的积极作用体现在：部分移民在来到拉美之前就具有一定政治经验，甚至少数人在母国的工人运动中曾充当领袖，来到拉美后，他们在传播共产主义思想、开展工人运动的过程中扮演了重要角色。例如，1848—1849年欧洲革命失败后，一些共产主义者同盟盟员和革命者流亡到巴西等国，给拉美带来共产主义的火种。巴黎公社被残酷镇压后，部分社员为逃避迫害也跑到拉美。在当地力量的配合下，这些避难者在墨西哥、阿根廷和乌拉圭等国组建了第一国际的支部。③ 这些对于工人阶级的阶级自觉性的提高及阶级意识的形成和巩固具有重要意义。

外来移民对工人运动也有消极影响，或者说外来移民对拉美工人运动的参与受到特定制约，具有一定局限。主要体现在：虽然在大多数拉美国家，公民身份是根据出生地或个人的选择而不是根据原来的种族特征而确

---

① 参见[英]莱斯利·贝瑟尔:《剑桥拉丁美洲史》第四卷，中国社会科学院拉丁美洲研究所、涂光楠等译，北京：社会科学文献出版社1991年版，第331页。

② 当然，移民还有输入和输出的不同方向，此处仅关注外部移民的输入及内部移民。

③ 参见祝文驰、毛相麟、李克明:《拉丁美洲的共产主义运动》，北京：当代世界出版社2002年版，序言第2—3页。

定的，但是如果移民仍保留出生国的国籍而不愿做当地公民，就无法享有"国民"待遇，其对工人运动的参与因而缺乏坚实的政治基础，而且移民出身特别容易遭到某些形式的镇压，成为民族主义运动的牺牲品。在很多拉美国家，早期的移民工人阶级经常面临此类遭遇。例如，巴西、阿根廷、乌拉圭等国曾以"外国煽动分子"挑起工人运动为由，颁布法令将外籍工人驱逐出境，给工人运动造成危害。① 另外，也有相当一部分移民工人只顾眼前经济利益，不问政治，不关心工人阶级组织及其运动，这些一心只顾个人的打算妨碍了大规模工人组织的发展。

20世纪30年代和40年代期间，拉美大规模外来移民的浪潮中断，内部移民的作用开始彰显。② 内部移民一般是伴随工业化、城市化的进程由农村地区流向主要城市，其造成的影响和外来移民没有根本性差别。随着大量外来移民的终止和内部移民群的增加，拉丁美洲城市工人阶级的社会构成开始发生变化，开启了拉美工人阶级的"民族化"进程——从一个主要是移民的阶级转变为一个日益民族化的阶级。③ 在20世纪30年代初期，尽管整个大陆的情况和自我意识的程度参差不齐，但一个地区工人阶级的轮廓已经显现，而到40年代，这个工人阶级就变得比较巩固了。④ 大量的内部移民涌入城市，为城市无产阶级队伍的扩大准备了充足的后备队伍。

二、精英与平民：阶级问题

政党是"代表一定阶级和阶层利益，为实现自己的目标和理想，力求取得国家政权和保持国家政权而进行活动的政治组织"⑤。阶级问题是认识

---

① 参见[英]莱斯利·贝瑟尔：《剑桥拉丁美洲史》第四卷，中国社会科学院拉丁美洲研究所、涂光楠等译，北京：社会科学文献出版社1991年版，第126—332页。
② 内部移民不仅包括拉美地区内各国之间的人口流动，还包括各国内部各地区之间的人口流动。内部移民的兴起不是由于外部移民的中断，而是源于农村土地不足、就业岗位少、个人亲属关系网络的影响及个人选择等复杂因素的综合作用。
③ 并非所有拉美国家都如此，此论仅针对早期工人阶级主要由移民构成的国家。
④ 参见[英]莱斯利·贝瑟尔：《剑桥拉丁美洲史》第六卷（下），中国社会科学院拉丁美洲研究所译，北京：当代世界出版社2001年版，第326页。
⑤ 周淑真：《政党和政党制度比较研究》，北京：人民出版社2001年版，第2页。

政党尤其是共产党及其生态环境①所必须要涉及的问题。

(一) 阶级状况及特点

由于拉美各国的发展程度与经济、政治、社会环境等方面存在差异，各国的具体阶级状况不尽一致，而且各国的阶级状况还随着环境条件及时代条件的变化而处于不断变动之中。从总体上描述这样一个复杂的问题具有相当难度，但仍可以梳理出拉美阶级状况的一些大致轮廓及特点。

1. 阶级结构

尽管拉丁美洲各国的具体阶级状况存在差异，但却有着大体类似的阶级结构；虽然拉美的阶级结构在不断变动，但却保持着特定的连续性和稳定性。

与殖民统治的封建性相配套，殖民地拉丁美洲的阶级结构主要由征服者转化而成的土地贵族和被统治的农民两大阶级构成。独立运动虽然结束了旧的殖民统治，由土生白人地主替代旧的土地贵族成为统治阶级，但并没有形成社会经济领域的根本变革，阶级结构也没有发生根本性改变。

19世纪下半叶②，情况开始发生根本性改变。随着拉美作为原料和初级产品的供应者被卷入世界资本主义体系，该地区的资本主义得到一定程度的发展，出现了多种经济成分并存的格局。多种经济成分造就了为数众多的社会阶级和阶层——与前资本主义经济成分相联系的大地主、大庄园主、村社居民和各种各样的农民，③ 与资本主义经济相联系的资产阶级、中等阶层或中间阶级、工人阶级、农民等。在这个复杂的阶级结构中，先是地主寡头，然后是地主寡头与资产阶级的混合物牢牢处于金字塔的上层，他们在政治上是统治阶级；④ 虽然有时出于策略考虑，这些精英会和

---

① 阶级状况是政党生态环境的重要因素。
② 较早的改变大约出现在19世纪60、70年代，晚些的到19世纪90年代，甚至个别的在20世纪。
③ 主要有从事自然或半自然经济的垦殖农、阿格雷加农、寄居佃农、莫拉多尔农、瓦西朋戈农、帕尔塞罗农、佩古哈莱农、莫索农、对分农，等等。
④ 有时，处于统治地位的还会有一些特权集团，如各种类型的"考迪罗"、天主教会、军人、外来势力等。

中等阶层或下层阶级结成一定形式的联盟，但他们从未认真考虑过盟友的利益，更不能容忍任何对他们利益、地位的威胁和挑战，实际上他们也从来未曾在政治上被彻底推翻过。拉美的中等阶层不同于西方发达国家的中间阶级，虽然他们在不断壮大，但他们却缺乏明确的、统一的"自我阶级意识"，也很难在目标上达成一致，其政治家往往在目标和策略上存在极大分歧且力量也达不到左右政治格局的地步，为了维护自己的利益，他们经常左右摇摆，或者倒向上层阶级，或者与下层阶级结盟；中等阶层的积极作用之一体现在他们为一些革命或社会运动提供了领导人。虽然各自具体情况不太一样，但处于金字塔底端的各阶级、阶层往往经历了"无产化"的历程，可以统一看作是被剥削、被压迫的下层阶级，他们的权利往往得不到保障，他们的生活经常难以为继，他们在不断尝试、寻找表达他们利益要求的途径与力量。

随着工业化、城市化的出现和深化，加上诸如科技革命等其他因素的综合作用，有着众多阶级和阶层的拉美阶级结构在不断变动，有些与前资本主义经济成分相联系的传统阶级在不断衰落或向其他阶级成分转化，而有些阶级、阶层却在不断壮大；但无论怎样变，复杂的多元化的阶级结构时至今日依然。

2. 工人阶级的状况及特点

有学者指出，"在拉丁美洲几乎不存在19至20世纪初的欧洲很普遍的那种工人阶级共同体"，"拉丁美洲的工人阶级从来是不同质的，大工业对其形成只起了相对次要的作用。在这方面，19世纪及20世纪初英国和德国形成工人阶级的历史经历没有出现重复"。[①] 这个评价勾勒出拉丁美洲工人阶级独具特点的重要侧面——多样性。拉丁美洲工人阶级的来源、成分多种多样，既有来自正规经济部门的，也有来自非正规经济部门的；既有工业（产业或制造业，矿业，运输业，建筑业，等等）工人，也有服务业雇工，还有农业工人；有城市工人阶级，也有农村工人阶级；而且其中非

---

① ［英］莱斯利·贝瑟尔：《剑桥拉丁美洲史》第六卷（上），中国社会科学院拉丁美洲研究所组译，北京：当代世界出版社2000年版，第317、316页。

正规经济部门、服务业的工人占有相当比例，或者说，工业工人的比例和影响力要远远低于其他地区的同类工人。拉美工人阶级的另一重要特点是高度的流动性。① 社会流动在拉美是比较常见的现象，而工人阶级尤其是农村的工人阶级非常珍视流动性。工人阶级的又一重要特点是易受外部影响。早期的工人阶级主要由外来移民构成，很多工人所工作的企业为外部资本主义经济服务，甚至相当多的工人就在外国人开办的企业里工作，这些因素导致拉美的工人阶级很容易受到外界影响。

工人阶级多样性、流动性、易受外界影响的特点，带来一系列后果：不同来源、成分的工人阶级的阶级意识、阶级认同感层次不一。除了工业工人的阶级意识和阶级觉悟较高以外，其他行业部门的工人阶级阶级意识淡薄或没有形成明确的阶级意识，许多拉美工人更愿意把自己归入一个带有"贫民"或"人民"标签的更大的社会类别，② 对工人阶级的认同感、归属感并不是很强，或缺乏对本阶级的认同；成分的多样性还容易导致相互之间的竞争、不信任甚至敌对情绪，致使工人阶级组织内部宗派林立，严重妨碍了工人阶级的团结及力量整合。高度的流动性也十分不利于工人阶级的有效组织与团结。易受外界影响则容易导致简单模仿外界而忽视本地实际的主观主义倾向，以及激起盲目排外的民族主义情绪。这些都严重影响了工人阶级的健康成长，也妨碍了工人阶级事业的深入开展。

（二）阶级与政党的互动及其在拉丁美洲的展现

为了更好地表达自身的利益诉求、实现和维护自身利益，各阶级、阶层总是在寻找自己的代理人，尤其是组织形式的代理人。作为代表一定阶级、阶层利益的政治组织，担当阶级利益的代理人是政党存在的最大价值功能之一。作为代理人的一种，政党提供了阶级、阶层利益的组织保障或一种组织上实行的可能性；阶级利益斗争也往往可能采取党内斗争或党际斗争的形式。而阶级基础则是政党存续、发展与价值功能实现所必需的基

---

① 特指地理上的水平流动，而非阶级结构层次上的垂直流动。
② 参见［英］莱斯利·贝瑟尔：《剑桥拉丁美洲史》第六卷（下），中国社会科学院拉丁美洲研究所组译，北京：当代世界出版社2001年版，第322页。

本条件。

　　自19世纪初出现以来，政党在拉美各地得到蓬勃发展。但在拉美独特的社会政治环境中，政党并非唯一的阶级利益代理人或政治主体，它的地位和作用经常受到诸如考迪罗（卡西克）、军队、村社、教会及一些组合主义团体的挑战；而且在竞争的过程中，在很多时候，政党往往处于下风或只能扮演附属角色。

　　对工人阶级来讲，为了维护自己的利益，有时候会借助本阶级以外的力量，如与上层阶级、中等阶层结成联盟，或者寻求传统力量、教会的帮助（农村的工人阶级尤其如此），虽然这样做的结果通常很难达到维护阶级利益的目的。当工人阶级通过组织自己的力量来维护阶级利益的时候，刚开始是结成了一些互助（协）会、行会，随后是组织各种各样的工会、工人联合会及跨国性工人组织，再后来才是组建工人阶级的政党这一工人阶级的最高组织形式。因此，"艰难抉择"的一层意思是共产党只是众多"候选代理人"中的一个。作为工人阶级利益的代理人，它不仅会面临工会等其他工人组织、其他类型工人阶级政党的竞争，还要接受来自阶级外政治主体的挑战。"艰难抉择"的另一层意思——面对生态环境系统的多样性甚至相互冲突的要求，共产党如何应对。

三、分化与失衡：城乡社会结构问题

　　从城市与乡村关系的角度讲，拉丁美洲是典型的"二元"社会——尽管城乡之间有着一定联系与交流，但二者却是一个分裂社会的两极；而且由于传统因素、国家发展思想及发展模式和国家政策等原因，城乡发展的不平衡持续上演，城乡之间的差距不断扩大。

　　城乡之间联系与交流的形式之一是社会流动——大量人口由农村向城市流动。"乡村到城市的不断流动过去是、现在仍是拉丁美洲最重要的过程。""19世纪开始的人们大量向城市的迁移一直继续且毫无减弱之势，从1950到1980年，2700万几乎全是穷人的拉丁美洲人离开乡村来到城市，城市人口所占比例从40.9%跃升至63.3%。20世纪最后三分之一时间，拉丁美洲人更是势不可挡地向城市迁移，到1995年城市居民达到全体拉丁

美洲人的78％。"① 大量人口向城市的流动与集中是城市化的重要内容之一，也是拉美社会经济变化的一个显著特征。

拉丁美洲是目前全世界各发展中地区中城市化程度最高的。由传统的农业社会向现代城市社会的转变是迄今为止拉丁美洲社会最大的社会变迁。虽然城市化进程在各国出现的时间有先后②，而且各国的城市化程度高低不一；但拉美各国的确普遍经历了城市化的进程，并且表现出许多共同的特点——拉美国家的政策普遍向城市倾斜，二战后的工业化战略更是体现出明显的"城市偏向"；城市化往往伴随着人口、经济活动、资源向一个或少数几个城市的集中，形成了"首要"城市结构；商业是拉美城市发展的主要因素，是城市经济职能的主要表现，而工业职能作为城市发展中的一个主要组成部分的情况则不多见③；城市的发展速度大大快于经济的发展速度，也远远高于公共服务设施的建设速度；城市的发展对地方的影响甚小，等等。

具有这些特点的城市化不可避免地造成一系列后果：国家政策、工业化战略对城市倾斜，资金、人才等各类资源向城市尤其是首要城市集中，压缩甚至剥夺了小城市及农村发展所必需的资源，致使在城市得到畸形发展的同时，农村却很难享受到发展的成果，在城市日益现代化的同时，农村却传统依旧，城乡的差距也越拉越大；大批农村人口自发地涌入城市加上城市自身自然人口的高速增长，引起城市人口的迅速膨胀，导致对诸如就业、住房、公共服务等的需求大大增加，而城市的发展速度大大快于经济的发展速度与公共服务设施的建设速度致使城市经济的发展根本无法对急剧膨胀的劳动人口进行生产性吸收，公共服务也很难满足日

---

① [美]谢里尔·E.马丁、马克·瓦塞尔曼：《拉丁美洲史》，黄磷译，海口：海南出版社、三环出版社2007年版，第361、365页。

② 城市化最早出现于19世纪的个别地区，20世纪初阿根廷、乌拉圭和巴西等国开始了较快的城市化进程，在20世纪40年代以后大部分国家才启动城市化进程，而中美洲国家直到50年代才开始城市化。

③ 从经济职能角度划分，拉美的城市有商业—官僚型、商业—工业型、商业—矿业型（专业化型）及商业型，商业在拉美城市发展中发挥着举足轻重的作用，而工业显得相对不是那么重要。参见［英］莱斯利·贝瑟尔：《剑桥拉丁美洲史》第四卷，中国社会科学院拉丁美洲研究所、涂光楠等译，北京：社会科学文献出版社1991年版，第246—247页。

益增长的需求，失业、贫困、贫民窟、城市服务紧张等问题不可避免地随之而来。这些问题由于人口和财富过度集中在少数几个大城市而变得更加严重。概言之，城市化加剧了社会不平等的程度，富裕与贫困、发达与不发达、现代与传统并存于一个二元社会，城乡之间如此，城市内部亦然。

第二节 "前资本主义"与"资本主义"：拉美共产党的经济生态环境困境

本节主要从生产方式、发展模式与经济政策和资本主义发展的特点方面把握拉美地区的经济生态环境。生产方式方面，拉美地区是一元居优多元并存的生产方式格局。发展模式方面，拉美地区的发展模式历经初级产品出口导向型模式、进口替代型工业化模式及新自由主义模式。资本主义发展特点方面，拉美的资本主义表现出依附性、单一性、不平衡性、二元性的特点。

一、单一与多元：生产方式问题

关于拉丁美洲的社会性质，历来存有众多带有分歧性的观点[1]。典型的观点如：共产党关于社会性质的传统观点认为拉美是具有封建残余的社会；而一些反对正统观念的马克思主义者却认为在拉美从未有过封建社会，从一开始就是资本主义的，有的不过是一种"封建"的面纱而已[2]；有的认为拉美确未出现过中世纪社会典型的封建制度，而马克斯·韦伯所描述的"承袭制"（patrimonialism）最适合说明拉美的情况[3]；有的认为拉

---

[1] 想对此问题有进一步了解，可参考高铦的载于《拉丁美洲研究》1981年第1期的《弗兰克对拉丁美洲社会性质的分析和国际学术界的有关争论》以及王辉的载于《拉丁美洲研究》1980年第2期的《苏联学者对拉丁美洲社会性质的看法》等文章。

[2] 此类观点可参见塞尔西奥·巴古：《殖民地社会的经济》，布宜诺斯艾利斯，1949年；卡约·小普拉多：《巴西革命》，圣保罗1966年版。

[3] 参见[美] E. 布拉德福德·伯恩斯：《简明拉丁美洲史》，王宁坤译，长沙：湖南教育出版社1989年版。

丁美洲是不发达的资本主义①，资本主义导致了拉美的不发展；还有的持"二元论"②，等等。出现观点分歧的原因，除了看问题的角度不同等因素外，主要的恐怕在于问题本身——拉丁美洲社会性质的复杂性，而拉美社会性质的复杂程度恰恰取决于其生产方式的状况。

拉丁美洲的生产方式状况如何？笔者认为，从殖民时期以来，拉丁美洲从未有过单一的生产方式结构，尽管各个国家具体情况可能不太一样，不同历史阶段情况也会有变化，但一种方式居优的多元混合型的生产方式（生产方式的多样性）持续至今。

在当时仍然处于封建社会的西班牙和葡萄牙征服新大陆的过程中，殖民者把自己的一套封建宗法制度带到了殖民地，建立了以"委托监护制"和垄断性的贸易专营制为主的封建经济体系。"委托监护制"后来衍变为大庄园土地占有制（大庄园以外，教会也占有大量土地，土地集中程度达到了罕见地步）。大庄园曾先后通过强制劳役制与劳役偿债制进行剥削，可以看作一种封建农奴制，其自然经济的性质自不待言。垄断性贸易专营制度使各种生产活动都围绕宗主国和当地殖民者的各种需求开展，除了同宗主国的贸易联系外，殖民地的经济被极其严密地封闭起来。殖民者只把新大陆看作贵金属和种植业产品的来源地，阻碍了当地的工业尤其是制造业的发展，致使殖民地的经济展现并保留了各种自然经济的特征。为数最多的农民却只拥有少得可怜的土地，他们在零星的小块土地上进行着小农生产。此外，还有专为印第安人而设的村社（印第安公社）③——一种植根于前殖民地时代的传统经济形式。在那里，土地归村社所有，居民可以分得小块土地耕种，很多村社甚至停留在采用刀耕火种的原始的耕作方式

---

① 不发达的资本主义、不发展等观点是弗兰克的贡献，弗兰克还是"依附论"的鼻祖，可参见其《拉丁美洲的资本主义和不发展》（纽约，1967）、《论资本主义不发展》（孟买，1975）等著作。还有一些类似观点，例如苏联学者 B. M. 达维多夫认为拉美的社会结构是一种特殊类型的资本主义社会或者"依附性资本主义"，可参见其载于1979年3月号的《世界经济与国际关系》杂志的《拉丁美洲型的资本主义成熟程度和特点》一文。

② 拉丁美洲经委会持"二元论"观点，当然他们的"二元论"也可视为多样性。笔者较认可这种观点。可参见拉美经委会的著作《1949年拉丁美洲经济概况》（纽约，1951）。

③ 传统的村社土地所有制尤其在玻利维亚、危地马拉、厄瓜多尔、秘鲁等国社会经济结构中占很大比重。

的阶段。村社里还存在一些形式的手工产业，但基本上是自给自足。为了弥补由于对土著居民的野蛮屠杀而造成的劳动力缺口，殖民地从非洲引进了大量黑人奴隶，奴隶不仅在一些大种植园（其中，巴西的种植园比较出名）从事农业生产，还在一些大的手工作坊①、制作工场、矿井里做工（西印度群岛等地）。无论是种植业还是工场手工业都是把奴隶制这种古老的剥削形式同面向市场的生产相结合的独特生产形式。

独立战争让拉美各国摆脱了宗主国的殖民统治，带来一些积极因素：垄断专营贸易制度、劳役制、奴隶制以及一些束缚经济发展的禁令被废止，为对外贸易及资本主义的发展创造了有利条件；新的主权国家的独立与巩固、具有资产阶级性质的宪法的颁布、共和制的确立，为资本主义提供了相对稳定与适宜的政治环境，等等。虽然如此，让人惊讶的是，拉美经济上却没有发生实质性的变化，只不过进行了一轮土地从某甲到某乙的重新分配过程②，而封建大庄园制度被完整地保留下来，甚至在有的国家还有所加强。这样的情况大约维持了半个世纪之久。

情况开始变化大约始于19世纪70年代，是伴随拉美逐步地更全面地卷入世界资本主义体系而发生的。在世界资本主义体系中落后的拉美扮演着先进工业国的原料、农牧产品和初级产品的生产者和供应者的角色。在资本主义先行国对农牧产品需求激增的刺激下，一些自然经济的大庄园逐渐向为出口农牧产品而进行生产的大农场转变，而部分农奴也渐渐转化为农业工人③；在对矿产品需求激增的刺激下，采矿业及一些初级产品加工得到进一步发展，而原来占主导的奴隶制逐步为雇佣劳动制所代替。可见，拉美的资本主义是在以本地区的农矿初级产品同英、美等资本主义国家的工业消费品交换的过程中逐渐萌生与发展的。但控制农矿生产的寡头们把出口原材料所得的收入主要用于从国外进口消费品以满足自身奢侈生

---

① 这些手工作坊17世纪便出现在拉美的一些国家，可以看作是殖民地的"工业"场所。
② 比如，在独立战争中立下功劳的功臣们分得了大片土地，成为新的大庄园主；教会的地产被收归国家所有，等等。
③ 直到20世纪60年代出现了大量现代化资本主义农场，才大体完成这一转变过程；尽管如此，许多农村仍保持着前资本主义的剥削方式。

活的需要，却妨碍了资本主义的进一步发展。

两次世界大战及20世纪20年代末的世界经济危机多次验证了片面依赖原材料出口经济的脆弱性。20世纪30年代拉美出现了一种自发的"进口替代"型工业化，二战后"进口替代"型工业化成为一种普遍趋势。尽管"进口替代"型工业化带来了一些相互矛盾的结果，但是它毕竟促成了一批民族企业的诞生，促进了拉美工业的发展，为工业取代农业成为国民经济的主导部门创造了条件。①

毫无疑问，当前的拉丁美洲，无论是在城市还是在农村，资本主义已在各个经济部门占有绝对统治地位②，但各种前资本主义因素的"阴魂不散"也是客观事实。可以说，拉丁美洲的生产方式是在经历一个由前资本主义向资本主义转变的过程，但这一过渡过程却历时特别长而进度又特别缓慢，导致前资本主义因素与资本主义因素长期并存的复合型局面。

一元居优多元并存的生产方式格局对拉美政党发展的影响主要体现在：资本主义的统治地位为拉美现代政党的产生、发展与在拉美政治舞台上扮演重要角色提供了必要经济条件；多元并存导致利益的多样性，多样的利益诉求体现在政治领域即为政治参与主体的丰富多样，多样的政治主体不仅增加了资源竞争的激烈程度，而且削弱了政党利益表达功能的相对重要性。具体到共产党，复合型的生产方式决定了拉美社会性质的复杂性，决定了共产党任务的艰巨性；而传统寡头势力与资产阶级的混合与同盟、多元政治主体的激烈竞争等因素无疑增加了共产党达成目标的难度。

二、模仿与排斥：发展模式（发展战略）与经济政策

（一）发展模式（发展战略）

拉丁美洲各国的经济发展大体遵循同样的模式。但在有哪些发展模式

---

① 当然，并不是所有的国家都如此，一些落后国家仍然是农业国。例如，中美洲多数国家的农业仍占统治地位。

② 古巴的社会主义在拉美是个例，"资本主义占统治地位"的论断针对古巴以外的拉美国家而言。本部分中有关拉美社会、经济、政治问题的总体性描述，只是大致而言，存在个例的情况比比皆是，不再一一说明。

及其阶段划分的问题上,学者的侧重点和认识有所不同。美国学者 T. E. 斯基德莫尔和 P. H. 史密斯将拉美国家经济发展的模式概括为:进出口增长开始阶段(1880—1900)、进出口扩大阶段(1900—1930)、进口替代工业化阶段(1930—1960)、进口替代增长停滞阶段(1960—1980)、伴随债务危机的停滞阶段(1980—1990)①。这是一种主要依据贸易状况而更侧重史学意义上的观点。杨万明认为拉美国家独立后大致经历了初级产品出口导向型发展模式、进口替代工业化模式、20 世纪 80 年代的债务危机和 90 年代的新自由主义经济改革四个发展阶段②,可作供参考的一家之言。拉美研究专家苏振兴的"三段论"代表了目前国内在此问题上的主流观点。他认为拉美国家的现代化进程经历了初级产品出口发展模式(1870—1930)阶段、进口替代工业化发展模式(1930—1982)阶段、外向发展模式(1982—至今)阶段,他还把这种"外向—内向—外向"的变化称为模式转换的"钟摆现象"③。笔者较认可苏的"三段论"中关于发展模式的观点,但同时认为,发展模式不仅包括发展什么、要达到什么样的目标、如何发展即发展战略的选择,还要考虑发展的实际结果,应该是相对比较成熟的,而"三段论"中的外向发展模式似乎不太符合。因此,拉美各国的发展模式可以大致归结为初级产品出口导向型模式、进口替代型工业化模式及新自由主义模式④。

1. 初级产品出口导向型

殖民地时期拉美就向宗主国提供原材料、贵金属与农牧产品,独立后拉美国家延续并发展了这一传统,将初级产品的出口作为经济发展的基

---

① 参见[美] T. E. 斯基德莫尔、P. H. 史密斯:《现代拉丁美洲》,江学时译,北京:世界知识出版社 1996 年版,第 73 页。
② 参见杨万明:《论拉美国家的发展模式转型与发展困境》,载《拉丁美洲研究》2006 年第 6 期。
③ 参见苏振兴:《关于拉美国家现代化研究若干问题的探讨》,载《学术探索》2006 年第 2 期。
④ 陈平:《新自由主义的兴起与衰落——拉丁美洲经济结构改革(1973—2003)》,北京:世界知识出版社 2008 年版,对新自由主义问题进行了较为详细的阐述。至于新自由主义以后是否有了新的发展模式,如果有应该如何界定,目前学界尚未有定论。

础。从独立到19世纪70年代约半个多世纪的时间里，出口经济基本上处于停滞状态；19世纪70年代至20世纪初，由于出口量的激增，拉美出现了一个经济增长期；20世纪20年代末的经济危机给原本就很脆弱的出口经济以致命打击，初级产品出口导向型经济走到尽头。

初级产品出口导向型经济的显著特征在于：多数国家的出口商品结构过于单一，只出口一类到两类初级产品；多数国家高度依赖美国、英国、德国和法国的市场，对外部市场的依赖过大。这些特征导致这种经济发展模式具有很大局限性：出口的增长很难保持长时间的持续，多数国家都无法避免突发性急剧增长之后出现长时间停滞的命运；出口经济和本地经济（或国内经济）之间没有联系（如果非要说有联系的话，二者之间的联系也是不和谐的），导致出口的增长仅仅带动了少数地区的屈指可数的原料加工企业的发展，往往很难做到促进整体经济的发展，出现增长而不发展的怪象。

2. 进口替代型工业化模式

作为对初级产品出口导向型经济的一种矫正，拉美国家采取了进口替代型工业化模式，其努力方向是改造生产结构和减少对外依赖。毋庸置疑，这种经济发展模式的确产生了一些积极结果，工业化在各国的推进使许多国家的经济出现了较为明显的变化——许多国家开始摆脱传统经济的束缚，大致完成了由农业经济向工业经济的过渡，工业取代农业成为国民经济的主导部门。但单纯依靠进口替代工业化的做法在20世纪50年代末达到极限，到20世纪60年代初这一模式开始失去它原来的某些有用性。

进口替代型工业化模式导致拉美经济出现或陷入一种矛盾性怪圈：工业越发展，对进口中间产品的需求越高，对外汇的需求越大，而外汇主要由原材料和初级产品的出口换回，因此对初级产品的出口就愈依赖，相应地对外的依赖性也就更大①。对初级产品出口的依赖与进口替代模式中所采取的具有浓烈反出口倾向的贸易政策是相矛盾的，而且如此也背离了进口替代的初衷。另外，在进口替代工业化期间不同利益集团之间的博弈不

---

① 有人将此称为对国际经济的新的依附形式。

但没有提高彼此之间的相容性，却使社会分层化更加严重，为数众多的人民群众被排斥在政府、国内资本和国外资本的"同盟"体制之外而无法享受现代化的成果。①

3. 新自由主义模式

20世纪80年代以债务危机为核心的经济危机让拉美各国放弃了始自20世纪60年代对进口替代型模式进行修改的努力，开始寻找新的发展模式，结果拉美成了新自由主义的试验场。拉美新自由主义的主要内容在于奉行自由市场经济、重视出口导向，这促成了拉美各国由国家主导型经济向自由市场经济的转变，由进口替代向出口导向的转变。遗憾的是，新自由主义的效果并不太理想，自90年代中期拉美主要国家相继爆发金融危机起，整个地区的经济陷入持续低迷。

拉丁美洲经济发展的三个模式都表现出严重的对外依赖倾向，初级产品出口导向型依赖的是外界市场，进口替代型模式依赖外部的市场、机器设备、技术、资金，新自由主义也不遑多让。可以说，拉美并没有形成自己独立自主的发展模式，如果说早期初级产品出口型经济更多的是出于被动而非自愿，而其主动选择的进口替代型模式与新自由主义模式则体现出对发达国家工业化发展道路的强烈模仿甚至全盘照搬。没有自己自主的发展模式的负面影响是显而易见的，恶果只能由自己承担。

（二）主要经济政策

1. 土地改革

绝大多数拉美国家是传统的农业国，土地问题是其根本问题；想更好地了解拉美的经济，必须先要了解其土地所有制。这个地区一直以来盛行的是大土地所（私）有制，从来没有一个面积与其类似的地区的土地像拉美这样高度地集中在极少数人的手中；而且不论出于何种原因，土地高度集中的状况、土地不断集中的趋势一直维持着，从来没有被真正撼动过。

---

① 参见杨万明：《论拉美国家的发展模式转型与发展困境》，载《拉丁美洲研究》2006年第6期。

土地问题长期得不到根本解决，既制约着拉美地区工业化的进一步发展，也妨碍了社会的现代化。因此，很多拉美国家曾进行过土地改革①的尝试。关于拉美各国土地改革的类型，有的依据改革的手段将其分为以革命手段进行的激进的土改、以和平手段缓慢进行的土改、迫于形势而进行的土改②；有的则从性质的角度将其分为实行土地再分配的土改、促进向容克地主或农场主道路转变的资本主义土改、资本主义农业内部的改革（反土改）③。无论何种类型的土地改革，在整体上既取得了一定成果，也仍有许多缺陷与不理想之处——在一定程度上打击和削弱了农村封建因素的残余，促进了农业资本主义的发展；但没有真正解决土地问题，土地所有制的不合理状况仍是各种社会经济问题的根源。

2. 工业化

工业化既可以理解为一种经济历程，也可以看作是拉美国家采取的经济政策。二战后，拉美国家开始了以工业化为主导的现代化进程，走的是进口替代工业化的道路。有关进口替代的问题，上文已有所涉及，不再赘述。此处重点探讨拉美工业化的主要特点及影响。

在工业化过程中，拉美表现出强烈模仿发达资本主义国家工业化模式的倾向。例如，选择了城市工业化道路，将工业发展置于国民经济的首位，结果导致工业布局、产业结构、城乡结构严重失调等问题：工业布局很不合理，在地域上高度集中——现代工业的发展在相当长的时间内仅集中于少数中心城市，而工业化过程基本上同农村是脱节的；城市、工业畸形发展，而农村、农业长期处于停滞状态……同时，拉美的工业化又不同于欧美的工业化，不同之处主要体现在拉美工业化的资本集中远远大于劳动力集中，结果是随着生产率的提高，正规的生产部门无法提供充足的工

---

① 较早进行土地改革的是墨西哥，在 1910—1920 年革命期间，墨西哥先是于 1915 年颁布了土改法令，1917 年宪法第 27 条又明确了相关的原则，但这些法令和原则直到 1934 年才得以真正实施，土改进行得很缓慢，力度也有限，在执行过程中还有保留。大多数拉美国家的土地改革大量出现于二战以后，这些改革很多也表现出与早期墨西哥土改的类似特点。

② 参见冯秀文：《拉丁美洲的农业发展》，北京：社会科学文献出版社 2002 年版。

③ 每一类型作者又细分为三种亚类型。详见 Alain de Janvry, *The Aprarian Question and Reformism in Latin America*, New York: John Hopkins University Press, 1981。

作岗位，从而造成大量失业。总之，工业化在促进拉美经济畸形发展的同时，也给本地区带来许多新问题。

3. 经济一体化

从一定意义上讲，经济一体化政策的实施源于工业化发展的需要。为了解除国内市场规模狭小对进口替代工业化进一步发展的严重制约，20世纪60年代拉丁美洲开始尝试地区市场的一体化，从而启动了地区经济一体化的进程。

拉美的经济一体化大约经过三个发展阶段。20世纪60年代至70年代初为第一阶段，目标是逐步取消地区内的贸易障碍，为此还制定了建立共同对外关税的时间表；这一阶段的主要成绩之一是组建了"拉丁美洲自由贸易协会"、"中美洲共同市场"①、"安第斯共同市场"及"加勒比自由贸易区"② 等地区贸易组织。虽然第一阶段的一体化取得了显著成绩，但远未达到各国最初的高期望，20世纪70年代初到80年代末各国放弃早先的一些目标，转而采取一些较为谨慎的方针，是为第二阶段的整顿与巩固时期。第三阶段始于20世纪80年代末90年代初，这一阶段一体化的目标与前两阶段相比发生了明显变化，更多意义上是为了促进扩大拉美出口在世界市场上的份额。

纵观拉美经济一体化的三个阶段，每一阶段初期都取得一定程度的成功，但到后期就往往停顿不前，体现出各国政策缺乏连续性的特点以及各国缺乏坚决贯彻执行经济政策的信心与决心的问题。

三、拉美资本主义发展的主要特点

拉丁美洲各国的经济发展水平参差不齐，但拉美资本主义的发展却表现出一些一致性。

(一) 深受外来因素影响（依附性）

拉美的资本主义不仅主要是在外来因素的刺激下萌生的，而且在其发

---

① 1990年转为"中美洲经济共同体"。
② 后来为"加勒比共同体"取代。

展过程中也始终摆脱不掉外来因素的"阴影"。拉美经济一开始就严重依赖原材料、农牧产品与初级产品的出口,而这些外贸商品的出口状况则取决于世界市场的情况。二战后,拉美国家则开始严重依赖外国的机器设备、中间产品、技术和资金。以资金为例,战后特别是20世纪70年代,拉美国家借贷了大量外国资本,导致外债急剧增加。

另外,外国资本还直接在拉美国家开办企业。早期的外资企业主要集中于矿产、农牧产品等部门,目的是为了开发拉美的经济资源①;随后,外资大量转向基础设施、金融和以汽车制造为代表的耐用消费品部门。外资企业在拉美各国的经济生活中占有重要地位。

很多人把拉美经济这种易于受外界影响的情况称为经济的"依附性"。源于经济的"依附性",其他很多领域也同样表现出易于为外来因素影响的特点。外来因素的影响部分系拉美主动所致,如对西方经济思想的全盘接受、对西方政治体制的模仿等;而部分却是被动接受,如外来势力的政治、军事干涉甚至直接托管等。共产党的发展也表现出易于受外来因素影响的特点,如早期的很多共产党是在共产国际的帮助下建立的,而其任务纲领的制定、活动的开展也得到共产国际的指导等,关于此下文将另有描述。

(二)单一性或片面性

19世纪末,拉美原材料出口的突出特点是一个国家往往只出口一种产品,这种出口经济往往导致形成以单一经济发展模式为基础的简单结构,而拉美各国长时间也未尝试发展多种经营。一个国家主要只出口某一天然产品或只生产一种产品(好的情况也仅限于有限的几种),经济的安稳与否长期系于单一物品的出口的状况,导致拉美各国的国民经济具有很大片面性。出口产品的单一性、国民经济的片面性是导致拉美经济发展失衡的重要因素。

(三)不平衡性

在拉丁美洲,不平衡几乎存在于经济的各个领域与层次,除了上文提

---

① 拉美地区一些早期的产业部门多由外资建立。

及的城乡发展的失衡外，在产业结构、外贸商品结构、分配结构、消费结构等方面亦存在程度不一的失衡现象。

经济发展的不平衡是众多社会政治问题的根源，其中最突出的问题之一就是社会的不平等——拉美的两极分化问题非常严重，可以说该地区是目前世界上最不平等的地区之一[①]。不平等使出现社会变革的可能性大大增加。

（四）"二元性"或"双重性"

"二元性"形容的是，在正规经济以外，拉丁美洲还存有非正规经济。虽然非正规经济是拉美一种早已有之的现象，而且在研究拉美社会、经济问题时它是必不可少的；但是国内外学界在非正规经济的界定、起源、作用及影响等重要问题上并没有形成一致认识[②]。尽管如此，可以笼统地说，非正规经济与正规经济并存导致的"二元性"使拉美社会、经济问题变得更为复杂。就其对阶级问题的影响而言，非正规经济的存在带来一些介于阶级金字塔两端之间的中间层次阶层，很难简单地把他们分成剥削者与被剥削者，导致阶级结构的模糊化；非正规经济也促成了劳动力市场上诸如妇女群体、青年群体的形成，这些人往往把自己归入某种群体而非共同的阶级。这些不仅影响了一些下层劳动者阶级意识、阶级认同感的形成，也削弱了有组织的劳动阶级和工人阶级组织的社会与政治影响。[③]

---

① 很多学者将此现象称为"拉美化"。国内外学界有很多关于"拉美化"的讨论。可参见曲力秋：《中国如何绕开"拉美化"》，载《中华工商时报》2004 年 3 月 15 日；郑秉文：《中国怎么防止"拉美化"》，载《理论参考》2005 年第 3 期；江时学：《"拉美化"、"拉美病"、"拉美现象"伪命题带来的真思考》，载《世界知识》2004 年第 23 期，《"拉美化"是伪命题》，载《拉丁美洲研究》2005 年第 1 期等。

② 从其又被称为"二元经济"、"双重经济"、"平行经济"、"地下经济"、"无形经济"、"隐形经济"、"黑市经济"等等就可见一斑。

③ 参见苏振兴：《关于非正规经济的几个问题》，载《拉丁美洲研究》2001 年第 5 期。关于非正规经济的问题，还可见李明德：《近年来拉美非正规经济部门就业普遍增加的原因及后果》，载《拉丁美洲研究》2001 年第 5 期；杨西：《非正规经济的概念、起因和影响》，载《拉丁美洲研究》2001 年第 5 期；文进：《从政治角度认识和看待非正规经济问题》，载《拉丁美洲研究》2001 年第 5 期；柳松：《拉丁美洲的非正规经济现象分析》，载《拉丁美洲研究》，1996 年第 1 期；周国富：《国外测算非正规经济的各种方法及其观点综述》，载《统计研究》1994 年第 4 期，等等。

第三节 "革命"与"反革命": 拉美共产党的政治生态环境困境

本节主要从政治体制、政治力量比较、国家政策等方面探讨拉美地区的政治生态环境。政治体制方面，涉及政体问题、国家结构问题、选举制度问题和政党制度问题。政治力量比较方面，多元的政治力量既有个体形式的，也有组织形式的，主要包括考迪罗、军队、天主教会、政党、工会、农会以及各种组合主义团体。国家政策方面，涉及政治体系对新政治团体的态度与政策和国家机器对人民群众利益诉求的态度与政策。

一、民主与专制：政治体制问题

(一) 政体问题

政体即国家政权组织形式。依据不同的划分标准，国家政权组织形式可以有不同的类型划分。例如，有君主政体、贵族政体与民主政体之分，也有自由民主主义、权威主义和集权主义政权之别……诸如此类，不一而足。本书不打算深究这些不同政体标准及其相应类型的优缺点，也不准备借用其中的一种作为行文的依据。为了分析的便利，鉴于以下考虑：第一，国家最高权力职务的产生方式及任职期限是政体问题的首要问题。第二，上述不论基于何种标准划分出的政体类型只能说是理论上的理想模型，现实政治生活中不存在或很难存在纯粹的政体类型，更实际的是多数国家可能具备多种类型的特征而属于混合形式。具体到拉美地区的国家而言，这种情况表现得尤为明显。第三，政党政治的"性质定位属于民主政治，是民主政治既有发展但又发展不够充分的产物，因而是间接民主、代议制民主的一种表现形式"[①]。本书拟大致上将拉美地区的政体形式分为专制政体与民主共和政体两种。

从政体的角度讲，拉美各国政治上的突出特点之一是各国长期在专制

---

① 王韶兴：《政党政治与政党制度论》，载《政治学研究》2000年第4期。

政体与民主共和政体之间轮换交替，或者说，在专制与民主共和的两个极点之间来回摆动——专制与民主共和的跷跷板游戏是拉美政治舞台上演的压轴大戏。从此意义上讲，拉美的近现代政治发展历程可以看作是一个不断摆脱专制因素及其影响，追求及实现民主共和①的过程。

独立建国之初，拉美各国曾力图把西欧、北美的资产阶级民主体制移植过来，几乎所有拉美国家都制定了类似西方发达国家的民主宪法。但是，这些宪法的效力往往仅局限于字面上，在现实政治生活中却是橡皮图章，有名无实。结果是，宪法的外表掩盖了考迪罗个人专制独裁政权的实质——摆脱殖民统治后，许多国家的政权落到了在独立战争中形成的代表土生白人大庄园主利益的军事考迪罗手里，这些考迪罗与地主寡头、教会势力相结合，建立了带有浓重个人独裁统治色彩的军人政权，从而把专制主义的传统保留下来。在此后长期的权力斗争中，一批又一批力图通过夺取政权来实现其个人权力与财富野心的军事考迪罗不断涌现，使军人干政的传统延续下来，一直到20世纪后半段。

"政治独立并没有带给人民真正意义上的自由。这种自由还有待争取。"② "虽然民主制度在独立后经常被打断，享有民主权利的人口相当有限，但民主制度确实成为19世纪拉美政治发展所追求的方向之一，连一些专制政府也被迫借用民主的招牌。"③ 19世纪末20世纪初的某些时段，资本主义经济的发展、阶级力量对比的变化、资产阶级民主思想的传播等，为民主体制在拉美的生根与发展提供了有利条件。一些国家开始尝试建立并运作立宪制民主，或者说，至少设法建立了一种"寡头式民主"，即总统和议会是从公众中产生的，争取有限选民支持的政治竞争虽然存在各种问题但却是按照宪法规定进行的。20世纪20年代末30年代初的经济危机导致各种社会矛盾进一步尖锐，在这种特殊历史背景下，大多数拉美国家

---

① 需要说明的是，由于社会历史条件的不同，拉美所理解与追求的民主与西方发达国家的民主有很大不同。拉美的民主往往与强有力的领袖、利益均沾、任命制相连。
② W.斯坦利·里克罗夫特：《在此基础上》，布宜诺斯艾利斯，1944年，第212页。
③ 袁东振、徐世澄：《拉丁美洲国家政治制度研究》，北京：世界知识出版社2004年版，第40页。

成立了军人政府,民主试验暂停。二战的结束加强了民主的力量。战后,拉美曾出现过一个短暂的民主化时期,立宪制度重新掌握政权。但到20世纪40年代末和50年代初,冷战的开始助长了新一轮专制主义,导致很多国家民主权利被"冻结",民主又被赶走。20世纪50年代末,再次出现一个更为深刻的民主回潮,主要国家再度成为资本主义民主国家,还出现了西半球第一个社会主义民主政权。出于对僵化的资本主义民主政治的蔑视以及对革命左派的敌视,20世纪60年代和70年代,许多国家的军人又发动军事政变,建立了不同于以往军人统治的所谓"官僚—专制的"军人政权。20世纪70年代末和80年代,整个拉美地区出现军人直接控制政府的明显退潮。绝大多数拉美国家是在民主政府的领导下进入20世纪90年代的。①

"民主和独裁的斗争贯穿于拉美政治制度发展的始终,民主制度和独裁专制制度的相互交替是拉美国家政治发展进程的一个主要特点,也是拉美国家政治制度的主要表现形式。"② 民主和独裁斗争的主题要求共产党首先要顺应民主发展的趋势,与独裁做坚决的斗争;而民主制度和独裁专制制度则为共产党的发展提供了迥异的政治生态环境,对共产党目标任务的制定、革命道路与革命方式的选择产生重要影响。例如,在民主共和制的氛围里,共产党较易取得合法地位,甚至在国家政治生活中具有较大影响,在这种情况下,共产党倾向于走和平的议会道路;而在军事独裁统治下(甚至许多军事政权是打着反共的名义而通过军事政变建立的),共产党往往被宣布为非法而遭到残酷镇压,共产党被迫转入地下,只能静待时机,或静以待变,或揭竿而起。

(二) 国家结构

国家结构形式系调整国家整体与局部、中央与地方之间关系的结构形

---

① 参见[英]莱斯利·贝瑟尔:《剑桥拉丁美洲史》,第六卷(下),中国社会科学院拉丁美洲研究所组译,北京:当代世界出版社2001年版,第63—64页。
② 袁东振、徐世澄:《拉丁美洲国家政治制度研究》,北京:世界知识出版社2004年版,第39页。

式。不同类型的国家结构对政党行为的影响也有不同。① 一般而言，国家结构形式可以分为单一制（中央集权制）和复合制（联邦制）两种。在拉丁美洲，既有实行中央集权制的国家，也有实行联邦制的国度。

1. 中央集权制国家结构形式

拉美多数国家实行单一的中央集权的国家结构形式。在这种形式下，中央具有绝对的权力与权威，地方的权力来自中央的授权，地方受中央的控制、领导与监督；但地方尤其在涉及本地区事务的时候也拥有一定程度的自治权②。

2. 联邦制国家结构形式

拉美地区实行联邦制的国家主要有阿根廷、巴西、墨西哥和委内瑞拉四国。这些联邦国家在很大程度上借鉴了美国联邦制的模式。其联邦制的主要内容是：联邦政府与其成员之间有着比较明确的权力划分；各联邦成员除了要共同遵守联邦宪法与法律之外，还拥有自己的法律；各成员也拥有自己的立法、行政和司法系统，等等。

但不同于美国联邦制的是，拉美四国的联邦制表现出中央集权的痕迹。比如，尽管阿根廷宪法规定各省是自治的，但联邦政府却处于几乎完全的垄断地位，联邦政府可以在任何时候对任何省份进行完全的干预和控制。另外，在军人专制统治时期，四国联邦制的诸多原则经常遭到肆无忌惮的破坏，其中尤以各州的自治权力得不到保障为甚。③

无论是实行中央集权制的国家，还是实行联邦制的国家，都表现出一些共同的特征，或者说明显受一些传统因素的影响，其中最突出的是中央集权的传统与地方自治的传统。尽管分别代表的是集权与分权两个相互矛盾的方向，但中央集权与地方自治却长期并存，这不仅是拉美国家中央势

---

① 利昂·D.爱泼斯坦：《西欧民主国家的政党》，新布伦瑞克和伦敦：交易书社，1980年，第31—33页。

② 地方自治权还体现在市政自治与民族地区的自治上，市政自治与民族地区的自治在中央集权制国家政治生活中具有重要作用。

③ 袁东振、徐世澄：《拉丁美洲国家政治制度研究》，北京：世界知识出版社2004年版，第209—271页。

力（权力）与地方势力（权力）长期博弈的结果，也是拉美二元经济以及二元社会结构（城乡结构）的体现。当然，中央集权与地方自治的地位和影响还是有差别的，作为传统，中央集权的影响更大，地方自治只是相对和有限的；但20世纪80年代后，权力分散化作为一种趋势却得到加强。

中央集权与地方自治并存的国家结构形式对政党的影响突出体现在：拉美国家存在一些强大的组织严密的政党；同时，微弱的和散漫的政党在一些国家也很流行；地方自治使政党的影响很难到达基层，即使有所影响也很难与地方上的传统政治力量相抗衡，或者另一种可能性是乡村中的政治首领和头目们作为政党领袖和选民之间的重要纽带，在地方上保持着权势。共产党面临的困境是，很难有足够的力量与高度集权的强大的中央国家机器相抗衡，大城市并不是很理想的生存与活动的场所；而中央控制力较弱的地方能够提供避难与休养生息的场所，但如何处理与保守、落后的地方势力的关系又是必须面对与解决的问题。

（三）选举制度

多数拉美国家在独立建国后的相当长一段时间内，并没有立即实行资本主义选举制度，而是继续沿用世袭、任命等方式产生国家公职人员。20世纪30年代以后，拉美地区的选举制度逐步发生变化，对选举权的各方面限制逐步被打破，普选权得以形成与发展；对候选人的资格要求虽然高于选民的资格要求，也呈现出逐渐放宽的趋势。总体来讲，以选举权与被选举权为主要内容的拉美选举制度的内容的积极变化，为共产党在特定时段特定场合下①通过合法的议会道路扩大自己的政治影响，实现其在某一历史阶段的任务提供了可能。事实上，在其发展历程中，很多拉美国家的共产党在议会道路方面取得了不错成绩。

当然，在拉美选举政治中，操纵选举的现象也是习以为常的"惯例、传统"，即使一些欲行独裁之实的军政府也会通过"可控的选举"为自己的统治披上合法、合程序的外衣。所以，对在资产阶级民主政治的框

---

① 首要的条件是，共产党取得合法地位。因为很多国家（如厄瓜多尔、乌拉圭等国）规定参选议员或总统必须是一个合法政党的成员。

架体系内通过合法议会道路完成历史使命的尝试,共产党应该有充分认识。

（四）政党及政党制度

1. 拉美政党发展的大致历程及特点

19世纪初,拉美各国统治阶级内部逐步形成了保守与改良两大势力派系,两大派系先后衍变为保守党和自由党,二者是拉美地区主要的传统政党。20世纪初,一些国家的中等阶层开始组织自己的政党,到20、30年代,这些政党逐渐获得了一定政治地位与政治影响,加入逐鹿政权的队伍,标志着拉美现代政党的出现。随后,拉美政党开始多样化,不仅有各种类型的资产阶级政党,还出现了工人阶级政党（包括共产党）。20世纪80年代后期以来,拉美传统政党影响下降,新党的力量上升。面对新环境,各类政党纷纷调整政策主张。

大致而言,拉美政党的主要特点有:第一,政党的类型与数量众多,而且始终在不断地分化组合。第二,有相当一部分政党缺乏明确的纲领与长远目标,组织也比较松散,纯粹是为参加竞选而组成的或者其中心工作只有参加竞选。或者是在竞选时如枯木逢春般生机盎然,而竞选一过则偃旗息鼓,如霜打的茄子般生机顿无;或者为竞选而生,因竞选失利而亡。值得一提的是,为了增加获选的可能性,它们经常结成选举阵线。第三,有些政党的指导思想缺乏连贯性,往往随主流或时兴的政治思潮的起伏而朝三暮四。第四,政党内部派别林立,宗派主义盛行。拉美社会阶级阶层结构的复杂性,体现在政党内部是党内社会成分复杂,派系斗争激烈,而这往往导致政党组织的分裂。第五,拉美政治生活有突出个人作用的传统,这一传统对政党的影响甚大。例如,一些政党的领袖在党内具有至高无上的权威,党内家长制作风盛行。一旦凝聚全党的权威人物不在了,这些政党往往会经历内部混乱甚至组织上的分裂。又如,一些政党的领袖与成员经常出于经济利益或其他个人考虑而非基于对政党目标与原则的忠诚而加入党组织,这些政党党内对纲领等问题的辩论往往会衍变为个人的权力之争,经常导致党的分裂。

不同类型政党林立,增加了资源竞争者的数量。如果一个政党没有异于其他政党的优势,很难从众多竞争者中脱颖而出,其存续与发展也会很成问题。在公平竞争的前提下,来自政党自身的优势主要取决于其思想理论、组织制度及政策主张。政党内部宗派斗争、个人影响过大的问题,需要借助制度的力量来缓解或解决。无论出于哪方面考虑,加强政党自身建设(尤其是组织与思想理论建设)的要求非常迫切。① 作为竞争队伍中的一员,拉美地区的共产党也应该重视加强自身建设;从策略角度讲,共产党则应该恰当处理好与其他类型政党的关系,统一战线的策略是值得尝试的选择。

2. 政党制度

拉美地区实行严格意义上的两党制的国家很少,普遍的是多党制,个别国家虽然存在多党,但实际上长期由一党执政。一般而言,实行一党独大制与两党制的国家政治相对比较稳定,原因之一就是制度规定留给小党发展的空间很小,除非机缘巧合,小党很难有大的发展,更不用说形成足以与大党相抗衡的力量。在这种空间,除非打破现有体系,共产党很难通过合法途径获取国家政权。多党制相对来讲,给小党的发展提供了一定可能性,小党通过结成选举阵线或联盟往往能在议会选举中获得一定比例的席位,甚至能赢得地方选举或总统大选,从而扩大了其在国家政治生活中的影响。在此条件下,对于共产党而言,与其他政党结成联盟参加选举,是扩大自身影响、争取更好发展的可选策略。

另外,无论是在两党制还是在多党制的氛围里,有些国家对政党参选的资格甚至政党自身都有相关规定,这些规定在一定程度上制约着共产党的政治地位及政治影响。比如,在多米尼加有百分之五的"门槛"规定②,如果一党所得选票低于总数的百分之五将被取消下届竞选的资格,多米尼

---

① 一个非常严峻的问题是,恶劣的政治环境(恶劣环境的最突出表现是经常性的军事政变和专制与民主的轮换交替)往往打破政党的连续性,消解政党为增强自身凝聚力和能力而加强自身建设的努力。对拉美的共产党来讲,情况尤为糟糕。这是其发展面临的又一困境。

② 其他国家如厄瓜多尔、玻利维亚、墨西哥等也有类似规定,不过在不同国家、不同时期门槛高低不尽相同。

加共产党参加 1978 年大选时，所获选票就低于百分之五的比例，结果被取消了竞选资格。又如，在巴西、委内瑞拉等国，政党取得合法地位需要办理合法政党登记手续并获得当局批准。这使共产党陷入一种"两难"境地——成为合法政党需要获得当局批准，而获得当局的批准可能需要党在组织、思想、政策等各方面做出相应的"改良"；如果不在相关方面做出"改良"，不能满足办理注册登记手续的要求，就很难获得合法地位，如此则会限制党开展活动并发挥作用。例如，为了绕过巴西法律中禁止国际性政党（具有国际倾向或背景）的条款，巴西共产党曾试图通过把党的名称由"巴西共产党"改为"巴西的共产党"来实现合法登记；但这种做法却成为党内分歧以致组织分裂的导火索。

二、"众神狂欢"还是"一神独舞"：主要政治势力（政治主体）

在不同阶级、阶层的政治利益基础上形成了各种不同政治势力。一般而言，在近现代资本主义民主政治生活中，作为其代表和领导力量的政党的产生是特定政治势力成熟的标志。各政治势力的成熟程度、在国家政治生活中的地位与影响以及相互之间的关系对政党的发展具有重大影响。

活跃在拉美政治舞台上的政治势力数量比较多，种类也比较多。"国外的一项重要研究发现，在拉美至少有 16 类比较重要的机构、组织或团体，它们都在国家政治生活和政府决策中发挥着重要作用。"[①] 但它们的成熟程度，在国家政治生活中的地位、作用与影响存在很大不同。在这些政治势力中，以个体形式存在的主要有各类考迪罗，而以团体或组织形式存在的主要有军队、天主教会、政党、工会、农会以及各种组合主义团体。[②]

（一）考迪罗

"考迪罗"（Caudillo）的存在是 19 世纪以来拉美政治的主要特点之一。"考迪罗是西班牙语 Caudillo 的音译，意思是首领和领袖，原来指的是

---

① 袁东振、徐世澄：《拉丁美洲国家政治制度研究》，北京：世界知识出版社 2004 年版，第 272 页。

② 此处只准备论述拉美主要政治势力中考迪罗、军队、工会与农会的大体情况及其对共产党发展的影响，至于教会的问题将在下文中有所交代，而政党的问题上文已有所涉及。

拉普拉塔地区同布宜诺斯艾利斯对抗的地方军事首领,后来泛指在某一地区割据的军阀和独裁者。"① 在地方和国家层面都有考迪罗。无论是国家层面的,还是地方上的,考迪罗都在自己所属的层面具有绝对权威,都是不折不扣的独断独行的独裁者。可以说,拉美政治生活中突出个人作用的传统的形成,很大程度上源于考迪罗的特点及影响。尽管其来源成分多样,但考迪罗一般都会与军队、土地寡头、国外势力、教会等特权集团紧密勾结在一起,而"考迪罗政权大都代表大地主、大资产阶级的利益,无意改革政治,也不发展本国经济,唯一感兴趣的是个人权力。一旦政权在手,就实行个人独裁,把法制置于脑后,顺我者昌,逆我者亡"②。"在考迪罗统治下的拉美各国,苛政横行,内战不断,政变频仍,严重阻碍民主制度的建立和发展。"③

(二) 军队④

军队是拉美国家的主导性政治力量(之一),是拉美政治生活的决定性因素(之一)。自独立战争以来,军人在左右拉美各国的命运方面起到重要作用(除非这个国家没有军队)。

在拉丁美洲,没有一支军队"不过问政治",军队干政是一种司空见惯的政治现象。军队干政的方式主要有影响政府决策和通过发动军事政变直接建立军事政权两种,尤其是后一种方式对国家政治生活的影响甚大。军政权对政党发展的影响主要体现在——军事政变后,军政权往往会解散

---

① 关达:《第二次世界大战后拉丁美洲政治》,北京:中国社会科学出版社1987年版,第28页。
② 关达:《第二次世界大战后拉丁美洲政治》,北京:中国社会科学出版社1987年版,第87页。
③ 徐世澄:《拉丁美洲政治》,北京:中国社会科学出版社2006年版,第14页。
④ 鉴于军队在拉美的重要性,对于军队尤其是军人干政的相关研究一直是国内外拉美研究的热点,成果非常多;而不以军队为专门研究对象的研究往往也涉及这一问题。此处不准备对拉美的军队问题展开详细论述,只是为突出其对政党发展的影响而做简单梳理。想对拉美的军队问题有更深了解,可参考F.M.纳恩的《将军时代:世界视角中拉美的职业军国主义》,J.约翰逊《拉美的军事和社会》,A.鲁文《拉美的军队和政治》、《将军对总统:拉美的新军国主义》,S.芬纳《马背上的人:军人在政治中的作用》,S.P.亨廷顿《军人和国家:军民关系的理论和政治》等论文或书籍。

政党或禁止政党、工会等政治组织的活动；而等局势得到控制以后，为制造民主的"面纱"，军政权也会组织官方政党出面执政，甚至有的还会允许某些亲政府的政党或影响不大的组织从事一些不损害军政权利益的活动；为维护自己的统治，军政权大都会采用强制性和压迫性手段对付反对派和人民群众的斗争。对共产党而言，除了一些军政权在特定时间出于某些考虑而允许共产党活动以外，大部分军政权都宣布共产党为非法，并对其进行残酷的镇压和迫害，致使共产党被迫转入地下而举步维艰。尤其是20世纪中期以后的一段时间里，作为"冷战的十字军"，军队为预防"共产主义颠覆"的威胁，对所有所谓"共产主义的幽灵"进行了毫不客气的镇压。

鉴于军队在拉美政治生活中的地位、作用及影响，力图实现变革或革命的力量不可避免地面对这样一种两难局面：要取得变革或革命的成功必须得到军队的认可与支持，否则几乎没有成功的可能；而事实是，军队往往是现有秩序的既得利益者和维护者，往往与其他特权集团结合在一起共同对付威胁现有秩序的力量。当然，取得军队支持的可能性并不是绝对没有。虽然军队有自身的特殊利益，但军队内部各层级、各派系之间的利益并非总是铁板一块，经常会出现分歧与冲突；而且随着其来源或构成成分的不断变化，军队的性质也在不断变化，在某些时候军队内部也会出现变革的要求与力量。例如，20世纪20年代初巴西的尉官派运动就表达了一种变革的要求。这些为军队转为变革或革命的力量提供了某种可能。

（三）工会（工人组织）

工会组织是拉丁美洲又一传统重要政治力量。从19世纪后半期首批工会组织开始出现以来，工会在拉美政治生活中发挥了重要作用——许多国家的工会领导人在政府和议会中任职，可以对政府的决策施加比较直接的影响；工会还经常以请愿、示威和罢工等手段维护自己的利益。

拉美工会组织的主要特点有：第一，附属性。"几乎所有重要的工会组织都与政党、政府或有影响的政治家有密切联系"①，独立的工会组织由于不具有一定的"政治背景"，往往不能避免灭亡的命运。第二，多样性。有诸如官方工会组织、教会工会组织、社民党工会组织、基民党工会组织、共产党工会组织等等各种类型的工会组织。第三，分散性。由于各自联系或依附的政治力量不一样，各类工会组织之间往往难以统一行动，工会运动的分裂是比较常见的现象。

工会组织的上述特点说明：工会和政党关系密切，各类政党都有自己的工会组织，工会既可以是受政党影响的外围组织，也可以是党内具有某种独立性的派别。共产党与工会的关系亦是如此，共产党一直以来比较重视工人运动，指导或领导开展了很多劳工运动，在工会运动中具有举足轻重的影响；而由共产党直接领导的工会，作为党的外围组织，为扩大的影响做出了重要贡献。但由其他政治力量控制的工会组织的存在，反而大大削弱了这些影响。

（四）农会（农民组织）

统治阶级总是极力把广大农民排斥在全国性政治以外是拉美政治的又一传统。作为政治上的弱势群体，拉美的农民对国家政治的影响力远远不如其他政治势力；但为了维护自身利益，农民总是力图通过一些途径来参与政治。比如，传统的主要途径是寻找一种庇护（Patro），虽然能够得到庇护者的有限帮助，但农民更多的只是充当庇护者的政治工具甚至牺牲品，根本没有机会表达自己的利益与要求。另一种途径就是组成诸如农会等组织，通过组织的力量来表达自己的声音，但是由于组织松散、协调性差、利益很难协调等原因，农会组织的作用有限。

传统的主流政治力量，总是或有意或无意地让农民远离政治舞台。受其影响，加上共产党自身的策略考虑，拉美地区的共产党也往往忽视农民的力量，未把农村、农民作为工作重点，未积极领导农会等组织开展活动，从而未能获得具有很大政治潜力与力量的生力军——农民的有力支

---

① 袁东振、徐世澄：《拉丁美洲国家政治制度研究》，北京：世界知识出版社2004年版，第294页。

持，浪费了宝贵资源。

三、"胡萝卜"与"大棒"：国家政策问题

拉美地区政党等社会政治组织的发展状况如何，在很大程度上受到国家政策的影响，国家政策是制约政党发展的重要因素。不同国家不同时期的政策千变万化，千头万绪，此处不准备全面阐述，拟仅从现有政治体系对新政治团体的态度和政策与国家机器对人民群众利益诉求的态度和政策两个方面[1]探讨制约政党发展的国家政策问题。

（一）现有政治体系对新政治团体的态度与政策

经过对拉美地区从独立运动到20世纪初期间社会、经济、政治发展进程的近距离观察，安德森认为一个新的社会政治团体能够被接纳到现有政治体系需要具备两个条件。其一，这个团体具有足够的规模或政治能力，从而不得不被视作一个权力角逐者。其二，此团体不能诉诸能够给政治体系其他团体造成损害的革命手段[2]。这就是有名的安德森模型。安德森模型表明，对于具有重要政治能力与影响力而又不威胁已有权势者利益的新的权力与利用诉求者[3]，现有政治体系通常采取允许其加入，并允许其共享资源与权力的政策。这种通过尽量吸纳新团体而避免被他们推翻的政策使拉美的政治体系常常具有超出预料的适应变化的能力。

另一种关于此问题的理论模式是组合主义模式。这种模式认为拉美地区的利益集团建立了强大的直接进入政权的组合主义模式，相对提高了各种团体政治参与的可能性；甚至在拉美已进入现代社会并取得相当高的工业化水平之后，这种强人统治和组合主义的政治结构还比建立在像"一人一票"这种个人主义概念上的代议制更为兴盛。这种模式大大削弱了政党和民主实践。

---

[1] 二者可能有交叉之处，但不妨碍其作为两个研究角度。
[2] Charles W. Anderson, *Politics and Eeconomic Change in Latin America: the Governing of Restless Nations*, Princeton, N. J.: D. Van Nostrand, 1967.
[3] 而对具有潜在威胁的力量，如共产党及其他左翼革命政党，则采取打压政策，遏制其发展壮大。

借用相关理论模型,大致可以看出,拉美现有政治体系对新政治团体的态度与政策往往有效地削弱、分化了新团体对其的可能危害、冲击与颠覆,较成功地使自身保持旺盛生命力。而对于左翼革命政党尤其是共产党这样的"异端"来讲,统治集团除了在特定时期出于策略考虑允许其在一定范围内从事有限活动外,一般会毫不留情地采取镇压政策,给共产党生存、发展、活动的空间非常有限。

(二)国家机器对人民群众利益诉求的态度与政策

拉美国家统治阶级对人民群众的利益诉求或社会反抗采取的态度及政策大致可以分为两类:其一,改良主义的态度及政策。力图通过改良的办法,为国家的现代化创造必要条件,从而在一定程度上满足人民群众变革的要求,但人民群众可以分享到的现代化成果却不多。改良主义政策在满足人民群众切身利益方面所发挥的作用极其有限。其二,镇压的态度与政策。当人民群众的利益诉求与社会反抗让统治阶级感到某种现实的或潜在的威胁的时候,统治阶级往往会毫不犹豫地动用国家机器对其进行残酷镇压。

对于作为人民群众利益诉求的代表者之一的共产党,统治阶级也是交替使用打压与安抚的政策。在某些时期,当局会承认共产党的合法性,并允许其公开活动;而到另一时段,就可能会宣布共产党不受法律保护,对其进行残酷镇压。这些政策对共产党的发展及政策制定具有重要影响,打压与安抚的交替使用使共产党的发展状况时好时坏。在被打压与被允许活动的不同时期,共产党实行的政策也不一样。

第四节 "世界主义"与"民族主义":拉美共产党的文化生态环境困境

由于拉美文化的特殊性,研究拉美地区共产党的文化生态环境除了要考察拉美的政治文化以外,作为拉美主要文化现象之一的天主教也是必须要考虑的。本节从拉美文化的双重取向、世俗文化与宗教文化两大方面明晰拉美地区的文化环境。

一、"世界主义"与"本土主义"("民族主义"):拉美文化的双重取向

"拉丁美洲"(América Latina)这一名词本身就具有浓厚的文化气息,"本质上它是一个文化术语"①。"形容词'拉丁的(latino)'表明了名词'美洲'的文化特色。"② 它"反映了这一地区大多数国家官方语言的共同的拉丁基础,反映了伊比利亚半岛拉丁(罗曼)民族即西班牙人和葡萄牙人文化和风俗习惯的影响"③。"意在强调本区与欧洲的拉丁国家历史上的关系,并表明这一受伊比利亚文化熏染的广大地区不同于以北的盎格鲁-撒克逊美洲。"④ 更进一步讲,"拉丁美洲"四个字很贴切地体现出该大陆文化(尤其是近现代以来的文化)的最基本特征之一——双重性,即拉美文化的"世界主义"与"本土主义"(或民族主义)的双重取向——"拉丁(的)"代表的是"世界主义"的取向,而"美洲(的)"则代表"本土主义"的取向。

殖民地时期以来,"世界主义"和"本土主义"的取向成为拉丁美洲文化发展的两条红线,二者的纠葛及影响的此消彼长成为拉美文化发展的主旋律。一般来讲,"世界主义"表征的是外来思想文化的输入⑤及其影响;而"本土主义"表征的是本地文化对外来文化的反应及其影响。但"世界主义"和"本土主义"在不同时期所指有所不同。殖民地时期,殖民者不仅从武力上占领了拉美,还试图从精神上"征服"它,把自己的一套文化移植到新大陆,并成为拉美的官方文化,开启了拉美文化"世界主义"取向的先河。独立后的相当长时期里,拉美各国"在经济上和精神上是同欧洲联结在一起的。……如果伦敦长期以来是拉丁美洲的经济首府,

---

① [英]哈罗德·布莱克莫尔、克利福德·T. 史密斯:《拉丁美洲地理透视》,复旦大学历史系拉丁美洲研究室、上海师范大学地理系译,上海:上海译文出版社1980年版,第485页。
② 郝名玮、徐世澄:《拉丁美洲文明》,北京:中国社会科学出版社1999年版,第3页。
③ [苏]维·沃尔斯基:《拉丁美洲概览》,孙士明、刘德、姚新美译,北京:中国社会科学出版社1987年版,第3页。
④ [英]哈罗德·布莱克莫尔、克利福德·T. 史密斯:《拉丁美洲地理透视》,复旦大学历史系拉丁美洲研究室、上海师范大学地理系译,上海:上海译文出版社1980年版,第485页。
⑤ 外来思想文化的输入有主动性输入和被动性输入之分,或者说,一种是出于自愿的引入,而另一种则是被迫性的灌入。

那么，巴黎则是它的精神之家"①。拉美文化尤其是官方文化体现出鲜明的欧洲化倾向，主要表现为统治阶层和知识界精英的文化是全盘西化的②。这两个时段，与上层人物欧洲化了的"官方"文化相对的是传统的本土的民间文化。民间文化往往以共同语言、传统与信仰为基础，它将人们组织在一个相互依靠的、亲密的、具有明确道德标准的社会里。从这个意义上讲，可以说，文化的"世界主义"取向体现了一种交流和向先进文化学习的热望；而"本土主义"则体现了力图维持现状甚至渴望回到从前的保守倾向。后来，"世界主义"一词有了新用法，它不再特指精英分子的欧洲文化影响，而是用来指代唯物主义和晚近外来移民的政治激进主义。文化民族主义是这种"世界主义"在本土文化中所引起的反应。

拉美文化的双重取向对政党发展的影响体现在：正是在独立后不久上层欧洲化了的"官方"文化氛围下，拉美国家纷纷仿效英美的政党制度，先后建立了保守党和自由党，政党开始作为一种政治力量登上政治舞台；但保守的传统的本土民间文化，却不是适合政党生存、发展的土壤，这使政党的活动范围仅局限于一个狭小的圈子，政党的作用与影响也非常有限。唯物主义的引进与传播，为工人阶级的政党——共产党的产生准备了必要思想条件；文化民族主义的兴起在促进拉美政党向多样化、现代化方向发展的同时，也大大影响了共产党的发展——作为党的阶级基础的工人阶级很容易受到民族主义的影响，很多拉美国家共产党的思想理论带有一定的民族主义色彩，而民族主义政党往往是共产党的强大竞争对手。

二、世俗与神权：以政治文化为核心的世俗文化与以天主教为主的宗教文化

（一）政治文化等世俗文化

虽然是政治学尤其是比较政治学研究的热点，相关的研究成果也颇

---

① [英]哈罗德·布莱克莫尔、克利福德·T.史密斯：《拉丁美洲地理透视》，复旦大学历史系拉丁美洲研究室、上海师范大学地理系译，上海：上海译文出版社1980年版，第487页。
② 全盘西化可能有些夸大，实际情况是，精英们全面学习西方文化思想的结果是虽然其文化思想总体上属于"欧洲的"文化思想体系，却也具有一定"拉美"特色。

丰,但不同的研究者对政治文化的理解与侧重点是不一样的。西方学者多强调从政治心理或政治认知(政治意识)的角度理解政治文化,代表性观点如阿尔蒙德的"政治文化是一个民族在特定时期流行的一套政治态度、信仰和感情"[①]。而我国学者在借鉴西方学者成果的基础上,形成了对政治文化的独特理解。在内容上,除了强调政治文化的政治心理、政治认知(政治意识)成分外,还强调价值观念、政治思想及行为模式作为政治文化内容的重要性;在特点上,则多强调政治文化的意识形态色彩。本书拟在广义上使用政治文化,诸凡政治心理、政治认知、政治价值观念、政治思想、政治情感、政治态度、政治动机、政治意向、政治信念等都是政治文化的内容形式。

拉美文化是非常重视传统的文化——不仅指文化较易受传统因素影响,也指文化本身具有很多传统。对政治文化来讲,情况尤其如此。自从宗主国带来的文化种子在拉美大陆生根、发芽后,它在一个相当长时段内发挥着自己的影响,有的甚至时至今日仍根深蒂固。在殖民时期,作为宗主国的西班牙、葡萄牙基本上错过了文艺复兴、工业革命、启蒙运动、新教改革以及民主革命这些孕育现代西方文化的运动。[②] 宗主国的文化经历加上其对殖民地的封锁政策,直接导致拉美地区也未能经历上述文化运动,从而在较长时期里仍然受中世纪传统文化的左右。[③] 从其宗主国移植而来的拉美官方文化植根于古希腊哲学、罗马法、中世纪宗教哲学,在政治领域以等级制、专制主义、权威或独裁主义、政治一元论、家长制作风、个人主义、组合主义等形式表现出来,这些文化形式大都成为拉美的文化传统。独立后,文化思想的现代因素开始增加,诸如各种类型的自由主义、卢梭的直接民主思想、玻利瓦尔的整体主义思想、孔德的实证主义、斯宾塞的有机论等,对拉美的影响越来越大。出现了传统与现代文化

---

① [美]加布里埃尔·A.阿尔蒙德、G.宾厄姆·鲍威尔:《比较政治学:体系、过程和政策》,曹沛霖译,上海:上海译文出版社1987年版,第29页。

② Howard J. Wiarda, *Politics and Social Change in Latin America: the Distinct Tradition*, Amherst: University of Massachusetts Press, 1974, p.6.

③ Howard J. Wiarda, Margaret MacLeish Mott, *Politics & Social Change in Latin America: Still a Distinct Tradition?* Westport, Connecticut London, 2003, p.284.

并存、交织、相互纠缠的局面。自此迄今，文化发展的总体趋势是文化中的现代性成分越来越多，但传统因素的影响依然强大。

拉美文化重视传统的特点对政党发展的影响甚大。在传统文化环境里，是不可能产生现代意义上的政党的。而传统与现代文化交织纠缠的局面并不是那么有利于政党的健康成长，家长制作风、个人主义等传统不仅影响到政党组织自身的建设，还使政党的作用与影响非常有限；而适宜政党的资产阶级现代文化对政党的支持往往因为传统文化的影响而大打折扣甚至消于无形。虽然共产党相较于其他类型的政党有注重自身组织建设和强调纪律的传统与优势，但大的文化环境对共产党发展的负面影响并未因此而减少很多。例如，很多国家党的领袖对党的影响甚巨以致起到决定性作用，家长制作风、个人专断习气、长期任职党的领袖（或者说，终身制）等等破坏了党内的正常生活，严重干扰了党的健康发展，而强调组织纪律性则演变为维护家长制、变相强化对领袖的个人崇拜等不良现象的工具。

政治思想或政治思潮是政治文化的主要内容之一。作为对其独特社会、经济以及阶级结构的反映，在外来因素的影响下，拉美的政治思潮可谓林林总总、纷繁复杂。在肖楠等编写的《当代拉丁美洲政治思潮》中，仅在拉美共产主义运动和民族民主运动中有代表性的政治思潮，就列举了拉美社会民主主义、拉美基督教民主主义、拉美托洛茨基主义、拉丁美洲主义、格瓦拉主义、新社会主义、马里亚特吉思想、桑地诺主义、智利社会主义、合作社会主义、阿普拉主义、瓦加斯主义、庇隆主义和革命民族主义，达十四种之多。而在《拉丁美洲政治》一书中，徐世澄研究员将拉美政治思潮大体分为两类——民族主义思潮与社会主义思潮，民族主义思潮"比较有代表性、影响较大的有：阿普拉主义（秘鲁）、庇隆主义（阿根廷）、瓦加斯主义（巴西）、桑地诺主义（尼加拉瓜）、革命民族主义（墨西哥）、拉美解放哲学和拉美解放神学等"；社会主义思潮包括"主张科学社会主义的古巴社会主义，主张马克思主义要同秘鲁和拉美革命实际相结合的马里亚特吉思想，也包括其他类型的社会主义派别，如圭亚那的合作社会主义、委内瑞拉争取社会主义运动的新社会主义、拉丁美洲社会民主主义、拉丁美洲基督教社会主义和拉丁美洲的托洛茨基主义等"。①

虽然拉美政治思潮众多，各思潮的内容观点、特点及影响也不尽相同，但可以肯定的是"所有这些政治思潮的理论和实践对拉美的政治、经济、社会和文化的发展都产生重大影响"②。这些政治思潮对政党的影响或者说与政党的关系体现在：政治思潮的纷繁复杂与政党林立的状况是相对应的，各类政党的理论和主张往往转化为一定的政治思潮；而特定的政治思潮也往往被奉为某类政党的指导思想，影响政党目标任务的制定及政策、手段的选择。对共产党而言，除了马克思主义的指导思想以外，很多拉美国家的共产党在不同历史时期还受其他政治思潮的影响。在多种政治思潮并存的氛围里，对其他政治思潮应该持有怎样的态度，应该如何处理好马克思主义与其他政治思潮的关系是长期摆在拉美各国共产党人面前的历史课题，而态度的选择、关系处理好坏的程度往往决定了党所采取的路线、方针、政策，从而影响到党的发展。例如，对待各类民族主义尤其是具有一定革命性的民族主义应持有何种态度，或者如何处理民族主义与马克思主义的关系，一直困扰着拉美地区的共产党。拉美早期的共产党往往忽视、极力排斥、反对各类民族主义，与各类民族主义争夺信众，结果导致党失去了或无法获得一些深受民族主义影响的群体或政治力量的支持。20世纪50年代开始，很多拉美共产党转而对与民族主义及其运动的合作持有盲目的乐观态度，有的甚至成为民族主义最积极的宣传者，但那些往往只是具有某种口号性质而缺乏实际革命内容的民族主义却使共产党自缚手脚，限制了共产党一些传统活动的开展，而共产党却很少得到民族主义者的支持，可谓赔了夫人又折兵。

（二）天主教为主的宗教文化

宗教是影响拉丁美洲人民的重要文化现象。"大多数居民信奉天主教，在英语和荷兰语的国家和地区，居民多信奉基督教新教，还有少数居民信仰印度教、伊斯兰教以及犹太教等。印第安人和黑人名义上皈依天主教，

---

① 徐世澄：《拉丁美洲政治》，北京：中国社会科学出版社2006年版，第101页。
② 徐世澄：《拉丁美洲政治》，北京：中国社会科学出版社2006年版，第101页。

但其传统宗教仍在基督教教义的掩饰下保存着。"① 鉴于拉美的宗教信仰状况或格局,此处仅讨论天主教②的问题。

"天主教会支配着拉丁美洲的宗教与文化生活,并对其政治与经济生活产生了巨大的影响"③。可以说,在拉美大陆,天主教的影响无处不在。大致来说,天主教的巨大影响主要表现在:第一,信徒甚众。早在19世纪初期,罗马天主教会就渗透进拉丁美洲的每一个地区,几乎所有拉丁美洲人都声称至少是名义上的天主教徒。④ 而目前,据估计,大约有90%的拉美居民至少口头上承认或公开宣称自己信奉天主教。⑤ 如此高的比例,全世界都不多见。第二,在国家政治生活中举足轻重。伴随着俗世的殖民者来到新大陆的,还有"天堂福音"的"传播者"、"使者"——天主教传教士。由于其独特的组织结构、地位、作用与特点,天主教教会迅速崛起为与土地寡头、军队并列的享有其他集团很难企及的巨大权威的特权集团,在国家政治生活中发挥决定性作用。虽然后来在很多国家政教分离、国家世俗化政策的影响下,教会的世俗权力被剥夺,政府的传统支持被切断,加上不时与政府发生冲突的经历,其政治影响力有所下降;但是经过一系列以内部更新换取外部支持的调整后,天主教会逐渐适应了变化的外部形势,并且在"1930年后,无论是什么性质的政府执政:保守和独裁的,民众主义和发展主义的,自由派,甚至是革命社会主义的,教会都再次成为拉丁美洲政治中的一个重要角色"⑥。虽然"教会的影响力已经远不

---

① 徐世澄:《拉丁美洲政治》,北京:中国社会科学出版社2006年版,第4—5页。
② 此处既将天主教作为一种宗教文化现象看待,也将其(天主教教会)理解为一种政治势力。
③ [英]莱斯利·贝瑟尔:《剑桥拉丁美洲史》第六卷(下),中国社会科学院拉丁美洲研究所组译,北京:当代世界出版社2001年版,第575页。
④ 参见[美]E.布拉德福德·伯恩斯:《简明拉丁美洲史》,王宁坤译,长沙:湖南教育出版社1989年版,第139页。
⑤ 参见 G. P. Atkins, *Latin America in the International Political System*, Westview Press, 1989, p. 138. 据 Peter Calvert, *A Political and Economic Dictionary of Latin America*, Eruopa Publications London, 2004 一书有关目前拉美各国宗教信仰情况的数据,除少数国家信仰其他宗教的人比例高于天主教信徒外,大多数拉美国家的居民以信仰天主教者居多,比例多在80%以上。
⑥ [英]莱斯利·贝瑟尔:《剑桥拉丁美洲史》第六卷(下),中国社会科学院拉丁美洲研究所组译,北京:当代世界出版社2001年版,第576页。

如从前那样强大，它在许多国家政治生活中的地位已经比不上军队和经济寡头，"但是"教会的作用远远不只一个压力集团"，教会"在一定程度上仍具有国家政权机关的功能……在官方政策不十分明确的问题上，教会的立场通常具有官方或半官方政策的功能……教会可以向总统和选民提供非正式的建议，这种建议的作用也不可低估"。另外，一些拉美国家还"赋予教会一种特殊的权力。教会通常不需要为赞同或反对某一项立法而到处游说，也不必对所有问题都公开表态，因为决策者们通常都接受过宗教教育，对教会的立场十分清楚，他们在决策时，通常会考虑到教会的立场和态度"①。第三，在民间或社会生活中的影响根深蒂固。虽然在接受天主教的过程中，一些地方的土著居民只是接受了其中的一些要素，同时仍保留了很多旧习俗和旧信仰；或者有些干脆把天主教教义与本地传统宗教结合起来。但总体来讲，天主教是民族和大众文化的一部分，它在广大人民群众中有着根深蒂固的影响。尤其是在农村，天主教思想一直较为牢固，并且始终处于乡村生活的中心。而教会在长时期里一直是拉美社会的主要支柱之一，教会在城市、省辖城镇和农村都拥有强大的宗教影响力。第四，对现代化或社会变革的双重影响。由于在一个时期内与保守势力携手抵抗自由主义的挑战，天主教教会落下了反对社会变革、维护社会不平等的恶名。但实际上，天主教对社会变革并不总是持反对态度，它也并不总是不平等的捍卫者；相反，天主教在特定历史时期在支持社会变革、维护弱势群体的利益等方面还做出了比较大的贡献。

至于天主教对拉美地区共产党发展的影响（主要指消极的方面），可以从以下几方面把握：第一，天主教教会一直充当抵抗外来致命影响的"道义"屏障，尤其关注诸如共产主义等外来"危险"思想学说的威胁，因为其精神与天主教的基本原则不相吻合。② 共产主义到拉美大陆伊始，教会即加以激烈反对。虽然偶尔有例外，但是当不可能保持中立的时候，

---

① 袁东振、徐世澄：《拉丁美洲国家政治制度研究》，北京：世界知识出版社2004年版，第293页。

② Howard J. Wiarda, Margaret MacLeish Mott, *Politics & Social Change in Latin America: Still a Distinct Tradition?* Westport, Connecticut London, 2003, p. 4.

教会领袖一般情况下会支持反共的意识形态。例如，1960年8月主教团在一封集体信函中宣布"绝大多数古巴人民是天主教徒，只有欺骗才能引导他们接受共产主义政权"。1960年在福梅克召开的拉丁美洲主教理事会第四次大会谴责了"共产主义的诡计"，并指出"共产主义和基督教互不相容"。① 第二，为了抵消社会主义及共产党在工人中的影响，为了替代"共产主义鼓动"，天主教会还组织了自己的同盟、工人中心和工会，开展了天主教工人运动，与共产党展开竞争。② 第三，天主教教会机构倾向于同稳固的权力集团建立保守的反共联盟，支持政府对共产党的镇压政策。天主教右派分子甚至认为为了保卫天主教文明反对共产主义暴政，右派的暴行以及取消人权是正确的。③

第五节 "自主"与"依附"：拉美共产党的国际生态环境困境

受外部影响甚巨是拉美近现代发展的最鲜明特征之一。把握拉美地区共产党的生态环境系统，国际环境或国际因素不可回避。国际环境系统的构成涵盖国际政治、经济、文化、社会等各个领域，内容异常丰富。把握这样一个构成多样、内容丰富的问题难度很大。因此，选择一个合适的角度很重要。

本节不准备从政治、经济、文化与社会等方面去认识影响拉美地区共产党发展的国际环境因素，而是拟以与拉美地区的共产党发生关系的国际行为主体（或者影响拉美地区共产党发展的国际行为主体）为切入点来论述拉美地区共产党的国际环境。

国际行为主体大致可以分为国家行为主体与非国家行为主体两大类。

---

① ［英］莱斯利·贝瑟尔：《剑桥拉丁美洲史》第六卷（下），中国社会科学院拉丁美洲研究所组译，北京：当代世界出版社2001年版，第607—625页。
② ［英］莱斯利·贝瑟尔：《剑桥拉丁美洲史》第六卷（下），中国社会科学院拉丁美洲研究所组译，北京：当代世界出版社2001年版，第449页。
③ ［英］莱斯利·贝瑟尔：《剑桥拉丁美洲史》第六卷（下），中国社会科学院拉丁美洲研究所组译，北京：当代世界出版社2001年版，第580—592页。

国家行为主体即为民族主权国家，对拉美发展影响较大的主要有曾扮演殖民者角色的葡萄牙、西班牙、英国、法国、荷兰、美国等国，以及后来的德国、日本、苏联等国家，拟仅论述美国和苏联的影响。非国家行为主体涵盖的类型比较多——有政党的国际组织：既有第一国际、共产国际、共产主义情报局等共产党的国际组织，也有社会民主党的国际组织社会党国际，还有托洛茨基分子的国际性联合组织第四国际，以及基督教民主党国际、国家民主联盟（保守党国际）、自由党国际等；有公教青年工人等各类宗教、民间团体组织；有美洲国家组织、欧盟、七十七国集团等各类区域或地区性集团；有联合国及其各类附属组织或功能部门，如联合国拉美经委会、联合国教科文组织、联合国粮农组织；有国际货币基金组织、世界银行、美洲开发银行以及跨国企业等国际性金融经济组织，还有各类跨国犯罪组织与恐怖组织，等等。种类繁多，不一而足。

一、资本主义阵营的力量与社会主义阵营的力量：美国与苏联

随着拉美被发现，殖民者蜂拥而至。殖民者把自己的政治、经济、文化等因素移植到拉美大陆，这些因素在拉美影响深远，上文也有所涉及，不再赘述。独立运动虽然使拉美各国获得政治独立，但并未使其摆脱经济和文化方面的附属地位，有人将其形容为"新殖民地"。或者说，独立后，拉美各国仍然长时期地、普遍地受国外因素的影响。拉美各国独立后，先是主要地受英国为首的欧洲尤其是西欧国家的影响，而后主要受美国的影响，后来外部影响势力又加上了苏联。

（一）美　国

由于美国的利益（及由此决定的美国对拉美政策）、拉美所处的地理位置以及拉美各国的国情特点和各国政府的态度政策等因素的综合作用，长期以来美国是影响拉美的首要国家行为主体；拉美地区不仅过去受美国影响甚深，其未来也"在相当大的程度上，取决于美国的能力和政策"。因此，美国因素是影响拉美的首要国际因素。

美国与拉美的关系（更贴切的说，是美国对拉美的影响）经历了一个较长的过程。独立建国后直至19世纪中后期，美国一直无暇也无力顾及拉

美，虽然二者相距甚近，美国也曾提出以"美洲是美洲人的美洲"、"任何（欧洲）列强控制或压迫南北美洲国家的任何企图都将被视为对美国的敌对行为"等为口号与内容的旨在宣布拉丁美洲属于美国势力范围的"门罗主义"，但总体上讲，这个时期美国对拉美的影响不大。① 19世纪末，随着国力不断增强，在"门罗主义"的指导下，美国对拉美的影响逐步增强。大约至20世纪30年代，美国取代传统的欧洲力量，成为西半球占支配地位的力量。虽然20世纪80年代以来美国在拉美的影响略有下降，其他地区的国家的影响有较大增长，但美国仍是毋庸置疑的主导力量。

从美国对拉美的态度与政策的角度讲，美拉关系的变化历程中表现出如下突出特点：第一，虽然由于其独特的地理位置等因素，拉美对于美国的战略意义自不待言，但实际上拉美地区却很少处于美国外交战略重心的位置。② 19世纪90年代中期以前，美国对拉美的事务几乎不感兴趣；在90年代的最后几年，美国开始对拉美产生兴趣，并且改变了对拉美事务"不作为"的政策，但这一段时间美国的兴趣主要集中在经济领域③；取代欧洲列国成为拉美的支配性外部力量后，美国的力量（或因素）渗入到拉美的政治、经济、文化等各个领域，但拉美却并不在美国的战略重心考虑范围内；虽然是二战后"冷战"的主战场之一，拉美仍不是美国的战略重心，更多意义上只是美国与苏联全球对抗的一个战场，是美国"反共"的工具。第二，美国对拉美的态度与政策极易变化，"美国与拉美的关系似乎以美国政策的急剧变化为突出特征"④。这一条与上一特征相呼应。第三，除了极易变化之外，美国的拉美政策还往往充满矛盾。矛盾性不仅表现为不同时期的政策之间相互冲突，还表现为同一时段不同政策之间的冲突，以及政策出发点与实际效果之间的背离等方面。比如，美国极力在拉美推行自己的民主模式，但却又往往与当地的独裁政权结盟甚至为其提供

---

① 美国对墨西哥部分领土的要求与侵占属于例外情况。
② 大致而言，美国的战略重心一般集中在欧洲、亚洲地区。
③ 参见 G. P. Atkins, *Latin America in the International Political System*, Westview Press, 1989, pp. 37–116。
④ G. P. Atkins, *Latin America in the International Political System*, Westview Press, 1989, p. 108.

保护。第四，美国的拉美政策往往"一意孤行"，且往往"适得其反"、"水土不服"。比如，由于历史传统、文化背景等方面的不同，美国与拉美对"民主"的理解与认识存在很大差异。但美国在拉美却"一意孤行"地推行自己的民主模式，或者按照自己对"民主"的理解来制定对拉美的政策，结果是"美式民主"并不能很好地成长于"拉丁美洲的土壤"；其他诸如美国新自由主义在拉美实验失败多成功少等等也很能说明问题。

上述特点的出现，实际上根源于美国的利益，或者说美国对自身利益的维护。从一定意义上讲，美国在拉美的利益考量主要从自身国家利益安全[①]的角度出发。有的学者认为，美国的政策制定者以尽量减少"外来力量"[②] 对拉美的影响或"侵入"与维持拉美稳定两个方面为维护自身国家利益安全的相关目标。美国对拉美的关注程度（态度）以及行动层次（政策）经常随着美国对于拉美地区外来威胁和政治不稳定程度的理解的变化而变化。这两方面当中，美国又特别重视第一方面。美国总是极力阻止和排斥外来力量对拉美的影响与控制，尤其是"敌对"意识形态的渗透，而"共产主义的幽灵"则是"头号公敌"。[③]

进入20世纪，拉美大陆发生了以墨西哥革命为代表的几次革命或政治变革运动。"照某些美国官员看来，墨西哥和尼加拉瓜的局势是由于那里有共产党而闹得复杂了。拉美共产党与苏联及其通过共产国际执行的对外政策有联系，这被视为对西半球的一种新型的外部干涉。"[④] 二战后不久，随着"铁幕"的降临，美国开始围绕遏制苏联、独霸全球亦即"冷战"制定外交政策。毫无疑问，冷战的目标或大背景也塑造了战后美国的拉美政策，"美国总是把拉美发生的事情一成不变地纳入美国和苏联两大国之间

[①] 国家利益安全体现为国家的政治、经济等各方面利益的安全。
[②] 美洲以外（nonhemispheric）的力量。
[③] 参见 G. P. Atkins, *Latin America in the International Political System*, Westview Press 1989, pp. 108 – 109。
[④] [英] 莱斯利·贝瑟尔:《剑桥拉丁美洲史》第四卷，中国社会科学院拉丁美洲研究所、涂光楠等译，北京：社会科学文献出版社1991年版，第118页。

的冲突以及资本主义和共产主义之间全球性斗争的模子"。① 为了稳固自己的后院，美国从同拉美各国签订双边军事互助条约进而组建政治、军事集团开始，通过同拉美国家就全球战略安全利益抵制"共产主义威胁"问题举行会议，援助拉美独裁政府，干涉和颠覆具有独立倾向的民族民主政府等系列举措成功地把拉美拉上反共的战车。古巴革命取得胜利并成功向社会主义转变后，美国非常惧怕"卡斯特罗主义"从古巴扩展到拉美其他国家。为了更好地抵御共产主义并减轻其影响，在从各方面对古巴进行打压的同时，美国还积极鼓动拉美各国推行"发展主义"以通过发展经济加强政治稳定，甚至为此直接向其提供大量经济援助。在美国的"煽风点火"下，拉美大陆成为冷战的主战场之一，拉美上空到处弥漫着反共的气氛。这给拉美地区共产党的发展造成巨大损害——大部分国家的共产党被宣布为非法，不得不转入地下活动；党的领袖、广大党员干部遭到迫害（监禁、流放、杀害等等），党员人数锐减；党的组织遭到不同程度损害……

（二）苏　联

苏联是美国以外，对拉丁美洲有较大影响的又一国家行为主体，或者可以说，美国是资本主义国家中对拉美影响最大的；社会主义阵营中处于同等位置、具有同等影响力的则非苏联莫属。

十月革命的胜利，开辟了一个崭新的时代，对于国际共产主义运动的勃兴起了重大推动作用——一方面，十月革命的胜利本身是一种象征，为后来者树立了学习榜样；另一方面，十月革命胜利后布尔什维克建立了世界上第一个社会主义国家苏联，在国际主义精神的指导下，苏联为其他国家与地区的共产主义运动提供指导、帮助和支持。十月革命对拉美地区共产主义运动的发展的重大影响是不言而喻的，下文将另行论述；此处仅从苏联对拉美的态度与政策的角度探讨其作为影响拉美地区共产党国际生态环境因素的国家行为主体的价值意义。

在给其他国家或地区的共产主义运动提供帮助的过程中，苏联对不同

---

① ［美］E.布拉德福德·伯恩斯：《简明拉丁美洲史》，王宁坤译，长沙：湖南教育出版社1989年版，第13页。

地区的态度与重视程度是有差别的。一般来讲,欧洲与亚洲地区是苏联关注的中心,而其他地区则相对处于苏联视野的边缘。就拉美地区而言,"六十年代以前,拉丁美洲看来还不是苏联优先考虑和感到兴趣的地区"①。苏联对拉美兴趣不大的原因何在?有的学者认为,苏联的决策者在制定政策时往往会考虑到很多实际情况,这些情况可以被归纳为一种被称为"地理宿命论"的观点——苏联认为拉丁美洲是一个由于地理位置因素而使自身处于十分不利位置的地区,要对拉美采取积极战略,在拉美开展积极的活动,遥远的距离会要求苏联付出自身没有或负担不起的巨大资源;另外,拉美还被认为是处于既不会容忍任何革命政权也不会允许苏联的任何重大影响的美国的严密控制之下,是美国的势力范围。主要原因恐怕还在于,苏联一方面为自己国内的问题所困,另一方面深深卷入比拉美更具重要性的地区事务之中,而无力分出更大的精力来顾及拉美这一"遥远"而又价值不大的"鸡肋地区"。②不是其关注的中心地区,并不意味着苏联完全忽视了拉美地区的存在。"克里姆林宫曾努力在整个拉丁美洲创建忠诚而又纪律严明的共产党"③,拉美地区早期共产党的建立及活动开展大都得到了苏联(通过共产党国际)一定程度的指导与帮助;但是"莫斯科更感兴趣的是利用拉丁美洲来影响英国和美国在其他地区的政策,而不是在当地发动革命"④,这又限制了当地共产党的发展。

一场始料未及的革命使苏联对拉美的态度发生较大变化。古巴革命"突如其来"的成功,新政权的幸存,革命向社会主义革命的转变,以及古巴加入"社会主义大家庭",大大影响了苏联对拉美形势的判断⑤,促使

---

① [美]利昂·古雷、莫里斯·罗森堡:《苏联对拉丁美洲的渗透》,上海:上海译文出版社1979年版,第5页。
② 参见 G. P. Atkins, *Latin America in the International Political System*, Westview Press, 1989, p.99。[美]利昂·古雷、莫里斯·罗森堡:《苏联对拉丁美洲的渗透》,上海:上海译文出版社1979年版,第6页。
③ [美]詹姆士·西伯奇:《苏联出现在拉丁美洲》,辛华季译,北京:生活·读书·新知三联书店1976年版,第1页。
④ [美]詹姆士·西伯奇:《苏联出现在拉丁美洲》,北京:生活·读书·新知三联书店1976年版,第4页。
⑤ 此外,苏联自身实力的增长也是重要因素。

其态度有了相应转变——苏联认为,古巴革命的成功在美国所控制的拉丁美洲打开了一大缺口,为在这个大陆上兴起新的革命高潮开辟了道路,以此为起点的系列变化"有利于国际工人阶级和社会主义的世界力量对比进一步发生变化,正在起着,而且无疑地将继续起到一种强有力的冲击作用"①,苏联开始将拉美作为一个日益发展着的世界革命活动中心来加以对待。因此,苏联"作为一个有着广泛的国际联系的世界大国,对于虽然发生在遥远的地方,但关系到我国安全和我们朋友的安全的一些事件,可不能消极旁观"②。苏联对拉美的态度及政策由"消极"向"积极"的转变,主要体现为其与古巴结成同盟,并在贷款、补贴、资金、物资、技术、培训、军事保护、军队建设、武器等各方面对古巴给予大力援助与支持。苏古联盟及苏联的援助对于古巴这个西半球唯一的社会主义政权的存续,对于共产主义运动在拉美地区的发展,对于苏联扩大自身在拉美的影响都发挥着重要作用。但苏联与古巴在很多问题上也存有不少分歧,如何处理好国际主义与独立自主的关系是二者共同面临的问题。另外,对古巴的支持,耗费了苏联大量的物力与财力③,苏联已无力在拉美再支持"第二个古巴",这也限制了苏联对拉美其他国家共产党的援助余地。

尽管对于苏联在制定拉美政策的过程中在多大程度上出于共产主义的国际主义精神,在多大程度上以其自身的国家利益为出发点,这一问题颇有争议,但毫无疑问,苏联的拉美政策深深影响了拉美地区共产党的发展。需要指出的是,一方面,苏联的指导、帮助与支持为拉美地区共产党的发展壮大提供了有利条件;但另一方面,苏联因素也给拉美地区共产党的发展带来了很多负面影响。譬如,苏联对拉美地区共产党的指导方针往往是在并不了解拉美地区实际情况的基础上制定的,带有显著的教条主义、经验主义特征,尤其当苏联以自身利益为出发点考虑拉美问题并制定

---

① [苏] B. N. 波诺马廖夫:《当前革命进程理论中诸问题》,载《共产党人》1971 年第 15 期。

② 转引自 F. D. 科勒等:《苏联七十年代的战略:从冷战到和平共处》,佛罗里达:迈阿密大学高级国际问题研究中心 1973 年版,第 228 页。

③ 据估计,20 世纪 60 年代古巴每年耗费苏联 3.5 到 4 亿美元,70 年代每年约 5 亿,80 年代则翻番到每年 10 亿。

相关政策时，更是会忽视拉美的具体实际。所以，对拉美地区共产党发展过程中的苏联印迹要做辩证分析。

二、"八仙过海各显神通"：非国家行为主体问题

非国家行为主体是影响拉美的重要国际因素。活跃在拉丁美洲地区的国际性的非国家行为主体种类众多，它们的性质、活动的领域等各不相同。本部分拟只论述部分对拉美地区共产党发展影响较直接较大的主体，其他主体在下文将有所涉及。

（一）共产国际

工人阶级的解放、共产主义的事业不仅仅是一个地区、一个民族的问题，还是或者说更是一个国际性问题，国际主义精神是马克思、恩格斯以降所形成的共产主义运动的主要传统之一。国际主义精神的实现需要一定的组织载体，"马克思主义者从来不怀疑无产阶级国际主义需要在具体的组织形式中体现出来"①，第一国际、第二国际、第三国际都是这样的组织载体。

第三国际，又被称为共产国际，是在列宁有关世界革命进程的理论基础上，为推动世界革命而创建的世界性革命政党。作为"全世界工人阶级运动的指挥中心"，共产国际"通过相应的国内支部，领导各国革命斗争，以社会主义革命的世界战略，使这些国家的斗争，在世界范围内协调起来"。在其存在的近四分之一个世纪里，共产国际对国际共产主义运动、对各民族国家的共产党都具有举足轻重的影响——一方面，既帮助很多国家建立了马克思列宁主义的政党，又给各国共产党的成长、发展提供了各方面的指导与帮助，推动了国际共产主义运动的发展；另一方面，自身组织结构、特点、教条主义作风等因素导致或加剧了其工作中的失误，给各国共产党的发展带来严重的消极影响，使国际共产主义运动蒙受巨大损失。就共产国际对拉美地区各国共产党的影响来讲，也不外乎上述两方

---

① ［西班牙］菲南德·克劳丁：《共产主义运动——从共产国际到共产党情报局 第一卷：共产国际的危机》，方光明、秦永立译，福州：福建人民出版社1982年版，第2页。

面。下文会有具体描述。

对于作为影响拉美地区共产党发展非国家行为主体的共产国际,首先需要强调其与苏联的关系。有关二者的关系,有种"工具论"的观点。该观点认为"把共产国际转变为苏维埃国家的工具这种想法,不管在十月革命前还是在十月革命后,都是违反列宁的意愿的。不过,这并没有改变以下事实,即列宁逝世后,共产国际确实变为苏维埃国家的工具——而且这一变化的前提在列宁在世时就已造成了"①。这种观点有一定的合理性,至少其从独特的角度反映了共产国际与苏联二者关系中的重要方面。如果从这个角度出发,可以说,共产国际在拉美的活动深受苏联政策的影响,或者说附属于苏联的拉美政策。对此,托洛茨基曾讲到,"目前,共产国际完全是为苏联外交政策服务的臣属机构,随时准备作任何变动"②。因此,对作为影响拉美地区共产党发展国际因素的苏联(苏共)与共产国际应该放在一起综合考虑。

需要强调的另外一点是,如果把共产国际看作是一个世界性的共产党组织,在其存在与活动期间,拉美各国的共产党都看作是其支部的话,类似的关系还存在于一些国际性民间政治组织与其拉美支部之间。这些组织通常是为了方便共产党(共产国际)在某一领域的活动从而加强、扩大其影响而设置的,可以看作是受共产党影响或领导(控制)的"外围组织"或"阵线组织"。二战前就存在并发挥重要作用的此类组织有反帝同盟(the Anti-Imperialist League)、青年国际(the Communist Youth International)、红色救助国际(the International Red Aid)、红色工会国际[the Red International of Labor Unions(Prointern)],在共产国际的指示下,20世纪20年代拉美各国共产党成立了上述组织的支部或下属组织。二战后出现的重要的共产党外围组织主要有世界总工会(the World Federation of Trade Unions)、国际民主妇联(the International Federation of Democratic Women)、

---

① [西班牙]菲南德·克劳丁:《共产主义运动——从共产国际到共产党情报局 第一卷:共产国际的危机》,方光明、秦永立译,福州:福建人民出版社1982年版,第96页。
② 转引自[西班牙]菲南德·克劳丁:《共产主义运动——从共产国际到共产党情报局 第一卷:共产国际的危机》,方光明、秦永立译,福州:福建人民出版社1982年版,第77页。

世界民主青年联合会（the World Federation of Democratic Youth）、国际大学生联合会（the International Union of Students）、世界教师联合会（the World Federation of Teachers' Unions）、世界和平委员会（The World Peace Council）等，拉美各国基本上也都全部或部分地建立了上述组织的支部或下属组织。这些"外围"或"阵线"组织在帮助拉美各国共产党开展活动、扩大党的影响方面发挥了不可抹杀的重要作用，尤其是当拉美地区共产党面临恶劣的外部环境，共产党由于处于地下或非法状态而不能公开、正常开展活动或公开活动受到巨大限制时，这些组织更是充当或扮演了共产党的"喉舌"与"替身"的角色。

（二）第四国际

托洛茨基主义的主要理论、主张与实践可以简单地大致归结为：只有布尔什维克革命党领导下的、得到农民支持的无产阶级才能够解决建立无产阶级社会主义专政过程中民主革命的所有问题，即"不断革命的理论"及其实践。鉴于其主张的内容、性质与特点等因素，可以把托洛茨基主义及其组织视为"共产主义的不同政见者"。

"托洛茨基派在拉丁美洲各种左派政党中力量较小。这个地区大约只有一半的国家存在着第四国际的组织；而且除了一、两个以外，这些组织即使在这些国家的左翼政治力量中也从来不是主要的政党。可是，在本世纪六十年代以前，它们是拉丁美洲地区共产党人的主要马克思列宁主义对手。"①"拉美各国的托派……在 20 世纪 30 年代一度比较活跃，在世界地区性的托派运动中占有一定的地位……因此不仅在一般的青年学生、小资产阶级分子及部分工农中有一定影响，而且在一些激进的资产阶级和小资产阶级政党，乃至某些共产党人中，也有一定的市场。"② 因此，托派的国际组织第四国际也是影响拉丁美洲地区共产党发展的重要非国家行为主体。

---

① ［美］罗·杰·亚历山大：《拉丁美洲的托洛茨基主义》，高铦、涂光楠、张森根译，北京：商务印书馆1984年版，第50页。
② 张志军：《20世纪国外社会主义理论、思潮及流派》，北京：当代世界出版社2008年版，第158页。

20世纪20年代末起，拉丁美洲部分地区陆续出现了托洛茨基的同情者、追随者，进而成立了一些托派组织。随着托洛茨基本人流亡到墨西哥，其学说及组织的影响得以进一步扩大。"拉丁美洲托洛茨基主义党和组织占国际托洛茨基派成员的一大部分"①，拉丁美洲成为托洛茨基主义第四国际活动频繁的主要地区之一。几乎整个20世纪50、60年代，第四国际把注意力集中在拉美地区，全力推进该地区的拉美运动。先后于1957年、1961年及1969年通过了关于拉美问题的三个文件，"不断革命论"在拉美找到了试验场。

　　第四国际的几个主要派别在拉美都有自己的追随者，依托巴勃罗派第四国际拉丁美洲局所创建的波萨达斯派曾一度将影响扩大到拉美其他派的托洛茨基主义政党并控制了这些党，成为影响最大的一派。尽管这些派别在是否在拉美推行"打进去"战略②及对待古巴卡斯特罗政权的态度③等问题上存有分歧，但他们彼此之间也存有一些共识。从与拉美地区的共产党竞争（争夺资源）的角度讲，托派组织的共识主要体现在两个方面：其一，与共产党争夺工会等外围组织。"托洛茨基分子总是设法在一些拉丁美洲的有组织劳工运动中赢得影响。托派党在它有成员参加的那些工会里成立党组，设法使工会组织置于它的控制之下，并要求工会采取托洛茨基主义的政治立场。"④ 其二，争夺理论宣传阵地。托派组织尤其是波萨达斯派特别注意定期或不定期地出版自己的刊物，发出自己的声音，扩大自己

---

　　① ［美］罗·杰·亚历山大：《拉丁美洲的托洛茨基主义》，高铦、涂光楠、张森根译，北京：商务印书馆1984年版，第346页。
　　② 又称"法国式迂回"策略，因托洛茨基在法国的追随者最早被建议加入第二国际社会党的队伍而得名。这种策略认为加入社会党或共产党不是为了接受其思想，而是为了在其内部反对它们，并把革命纲领带给群众。在20世纪60年代，古巴的托派组织在这一战略的指导下，加入了古巴共产党。
　　③ 统一书记处派认可古巴"工人国家"的性质，无条件地对其给予支持，从未动摇过对古巴政权的支持态度，甚至放弃自己在古巴的独立组织而让其信徒加入古巴共产党；波萨达斯派在给古巴革命以无条件支持的同时，强烈抗议古巴对其组织的打压，且坚持保持独立性的必要性；希利派则坚决不承认古巴"工人国家"的性质，还认为其是"小资产阶级"政府，因而不配享有"工人国家"受到的托洛茨基主义者的"无条件支持"。
　　④ ［美］罗·杰·亚历山大：《拉丁美洲的托洛茨基主义》，高铦、涂光楠、张森根译，北京：商务印书馆1984年版，第60页。

的影响,"编辑和推销党的刊物是拉丁美洲托洛茨基主义派的一项意义特别重大的组织活动。有的时候,尤其是在六十年代的一些波萨达斯派政党中,党的活动主要是致力于这项工作"①。

第四国际不拥有共产国际所掌握的资源,与共产国际可以向它在拉美地区的成员组织提供大量资助形成鲜明对照的是,第四国际无力也无法向自己的拉美成员组织提供资助;加上其他一些因素,如托洛茨基分子往往非常教条、托派组织内部缺乏共产党组织所具有的团结与纪律等等,在很大程度上限制了其活动的开展与影响的扩大,导致其无法与共产党相抗衡。但是,由于其一直坚持活动②,第四国际的存在及其活动对拉美地区共产党的影响仍不容忽视。

(三)社会党国际(社会民主党的国际组织)

从全世界范围看,社会党③与共产党这对"兄弟"的渊源甚深,历史上二者的携手与反目纠葛交错、扑朔迷离,让后人扼腕叹息。在拉美地区,社会党也是共产党发展过程中的重要影响因子。

19世纪60年代末成立的德国社会民主工党是第一个民族国家的无产阶级政党,随后成立的各国无产阶级政党大都沿用"社会民主党"的名称,这些党于1889年组建了第二国际。第二国际后期,机会主义日益滋长,国际破产,各国出现了共产党与社会民主党的分流。第二国际在拉美几乎没有影响,所以此处不予考虑。

目前,社会民主党是对以民主社会主义或社会民主主义为指导思想的政党的泛称,其国际组织是社会党国际。社会党国际自1951年成立以来发

---

① [美]罗·杰·亚历山大:《拉丁美洲的托洛茨基主义》,高铦、涂光楠、张森根译,北京:商务印书馆1984年版,第61页。

② 据估计,目前在巴西、墨西哥、阿根廷等12个拉美国家,仍有44个托派组织。它们比较活跃,不仅利用各种媒介宣传自己的观点与看法,还坚持"打进去"的战略,加入到其他左派政党当中成为其中一个派别,以期壮大自己的力量,扩大自己的影响。比如,托派组织"社会主义"民主就是巴西执政的劳工党中的一派。参见张志军:《20世纪国外社会主义理论、思潮及流派》,北京:当代世界出版社2008年版,第169页。

③ 这类政党的名称众多,有社会党、社会民主工党、社会民主党、民主社会党、工党、独立社会党、社会劳动人民党,等等。无论名称如何,共同的特征标识了其是一种类型的政党。

展迅速,目前其成员党及组织达140多个,其中拉丁美洲地区成员党的数量仅次于欧洲而居第二位。可以说,社会党国际在拉美地区很有市场。而社会党国际在其章程中也特别强调由于在拉丁美洲和加勒比地区取得了非常显著的发展,社会党国际已变为一个更加名副其实的国际性组织①。

但是,由于社会党国际只是"遵循共同原则的独立政党的联合体",而非"超国家的集中化组织",其做出的决定及形成的决议对各个成员党不具有硬性约束力。也就是说,各成员党享有充分的自主权,其自身"对在本国落实社会党国际决定的方式负责",而不必非得按照"指示"行事,这从某种意义上削弱了社会党国际的权威与影响力。因此,虽然社会党国际是影响拉美地区共产党发展的重要非国家行为主体,但其影响还要通过其在拉美地区的成员党来实现,考察社会党国际对拉美地区共产党的影响还要落脚在拉美的社会党身上。

长时期以来,社会党这种政党类型在拉丁美洲地区政治生活中是非常重要的政治组织力量。对共产党而言,社会党既是"兄弟"、"盟友",又是强有力的"竞争者",甚或"叛徒"乃至"敌人"。"兄弟"象征的是"血缘"关系,如阿根廷共产党脱胎于阿根廷社会党的左派,而其最初的名称是国际社会党;智利共产党的前身是社会劳工党,等等。"盟友"形容的是社会党往往是共产党尤其是倾向"和平议会道路"的共产党统战的主要力量,如智利共产党先后与社会党及其他政党多次结成选举联盟,并多次获得选举胜利。社会党还是共产党有力的"竞争者",由于其在意识形态谱系上的位置距共产党非常近,社会党活动与影响的范围及群体与共产党的往往一致,因而形成对同类资源的竞争。尤其是很多国家的社会党在工人阶级、工会等团体与组织中的影响甚至远远超过共产党,无形中给共产党带来巨大压力。"叛徒"、"敌人"通常是在二者矛盾、冲突比较尖锐的时候,共产党对社会党的蔑称。比如,20世纪30年代,在国际大环

---

① 参见中联部编译小组:《社会党国际重要文件选编》,北京:当代世界出版社2005年版,第21页。

境及共产国际政策的影响下,拉美的共产党与社会党交恶,纷纷加入"反社会法西斯主义"的行列。共产党人在"制定和实现自己的战略和策略时",都要"考虑到社会民主党在现代资产阶级社会中的作用和地位以及它们对各种问题所持的立场"①。

第六节 "富饶"与"贫乏":
拉美共产党的自然生态环境困境②

拉美地区共产党的自然生态环境对共产党发展的影响多是间接意义上的。本节主要从地理环境因素与资源物产因素两个大的方面把握拉美地区共产党的自然生态环境。

一、"距美国太近"与"距上帝太远":地理环境因素

"……不能忽视空间或地域以及人的居住地。……地理学为人类活动提供的环境背景,使人类活动地方化,并且在某种程度上影响这种活动。"③ 地理环境因素不仅为人类的活动(此处强调的是人类的政治活动)提供了基本的空间范围或活动区域,并以提供便利条件或约以限制的方式对人类活动施加重要影响。作为由特定人群组成的政治团体,政党的活动也深受地理环境因素的影响,这是无法否认的客观事实④。大致来讲,可以从一国的地理位置、版图、地形、气候等方面来把握影响该国政党的地

---

① [苏]西比列夫:《社会党国际》,姜汉章等译,北京:中国社会科学出版社1983年版,引言第1页。
② 与自然生态环境密切相关的一个问题是"政治地理"问题。人类社会政治现象与地理环境的关系早就为人们所注意到,并以之为研究对象形成了"政治地理学"。虽然目前政治地理学学科就研究对象、研究内容、研究方法等问题并未达成一致,但其中的一些观点仍然具有重要借鉴意义。本部分行文中会借鉴一些政治地理学的研究成果。
③ [美]E.布拉德福德·伯恩斯:《简明拉丁美洲史》,王宁坤译,长沙:湖南教育出版社1989年版,第21页。
④ 片面夸大地理因素的作用是与否认地理环境因素的作用相对立的另一种极端倾向,即宣扬"地理决定论"。无论是哪种极端倾向用到实践中都会产生负面影响。因此,如何科学、合理地把握地理环境对人类政治活动的影响是非常值得探讨和研究的问题。

理环境因素。

（一）地理位置

从地理位置上来讲，拉丁美洲地区最鲜明的特征之一是——"可怜的拉丁美洲离上帝太远，离美国太近"①。美国人充分认识到了这一点，在很多场合都特别强调拉美地区在地理位置上对自身的战略价值与意义，如1901年伍德在给罗斯福的信中强调"……鉴于古巴的地理位置迫使我们不得不对它进行控制和保护……"② 美国国务卿史汀生1931年在文件中明确指出加勒比—中美洲地区的重要性："那个地方是我们海岸的外围地区，这对我国国家安全至关重要是天经地义的，更不用说它对于我国繁荣兴旺的意义了。"③ 因此，总体上讲，拉美各国长期以来"经受"着其毗邻的"北方巨人"的"压力"与"影响"。如何处理好"自身事务"与"外来影响"，或者说"自主"与"依附"的关系，是拉美人民面对的长期性历史课题。

但是具体到拉美大陆的不同地区与国家，从地理位置的角度讲，由于其与美国的距离存在差异，美国对其的影响在范围与程度上也存在差异。如，由于其距离美国最近，在墨西哥和环加勒比地区能始终感受到来自美国的全方位影响与高度的压力，有人甚至说这些国家的每个细胞都渗透着"美国的"元素；而南椎体国家却由于距美国相对较远，受到的影响相对较小。

除了与美国近在咫尺外，拉丁美洲地区的另一特点是，其地理位置"在世界政治中从未占有决定性意义的重要性，甚至巴拿马运河在核时代也已丧失其大部分战略价值"④。换句话讲，拉美很少占据"政治战略中心"的位置，很少成为人们关注的"焦点"地区。

---

① 墨西哥前总统波菲里奥·迪亚斯曾言："可怜的墨西哥，离上帝这么远，靠美国这么近。"
② 转引自［英］莱斯利·贝瑟尔：《剑桥拉丁美洲史》第四卷，中国社会科学院拉丁美洲研究所、涂光楠等译，北京：社会科学文献出版社1991年版，第97页。
③ 转引自［英］莱斯利·贝瑟尔：《剑桥拉丁美洲史》第四卷，中国社会科学院拉丁美洲研究所、涂光楠等译，北京：社会科学文献出版社1991年版，第120页。
④ ［美］詹姆士·西伯奇：《苏联出现在拉丁美洲》，北京：生活·读书·新知三联书店1976年版，第98页。

（二）版　图

一国的领土（包括领海、领空）面积、形状、疆界等领土问题都可以归为国家的版图问题。有些研究者在分析地理环境对国家政治的影响时提出了一些关于版图对政治的影响问题的观点：国家领土的形状和国土自然环境影响国家管理的难易与国家的安全稳定——领土形状比较规则，国家的几何中心到边界的距离差别较小，边界与面积的比值较小的国家，其领土与边界比较容易管理，而国土分散的岛国或国土狭长的国家地域间交通联系不便，对国内交往与国家管理也相应带来诸多不利。以山脉、河流、湖泊等自然体作为政治边界的国家，边界两侧的社会、经济与文化的分异会受到重要影响。[①] 上述观点具有一定合理性。如果借用其逻辑分析拉美的版图问题，可以得出——拉丁美洲诸国国家领土形状比较规则的很少，多为分散的岛国或国土狭长的国家，这样的地理状况对于拉美地区地方自治传统悠久、地方势力强大、地方主义盛行、中央对一些边疆地区（城市对地方）的控制较弱等局面的出现和长期存在实际上起着不可忽视的重要作用。在拉美国家间，政治边界与山脉、河流、湖泊等自然体一致的地理现象也比较多见，比如，智利和阿根廷之间的安第斯山脉，阿根廷和乌拉圭之间有拉普拉塔河、乌拉圭河，等等。这些作为政治边界的自然体两边的社会、经济、文化等各方面的确存在较大差异。

在拉丁美洲，除了巴西、阿根廷、墨西哥等国国土面积较大以外，其他国家的国土面积一般都比较小。这些"小国"往往很难摆脱外来因素的影响，或者说他们要摆脱外来因素的影响需要付出更大努力，这加重了其对外的"依附性"。再就是，独立后拉美很多国家与其邻国之间没有明确的边疆划界[②]，这些历史遗留问题往往导致相互之间的纷争甚至战争，如19世纪末智利同玻利维亚和秘鲁为争夺南太平洋沿岸阿塔卡马荒漠硝石产地而进行的战争。彼此之间的不信任、战争对各国的政治稳定与经济发展

---

① 参见曹诗图、王恩涌：《政治与地理环境》，载《武汉水利电力大学学报》（社会科学版）1999 年第 6 期。
② 从前宗主国西班牙殖民独立出来的 18 个国家之间尤其如此。

等方面都产生了一定负面影响。

(三) 地　形

"地形复杂崎岖往往容易形成幅员有限的政治上孤立的弱小实体，山区多是世界上小国比较集中的地区。"① 拉丁美洲的许多国家具有复杂的地形，拉美国家也多为幅员有限的小国，二者之间具有一定的因果关系。复杂的地形对于众多拉美国家作为国家整体的发展来说，也是消极因素，"大片几乎荒无人烟的土地，无法深入的原始森林，高山屏障，以及荒芜的沙漠使小块居民区相互隔绝和孤立"。"遥远的距离，复杂的地形，缓慢的通讯与运输，加上部分因孤立而引起的地方竞争等等，促使了不利于国家统一的乡土主义思想的发展。"② "沿海城市与内地乡村之间存在着绝对的、根本的差别。这一差别搅乱了我们进化发展的规律，更可悲的是阻止了国家的统一。参加叛乱的人来到这陌生的国土，面对着不同风俗、社会环境和居民。这里的语言也不同，说起话来带有一种独特的、生动的长音。他们感到是在异国作战，并非在巴西本土。"③

二、"丰富"与"贫乏"：资源④与物产

"资源是人类生存的依赖条件。如何保护、开发利用资源，是关系到政治区域是否稳定的问题。土地、水、森林、矿产等自然资源的数量和质量已经成为当今世界各国经济发展的最主要的限制因素，也是引发区域争端的热点。"⑤ 总体上讲，可以说拉丁美洲的资源与物产既"丰富"又"贫乏"；而拉美历史上既得益于其资源与物产，又因之而招致"怀璧"

---

① 曹诗图、王恩涌：《政治与地理环境》，载《武汉水利电力大学学报》(社会科学版) 1999年第6期。
② [美] E.布拉德福德·伯恩斯：《简明拉丁美洲史》，王宁坤译，长沙：湖南教育出版社1989年版，第135—136页。
③ 转引自 [美] E.布拉德福德·伯恩斯：《简明拉丁美洲史》，王宁坤译，长沙：湖南教育出版社1989年版，第23页。
④ 此处的"资源"指自然界的天然资源。
⑤ 崔树强：《政治地理学基本问题的探讨》，载《山东师大学报》(自然科学版) 2000年第4期。

之祸。

　　土地、水、森林、矿产等是最主要的自然资源。拉丁美洲诸国的土地面积占世界陆地面积的近14%，其中可耕地面积，据联合国粮农组织的估计，如果得到充分开发，可高达7亿公顷；水力资源约占世界的10%，世界上流量最大（地球表面流动水的约20%—25%）、流域最广（流域面积几乎相当于整个澳大利亚，几乎是世界上任何其他大河流域的两倍）的亚马逊河滋润着南美广袤的土地，并孕育了世界上最大的热带雨林，拉美的森林面积达900万平方公里，约占世界森林总面积的24%；拉美的牧场和草地面积为5.3亿公顷，占世界牧场和草地总面积的17.2%（在亚马逊河流域、森林、草原上有极为多样的且为当地独有的动、植物资源）；矿产资源丰富，其中白银、铜、铝土、石油、铁、钼、锑、锡等矿藏的储量尤为丰富——拉美的主要自然资源不可谓不"丰富"。但是，拉美的自然资源可以说又是"贫乏"的，主要体现为结构种类与地域分布的极端不平衡。比如，拉美的各类金属矿藏储量丰富，而能源或燃料矿产尤其是煤矿则相对缺乏；各国之间和国家内部各地区之间的资源分布很不平衡，多数国家的矿产资源种类相对单一，已探明的能源资源往往远离主要经济消费中心，等等。

　　就拉美的物产来讲，拉丁美洲各国主要分布在低纬度地带，因此各种炎热型的气候在该大陆占优势，炎热的气候和独特的土壤构成①，使这片大陆非常适宜种植、栽培诸如香蕉、可可、甘蔗、烟草、棉花等经济作物或工业原料。而广袤的森林与草原，为畜牧业的发展提供了非常适宜的场所和便利条件。

　　自然资源和农牧产品为拉丁美洲各国的经济做出了巨大贡献——长期以来，拉美各国的经济主要依靠各类初级矿产品和农牧产品的出口。但是，长时期地片面依赖一种或几种初级产品的出口，又严重限制了拉美经济的发展，使其过于依赖外部市场，外部市场的轻微变动都可能带来毁灭

---

① 炎热的气候能够为作物一年四季的生长提供充足的热力资源，而该地区的土壤构成中铁酸盐成分居多。

性打击。虽然拉美各国曾努力改变这种局面，先后采取了初级产品出口战略、进口替代型战略和新自由主义，但总体效果不是很理想，很难改变其在国际经济分工体系中所处的"服务性"的"卫星"地位。

小　结

关于拉丁美洲地区共产党的生态环境问题需要说明和强调的是：

第一，拉丁美洲地区民族国家众多，各国的种族构成、政治稳定性、经济发展水平、风俗习惯、物产资源等方面千差万别；而且这些因素会不断发生变化，在不同时期会有不同表现。因此，严格意义上讲，很难找到一个影响拉美各国共产党的普适性的生态环境模式。同时，由于类似的历史经历（历史渊源）、文化传统、发展过程中面临的共同难题、共同的国际环境、地理位置等因素的影响，拉美各国也存在很多共同点。"如果说，特定的历史演变过程曾赋予这些国家某些共同特点，甚至可以说，它们之间的共同点比起世界其他任何地区都多。"[①] 这为把拉丁美洲作为一个整体，对影响各国共产党发展的生态环境中具有共性的问题进行分析和探讨提供了可能；而探讨这些共性对于更好地把握拉美各国共产党与生态环境系统之间的关系具有重要价值。

本书对于这个难题的处理方式是——一方面，努力挖掘和探讨影响拉美地区共产党发展的生态环境中具有共性的因素；另一方面，在论述拉美各国共产党生存、发展与作用发挥历史的过程中，具体到某一发展阶段制约共产党发展的生态环境因素则依据具体问题具体分析的原则，分别论述。

第二，拉丁美洲地区共产党的生态环境系统处于不断的变革之中，"变革"与"传统"力量的并存与纠结及由此而生的复杂形势营造了拉美地区共产党发展的多重生态；而多重生态的多样化要求及其对拉美地区共产党在不同方向上的作用力则导致了共产党发展的生态困境。

---

① 徐文渊：《走向21世纪的拉丁美洲》，北京：人民出版社1993年版，第27页。

第二章　拉美共产党的历史发展

现实是历史的延续，以历史与现实为依据才能更好地把握未来，而"忘记历史"等于"背叛"。从第一个共产党在拉美地区诞生以来，除了少数国家的共产党在某些时期有关于自身的公开的史纲或者在党的纲领中有相关内容外，多数拉美的共产党对于党的历史没有"官方"（公开、正式的）的统一说法，甚至有些时候还刻意忽略或隐瞒党的历史中的一些事件、问题。此类做法往往造成很多负面影响，如相当部分新党员对党的历史一无所知，从而很难形成对党的高度认同感；而对党史没有统一认识与观点，也容易为党内出现分歧、争论乃至分裂埋下伏笔，不利于党内团结。在研究领域，无论是从整体上还是从某一个体的角度对拉美地区共产党历史的研究并不多见，已有成果的质量、层次也参差不齐，有些成果的可信性也存在问题。因此，无论是从现实还是理论角度讲，都有必要系统梳理与研究拉美地区共产党的历史发展问题。

在《拉丁美洲革命动向》一书中，罗纳德·芒克指出拉美地区的共产党习惯于强调从自身鲜明的国际性（受外来因素影响很大是拉美地区共产党的显著特点之一）角度来认识、解释自己的历史；安德森则指出，如果不联系构成拉美地区共产党活动背景的国内政治力量的平衡，无法真正理解共产党的历史。① 罗伊则认为，拉美地区共产党组织活动的浪潮是与以拉美各共和国的具体情况及苏联外交政策的变化为主要内容的变化着的环境条件相对应的。② 其实他们都是在强调环境条件对认识拉美地区共产党历史的重要性，也就是说，只有将之置于其活动的背景条件之下，才能真正客观地把握拉美地区共产党发展的轨迹。把握拉美地区共产党的历史发展，首要前提是把握对其历史发展产生重大影响的生态环境条件。

拉美地区共产党的历史发展从生态学视角可以理解为拉美地区共产党为争生存、求发展及谋求自身价值功能的实现，而通过改变自身或改变环境的方式以满足生态环境需要从而获取环境提供的资源与支持的过程。本部分拟在此意义上大致梳理拉美地区共产党的历史发展——把本地区的共产党作为一个整体进行研究，探讨某一时段拉美各国共产党面临的共同问题，所表现出的共同特点；同时着眼于各国党自身特点和地方特色。

第一节 拉美共产党的兴起（1918—1928）

拉丁美洲第一批共产党成立于20世纪第一个十年末期和第二个十年（这个十年的大部分）之间，大致情况是：共产党在阿根廷成立于1918年，在墨西哥成立于1919年，在乌拉圭成立于1920年，在智利和巴西成立于1922年，在古巴、危地马拉（中美洲共产党）、尼加拉瓜成立于1925年，在厄瓜多尔成立于1926年，在洪都拉斯成立于1927年，在巴拉圭和秘鲁成立于1928年。首批共产党的成立是多种因素综合作用的结果：拉美各国政治、经济、社会环境的变化，马克思主义的广泛传播，无产阶级队伍的壮大及组织性的增强，共产主义小组的出现，十月革命胜利的影响，等等。总体来讲，它们是"为了适应它们本国的工人阶级与民族的迫切需

---

① Ronaldo Munck, *Revolutionary Trends in Latin America*, McGill University: Center for Developing-Area Studies Monograph Series, No. 17, 1984, p. 5.

② Rollie E. Poppino, *International Communism in Latin America: A History of the Movement 1917—1963*, London: Collier-Macmillan Limited, the Free Press of Glencoe, 1964, p. 58.

要而建立起来的", 是"在新大陆的泥土中生长出来"①的。成立初期, 这批共产党为向世界宣告自己的成立和在拉美各国的政治舞台上站稳脚跟、争得自己的立足之地进行了艰苦斗争。

一、孕育拉美首批共产党的社会历史条件与时代背景

工人阶级的政治组织——共产党在拉美的出现是多方面因素"合力"作用的结果, 是内部孕育与外部催生的产儿。这些因素可以大致归结为环境条件与时代背景两个大的方面。

(一) 社会历史条件

19世纪末20世纪初, 尽管起始时间有先后, 领域范围、幅度与深度等方面也存在差异, 但总体来讲, 在外部因素的影响与刺激下, 拉丁美洲各国的经济、社会文化、政治环境等方面都发生了显著变化。

经济方面, 正如上文所提到的, 19世纪70年代, 拉美开始逐步地更全面地卷入世界资本主义体系。在世界资本主义体系中, 拉美扮演了先进工业国的原料、农牧产品和初级产品的生产者和供应者的角色。虽然处于弱势地位, 但在资本主义先行国对农牧产品需求激增的刺激下, 拉美各国的出口经济得到一定程度的发展, 一些自然经济的大庄园也逐渐向为出口农牧产品而进行生产的大农场转变, 部分农奴也渐渐转化为农业工人; 在对矿产品需求激增的刺激下, 采矿业及一些初级产品加工得到进一步发展, 而原来占主导的奴隶制逐步为雇佣劳动制所代替。除了输出商品, 西方国家也非常重视向拉美输出资本甚至直接在当地设立公司。例如, 英国1890年在拉美地区的投资达42500万英镑, 到1913年增至近10亿英镑; 一战前夕, 英国在拉美地区共设立了150多家港口和公用事业公司及50家矿业公司。在外资和外企的推动下, 拉美地区的资本主义工业得到较为迅速的发展, 资本主义经济成分的比例逐渐增加。

社会文化方面, 拉美的阶级结构在19世纪末开始发生较大转变, 多种

---

① [美]福斯特:《美洲政治史纲》, 冯明方译, 北京: 生活·读书·新知三联书店1959年版, 第500页。

经济成分并存的局面打破了原来土地贵族和农民两大阶级并存的阶级结构，造就了为数众多的社会阶级和阶层——与前资本主义经济成分相联系的大地主、大庄园主、村社居民和各种各样的农民，与资本主义经济相联系的资产阶级、中等阶层或中间阶级、工人阶级、农民等。本地居民以外，一些国家也迎来大量外来移民，移民对拉美地区的阶级构成、阶级状况及国家相关政策产生了巨大影响。与此同时，拉美也迎来一些"激进"的社会政治思想，其中包括社会主义。

政治方面，资本主义经济的发展、阶级力量对比的变化、资产阶级民主思想的传播，为民主体制在拉美的生根与发展提供了有利条件。一些国家开始尝试建立与运作立宪制民主，或者说，至少设法建立了一种"寡头式民主"，即总统和议会是由公众产生的，争取有限选民支持的政治竞争。这些变化为现代意义上政党的产生提供了必要条件，为拉美首批共产党的诞生奠定了基础。

1. 思想基础

19世纪50年代，空想社会主义思想在拉丁美洲得到传播。随后，科学社会主义思想开始被带到新大陆并得到传播。把社会主义思想的"花粉"带到新大陆的"蜜蜂"主要是来自欧洲的移民。这些移民中的多数在来到拉美以前就受到过社会主义思想的影响与熏陶，或至少接触过社会主义思想，甚至相当一部分移民本身就是社会主义者，对社会主义思想比较熟悉。他们的到来，在拉美刮起了一股宣传与传播该"激进"思想的旋风。其中，流亡到拉美的第一国际成员做出了突出贡献。他们在当地力量配合下组建的第一国际的支部，在传播马克思主义方面做了不少工作。如拉美第一份具有马克思主义倾向的报纸《工人报》，是第一国际的支部在1872年开始出版发行的。当然，拉美本地的先进人物和组织力量通过各种途径、媒介宣传马克思主义，对进一步推进马克思主义的传播也发挥了不可或缺的作用。譬如，阿根廷社会党人分别于1900年、1912年建立的马克思主义著作图书馆和卡尔·马克思著作研究中心以及乌拉圭社会党人于1904年建立的卡尔·马克思中心都为马克思主义的传播提供了便利条件。无论是外来移民的导入、传播，还是本地力量的"推波助澜"，马克思主义在拉美的广泛传播，为共产党的诞生准备了思想基础。

2. 阶级与运动基础

19世纪中叶以后，随着出口经济的增长，资本主义经济成分的增加，工人阶级队伍陆续出现在一些较为发达的拉美国家，并不断发展壮大。到19世纪末，"拉丁美洲城市的无产阶级约有60万人，加上种植园工人和部分运输业、商业以及服务行业的职工，无产阶级有150万至200万之众"①。而到了20世纪初，"拉美经济关系最发达的阿根廷、智利、乌拉圭、巴西、秘鲁、墨西哥、古巴等国在工业部门就业人数已超过250万人"②。在此阶段，外来移民尤其是来自诸如意大利、西班牙、葡萄牙等国的欧洲移民构成了拉美工人阶级非常重要的组成部分，在布宜诺斯艾利斯、蒙得维的亚、圣保罗等地，移民甚至在工人阶级队伍中占压倒性优势。移民在拉美工人运动中发挥着不可低估的作用：部分移民在来到拉美之前就具有一定的政治经验，甚至少数人物在其母国的工人运动中还曾担任过领袖，来到拉美后，他们在共产主义思想的传播及工人运动的开展中扮演了重要角色。例如，1848—1849年欧洲革命失败后，一些共产主义者同盟盟员和革命者流亡到巴西等国，给拉美带来了共产主义的火种。这些对拉美工人阶级的阶级自觉性的提高及阶级意识的形成和巩固具有重要意义。

随着工人阶级人数的增多、队伍的壮大，拉丁美洲的阶级力量对比发生了变化，工人阶级的组织性有了一定程度的加强，工人运动得以较好开展。工人运动是工人阶级锻炼、成长的最好学校。在运动中，工人阶级的阶级意识与政治觉悟、组织性与纪律性等都得到提高。"在阶级搏斗和为组织工会而斗争的过程中，工人们丢掉了无政府工团主义和改良主义幻想，他们反对社会党社会沙文主义领导的妥协路线和无政府主义头目的极

---

① 祝文驰、毛相麟、李克明：《拉丁美洲的共产主义运动》，北京：当代世界出版社2002年版，第19页。

② 祝文驰、毛相麟、李克明：《拉丁美洲的共产主义运动》，北京：当代世界出版社2002年版，第56页。

端主义。先进的工人队伍纷纷转到了马列主义立场上。"① 曾在很大一部分工人中颇有市场的无政府主义和无政府工团主义影响的逐渐削弱,以及与此同时科学社会主义影响的逐渐增强,为拉丁美洲出现共产党准备了先决条件。

3. 组织、干部基础

在本国共产党正式成立以前,大部分拉美国家都建立了一些马克思主义团体或共产主义小组。虽然在不同国家它们的名称存在差异,有的叫"马列主义小组",有的称为"列宁共产主义宣传和行动小组",有的名称为"共产主义中心",等等;但这些团体或小组的马克思主义性质是确定的、共同的。这些马克思主义团体或共产主义小组的存在为工人阶级的最高组织形式共产党的诞生提供了直接的组织条件,很多拉美国家的共产党就是直接在共产主义小组的基础上发展而成的。

诸如工会等一些工人组织也为部分国家共产党的诞生提供了组织条件。拉美地区的工人组织出现较早,早在19世纪50年代,拉美一些国家就出现了互助性质的组织。但这些组织往往是自救性质的经济组织,还谈不上政治性。19世纪下半叶,出现了工会等政治性较强的工人组织。这些工人组织的建立,在一些国家成为成立共产党的重要条件。比如,在比利亚努埃瓦的领导下,墨西哥各同志会和协会于1870年1月10日联合成立了"劳动者组织中心"(又译"劳动者中心"或"有组织的劳动者中心")。同年9月,该组织改称为"墨西哥工人大团结"。"墨西哥工人大团结"通常被视为马克思主义者在墨西哥同时也是在整个拉美地区成立的第一个无产阶级组织。该组织为在墨西哥成立共产主义政党准备了组织条件。又如,危地马拉1919年成立的两个工人组织工人爱国委员会和危地马拉工人同盟,也为三年后该国共产党的成立准备了组织条件。

另外,其他一些类型的工人阶级政党如社会党也为一些拉美国家共产党的诞生提供了组织条件——或者一些共产党的前身就是社会党,或者有

---

① [苏]维·沃尔斯基:《拉丁美洲概览》,孙士明、刘德、姚新美译,北京:中国社会科学出版社1987年版,第71页。

些共产党是由社会党的不同意见者或派别脱离母党后建立的。

干部是共产党党组织的重要构成要素。从欧洲来到拉美的移民尤其是巴黎公社社员、第一国际的成员等社会主义者,受马克思主义影响的先进知识分子、中产阶层①,在工会运动中成长的领导人等等,都为共产党的诞生准备了重要干部基础。

（二）时代条件

19世纪末20世纪初,由于西方主要资本主义国家之间发展的不平衡,各国在世界范围内的竞争愈演愈烈、利益冲突日益升级,最终酿成了第一次世界大战的悲剧。一战及一战期间发生的一系列事件对人类社会发展影响深远。其中最著名的事件之一就是成功地"变帝国主义战争"为"国内战争",推翻了资产阶级政权,建立了世界上第一个社会主义国家的十月革命。十月革命的胜利是20世纪最伟大的历史事件之一,它对人类历史的发展进程产生了深远影响,它的胜利不仅沉重打击了帝国主义,对鼓舞殖民地半殖民地人民的解放斗争、推动国际共产主义运动的进一步发展也具有重要意义——十月革命的胜利,在动摇了帝国主义的殖民体系,开辟了各帝国主义国家无产阶级革命新纪元的同时,也打击了帝国主义的后方,震撼了帝国主义在殖民地、附属国的统治,开辟了民族殖民地人民解放运动的新时代。十月革命的首创精神鼓舞了全世界被压迫人民和被压迫民族,促进了工人运动与被压迫民族解放运动的联合,推动了马列主义在全世界的进一步传播和各国马克思主义政党的建立。②

就其对拉美地区的影响而言,一方面,一战在一定程度上刺激了拉美工业尤其是轻工业的发展,工业的发展使拉美的工人阶级、中等阶层以及资产阶级有了相应的成长;另一方面,拉美的工业伴随一战的结束而停滞,丧失了战时的活力,"第一次世界大战的结束带来了经济衰退。失业

---

① 中产阶层（或中产阶级、中等收入阶层）、知识分子是共产党干部的主要来源。拉美的中产阶层是在19世纪末伴随出口经济的发展、大量欧洲移民的入境而逐渐形成的。拉美国家的中等阶层在本国所占的比例高于其他发展中国家,在国家政治生活中的地位和作用也更重要。

② 参见宋世昌:《科学社会主义通论》第二卷,北京:人民出版社2004年版,第212—220页。

增加,实际工资下降,在好几个国家发生了时常受到相当大的暴力镇压的罢工浪潮。……马克思主义在拉丁美洲成了等同于苏联的共产主义,并且尤其等同于一种列宁主义模式的政治组织——一种被证明是对于甚至像美洲人民革命联盟这样的政治运动也具有吸引力的模式"①。十月革命的胜利在拉美引起了巨大反响,极大地鼓舞了拉丁美洲各国的工人阶级,拉美首批共产党正是在十月革命的影响下纷纷建立的,或者说,拉美首批共产党的成立是十月革命对拉丁美洲最直接影响的突出表现。

二、首批拉美共产党的诞生及其早期活动

1918年到1928年期间,拉美部分国家出现了该地区的首批共产党组织。根据各共产党成立时的客观条件,可以将这十年分为前后两个长短大致相同的时段。1918到1922年间,共产党出现在阿根廷、墨西哥、乌拉圭、智利和巴西这五个资本主义生产关系相对发达同时工人运动也已经有较大发展的国家。这些国家的先进分子在十月革命的激励下,纷纷开展建党活动,积极主动地与国际共产主义组织取得联系并向其靠拢,除阿根廷共产党因为其比共产国际还早成立一年外,其他党成立后一般立即被接纳为共产国际的成员。1923年前后约一年多的时间可以看作前后两个时段的过渡或衔接期。1924到1928年间,古巴、危地马拉、尼加拉瓜、厄瓜多尔、洪都拉斯、巴拉圭和秘鲁等国纷纷成立共产党组织。新成立的共产党面临的外部环境比上一时段的前辈们要严酷得多,因而在建党过程中遇到的困难也大。它们面临的困难主要有缺乏工人组织基础,缺乏工人运动基础,反动政府的镇压,等等。②

(一) 第一波共产党

阿根廷共产党是公认的美洲大陆第一个共产党,其前身是阿根廷社会党左翼。1918年1月6日社会党左翼在维克托里奥·柯都维亚、奥古斯

---

① [英]莱斯利·贝瑟尔:《剑桥拉丁美洲史》第六卷(下),中国社会科学院拉丁美洲研究所组译,北京:当代世界出版社2001年版,第177页。

② 参见 Rollie E. Poppino, *International Communism in Latin America: A History of the Movement 1917 – 1963*, London: Collier-Macmillan Limited, the Free Press of Glencoe, 1964, pp. 57 – 78。

都·库恩、鲁·吉奥尔蒂（也译为鲁多尔弗·希奥迪）等人的推动和领导下，召开了布宜诺斯艾利斯代表大会。大会在讨论国内外形势的基础上表明了支持十月革命并与社会党中的改良主义多数派决裂的态度与立场，通过了成立新党——国际社会党的宣言和党的章程。① "1918 年 1 月的代表大会标志着无产阶级政党的诞生和马克思主义对修正主义和无政府主义的胜利。"② 成立后，国际社会党一方面在代表大会制订的活动计划的指导下积极开展国内活动，参加了 1919 年布宜诺斯艾利斯的一月革命和随后无产阶级进行的一系列重大战斗，在争取工人阶级团结的斗争中取得了显著成绩，党自身在这些斗争中也得以成长；另一方面，注意加强与国际共产主义的联系，与第二国际决裂并加入了共产国际③。1920 年特别代表大会上，国际社会党更名为共产党。

  1918 年的墨西哥，在米却肯、哈利斯科、科阿韦拉、韦拉克鲁斯、墨西哥城、尤卡坦州等地有了社会主义小组与共产主义小组。1919 年下半年全国的社会主义者、共产主义小组召开代表大会，成立了共产党④，并一致同意加入共产国际，接受共产国际的纲领，把第三国际宣言作为活动的主要原则。早期的墨西哥共产党在宣传马列主义、领导工农运动等方面取得了一定成绩；但是由于无政府工团主义思想、宗派主义对党的影响以及

---

  ① 另一种说法是，阿根廷共产党是由部分在 1917 年被社会党开除的人于 1918 年创建的，开始名为国际社会党。参见 David Bell, *Communist and Marxist Parties of the World*, Longman Group UK Limited 1990, p. 415。

  ② 祝文驰、毛相麟、李克明：《拉丁美洲的共产主义运动》，北京：当代世界出版社 2002 年版，第 68 页。

  ③ 关于阿根廷共产党加入共产国际的时间存在不同说法。一种观点是阿根廷共产党 1919 年加入共产国际，见钟清清：《各国共产党总览》，北京：当代世界出版社 2000 年版，第 739 页。另一种观点认为 1919 年国际社会党二大通过了同第二国际决裂，加入第三国际并派代表团出席共产国际二大的决议；1920 年 12 月在国际社会党特别代表大会上正式通过加入共产国际。见祝文驰、毛相麟、李克明：《拉丁美洲的共产主义运动》，北京：当代世界出版社 2002 年版，第 68 页。

  ④ 中联部拉美所编的《拉丁美洲各国政党》对墨西哥共产党成立的描述是："1919 年 9 月 14 日在墨西哥城召开了第一次共产主义小组的代表大会，决定成立墨西哥共产党，接受共产国际的纲领，并加入共产国际。"见该书第 17 页。而在《拉丁美洲的共产主义运动》一书中的描述是："1919 年 8 月在墨西哥城举行第一次全国社会主义者代表大会。代表大会通过重要决议，成立了墨西哥马克思主义社会党。1919 年 11 月举行的全国代表大会上改称为墨西哥共产党。一些与会代表要求墨西哥工人和社会主义组织加入第三国际。"见该书第 73 页。

党内对一些问题的看法未达成一致,党自身的发展非常缓慢,在国内的政治影响也非常有限。

乌拉圭共产党的前身是 1904 年成立的乌拉圭社会党。1919 年社会党内部在有关是否参加共产国际等问题上发生分歧,1920 年在蒙得维的亚举行的乌拉圭社会党第八次代表大会上多数人投票赞成加入共产国际,大会从而成为马克思列宁主义政党的诞生大会。多数派于 1921 年召开特别代表大会,决定改名为乌拉圭共产党。该党成立后曾合法活动达 52 年之久,合法的政治地位加上党对自身组织建设与思想建设的重视,为扩大党的政治影响提供了前提条件。但在头十几年中,该党也曾受宗派主义和"左"倾错误的困扰。

智利共产党的前身是 1912 年成立的社会主义工人党(有的译为社会劳工党)。在一战期间,社会主义工人党发展成为强大的左翼力量。在 1921 年底 1922 年初举行的社会主义工人党的代表大会上,通过了关于加入共产国际的决议,并改党名为共产党。智利共产党早期在国内开展了对实现以"把矿藏、运输业和通讯工具收归国有,没收大地主的土地和把它们交给农民,建立工人对生产的监督"等为主要内容的社会经济改革的广泛宣传,并领导开展了一系列维护工人阶级政治经济权益的合法斗争。如 1925 年在智利拉科鲁尼亚矿硝石业工人总罢工期间,以共产党为首提出了矿场国有化和没收大庄园主土地的要求。

20 世纪初,巴西已有产业工人 30 万,工人阶级在争取自身权益的斗争中,逐渐认识到十月革命前一直在巴西工人中间享有极大威信的无政府主义的危害。在十月革命的影响下,一些先进工人和先进知识分子开始转向马克思主义,在巴西各大城市相继出现"社会主义小组"和"共产主义小组"。1922 年 3 月,在里约热内卢召开的共产主义小组代表大会上通过了党章、《告巴西劳动人民书》和其他重要文件,成立了巴西共产党。巴西共产党成立后不久即被禁止,在很长时期内不得不进行地下活动。尽管如此,巴西共产党还是组织开展了一些宣传马列主义思想的工作。

(二)第二波共产党

20 世纪 20 年代初,在古巴哈瓦那等城市出现了一些马列主义小组、马克思主义学习小组。其中，哈瓦那共产主义小组于1923年合法设立，成为古巴的第一个正式共产主义组织。1925年8月，在哈瓦那举行的社会主义和共产主义小组代表大会上，正式成立了共产党。梅拉（又译梅利亚）当选党的总书记。当时，受美国帝国主义支持的独裁者马查多疯狂镇压古巴国内人民运动，禁止工会组织乃至资产阶级反对党活动，残酷迫害共产党人，宣布共产党非法。残酷的镇压除了妨碍了共产党的迅速、健康发展以外，也出乎意料地在某种意义上起到了凝聚全党的作用。在梅拉等人的领导下，古巴共产党组织群众集会、工人罢工和学生罢课，与马查多的独裁恐怖统治进行英勇斗争。与独裁者的期望相反，在领导反独裁运动的过程中，共产党的影响日益增大，成为国内颇有影响的革命政治组织。

1925年9月，厄瓜多尔第一个共产主义小组列宁共产主义宣传和行动小组在基多成立。随后，厄瓜多尔的其他一些地方也出现类似的共产主义小组。列宁共产主义宣传和行动小组与其他共产主义小组一起加入了1926年5月成立的厄瓜多尔社会党。两年后，厄瓜多尔社会党被共产国际视为兄弟党。但在是否参加共产国际的问题上，社会党内部存有分歧并因此发生了激烈斗争。后来，反对参加共产国际的一派退党。在1931年的二大上，社会党改名为共产党，并成为国际成员。

19世纪末，巴拉圭出现了工人运动。但工人运动因受无政府工团主义和改良主义思想的影响而声势不大。阿根廷、乌拉圭、智利和巴西共产党成立后，对巴拉圭开展了宣传马克思主义的活动，一些先进工人和进步知识分子受此影响开始创建共产主义小组。在1928年2月的共产主义小组代表大会上成立了巴拉圭共产党。同年，巴拉圭共产党加入共产国际。成立后不久，巴拉圭共产党即处于非法状态，但仍积极开展了一系列活动，在一定程度上改善了自己的处境。如1936年巴拉圭共产党积极参加了二月革命党领导的军人起义，成功后获得了15天合法地位；1946年党又参加了军队中少壮派军官发动的武装起义，因而又获得了半年合法活动的权利。

20世纪20年代初，拉丁美洲杰出的马克思主义理论家马里亚特吉开始为在秘鲁建党做准备工作。在被放逐期间，马里亚特吉不仅注重学习马列著作，还出席了一些国家共产党的代表大会，考察建党工作，并在当地秘鲁移民中组建了共产主义小组。回国后，马里亚特吉随即撰写了一系列有关秘鲁历史、政治、经济的马克思主义著作，宣传建党的重要性，为建党做了思想方面的准备。在这些准备工作的基础上，1928年正式成立秘鲁共产党，时称秘鲁社会党，1930年改称秘鲁共产党。

在十月革命的鼓舞下，危地马拉等中美洲国家陆续出现共产主义小组。1920年成立的危地马拉社会主义工人统一组织是其代表。该组织领导人曾多次要求墨西哥共产党帮助他们把自己的组织建成共产党。1923年4月，危地马拉工人社会主义小组改名为危地马拉共产党，但由于党内政治思想准备不足和组织软弱，并没有建成工人阶级真正的先锋队。[①] 1924年，在洪都拉斯特古西加尔巴成立了中美洲共产党洪都拉斯支部，1925年成立了领导机构设在危地马拉的中美洲共产党。中美洲共产党在团结中美洲国家劳动人民方面，做出了出色贡献。随着认为"在每一个中美洲国家分别成立共产党是相宜的"观点占据上风，1925年尼加拉瓜共产党成立了，中美洲共产党洪都拉斯支部于1927年改建为洪都拉斯共产党。

三、拉美首批共产党的特点

（一）共同点

通过上文对拉美首批共产党的产生及早期活动情况的简单梳理，可以看出，由于面临共同的环境和时代条件，这些共产党存在相似经历，表现出一些共同特点。

1. 与社会党渊源甚深

"几乎在所有的西半球国家中，早已有了社会民主党和工团主义的组织，它们的意向是保卫工人们的日常利益并领导工人阶级获得解放；共产主义运动主要是从这些组织中，特别是从社会党中发展起来的。"[②] 共产

---

① 参见祝文驰、毛相麟、李克明：《拉丁美洲的共产主义运动》，北京：当代世界出版社2002年版，第138页。

② [美]福斯特：《美洲政治史纲》，冯明方译，北京：生活·读书·新知三联书店1959年版，第500页。

或者是由社会党整个的转变而来，如智利共产党；或者是由社会党的多数派改建而成，如乌拉圭共产党和厄瓜多尔共产党；或者是由社会党的少数派与母党决裂而另建新党而成，如阿根廷共产党。

2. 重视工人运动

多数党在成立初期比较重视工人运动，以参与、影响、领导工人运动为重要活动内容并取得了不错的成绩。20世纪20年代初期，多数拉美国家的共产党在工会中还是少数派，而到了20年代中期，共产党的工会工作有了长足进展。比如，智利共产党控制了该国的工人联合会，一些国家的共产党成为工会中革命反对派的领导者，有些党还成立了自己的劳工组织，等等。重视工人运动成为拉美共产党的传统之一。

3. 深受"外来"因素影响

尽管有个别共产党的前身成立于十月革命以前，但拉美共产党都是在十月革命胜利以后，受其鼓舞和影响而创建的。从一开始这些共产党就严格地以马列主义这一"外来"思想作为自己的思想基础、指导思想或意识形态。拉美共产党还积极向苏联与共产国际靠拢，努力争取与其建立联系。例如，两名阿根廷观察员参加了共产国际一大，三名拉美代表出席了共产国际二大。在共产国际四大上，墨西哥共产党代表沃尔弗发出了拉美共产党的声音："应该使欧洲无产阶级注意到在拉丁美洲各族人民有可能成为欧洲无产阶级和共产国际的强大的盟友。看来共产国际对这一点还缺乏认识。"① 尽管一开始苏联与共产国际对拉美的重视程度不够，但在共产国际二大制定的关于殖民地问题政策的指导下，共产国际还是指派了专门负责拉美事务的人员，后来还设立了协调拉美事务的拉丁美洲秘书处。具体情况是：共产国际总部于1922年委派了一名瑞士人负责拉美事务；后于1924年设立了由阿根廷人柯都维亚为主要成员的拉美秘书处；再后来，拉美秘书处增设了加勒比局和南美局。这些负责人及机构的主要任务在于指导、协调拉美各国共产党的活动，解决拉美共产主义运动中出现的争端以

---

① 转引自［西班牙］菲南德·克劳丁：《共产主义运动——从共产国际到共产党情报局 第一卷：共产国际的危机》，方光明、秦永立译，福州：福建人民出版社1982年版，第261页。

及援助在未成立共产党的国家建党。

早期拉美共产党的国际主义精神除了体现在积极向苏联、共产国际靠拢，把自身视为国际共产主义运动的一部分外，本地区内部各国共产党之间也有一定交流，有些大国的共产党或影响较大的共产党还曾帮助其他国家建党。比如，中美洲共产党就是在墨西哥共产党的帮助下建立的，而危地马拉共产党1925年也曾根据墨西哥共产党的指示，派人到萨尔瓦多授意建党。

4. 不成熟

无论是其代表大会上通过的纲领、文件，还是其实践活动中贯彻的方针、政策，早期拉美共产党的很多方面都透露出刚刚诞生的无产阶级政党所具有的不成熟的痕迹。这些共产党的不成熟，除了源于党刚刚成立，党的自身建设尚未系统展开等自身因素以外，还源于其对"外部的过度依赖"。

5. 影响有限

尽管从对于国际共产主义运动和拉美本地区革命事业的意义方面看，拉美首批共产党的出现具有拓荒性的意义，但从其早期活动及在国内政治舞台上的地位与影响来看，这些共产党的影响相对有限。"基本上每个新共产党的成立，无论是公开合法的，还是地下的，都没有引起公众与政府的注意"[1]，虽然有夸张的成分，还是很形象地说明了其影响的有限性。

与社会党的渊源、纠葛，受外来影响很深，对外部过于依赖，这些从娘胎里带来的胎记，几乎伴随拉美共产党至今。另外，这些特点在拉美共产党早期活动中的表现，"党内存在着一定程度的社会民主主义思想；党的政策受共产国际的影响较大"。因此，"拉美共产党从诞生之日起就面临着两条战线的斗争：一是党内的反对'左'、右倾机会主义的斗争；二是党处在同进步力量（包括民族主义政党）关系上既反对尾巴主义又反对宗

---

[1] Rollie E. Poppino, *International Communism in Latin America: A History of the Movement 1917 – 1963*, London: Collier-Macmillan Limited, the Free Press of Glencoe, 1964, p.56.

派主义的斗争"①。

(二) 不同点

尽管存在类似经历,表现出相同的特点,但由于各国的具体情况还是存在不少差异之处,拉美首批共产党的产生方式、产生过程、活动经历等也多有独特之处。

1. 产生方式多样

拉美首批共产党的产生方式可谓丰富。既有基于社会党的组织基础而成的,如阿根廷、智利、乌拉圭、厄瓜多尔等国的共产党;也有无政府工团主义组织向布尔什维主义转变后合并而成的,如巴西共产党;还有以社会主义小组、共产主义小组为组织基础创建的,如墨西哥共产党、古巴共产党;也有在"外力"援助下筹建的,如中美洲共产党。② 首批拉丁美洲共产党产生方式的多样性是"共产党产生、发展及作用发挥具有多样性"的重要内容,也是拉美各国国情差异性的反映。

2. 受共产国际的重视程度不同

虽然整体上讲,早期的拉美共产党均未引起共产国际的高度重视,即使如此,共产国际对待拉美各国共产党的态度、对其重视程度也是有差别的。一般而言,"革命中心"的利益考虑、拉美党对"革命中心"的态度是共产国际对待拉美各国共产党态度的决定性因素。那些"价值"较大或对"革命中心"俯首贴耳、言听计从的共产党,往往受到共产国际的"青睐";而那些"价值"较小或"不听话"的党则容易被忽视或被视为"异己分子"而遭到排挤,以马里亚特吉为首的阿根廷共产党的遭遇即是生动的例子。

---

① 祝文驰、毛相麟、李克明:《拉丁美洲的共产主义运动》,北京:当代世界出版社 2002 年版,第 291 页。

② 有关拉美共产党的产生方式,可以参考 Ronaldo Munck, *Revolutionary Trends in Latin America*, McGill University: Center for Developing-Area Studies Monograph Series, No. 17, 1984, p. 8; Rollie E. Poppino, *International Communism in Latin America: A History of the Movement 1917–1963*, London: Collier-Macmillan Limited, the Free Press of Glencoe, 1964, p. 57。

3. 发展情况差异较大，在国内的影响不同

由于各党面临的外部环境及其对自身建设重视程度的不同，首批共产党的发展情况差异较大。有的党在成立后的一个较长时期内一直享有合法地位，可以公开活动，如乌拉圭共产党；而有的党却在成立后不久即被宣布为非法，被迫转入地下活动，如巴西共产党、巴拉圭共产党等。有的党较为重视自身的组织与思想建设，党的活动开展得有声有色，在国内拥有较大的影响力，如古巴共产党；而有的党却为"左"倾思想、宗派主义或无政府工团主义等所困扰，党的发展非常缓慢，在国内的影响也有限，如墨西哥共产党。

第二节　拉美共产党的发展（1928—1991）

一、1928 年至 1935 年间的拉美共产党

1928 年至 1935 年间，又诞生了一批新的共产党——1930 年成立了哥伦比亚共产党、巴拿马共产党、萨尔瓦多共产党，1931 年成立了委内瑞拉共产党和哥斯达黎加共产党，1934 年成立了波多黎各共产党和海地共产党——拉丁美洲共产党的队伍进一步壮大，这是硬币的一面。相伴的另一面是一些共产党在发展过程中遇到巨大挫折——白色恐怖下的共产党不得不纷纷转入地下，共产党与社会党的交恶使情况进一步恶化；一些党武装斗争的尝试带来了灾难性后果，党的生存都成为问题。[1]

（一）本阶段的生态环境

20 世纪 20 年代末到 30 年代中期，对拉美共产党的生存、发展影响至深的国际环境因素主要来自三个方面，一个是 20 年代末开始的经济危机，一个是美国于 30 年代开始成为本地区的支配性力量，一个是共产国际的态度与政策。这些国际因素促使拉美地区经济、政治、社会等方面的变化进一步加深，进而影响到拉美共产党的发展。

---

[1] 如 1932 年萨尔瓦多共产党领导的农民暴动，直接导致萨尔瓦多共产党以及危地马拉共产党和洪都拉斯共产党党组织被破坏。

1929年爆发的世界经济危机不仅引发了国际环境的变化，也给拉美地区以巨大冲击。拉美国家从19世纪以来奉行的以出口初级产品为支柱的"出口导向型"经济模式以及与此相适应的政治上的寡头统治，都陷入了空前危机。这从一定程度上唤起了拉美国家工业化与现代化的意识，以"进口替代"型工业化为主要内容的经济模式开始出现。经济领域的变革引发了其他领域的变革——各种社会矛盾进一步尖锐，表现为各种复杂的政治斗争，"既有拉美国家为维护国家主权与民族利益而进行的反对帝国主义、霸权主义的斗争，也有资产阶级力图在国内削弱各种前资本主义势力、巩固自身统治地位的斗争，既有人民群众反对阶级压迫、争取社会解放的斗争，也有形形色色的资产阶级政党力图按照自己的主张来建立国家的政治经济模式的斗争等等"①。民族工业的发展壮大了中等阶层以及城市工人阶级的队伍，地区性工人阶级的轮廓开始显现，阶级力量对比发生变化以及阶级之间错综复杂的斗争影响、改变了原有的政治权力分配结构，由中等阶层组织的政党逐渐具备了参政能力，获得了参政权利；但是在多数国家，中等阶层及工人阶级的力量仍不足以挑战原来的统治阶级。阶级斗争也为形形色色政治思潮的出现提供了社会基础。在此特殊历史背景下，各种力量博弈的结果以大多数国家成立军政府、民主试验暂停而告一段落，社会矛盾暂时被武力强行抑制。各种社会矛盾冲突为拉美共产党的活动提供了空间，而共产党参与的斗争既是社会矛盾冲突的重要内容也是其重要表现，这在各个历史时期皆然，本阶段的特点在于拉美共产党开始尝试用武装斗争的方式来解决社会矛盾，来应对环境的要求。本阶段环境条件对共产党的影响还体现在，中等阶层组织、领导的政党以及民族主义或民众主义力量的兴起与壮大，使得拉美有限资源"逐鹿者"的队伍变大。尤其是民众主义力量，它的主要受众或其努力争取、影响的群体与共产党的受众之间存在很大交集，其对这些群体的吸引、影响、控制的增强相应地削弱了共产党在同类群体中的影响。实际上，20世纪30年代以及其后相当长的时期，民众主义对下层民众的影响并不逊于甚至在很多时期

---

① 徐文渊：《走向21世纪的拉丁美洲》，北京：人民出版社1993年版，第34页。

还远远超过共产党在同一群体中的影响。比如,巴西民众主义的代表人物瓦加斯于1930年上台后,执政长达15年之久。在其执政期间,瓦加斯采取两手政策,一方面以铁腕手段反共,取缔巴西共产党并将其领导人投入监狱;另一方面,积极采取一些改善劳工地位与待遇的措施,使工会成为政府的一大政治支柱。瓦加斯的政策使巴西共产党受到巨大打击,党的发展面临前所未有的困难。

从20世纪初起,随着美国在拉丁美洲的贸易和投资有了重大进展,其政治、军事影响力得到强化。威尔逊任职总统期间,美国开始以救世主自居,到处推行其"民主政治",即所谓改革世界的进步运动。在威尔逊领导下,美国以前所未有的积极性卷入拉丁美洲尤其是加勒比—中美洲地区。例如,在20世纪的前30年里,美国海军陆战队曾先后对墨西哥、海地、多米尼加和尼加拉瓜等国进行了为期或长或短的侵略。① 1930年左右,美国取代传统的以英国为代表的欧洲国家一跃而成为西半球占支配地位的力量,获得了对拉美各方面事务的话语权。而这一时期恰逢美国深陷经济危机的泥沼,美国极力地把自身危机转嫁到其他国家和地区,包括其刚刚获得主导地位的"新势力范围",这对拉美的经济、社会等各领域产生了极大影响。拉丁美洲的近邻"北方巨人"美国成为本地区的主导性力量,无疑使其作为拉美共产党革命事业中一个不容回避也无法回避的敌人的身份变得更为明显。而这个敌人的力量又是如此强大,以致尚在姗姗学步、力量尚为薄弱的拉美共产党根本无法与其相抗衡。另外,美国建立利益范围的做法及其力量的不断增长在拉美特别是知识界引起了某种敌意,激起了拉美政治精英及民众的民族情绪。民族主义(民众主义②)的政治思潮

---

① 见[英]莱斯利·贝瑟尔:《剑桥拉丁美洲史》第四卷,中国社会科学院拉丁美洲研究所、涂光楠等译,北京:社会科学文献出版社1991年版。

② 有的学者认为,民众主义就是在蛊惑人心的领袖人物操纵下,对被排斥的民众阶层的"社会政治动员"。民众主义领袖在民众阶层中寻求社会与政治支持,民众阶层则乐于通过提供这种支持来改善自身的处境;有的学者则认为,民众主义可以理解为"工业精英与城市民众阶层之间的阶级联盟";还有的学者认为,民众主义实际上是在代表特定阶级利益的现代政党尚未作为一种成熟的政治角色出现的情况下产生的过渡性的产物。参见徐文渊:《走向21世纪的拉丁美洲》,北京:人民出版社1993年版,第36页。

及民族主义政治力量兴起并成为拉丁美洲政治领域最具影响的思潮与力量。为了缓和拉美的反美情绪，美国于1933年抛出睦邻政策，结果使一些拉美国家的共产党人对形势的判断发生失误，从而产生不切实际的幻想。实际上，美国对拉美新兴起的共产党的态度是，认为与苏联及共产国际保持密切联系的拉美共产党是对本半球的一种新型威胁，是苏联势力与影响的延伸，因而是对本半球的一种外部干涉；并且存在着一旦共产党在某个拉美国家获胜，该国将倒向苏联而反对美国的风险。基于此类判断，美国倾向于扶持或与当地独裁政权结盟，对拉美反动政府镇压革命运动给予慷慨的物力、财力、武器等各方面支持；美国还怂恿与支持拉美反动政府对共产党进行严酷镇压，为拉美兴起一股白色恐怖煽风点火，白色恐怖的直接结果是很多拉美共产党被迫转入地下，共产党的发展举步维艰。

1928年7月至9月，在莫斯科召开的共产国际六大上提出了有关资本主义体系总危机的三个发展阶段的理论（也称"第三时期"理论）。该理论认为，第一次帝国主义世界大战后，国际工人运动经历了三个发展时期，每个时期分别反映着资本主义体系总危机的三个发展阶段。其一是资本主义制度陷入严重危机的时期，同时也是无产阶级直接发动革命的时期；其二是资本主义体系逐渐形成局部稳定、资本主义经济"复兴"的时期，是资本主义的进攻变本加厉和无产阶级大军遭到严重失败继而开展自卫斗争的时期；其三是于共产国际六大前夕开始的资本主义总危机急剧发展的时期，是帝国主义矛盾激化和战争的时期，是资本主义体系已经面临全面崩溃的时期，也是世界进入革命高潮的时期。在第三时期，国际共产主义运动的主要任务是制止临近的帝国主义战争、保卫苏联，各国共产党应该时刻准备把反苏战争变成反帝的国内战争。先进国家的共产党还应该把这一任务同建立无产阶级专政、反对资本主义的日常斗争结合起来，为无产阶级专政和社会主义而展开决战。在第三时期，社会民主党实际上起着资产阶级后备军的作用，已经变成了资产阶级性质的工人政党，成了共产主义和无产阶级专政最危险的敌人。因此，各国共产党人不仅应当立刻终止与"左翼改良主义"分子的合作，还应当反对"社会法西斯主义"，把社会民主党作为主要敌人予以打击。同理，对共产国际和各国共产党而言，主要的危险来自内部，是内部的"右倾反对派"，应当把反右斗争提到首要地位，建立牢固掌握无产阶级革命领导权的纯粹的共产党组织。"第三时期"理论的提出，表明一套完整的"左"的理论体系和路线的形成，标志着"左"的倾向开始在共产国际占据从理论到纲领到组织体制的全面优势，"左"成为共产国际的主色调。① 共产国际"左"的路线、共产国际的宗派分裂与苏联党内的斗争造成了国际共运的重大损失，也给各国共产党的工作带来极大困难，这种局面一直持续到20世纪30年代中期。拉美共产党也未能幸免，在国际共运大氛围的影响下，拉美各国共产党纷纷在党内开展"布尔什维克化"运动。截止到1929年，拉美共产党内部持有不同于苏联、共产国际观点，或主张把马克思主义基本原理与拉美实际结合而不愿意盲目执行共产国际指示的干部、党员基本上被清除殆尽，拉美共产党基本上丧失了对共产国际的自主权，沦为其"附庸"或指示的"简单执行者"。而共产国际的官员们通常只是简单地把拉美地区作为又一个殖民地地区看待，并不了解拉美的具体情况，而且对于进一步了解该地区也没有表现出很大兴趣。出于对国际共产主义运动全局的考虑，共产国际往往"例行公事"地或教条地把针对其他地区的策略、政策传达给拉美各国共产党并让其予以执行。不了解拉美实际情况的"瞎指挥"使该时段拉美共产党的情况雪上加霜。

由于特殊情况，个别拉美国家的共产党未贯彻执行共产国际"第三时期"的理论政策，保持了相对独立性。例如，在萨尔瓦多共产党领导的武装斗争失败后，共产国际基本上放弃了该地区，使刚诞生不久的哥斯达黎加共产党面临"无所依归"的境地。但这却在"无意之中"为哥斯达黎加共产党根据本国的实际情况采取灵活政策提供了一定空间，而较为符合本国实际的政策使哥斯达黎加共产党成功地扩大了自身在本国政治舞台的影响力——该党候选人于1934年被选进哥斯达黎加立法议会（得2席）和

---

① 参见宋世昌：《科学社会主义通论》第二卷，北京：人民出版社2004年版，第467—468页，以及 Rollie E. Poppino, *International Communism in Latin America: a History of the Movement* 1917 - 1963, London: Collier-Macmillan Limited, the Free Press of Glencoe 1964, p. 84.

许多市议会，开创了共产党人在中美洲各国成功获取议席的历史。①

有些拉美国家共产党的政策则经历了一个转变。比如，在"第三时期"理论的指导下，智共认为自己的任务是直接进行社会主义革命，提出了建立工农苏维埃的口号。除了获得了一些地区的工人的支持以外，建立工农苏维埃的口号在大多数群众中并没有得到响应，效果不是很理想。以1932年取得合法地位以后开始走"合乎宪法的选举道路"为标志，智共对自己的理论政策进行了调整。理论政策的调整集中表现为在1933年的全国代表会议上，智共首次明确了自己所面临的任务是实现土地革命和反帝国主义革命，即资产阶级民主革命——通过取消外国垄断资本和半封建大土地所有制的统治地位，为以后争取社会主义的斗争创造条件的革命。这些调整为下一阶段的人民阵线政策的实施提供了基础。

（二）本阶段拉美共产党概况

本阶段拉丁美洲共产党的情况可以从新一批共产党的诞生、共产党工人运动的开展、一些党武装斗争的尝试以及拉美地区共产党之间的交流四个方面把握。

1. 新党的诞生、共产党队伍的壮大

这一阶段共产党的成立方式基本上没有超出首批共产党成立时所采用方式的范围。其中，1930年组建的哥伦比亚共产党和巴拿马共产党是在本国社会党的基础上成立的；1930年成立的萨尔瓦多共产党、1931年成立的哥斯达黎加共产党、1934年成立的海地共产党和波多黎各共产党是在共产主义小组或其他形式的共产主义组织的基础上发展而成的；1931年成立的委内瑞拉共产党是"外力"援建的。

"社会党的性质、作用已经发生改变，须立即停止与改良主义派别的合作"，是"第三时期"理论的主要内容之一。在此思想的指导下，全世界的共产党纷纷与社会党交恶。就拉美地区而言，一些原来依托社会党活

---

① 参见[英]莱斯利·贝瑟尔：《剑桥拉丁美洲史》第七卷，北京：经济管理出版社1996年版，第389页。以及[苏]维·沃尔斯基：《拉丁美洲概览》，孙士明、刘德、姚新美译，北京：中国社会科学出版社1987年版，第559页。

动的共产主义组织受命要将社会党转变成纯共产党组织，如果不能实现这一目标，就要与其决裂。例如，在哥伦比亚，1926年由社会主义小组、无政府工团主义者等持不同观点的派别联合组建了哥伦比亚革命社会党（又译社会主义革命党）。"党名不叫共产党，但党可以采取共产主义方针、政策"的意见虽然获得了认可与通过，但革命社会党内部各派别中，除了马克思主义者以外，其他派别对共产主义并不是很热心。1930年7月，在共产国际的指示下，在革命社会党基础上组建了哥伦比亚共产党。巴拿马共产党成立的情况与此类似。

20世纪20年代末，海地、哥斯达黎加、波多黎各等国都出现了本国的共产主义小组。在这些共产主义小组的基础上三国都成立了各自的共产党。萨尔瓦多共产党的前身是中美洲共产党萨尔瓦多支部，1930年在法拉本多·马蒂的领导下，依托中美洲共产党萨尔瓦多支部成立了萨尔瓦多共产党。

委内瑞拉共产党是1931年在共产国际代表美国人约·科恩费德的帮助下成立的。当然，此前也有一些为建党而做的准备工作。在20年代末，流亡国外的一些委内瑞拉革命者加入了别国的共产党，并成立了一些共产主义性质的组织，开展了革命活动；与此同时，国内也出现了一些地下共产主义学习小组，这种秘密的共产主义小组在学生当中居多，但相互之间往往缺乏沟通，且大多由于当局的迫害而存在的时间不长。尽管如此，还是为委内瑞拉共产党的成立准备了基本组织条件。

2. 共产党领导的工人运动

首先是各国共产党积极在本国领导开展了工人运动。譬如，在墨西哥，1929年墨西哥共产党被迫转入地下。尽管条件恶劣，共产党人还是积极地在一些主要工会，如铁路工人工会、印刷工人工会和教师工会中秘密开展活动，并组建了新的劳工阵线——墨西哥统一工会联合会（CSUM），在首都墨西哥城、拉古纳州、米却肯州和新莱昂州的教师和农村工人中成功地招收了不少人。另外，教育还被一些人看作是推翻而不是保持旧体制的手段，教育运动的开展推动了马克思主义的进一步传播。在古巴，古巴共产党积极参与工人运动，党在古巴全国工会联合会、铁路工人工会、编织工人工会和烟草工人工会中都具有举足轻重的作用，30年代末古巴全国工会联合会的领导权实际上掌握在共产党人手中，而其在全国各地都有自己的分会，为共产党人领导全国工人运动提供了莫大便利。共产党曾利用这种便利领导了通过罢工的方式开展的倒阁运动。在巴西，共产党领导的工人运动也有较大成就。在1934—1935年间，巴西罢工运动异常活跃，参加罢工的人数高达150万，这些罢工基本上都是由巴西共产党领导的。

本国工人运动以外，共产党也进行了联合本大陆各国工人阶级与劳动人民的尝试。例如，1929年在乌拉圭首都蒙得维的亚举行了拉丁美洲国家进步工会代表大会。大会号召拉丁美洲各族人民"加强反对美帝国主义统治和拉丁美洲大陆独裁制度的斗争，一致承认共产党人在反对斗争中的领导作用"①。会上还成立了拉丁美洲大陆第一个工会中心——拉丁美洲工会联合会。作为红色工会国际在拉美的分支，拉美工会联合会可以视为是共产党在工人运动中的外围组织。拉美工会联合会"领导拉美工运5年，成绩斐然。在有共产党的国家，都建立了由共产党控制的工会，并在提高工人觉悟和权益，反对独裁政权，争取工会自由作出重大贡献。"②

3. 武装斗争的尝试

"无产阶级革命高潮已经到来，共产党要为无产阶级专政和社会主义而展开决战"，是"第三时期"理论的又一主要内容。拉美共产党纷纷对此表态支持，部分党还进行了武装斗争的尝试。

墨西哥共产党在转入地下活动后，曾召开代表大会。在会上批判了所谓的"合法斗争时期所犯的右倾错误"，并通过了反对资产阶级和小资产阶级思想影响的决议。同时，还提出了"争取成立苏维埃政权"、"退出改良主义工会"等口号。但在当时墨西哥的环境下，这种口号是脱离实际的，结果使党的处境更加艰难。

1932年1月，萨尔瓦多共产党领导了主要由农民参加的人数达4万之

---

① ［苏］维·沃尔斯基：《拉丁美洲概览》，孙士明、刘德、姚新美译，北京：中国社会科学出版社1987年版，第98页。
② 祝文驰、毛相麟、李克明：《拉丁美洲的共产主义运动》，北京：当代世界出版社2002年版，第91页。

众的全国人民起义。起义者在很多地区尤其是咖啡种植区建立了一些地方苏维埃政权，这可以看作是拉美共产党人第一次通过武装道路夺取政权的尝试，在拉美共产主义运动史上留下了浓重一笔。但非常不幸的是，起义遭到了血腥镇压，约3万人壮烈牺牲，包括马蒂本人在内的党的领导人几乎全部遇害，党员被迫转入地下分散活动，党的组织在事实上陷入瓦解状态。萨共失败的原因，固然与党刚成立不久，自身还不成熟，而且在起义过程中犯了一些错误（如没有对阶级合作进行明确界定、说明与分析，党的中央委员们面对敌人时却没有用于抵抗的武装，等等）有关；固然因为反动势力力量强大而且对革命者异常残忍；但共产国际的态度与政策也是酿成萨共惨剧的不容否认的推手——这次起义是国际"第三时期"理论的应用或其指导下的产物，萨共事先曾被催促发动由共产党领导的无产阶级革命，但却被禁止与"改良主义分子"合作；起义爆发后，共产国际又未施以援手，而作为共产国际在拉美主要"代理人"之一的美国共产党却在旁边大肆批判萨共的"宗派主义"和"盲动主义"倾向——萨共的惨剧只是共产国际"左"倾政策在拉美进行的诸多"失败实验"的一例而已。

古巴共产党也与1933年爆发的一次起义建立了一定联系，或者说古巴共产党有限参与了这次起义。但遗憾的是，在"第三时期"理论"不与改良分子合作，共产党要领导纯粹的无产阶级革命"的影响下，古巴共产党并没有准备好领导这次反帝并尝试建立苏维埃政权的革命。

1935年，巴西共产党也组织、领导了一次武装起义，但这次短命的起义仅维持了三天即被镇压。这是一场不同于萨尔瓦多起义的武装斗争，其主要不同之处在于：共产国际对这次起义进行了精心策划，对起义性质的定位不是人民大众的武装斗争而是军队内部的政变；这次起义还体现出一种把"第三时期"理论"左"的策略、方针与即将到来的"人民阵线"的策略、方针糅合在一起的倾向①。尽管存在众多不同之处，两次起义的最终结局和对共产党的消极影响还是一样的。关于1935年巴西武装起义失

---

① 参见 Ronaldo Munck, *Revolutionary Trends in Latin America*, McGill University: Center for Developing-Area Studies Monograph Series, No. 17, 1984, p. 18。

败的原因,有学者认为"这次武装起义之所以失败,主要是:(1)革命形势发展太快,革命者在政治上和组织上准备不足。在起义发生时,领导这次斗争的民族解放联盟不是处在最佳状态,而是走下坡路,匆促上阵,捉襟见肘,领导核心不强,缺乏号召力;(2)城市工人没有积极参加,大部分人持静观态度;(3)没有发动农民参加,失掉了强大的后援,这是一个严重失误;(4)起义不在同一时间内进行,给政府以充裕的时间调动部队来各个击破;(5)时机不够成熟。"① 实际上,共产国际及巴西共产党策略、方针的失误也是不能忽视或回避的。

4. 拉美各国共产党之间的交流与沟通

拉美各国共产党在为自身生存进行努力的同时,在国际主义原则的指导下,也进行了一定接触。"随着拉美工人运动的发展,共产主义运动也不断壮大。共产国际领导人认识到对这一地区加强领导的重要性,决定召开拉美国家共产党会议。"② 1929年6月,拉丁美洲共产党第一次代表会议在当时拉美共产主义运动的中心布宜诺斯艾利斯如期召开。除了智利共产党因故未能出席外,其他14个国家的受邀共产党都如约与会。会上各国共产党进行了初步接触,对很多涉及共产主义运动大局的问题,如拉美的国际形势问题、反帝斗争问题、拉美的阶级问题、拉美共产党的策略问题、农民问题、反帝同盟问题、种族问题、组织问题、南美秘书处的工作问题等进行了广泛讨论,虽然在诸如拉美的阶级问题、农民问题、种族问题等方面未达成一致,但还是在一些问题上形成了共识,得出了拉美共产党面临的革命将"带有民主主义的、反帝国主义的、土地革命的性质。革命的目的是,消灭地主寡头的统治,结束帝国主义压迫的附属地位和开辟通向社会主义革命的道路"③ 的结论。代表们还指出了拉美共运中存在的不足,

---

① 祝文驰、毛相麟、李克明:《拉丁美洲的共产主义运动》,北京:当代世界出版社2002年版,第108页。
② 祝文驰、毛相麟、李克明:《拉丁美洲的共产主义运动》,北京:当代世界出版社2002年版,第94页。
③ [苏]维·沃尔斯基:《拉丁美洲概览》,孙士明、刘德、姚新美译,北京:中国社会科学出版社1987年版,第98页。

主要是"工会运动薄弱，没有把分散的工会团体组织起来，更没有共产党人去进行强有力的领导，因而工会团体各自为政，形成不了战斗力"①。鉴于此，会议号召共产党员到群众中去，组织群众为满足自己的需要而斗争。虽然共产国际倡导召开此次会议的目的在于加强其在拉美的主要"代理人"（代理机构）南美秘书处的地位及其对各国党的领导，进而加强自身在该地区的话语权，会议实际上也明显达到了共产国际的初衷；但会议成果不仅限于此，第一次代表会议的召开也为拉美各国共产党加强彼此之间的交流与沟通提供了一次很好的机会，有利于拉美共产党之间的团结。

第一次代表会议后的五年里，拉美共产党人的地区性会议再没有召开过。但这几年间，国际形势发生了巨大变化，尤其是世界经济危机与美国外交政策的变化对拉美地区共产党影响较大，迫切需要拉美各共产党之间就国际形势交流看法，达成共识；而在这期间刚成立的一些共产党在党的建设方面也面临不少困惑与问题，也需要已达到一定成熟程度的共产党与之交流经验并给予适当帮助。1934年10月在乌拉圭蒙得维的亚举行的拉丁美洲共产党第三次会议②为解决这一系列问题做出了贡献。会议同意把反帝作为主要共同目标，并再次明确建立广泛的反帝阵线的重要性，号召拉美共产党人不仅要动员广大人民群众还要与民族改良主义政党和小资产阶级政党结成联盟以形成最广泛的反帝阵线，组织进行反帝的民族解放斗争。也就是说，共产党要"把少数人的党变成多数人的党，组织浩浩荡荡的队伍，同帝国主义和反动派作斗争"③。这为拉美共产党下一阶段积极地响应共产国际七大的号召、实行"人民阵线"政策打下了一定的思想认识基础。

---

① 祝文驰、毛相麟、李克明：《拉丁美洲的共产主义运动》，北京：当代世界出版社2002年版，第96页。

② 拉美共产党于何时何地召开的第二次地区性代表会议并无充足的资料可考，在1935年5月出版的《共产国际》中曾提到过这次会议。有关"第三次会议是否在蒙得维的亚举行"也存在广泛争议，有学者认为第三次会议实际上是在莫斯科召开的，参见祝文驰、毛相麟、李克明：《拉丁美洲的共产主义运动》，北京：当代世界出版社2002年版，第98页。

③ 祝文驰、毛相麟、李克明：《拉丁美洲的共产主义运动》，北京：当代世界出版社2002年版，第97页。

综上，在20世纪20年代末到30年代中期竞争主体增加、白色恐怖的恶劣环境下，拉美共产党人的主要工作应该是"巩固和发展自己的组织，接近和动员工农群众"①，也就是说，党应该在保存、巩固、发展壮大自己力量的同时，通过加强对工人和农民群众的影响、加强与诸如社会党等其他革命力量的交流与合作来进一步扩大革命力量，静待时机，徐图缓进；应该尽量避免与反动势力发生正面的直接对抗，"过早的起义，只能预示着失败"。但在共产国际"左"的思想、路线、政策的影响下，拉美共产党一面在党内开展"布尔什维克化"运动，打压、排斥甚至清除与共产国际不同的声音而自断臂膀，同时与社会党交恶，纷纷加入"反社会法西斯主义"的行列而自毁干城；一面试图发动往往是仓促的武装斗争。两相比较，结果可想而知。换句话说，拉美共产党人并没有很好地通过加强自身建设与适时调整政策来满足本阶段生态环境的需要，从而未能有效地化解其给党带来的压力，直接导致党的发展遭遇挫折。

二、1935年至1947年间的拉美共产党

20世纪30年代中期以后，法西斯的威胁逐渐增大，面对随时可能到来的战争阴云，共产国际调整了策略方针。在1935年召开的第七次代表大会上，共产国际向全世界共产党发出号召——面对法西斯的威胁和帝国主义的进攻，要建立广泛的人民反帝阵线。拉丁美洲共产党积极响应共产国际七大的号召，坚决执行了人民反帝阵线的政策。因此，本阶段也可称为拉美共产党发展的"人民阵线"时期。

在二战特殊的背景下，苏联、拉美共产党人的优异表现为拉美共产党的发展赢得了良好机遇。拉美共产党在党的队伍、党员人数、政治地位与影响等各方面都取得了不小成绩。

（一）"人民阵线"时期的生态环境

就国际环境而言，20年代末爆发的世界性经济危机使世界经济遭到重

---

① 祝文驰、毛相麟、李克明：《拉丁美洲的共产主义运动》，北京：当代世界出版社2002年版，第97页。

创,经济的萎靡引发了社会动乱,各种社会矛盾趋于尖锐,工人运动因而风起云涌,欧洲许多国家都爆发了武装革命。混乱的局面以及统治阶级为对抗共产主义而采取的方针政策为法西斯主义在德国、意大利、日本、西班牙等国大行其道提供了土壤;而英法等国的纵容则帮助法西斯主义的势力进一步做大。就法西斯主义对拉美地区的影响而言,"在20世纪30年代迷茫与困惑的氛围里,拉美精英中的大部分人为出现在欧洲和苏联的政权所阐释的理念所吸引。以极权主义意识形态、强大的中央政权、严格控制的经济和大众政党为鲜明特征的法西斯主义和共产主义,似乎能够为那些认为拉美缺少组织和方向的人提供答案。法西斯主义和共产主义都被它们各自的支持者认作是能够给拉美共和国带来社会稳定、经济独立以及真正的政治主权的万无一失的体系。那些认为民主在拉美已经失败或永远不会成功的极右翼分子倾向于法西斯主义,而更多的人则认为共产主义更理想,因为它代表了一种拉美闻所未闻的更高形式的民主"[1]。作为与共产主义相对立的一种极端学说,法西斯主义在拉美地区的一些国家很有市场,法西斯主义势力或政党是拉美共产党的重要竞争对手,它们的存在给共产党的工作造成了困难。比如,在30年代末的墨西哥,反共产主义和反犹太主义一时成为时髦。国民革命党的原领导人、地主曼努埃尔·佩雷斯·特雷维尼奥于1938年建立了反共革命党(PRAC),他声称该党的名称就是其存在的理由。在1938—1940年间,还出现了许多类似组织。这些组织虽然力量弱小,但其影响却不容忽视。又如,在哥斯达黎加,许多大咖啡种植园和大出口商家族与德国有着千丝万缕的联系,他们与轴心国特别是与德国有大量贸易往来,这些势力使得组成既赞成国内革新又接受反法西斯对外政策的国内联盟变得异常困难。共产党为此被迫在政治结盟问题上进行了各种尝试。随着二战最后以法西斯势力的失败而告终以及拉美共产党人在二战中的表现,法西斯主义在拉美的影响逐步变小,而共产党的威望则有极大提高。

---

[1] Rollie E. Poppino, *International Communism in Latin America: A History of the Movement* 1917 - 1963, London: Collier-Macmillan Limited, the Free Press of Glencoe, 1964, pp. 29 - 30.

面对法西斯主义的盛行及由此而来的战争威胁,各方势力的态度与政策是不同的,有的还经历了转变的过程。就共产国际而言,共产国际的变化首先体现为其策略方针的转变。共产国际六大通过的"第三时期"理论其实已经提到了帝国主义战争的危险,当时的号召是把反苏的帝国主义战争变为反对帝国主义的国内战争,通过武装斗争的方式保卫苏联、推动世界革命高潮的到来;但共产党人的武装斗争及其与社会党人的交恶证明这一理论是不成功的,该理论不仅使很多地区共产党的发展陷入了被动局面,而且还在一定程度上"助长"或"纵容"了法西斯势力的做大。随着法西斯力量的逐步增强,战争的危险也越来越大。面对新形势,加上上一时期政策实践效果的不理想,共产国际不得不调整策略方针。1935年,共产国际第七次代表大会在莫斯科召开。七大指出:"执政的法西斯是金融资本的极端反动、极端沙文主义、极端帝国主义分子的公开的恐怖独裁,是新的帝国主义战争的主要挑拨者和国际反革命势力的突击队。为了战胜法西斯,必须建立广泛的统一战线:在资本主义国家建立工人阶级与反法西斯的统一战线,在殖民地半殖民地国家则建立反对帝国主义侵略的民族统一战线。"① 共产国际七大策略方针的转变,"对拉美共产党的影响,是难以用语言来表达的。这不但是斗争目标的改变,由反帝反独裁改为反对法西斯主义,由建立无产阶级专政改为保卫资产阶级专政,而且也改变了传统的革命价值观"②。但是1939年8月,苏德签订了互不侵犯条约。受苏联外交政策的影响,共产国际又发出了与其七大方针政策背道而驰的号召——要求各国共产党一律执行国际的决定,不允许其采取自主行动;要求各国共产党谴责本国政府和社会民主党人,对战争持失败主义立场。对于执行不力的共产党,共产国际还进行了强行干预。1941年苏德战争爆发后,共产国际的方针又转向"反对法西斯",重新回到七大立场,不仅重申了建立广泛的反法西斯国际统一战线的必要性和紧迫性,还号召各国共产党支援苏联卫国战争,集中全力进行反法西斯斗争。这种短时期内方针

---

① 宋世昌:《科学社会主义通论》第二卷,北京:人民出版社2004年版,第468页。
② 祝文驰、毛相麟、李克明:《拉丁美洲的共产主义运动》,北京:当代世界出版社2002年版,第104页。

政策上的经常性的"莫名其妙"的突然转圜，使许多国家的共产党茫然无措，陷入思想混乱、政治窘迫、大批党员退党或党组织发生分裂的局面，党在人民中的威信也大幅下降。尽管如此，拉美共产党"亲苏"的领导人还是"排除万难""忠诚地"执行了共产国际的政策，而置本国变化着的实际于不顾。如此盲目的举动使党蒙受了巨大损失。共产国际的变化也表现在其领导方式与组织制度等方面。七大通过的决议还指出："各国党在局势发生变化的关键时刻，可以根据共产国际决议的精神，结合本国情况，独立自主地提出政治任务和制定必要的斗争策略"，并宣布"共产国际以后一般不再直接干涉各国共产党内部的组织事宜"。① 据此，七大后共产国际执委会全会不再召开，共产国际的地区书记处和地区局一并撤销，国际执委会同各国党的最高领导人的直接联系替代了派遣国际代表的制度。这些领导方式、制度方面的调整为拉美共产党在实践中采取较为灵活的政策提供了一定空间。虽然如此，七大并没有从思想上对"左"的东西进行彻底清算，对教条主义和宗派主义也没有给予足够注意，拉美共产党还是经常接到来自国际前后矛盾的指示。共产国际的变化还体现在第七次代表大会成为国际事实上的最后一次代表大会，在走过了24个年头后国际于1943年解散。随着国际的解散，拉美国家的一些共产党也纷纷改名，如1943年哥斯达黎加共产党改名为哥斯达黎加人民先锋党、巴拿马共产党改名为巴拿马人民党；再就是拉美共产党也获得了一段短暂时期的"自由"或"解放"②，但这并没有从根本上改变拉美共产党的"附庸"或"政策执行者"的角色。

从拉美内部环境来讲，在社会领域，最为明显的是，20世纪30年代和40年代期间，涌向拉美的大规模外来移民浪潮中断，内部移民的作用开始彰显。拉丁美洲城市工人阶级的社会构成开始发生变化，开启了拉美工人阶级的"民族化"进程——从一个主要以移民为主的阶级日益转变为一

---

① 宋世昌：《科学社会主义通论》第二卷，北京：人民出版社2004年版，第468页。
② 其实从1941年德国入侵苏联后，拉美共产党与共产国际和苏联的正常联系就已为战争所阻隔，拉美党获得了较大的自主权，共产国际的解散只是使之更大一些而已，这种局面大约维持到二战结束。

个民族化的阶级,这种情形在那些早期工人阶级主要由移民构成的国家尤为明显。30年代初期,尽管拉美各国工人阶级的具体情况尤其是阶级意识的程度参差不齐,但一个地区工人阶级的轮廓已经开始显现;到40年代,这个工人阶级就变得比较巩固了。[①] 在政治领域,20世纪30年代以后,拉美地区的选举制度逐步发生变化,对选举权的各方面限制逐步被打破,普选权得以形成与发展;对候选人资格的要求虽然高于选民资格的要求,但也呈现出逐渐放宽的趋势。总体来讲,以选举权与被选举权为主要内容的选举制度的积极变化,为共产党在特定时段、特定场合下通过合法的议会道路扩大自己的政治影响提供了可能。例如,二战的结束加强了民主的力量,大多数拉丁美洲国家战后都经历了一个短暂的民主时期。独裁统治的结束,立宪制度的重新掌权,恰好与支持建立民主政府的国际气候相吻合,为拉美共产党的发展提供了相对宽松的空间。另外,二战期间,面对共同的敌人——法西斯主义,苏联、各国共产党与西方"民主国度"、"民主力量"有着共同的目标。在拉美,共产党的目标似乎与政府及其他类型的民主政党已经没有什么区别。鉴于此,拉美各国政府空前地认可了共产党的"盟友"身份,对共产党的态度与政策有了一定改变。二战结束前,近一半拉美国家的共产党获得了合法身份;即使那些在公开场合仍然是非法的共产党,也得到政府给予的相当程度的活动自由。

(二)"人民阵线时期"拉美共产党的概况

实际上,早在1935年共产国际明确发出建立统一战线以战胜法西斯主义的号召以前,一些拉美共产党就开始了不仅建立工农联盟还与其他阶级、团体合作的尝试。例如,1932年巴西成立了整体主义运动——公开声称支持意大利和德国的法西斯制度的党,两年后整体主义者在其第一次代表大会上又公然提出要在巴西建立一个整体主义国家,他们与欧洲的法西斯分子遥相呼应,在巴西产生了极坏影响。共产党为此于1934年向全国人民发出号召,建议全国人民联合起来建立一个反帝、反封建和反法西斯主

---

① 参见 [英] 莱斯利·贝瑟尔:《剑桥拉丁美洲史》第六卷(下),中国社会科学院拉丁美洲研究所组译,北京:当代世界出版社2001年版,第326页。

义的统一战线。随后，为反对日益增长的法西斯主义势力，巴西共产党同各民主力量合作开展了反帝、反法西斯的联合阵线工作。1935年1月，巴西共产党建立了人民统一阵线的第一批支部，两个月后以共产党人为首的反法西斯力量建立了民族解放联盟。共产国际七大以后，拉丁美洲共产党把人民阵线看作是劳动人民反对法西斯主义和反动派的最重要的斗争工具，各国党纷纷开展了建立人民阵线的活动，很多党取得了突出成绩。具体情况如下。

在阿根廷，阿根廷共产党响应共产国际的新指示，提出了在国内建立统一工人和统一反帝反法西斯人民阵线的口号，发起并开展了团结一切反法西斯专政力量的运动，在布宜诺斯艾利斯和许多城市建立了人民阵线委员会，具有不同政治信仰的反法西斯人士参加了这些委员会的活动。

在墨西哥，墨共在共产国际的要求下与进步的反法西斯力量进行了全面合作。墨共和墨西哥统一工会联合会与进步力量组成了共同阵线，并宣布支持国民革命党、"六年计划"和卡德纳斯政府，从把卡德纳斯作为"新法西斯主义者"加以反对转变为给其以支持。后来，墨西哥统一工会联合会与墨西哥工人联合会合并，墨西哥共产党和墨西哥工人联合会参加了共同的选举阵线以支持国民革命党的候选人。

在巴西，共产党在群众中的影响迅速扩大。在1947年初举行的市政选举和各州立法议会选举中共产党获得了80万张选票，有60多名共产党员被选为州立法议会的议员，得到共产党支持的候选人成功地当选为圣保罗州州长、米纳斯吉拉斯州州长和里约热内卢联邦区的行政长官。

在古巴，30年代末，共产党开始与巴蒂斯塔言和，共产党对以巴蒂斯塔为后台的政府给予政治上的支持。共产党的公开合作态度，为党"换来"了合法地位，党报也得以公开出版发行；同时党对工会的影响得到进一步巩固，在1939年成立了由共产党领导的古巴工人联合会（CTC）；共产党还出现在选举活动甚至政府当中——1939年，古巴共产党与革命联盟合并为"共产主义革命联盟"。一年后，共产主义革命联盟第一次参加制定新宪法的立宪会议和地方政权机关的普选；在1940年宪法的制定和讨论过程中，古巴共产党人起了重要作用；在选举中，则获得了8名立宪会议代表、84名市参议员和2名市长的资格。1943年，巴蒂斯塔被迫邀请共产主义革命联盟的主席胡安·马里内略入阁担任副总理并出任不管部部长，马里内略成为拉美国家第一个出任政府官员的共产党人。总体来讲，古巴共产党不但在群众中拥有很大影响，在议会和政府中亦然。

在智利，1935年下半年，智共的路线开始随着共产国际路线的改变而发生改变，不再反对统一劳工运动。1936年智利共产党同激进党、社会党、激进社会党、统一民主党等结成了名为"人民阵线"的选举联盟。人民阵线在1937年的议会选举中获得了25个参议院席位中的10个，146个众议院席位中的66席，可谓成果喜人。一年后的总统选举中，人民阵线推举的候选人塞达尔在总统选举中获胜，但智共接受了人民阵线政府关于"在农民中休战"的建议，并没有入阁。1941年智共着手把"人民阵线"扩大为民主联盟。在1942年和1946年的总统选举中民主联盟连续获胜。在1946年的魏地拉政府中，智共有三人入阁。"这是智利共产党第一次入阁，也是继古巴、厄瓜多尔共产党之后第三个参政的共产党。"①

总之，由于特殊的生态环境以及拉美共产党贯彻执行的方针政策能够较好地满足环境的要求，"人民阵线"时期拉美共产党得到了长足发展，影响也达到空前水平——党组织的覆盖范围进一步扩大，几乎每个拉美共和国都有了共产党组织②。党员人数迅猛增长，共产国际七大时拉丁美洲共产党党员约有2.5万人；二战前夕，人数已达9万之众；而到战后的

---

① 祝文驰、毛相麟、李克明：《拉丁美洲的共产主义运动》，北京：当代世界出版社2002年版，第113页。
② 虽然届时基本上每一个拉美国家都有了共产党组织，但一些国家的共产党组织濒于解体或事实上处于无组织状态，有的国家的共产党并没有获得国际共产主义运动的完全认可，还有的效率不高。因此，战后拉美共产主义运动组织活动的主要目标是提高已有共产党的组织效率、重组长期处于停滞状态的党。在此思想的指导下，重组党的现象比较常见。如巴拿马、波多黎各、洪都拉斯等国的共产党因遭反动政府镇压和白劳德主义的影响，组织陷于瓦解，在随后或长或短的时间内又重新建党。巴拿马共产党是1943年做出解散党的决定、导致该党解体并于同年年底重建的；波多黎各共产党是1944年一度解散，1946年重建的；而洪都拉斯产党是1944年组织瓦解，1954年重新建党的。

1947年，数字已接近38万。① 共产党的政治地位也有了很大改观，近一半共产党获得了合法地位，有些共产党虽然未获得合法地位，但是可以公开活动。一些共产党在本国选举活动中也表现优异，如古巴、智利等国的共产党人在特定时期参加了政府，有了自己的政府部长；巴西、委内瑞拉、哥斯达黎加、秘鲁、厄瓜多尔等国的共产党在选举中获得的选票迅速地成比例地增加，在国会和地方政府中都有自己的代表，等等。

耀眼的成就背后，也存在不少问题——通过建立广泛的统一战线、联合各种民主力量以共同战胜法西斯是无可厚非的，但是在执行人民阵线政策的过程中，出现了一些偏差。拉美共产党是以不罢工的保证作为人民阵线政策的后盾的。所以，拉美共产党人民阵线政策的一项重要内容是利用自身和党所领导的拉丁美洲工人联合会在工人中的影响，充当劳工运动的"灭火队"。很多时候，类似的行动处理得并不是很理想，给工人造成一种"既然世界业已分为'民主的'与'法西斯的'，阶级和阶级斗争就应该消失"的错觉，削弱了党在工人队伍中的威信与影响，为以后的困难埋下了隐患。部分拉美共产党在执行人民阵线政策时"走得有些远"，实际上沦为右倾机会主义。比如，在接到共产国际关于建立统一战线的指示后，墨西哥共产党一改此前对政府的一些反帝行动所持的宗派主义立场，提出了"不惜一切牺牲求团结"、"一切都要通过政府"等错误口号。这与后来墨共受白劳德主义影响而采取错误的政治与组织路线在实质上是一致的。还出现了一种所谓"双重共产主义"的现象，即共产党在公开场合声称反对现政府，而实际上却在暗地里与政府合作的"矛盾统一"现象。在《拉丁美洲的共产主义》一书中，亚历山大对秘鲁的此种现象进行了描述，他指出："在过去的四分之一个世纪里（1930—1955），秘鲁共产党实际上已经沦为每一个使他们的祖国蒙受灾难的独裁政权的婢女。"②

---

① 这一数字参见［苏］维·沃尔斯基：《拉丁美洲概览》，孙士明、刘德、姚新美译，北京：中国社会科学出版社1987年版，第101页。有的学者则认为1947年拉美共产党的党员总数已达46.7万人，参见徐世澄：《拉丁美洲左派》，载《拉丁美洲研究》2004年第5期。

② R. J. Alexander, *Communism in Latin America*, New Brunswick, N. J.: Rutgers University Press, 1957. p. 220. 还参见 Ronaldo Munck, *Revolutionary Trends in Latin America*, McGill University: Center for Developing-Area Studies Monograph Series, No. 17, 1984, p. 22。

战争时期，拉美共产党及其影响的外围组织如拉丁美洲工人联合会等通过建立统一战线的方式努力支持反法西斯的斗争。但当战争结束时，许多国家的共产党突然间一下子没有了目标，不知道下一步该做些什么、如何去做。在这样的状态下，有些国家的共产党在战后随即遭遇发展危机。譬如，阿根廷共产党一开始对庇隆主义性质判断的失误及摇摆不定，以及随后在要不要与之结盟问题上发生的分裂，直接导致了其战争期间累积的资源迅速流失。

另外，二战末期和战后的最初几年，拉丁美洲共产党还深受白劳德修正主义、取消主义的影响。"白劳德思想对法国、加拿大、澳大利亚、缅甸、菲律宾等国共产党都有影响，对拉美共产党的影响尤甚。这是因为美共在当时的共产国际中具有特殊地位，同莫斯科关系密切。许多国家的共产党在建党之初得到美共的指导，把美共的言论奉为金科玉律。正因为这样，当白劳德1944年在美共十二大宣布解散美国共产党，成立非党组织'美国共产主义政治协会'时，拉美国家一些共产党相继效法，照葫芦画瓢，也改变自己党的名称，在群众中造成极坏的影响。"① 白劳德主义对拉美共产党影响的表现在各国党有所不同，大体有几种情况：一种是党通过了错误的路线、方针、政策。例如，在白劳德主义的影响下，墨西哥共产党第九次代表大会通过了错误的政治路线和组织路线。政治上，认为美国的资本主义具有进步性质，有利于墨西哥工业化；提出放弃为社会主义而奋斗的目标，号召工人放弃罢工斗争；提出民族解放运动应由民族资产阶级领导，全民族应团结在政府周围，等等。组织上则实行取消主义，解散企业中的基层组织，取消工会中的党组。② 一种是改变党的原则、名称。如哥伦比亚共产党总书记杜兰在党内推行白劳德主义，确定劳资合作为党的原则，认为"共产党"的名称已成为争取群众的障碍，于是在1944年党的二大上改党名为社会民主党。一种是党的组织出现分裂。如委内瑞拉

---

① 祝文驰、毛相麟、李克明：《拉丁美洲的共产主义运动》，北京：当代世界出版社2002年版，第119—120页。

② 参见《中共中央对外联络部拉丁美洲研究所》，载《拉丁美洲各国政党》，上海：上海人民出版社1980年版，第18—19页。

共产党1944年因受白劳德主义的影响而发生分裂。有的党则直接解散。如巴拿马共产党由于受白劳德主义的影响,党组织先后发生三次分裂,最后导致党的解体;波多黎各共产党也因白劳德取消主义路线的影响而一度解散。

三、1947年至1991年间的拉美共产党

整个这一时期大的时代背景是以苏联为首的社会主义阵营与以美国为首的资本主义阵营之间的"冷战"对抗。在冷战背景下,各种因素综合作用,影响着拉美共产党的发展。由于本阶段时间跨度近半个世纪,影响因素众多,为方便研究,可以把拉美共产党这一阶段的发展分为40年代末(冷战开始)到50年代末、50年代末(古巴革命胜利)到70年代末(尼加拉瓜桑解阵获取国家政权)以及80年代初到90年代初(苏东剧变、冷战结束)三部分来把握。

(一)20世纪40年代末到50年代末的拉美共产党

短暂的春天过后,随着"铁幕"的拉开、"冷战"的来临,与欧洲、亚洲一些国家取得社会主义革命胜利形成鲜明对比的是,20世纪40年代末到50年代末共产党在拉丁美洲的生存、发展变得异常困难——党的领导人、广大党员被投入监狱、集中营或者被流放,党员人数锐减;党的组织遭到破坏,几乎所有的党都被迫转入地下;党与广大外围组织如工会的关系也被迫分离,党对工会运动的控制急剧减弱;党报、党刊被查封;原来获选的党员被排挤出公选职位,党员的选举权利被剥夺,党的政治影响急剧下滑——出现这种局面的主要原因除了恶劣的生态环境以外,与拉美共产党未能在已有基础上进一步巩固组织、壮大力量,未能对反动势力的联合进攻做出及时有效的应对也不无关系。

1. 生态环境的变化

二战后,国际格局与形势发生了巨大变化。社会主义由一国发展到多国,一系列社会主义国家的出现形成了以苏联为首的社会主义阵营;而在美国的推动下,以其为首的资本主义阵营则针锋相对,发动了"冷战"攻

势。社会主义阵营的"老大哥"苏联在这一阶段对拉美共产党的影响可以说是消极的方面居多。消极影响主要来自两个方面，一个是所谓"和平过渡"的总路线，一个是个人崇拜或个人迷信问题的处理方式。与传统的理论、路线相比较，和平过渡总路线体现出较为明显的转变。无论是对原来主张武装斗争的拉美共产党，还是对刚刚或者正在逐步摆脱白劳德主义影响的拉美共产党而言，苏共所提倡的和平过渡路线都显得过于突然与难以理解，使这些党陷入无所适从的被动局面。但其中多数党还是选择了继续紧跟苏联的立场，放弃了传统观念，转而主张通过"多种道路"走向社会主义，试图通过议会选举取得政权。苏共在个人崇拜或个人迷信问题的处理方式上显得考虑不周或过于草率，全盘否定斯大林无疑在共产党世界投掷了一颗威力巨大的炸弹，引发了当量指数相当高的地震。斯大林神像被无情地打碎，也使共产党在公众中的形象严重受损，就其对拉美共产党的影响而言，这一冲击不仅使党的组织亮起红灯，也使党的处境变得十分困难，党的威信急剧下降。来自苏联的这两个消极影响还往往成为诱发拉美共产党组织发生分裂的导火索，苏共"二十大"后，拉美共产党普遍经历了一个大分化、大改组的过程。从1947年开始，"冷战"成为美国制定外交政策的基本原则或首要考量，"冷战"也塑造了战后美国的拉美政策。杜鲁门政府以来的历届美国政府致力于通过各种政策、措施与途径，拉拢、联合、扶持拉丁美洲的资产阶级、地主寡头等反动势力，以影响甚至改变拉丁美洲国家的对外政策以及它们国内的"政治气候"，把拉丁美洲国家纳入反共轨道，使之成为冷战的重要战场及美国安全可靠的军事战略基地——1947年9月，美国以虚构的"国际共产主义"威胁为借口，强迫拉丁美洲国家接受《泛美互助条约》，并引诱它们参加所谓的"武器标准化"计划；1948年建立了美洲国家组织；50年代初，13个拉美国家与美国缔结了双边军事援助协定。这些联盟、组织、机构成为镇压拉丁美洲解放运动、实施冷战的重要工具。美国借助这些工具，或扶植反共的独裁政府上台，如扶持索摩查、巴蒂斯塔等独裁政权；或迫使拉美政府采取反共的立场与政策，如先后于1948年、1951年、1954年把所谓的"反共决议案"强加给美洲国家组织中的拉美国家；或对一些国家直接进行武装干涉，颠覆具有独立倾向的民族民主政府，据统计，从1948年到1958年，美国在拉丁美洲共策动了16起军事政变和颠覆事件，如对危地马拉的武装干涉，导致了阿本斯政权的覆灭……在美国政策的"北风"下，整个拉美上空，到处弥漫着浓郁的反共气氛。

战后拉美地区的经济、政治、社会等各方面也出现了较为明显的变化。二战后，拉美国家开始了以工业化为主导的现代化进程。战后拉美的工业化走的是进口替代工业化的道路。进口替代工业化在各国的推进使许多国家的经济出现了较明显的变化：促成了一批民族企业的诞生，促进了拉美工业的发展，为工业取代农业成为国民经济的主导部门创造了条件，许多国家开始摆脱传统经济的束缚，大致完成了由农业经济向工业经济的过渡，工业取代农业成为国民经济的主导部门。但是进口替代型工业化模式也导致拉美经济出现或陷入一种矛盾性的怪圈：工业越发展，对进口中间产品的需求越高，对外汇的需求越大，而外汇主要由原材料和初级产品的出口换回，因此愈依赖初级产品的出口，相应地对外部的依赖性也就更大。对初级产品出口的依赖与进口替代模式中所采取的具有浓烈反出口倾向的贸易政策是相矛盾的，而且如此也背离了进口替代的初衷。另外，在进口替代工业化期间，不同利益集团之间的博弈不但没有提高彼此之间的相容性，反而使社会分层化更加严重，为数众多的人民群众被排斥在政府、国内资本和国外资本的"同盟"体制之外而无法享受现代化的成果。[①] 在工业化过程中，拉美表现出模仿发达资本主义国家工业化模式的强烈倾向。例如，选择了城市工业化道路，将工业发展置于国民经济的首位，结果导致工业布局、产业结构、城乡结构严重失调等问题。同时，拉美的工业化又不同于欧美的工业化，主要体现在拉美工业化的资本集中远远大于劳动力集中，结果是随着生产率的提高，正规的生产部门无法提供充足的工作岗位，从而造成大量失业。拉美国家的战后工业化战略还体现出明显的"城市偏向"，这与大部分国家在20世纪40年代以后启动的城市化进

---

① 参见杨万明：《论拉美国家的发展模式转型与发展困境》，载《拉丁美洲研究》2006年第6期。

程是一致的。城市化往往伴随着人口、经济活动、资源向一个或少数几个城市集中,形成了"首要"城市结构;商业是城市发展的主要因素,是城市经济职能的主要表现,而工业职能作为拉美城市发展中的一个主要组成部分的情况则不多见;城市的发展速度大大快于经济的发展速度,也远远高于公共服务设施的建设速度;城市的发展对地方的影响极微,等等。具有上述特点的城市化不可避免地造成一系列后果:在城市得到畸形发展的同时,农村却很难享受到发展的成果,在城市日益现代化的同时,农村却传统依旧,城乡的差距越拉越大;城市经济的发展根本无法对急剧膨胀的劳动人口进行生产性吸收,公共服务也很难满足日益增长的需求,失业、贫困、贫民窟、城市服务紧张等问题不可避免地伴随而来……概言之,工业化、城市化加剧了拉美社会不平等的程度,富裕与贫困、发达与不发达、现代与传统并存于一个二元社会,城乡之间如此,城市内部亦然。

而作为美国冷战急先锋的拉美反动政府,则采取了各种手段对付"共产主义的幽灵",极尽打压之能事。一般来讲,有以下主要方式与手段:二战期间,拉美国家的民族工业得到一定发展,加上世界反法西斯进步思想的影响,阿根廷、危地马拉、委内瑞拉、墨西哥等国先后采取了民族主义的变革措施。一些国家的反动政府把反共与民族主义的论调搅和在一起,提出民主与共产主义两极对立的论调,有时甚至把反共与反帝相等同,并且以"官方理论"的形式将其确定下来。如墨西哥阿莱曼政府把共产主义描绘成和法西斯主义一样危险的"外来货",成功地将"反对法西斯主义的民主讨伐"悄悄地转换成"对共产主义的民主讨伐"。阿莱曼的反共态度得到执政党墨西哥革命制度党党主席、总书记及其他领导人的热烈响应。该党主席塔沃阿达强烈谴责了马克思主义的影响,"我们坚定而且明确地宣布,我们现在不是共产主义者,将来也不做共产主义者,另外,我们酷爱自由,我们不接受任何帝国主义;我们坚信民主且献身于民主,在包括反对那些用华丽的词藻、力图为与墨西哥实际格格不入的思想作辩护的那些人的斗争中,我们愿同人民战斗在一起"。塔沃阿达的言论在肯定墨西哥民族主义的同时，巧妙地把反共与反帝等同起来。① 通过宪法或颁布新的法令，宣布共产党不受法律保护或直接禁止共产党。如巴西总统1947年公布了禁止共产党、巴西工人联合会、青年联盟以及许多其他民主组织活动的法令；1948年智利国会通过了《保卫民主法》的反动法令，根据这个法令，智利共产党被宣布为非法。这些宪法条文或新法令往往还辅之以严格的政党注册条件。如在墨西哥、巴西等国，当时的政党注册条件使该国的共产党不能保持合法地位。封闭共产党的刊物，开除议院、行政机构和地方政府中的共产党员，逮捕共产党人，将其杀害、投入监狱或流放。在这样的血雨腥风下，共产党员的人数锐减，几乎所有拉美共产党都被迫转入地下。如智利魏地拉政府先是在1947年8月将共产党人赶出内阁，继而于10月发布逮捕共产党中央委员会委员及各省共产党省委员会领导者的命令，党的领导人被逮捕并投进了集中营或遭放逐，党员则失去了选举权，智共被迫转入地下活动达10年之久。此外，反动政府也没有忽视对共产党外围组织的破坏及对共产党重点争取群体的争夺。如很多国家的反动政府通过或者禁止受共产党领导或影响的工会活动，或者清洗工会领导和会职人员中的共产党人，或者收买工会领导人从而使之听命于己，或者扶持、建立亲政府的工会组织等"分而治之"的政策，逐渐侵蚀了共产党的传统阵地，夺取了对工会、工人运动的领导和控制权。从意识形态角度营造反共氛围，通过法律手段禁止共产党，直接对共产党的组织予以打击，断其臂膀，这些踩着密集的鼓点发动的反共组合拳，给拉美共产党以重创。

2. 拉美共产党的英勇斗争

冷战的来袭，美国的态度与政策，拉美反动政府、反共势力的歇斯底里，来自苏联的消极影响，这些因素导致拉美共产党在20世纪40年代末到50年代末的生态环境由二战时期的"天堂"奔袭万里一落而到"地狱"，共产党人上个时期所拥有的一些资源正如其当初"突然降临"一样

---

① 参见［英］莱斯利·贝瑟尔：《剑桥拉丁美洲史》第七卷，江学时等译，北京：经济管理出版社1996年版，第85—86页。

又"骤然消失",有的资源甚至由上一个阶段的"宝贝"沦落为"包袱",如拉美共产党人发现昨天"与苏联的亲密关系"还是吸引盟友的法宝,一夜之间这个法宝却明显地变成了他们受到战时盟友怀疑、攻击和伤害的凭据。恶劣的环境给拉美共产党的发展造成了巨大困难,但是拉美共产党人仍英勇地坚持斗争。

拉丁美洲各国老的共产党在转入地下活动后,不顾反动派的残酷迫害,继续进行宣传马列主义、积极组织和领导本国工农群众捍卫自身利益的英勇斗争。一些国家的共产党号召、领导建立了民族解放民主阵线——1950年,在其全国委员会宣言中,巴西共产党号召建立一个广泛的民族解放民主阵线;还提出要成立一个"把外国的企业、种植园、银行,以及巴西垄断资本家的企业和银行都收归国有,没收大地主的土地并把这些土地分给农民,保障人民的民主自由,并且改善劳动人民的生活条件"的人民民主政府。在1954年第四次党代表大会上通过的党纲中,民族解放民主阵线得到进一步明确,它是一个"由工人阶级领导的,工人阶级、农民、城市小资产阶级、知识分子和民族资产阶级(中等资产阶级)参加的、具有反帝反封建性质的、广泛的民族解放民主阵线"。这个阵线将领导大家"把祖国从外国帝国主义者和本国垄断资本家的压迫下解放出来……消灭农村中的封建残余并建立一个真正自由、独立和繁荣富强的巴西"。而巴西共产党,则是"解决这一伟大历史任务的保证"。在1950年12月举行的第十次代表大会上,墨西哥共产党制定了墨西哥人民民族解放斗争的纲领。这个纲领提出了在国内组织成员包括工人阶级、农民、知识分子、城市小资产阶级和部分进步的民族资产阶级在内的民族民主和反帝阵线,而这个阵线的基础是工人阶级起领导作用的工农联盟。智利共产党在转入地下活动后,非常注意保护自己的干部和基层组织,在许多企业中保存了自己的基本组织;同时智共还注意保持党和群众的联系,通过二百种左右秘密发行的共产党报刊继续宣传马列主义和党的主张。1956年,智共和社会党合作建立了人民行动革命阵线,这一阵线的建立使进步力量有了加强国内民主化斗争的可能。这些政策与举措,对于保存共产党的力量、使党从打击中恢复起了一定作用。例如,到1958年初,巴西共产党已经拥有了

20万以上的党员和遍布全国各地的组织；而智利共产党则成功地推动了《保卫民主法》的废除进程，从而摆脱了地下状态。

这一时期还出现了一些新党。此类新党既有重建的党，如危地马拉共产党；也有新成立的党，如圭亚那人民进步党、瓜德罗普共产党、马提尼克共产党等。由于环境的差异，这些新党与老党之间以及它们相互之间的活动存在着差异。危地马拉共产党于1949年重建，并在三年后改组为危地马拉劳动党。在危地马拉阿雷瓦洛政府与阿本斯政府期间，共产党人获得了合法活动的权利，并在工会等群众团体中具有很大影响，如危地马拉工人联合会就受党的领导；共产党中曾有四名党员当选危地马拉国会议员，共产党对阿本斯政府的政策也有一定影响。但阿本斯政府被政变推翻后，危地马拉劳动党被宣布为非法，党的组织几乎全部被破坏，党转入地下活动。切迪·哈根领导的圭亚那（英属）人民进步党成立于1950年，公开表示信奉马列主义，主张劳动者不分民族和种族而采取统一行动，建立社会主义社会。人民进步党成立后领导了该国的争取民族独立和社会改革的运动。在1953年的选举中，人民进步党获得立法议会24个席位中的18席，赢得选举胜利；1957年、1961年的选举中，人民进步党再次获胜。但是，由于国内外反对势力的阻挠和破坏，人民进步党的执政之路非常坎坷，由其组织的政府往往在中期就被迫解散。例如，1953年10月人进党即被英国政府以"防止成立一党专政的共产主义政权"为由赶下台。瓜德罗普和马提尼克都是法国的殖民地。因此，瓜德罗普共产党和马提尼克共产党的情况有诸多相似之处：均先成立了法国共产党的支部，法国共产党马提尼克支部成立于1936年，而法国共产党瓜德罗普支部由该地区的共产主义小组于1944年联合而成；随后在支部的基础上分别于1957年和1958年成立了独立的马提尼克共产党和瓜德罗普共产党。成立后，两者又都领导了本地区争取自治的运动。

（二）20世纪50年代末到70年代末的拉美共产党

这一阶段始于1959年古巴革命的成功，止于1979年尼加拉瓜桑解阵领导的斗争的胜利。期间，拉美共产党人进行了多种多样的探索，既有以古巴革命为代表的武装斗争，也有以智共为典型的和平议会道路的尝试，还有武装斗争、和平道路等各种方式的结合，等等。在探索的过程中，很多国家共产党内部因为对一些基本问题的看法出现分歧而导致党组织的分裂，出现了一国有两个甚至多个共产党组织并存的局面。

1. 生态环境的新内容

相较于上个时期，20世纪50年代末到70年代末期间对拉美共产党影响重大的生态环境因素，除了已有的继续发挥作用以外，又增添了新内容。

国际因素方面，20世纪60年代，由中苏两国、中共和苏共两党发起，世界上大部分共产党都先后参与其中的国际共产主义运动的大论战，可以说是国际共产主义运动发展史上影响深远的事件，在一定程度上影响、改变了国际共产主义运动的进程。上文提到，苏共二十大和平过渡路线及反对个人迷信问题的冲击波很快就殃及拉美共产党。在一些党内出现了借助"反对个人迷信"来反对党内主要领导人长期占据领导岗位而无所建树以及批判党内缺乏民主的躁动。虽然在苏共的支持下，多数拉美共产党的领导人渡过了难关，保住了自己的地位；但党内关于革命道路、对统治阶级和帝国主义斗争的政策和策略等问题的分歧并没有消除。国际共运大论战的出现和公开化，复苏了拉美党内原来被强行压制的争论；而随着论战的日益升级，争论的问题由和平过渡与个人迷信问题，扩展到列宁主义是否过时、国际形势等有关国际共运总路线的所有重大问题，拉美共产党也愈来愈深地卷入论战，各国党内部的争论和斗争也日益升温，最后往往以组织上的分裂收场——新建或重建了一批无产阶级政党和组织，出现了所谓的"新党"与"老党"并存的局面；而新党与老党之间要么"老死不相往来"，要么"手足相残"。这不仅使共产党掌握的原本就非常有限的资源进一步分散，严重削弱了共产党人的力量，也大大损害了党的形象与威信，而贻人以笑柄。苏联对拉美态度的变化也值得关注。"六十年代以前，拉丁美洲看来还不是苏联优先考虑和感到兴趣的地区。"[①] 但由于一场始料

---

① [美] 利昂·古雷、莫里斯·罗森堡：《苏联对拉丁美洲的渗透》，上海：上海译文出版社1979年版，第5页。

未及的革命，苏联对拉美的态度发生了较大变化。古巴革命"突如其来"的成功，新政权的幸存，革命向社会主义革命的转变，古巴加入"社会主义大家庭"，大大影响了苏联对拉美形势的判断，促使其态度有了转变——苏联一改往日在拉美问题上的"地理宿命论"观点，转而认为古巴革命的成功在美国所控制的拉丁美洲打开了一大缺口，为在这个大陆上兴起新的革命高潮开辟了道路，"有利于国际工人阶级和社会主义的世界力量对比进一步发生变化，正在起着，而且无疑地将继续起到一种强有力的冲击作用"①。因此，苏联开始将拉美作为一个日益发展着的世界革命活动中心来加以对待，并进而强调"作为一个有着广泛的国际联系的世界大国，对于虽然发生在遥远的地方，但关系到我国安全和我们朋友的安全的一些事件，可不能消极旁观"②。"不能消极旁观"体现在诸多方面，其中的重要方面之一是苏联与古巴结成同盟，并在贷款、补贴、资金、物资、技术、培训、军事保护、军队建设、武器等各方面对古巴给予大力援助与支持。苏古联盟及苏联的援助对于西半球唯一一个社会主义政权的存续，对于共产主义运动在拉美地区的发展，对于苏联扩大自身在拉美的影响都有重要作用。

拉美地区内部因素方面，《剑桥拉丁美洲史》第六卷（下）对这一时期拉美经济、社会及政治环境的变化做了精彩描述："拉丁美洲在60年代和70年代正经受着一个复杂的变化过程……首先，战后的拉丁美洲经历了一个长时期的经济发展、急剧城市化和地区阶级结构上的深刻变化。其次，一直是共产主义死对头的天主教会重新解释了其社会咨文，在某种程度上使它在有些国家中不但在意识形态上甚至在组织上向左派靠拢。第三，巴西1964年的政变只是拉丁美洲一系列政变中的第一次，这些政变使执意要对经济和政治秩序进行全面调整、伴之以把左派势力解释为国家的主要敌人的这样一种国家安全观念的军政府上台。"而这些变化"将会改

---

① ［苏］B. N. 波诺马廖夫:《当前革命进程理论中诸问题》，载《共产党人》1971年第15期。
② 转引自 F. D. 科勒:《苏联七十年代的战略：从冷战到和平共处》，佛罗里达：迈阿密大学高级国际问题研究中心1973年，第228页。

变左派①在其中活动的经济、社会和政治环境"②——其一，由于经济发展和急剧城市化而导致阶级结构发生深刻变化，阶级结构的变化给拉美共产党提供了新的课题，"拉丁美洲的劳动力，从农业劳动雇工转为主要的城市雇工。……然而城市劳动力的这种增长和进口替代工业化，是与收入分配上的一种日益恶化的模式，以及加入工会的劳动力只占全部受雇人口的一小部分这样一种雇佣模式联系在一起的。一个越来越大的部分被发现处于经济的所谓非正规成分中。这一部分人的流动问题与工作场所和控制市场等手段并无多大关系而与基本生活条件有较大关系……拉丁美洲左派对从事非正规工作的人们的认识是迟缓的。正统共产党人的态度往好处说是模棱两可的，往坏处说是不予考虑的（在马克思主义的行动中称为臭名昭著的流氓无产者）。种种非马克思主义运动都较快地认识到靠关心城市贫民的需要可以得到政治上的收获。在60年代和70年代军人独裁统治期间，当工会受到镇压时，共产党开始关心贫民区的组织。但是这些流入城市的开拓者们所提供的政治基础远不及参加工会的劳工所提供的稳固，而且更加受条件限制和易变，丝毫不能肯定在贫民区建立了组织上的基础的左派政党在经常呈现的更多的政治上可供抉择时能够保持住那些收获"③。其二，面对新的形势，天主教的教义、组织结构与世俗活动都发生了变化，"教会越来越意识到贫民区的需要，并在有些国家至少建立了一个地方组织的网络，该网络开始作出政治要求并把他们的要求与全面进行全国政治改革的坚决要求联系起来。……马克思主义的思想不再只是左派政党的独占物；这种思想如今首先通过虽则人数很少但却颇具影响力的解放神学家影响到教会本身的分析和实践"④。其三，独裁军政府的上台，"军人的独

---

① 作者认为拉美的左派主要包括拉美各国的共产党和社会党（社会民主党），参见［英］莱斯利·贝瑟尔：《剑桥拉丁美洲史》第六卷（下），中国社会科学院拉丁美洲研究所组译，北京：当代世界出版社2001年版，第173页。
② ［英］莱斯利·贝瑟尔：《剑桥拉丁美洲史》第六卷（下），中国社会科学院拉丁美洲研究所组译，北京：当代世界出版社2001年版，第217页。
③ ［英］莱斯利·贝瑟尔：《剑桥拉丁美洲史》第六卷（下），中国社会科学院拉丁美洲研究所组译，北京：当代世界出版社2001年版，第217—218页。
④ ［英］莱斯利·贝瑟尔：《剑桥拉丁美洲史》第六卷（下），中国社会科学院拉丁美洲研究所组译，北京：当代世界出版社2001年版，第218页。

裁政权，首先是阿根廷、巴西、智利和乌拉圭的军人独裁政权，决心要消灭有可能向他们的权威挑战的任何政治运动。左派是无力抵抗这种军队暴行的，左派的斗士们遭到从放逐到暗杀等一系列镇压。工会减少到失去效用的地步，政党受到取缔或控制，报纸和传播媒介被置于政府控制之下，只有教会还享有一点极为有限的机会来保卫基本人权免受政府的镇压"。"这些独裁主义政权对左派最后的影响是很深的，尤其是在南椎地带，左派开始对谁的效果更强调民主的价值进行了一次重新衡量的过程。不是列宁的而是葛兰西的思想成了指南。民主不再被看作是一种资产阶级的假象，选举不再被当成一种骗局……"①

2. 拉美共产党的探索

第一，古巴革命的胜利及古巴的社会主义建设。1956年底到1958年底，菲德尔·卡斯特罗领导的"七·二六"运动在马埃特斯腊山坚持开展反对反动的巴蒂斯塔独裁政权的游击战。在游击战的后期，共产主义政党人民社会党表达了对游击战的支持，与"七·二六"运动结成联盟，并派人参加反政府斗争。1959年1月1日，起义军攻克首都哈瓦那，取得全国革命的胜利，完成反帝性质的人民革命；随后，古巴革命发展成为社会主义革命。古巴革命向社会主义革命转变的表现或成果有：无产阶级和劳动农民取得政权，实行土地改革，消灭大庄园制，美国公司和大中资产阶级的财产收归国有，一切基本生产资料转归人民，等等。还有一个重要方面是在合并革命组织的基础上共建了新的共产党。1961年夏，老的共产党即人民社会党、"七·二六"运动和革命指导委员会各自做出自行解散并与其他两个组织共建新党的决定，合并组成古巴革命统一组织（又译古巴统一革命组织）。1963年5月，在古巴革命统一组织的基础上，成立了古巴社会主义革命统一党，1965年10月该党改名为古巴共产党。原人民社会党与苏联之间的联系、党员的马列主义理论知识修养以及长期从事政党政治运作和组织群众运动的经验为新党的建立提供了良好的

---

① [英]莱斯利·贝瑟尔：《剑桥拉丁美洲史》第六卷（下），中国社会科学院拉丁美洲研究所组译，北京：当代世界出版社2001年版，第221页。

条件。

古巴革命的成功及后来向社会主义革命的转变,是各种因素合力作用的结果,同样的条件很难再现。但不论怎样,西半球第一个社会主义政权的建立,其意义与价值怎样评价都不为过。

古巴革命向社会主义革命转变后,古巴共产党领导了古巴的社会主义建设。20世纪60年代初到70年代末古巴社会主义建设的探索可以分为前后两个阶段——60年代为社会主义建设道路的初探阶段：60年代初进行了社会主义改造,社会主义改造基本完成后,进行了政治和经济方面社会主义建设的尝试。政治方面,根据1959年的《共和国根本法》,包括总统和总理在内的部长会议集立法权和行政权于一身,是国家的最高政治领导机构,全面负责国家的管理工作；废除旧议会,召开全国人民大会对国家的重要政治文件进行表决,组织群众直接参与法律的制定和政策的实施,召集对政府提出的法律草案的全面讨论,以便补充、修改,体现了鼓励人民参与国家政治生活的"直接民主"的政治理念。经济方面,为改变长期以来的单一经济结构和在短期内实现工业化,初期大量举借外债和引进工业设备,同时大量削减蔗糖生产,结果此类做法因脱离实际条件不但未取得预期效果,还造成了较大经济困难。为此,领导层中展开了关于经济发展战略和经济体制问题的激烈讨论,结果以切·格瓦拉为代表的主张"预算拨款制"的意见占了上风,获得了多数人的认同。卡斯特罗发展了格瓦拉等人的主张,推行了否定商品货币作用的簿记登记制,几乎消灭了经济中包括个体小商贩和手工业者经济在内的所有私有成分,但是结果仍然不是很理想。虽然这一阶段在经济建设方面的探索总体来讲不是很成功,但却为70年代的经济调整与改革准备了条件。70年代是古巴政治、经济体制建立和变革的阶段。在总结60年代经验教训的基础上,古巴领导人提出了新的社会主义建设方针和政策,对政治、经济等各方面进行了全面改革。政治方面的改革是围绕建立和完善有关的政治制度以适当分散国家权力展开的,其中最重要的是建立了国家最高权力机构——人民政权代表大会,并在国家根本大法宪法中明确了其最高权力机构的地位。人民政权代表大会的建立,结束了部长会议总揽立法权和行政权的局面,较好地达到了分权的目标。经济方面的改革首先是从思想认识上开始的，认为古巴在实现共产主义以前还要经历社会主义阶段，而在资本主义和社会主义之间还存在一个过渡时期，这是古巴社会主义建设必须要遵循的客观规律。在该认识的基础上，重新确定了社会发展的战略目标，纠正了60年代的许多过火政策，并采取了旨在提高资本效能和管理效率的较符合实际的经济政策。新经济政策取得了显著成效，70年代前期古巴的经济增长达到了革命以来的最高水平。在70年代后半期，又实行了以"第一个五年计划"和"经济领导和计划体制"为主要内容的经济改革，但由于"经济领导和计划体制"在推行中遇到困难和世界通货膨胀、国际糖价暴跌等客观因素，70年代末古巴经济再次面临困难。

在进行社会主义建设探索的同时，古巴共产党并没有忽视自身建设。60年代，古巴党的建设主要集中在思想建设和组织建设两方面。由于党是由三个革命组织合并而成，党员在理论修养、思想认识方面存在差异在所难免，可以通过加强党员教育来改善；但是有些党员包括个别领导干部在思想上拒绝向社会主义转变，如前"七·二六"运动的重要成员卡马圭省军区司令马托斯曾公开反对"共产主义的影响"，为此古巴共产党在成立初期着重进行了思想斗争，为纯洁党的队伍而清除了部分党员。在开展思想建设的同时，古巴共产党也开展了组织建设，不仅在1965年建立了党的中央委员会和有关领导机构，改党名为古巴共产党，还针对党内的宗派主义倾向、非法组织活动开展了斗争。例如，与以原人民社会党全国执行书记埃斯卡兰特为首的小宗派的斗争。这个小宗派主要是由认为"政府和党在国内和国外的政策都错了"的前人民社会党党员组成，它的非法组织活动破坏了党的团结，在批评无效后，其成员均受到严肃的党纪处理，或被赶出中央委员会，或被开除出党。70年代，古巴党建的重点是党政关系和党的组织建设问题。在60年代，出现了党同政府、军队的职能有时混淆不清，即党政不分的现象。针对这一现象，古巴共产党指出党在马列主义原理的指导下领导社会和政府，党对政府部门的领导是协调和监督它们，而非取代它们的工作；党对政府部门的领导也不是管理它们，政府部门应该由人民通过他们的权力机构来管理。① 党的组织建设主要体现在建立了政治局和书记处的定期会议制度、设立了若干工作部和委员会、重视党员的发展和教育等方面。70年代中期召开了古巴共产党第一次代表大会。代表大会通过了党章、党纲和若干声明，选举了新的领导机构。为党的领导和各项工作制度化奠定了坚实基础，"古共一大的召开标志着制度化的任务在党建方面已基本完成"②。通过思想、组织等方面的建设，古巴共产党得到长足发展。以党员人数为例，1965年古巴共产党约有5万党员，到1969年也不过5.5万人；而到1970年，党员人数则翻番到10万，1971年末增至13万，到1975年第一次代表大会召开前夕则到了20多万。十年的时间翻了两番，成就明显。

除了加强自身建设，古巴共产党还非常重视军队、群众团体的建设。由于古巴革命的特殊性，军队在古巴扮演着非常重要的角色。60年代，军队的作用十分广泛，军队的职能同党和政府的职能之间缺乏明确分工，军人往往在党政部门兼任领导职务，党的正式中央委员中军人所占的比例超过一半，如1965年的比例是58%。70年代起对军队进行了改革，实现了军队的专业化，党的中央委员会成员中军人的比例及普通党员中军人的比例开始逐渐下降，党内"平民"成分逐渐增加。但党并未因此而忽视对军队的领导，军队在自己的队伍中建立党的组织的传统做法也没有改变，而且军官中党员的比例一直保持在较高的水平。工会、小农协会、共产主义青年联盟等群众组织一直是古巴共产党的得力助手，党也比较重视在它们中间开展工作。但60年代共产党在这些群众组织的工作出现了一些偏向，导致它们没有大的发展，甚至有人对它们存在的价值意义产生了怀疑。鉴于此，古巴共产党重新明确了它们不是国家机构或党组织的一部分而是各自所代表的群体的权益性群众组织的身份，并且明确了它们只是在政治上受党的领导，在组织上是独立的。这些组织多于70年代初进行了整顿和改组，其在各自所影响的群体中所发挥的作用也越来越大。

---

① 参见1970年5月31日的《格拉玛每周概要》和1974年8月4日的《格拉玛报》。
② 祝文驰、毛相麟、李克明：《拉丁美洲的共产主义运动》，北京：当代世界出版社2002年版，第179页。

第二，古巴革命影响下的武装斗争。古巴革命的胜利及其向社会主义革命的转变，古巴社会主义建设取得的成就，为拉美大陆的共产党人树立了光辉榜样。同时，古巴革命的胜利也给拉美共产党提供了新议题，并引发了不小争论——"革命进程是否必须经过不同阶段？是否必须先进行民主革命，这一阶段能否省略？军队和各政治派别之间的关系是什么？革命的力量又如何才能使政府军队中立化？古巴是否是个例外情况，古巴革命能否在别的地方重演？"① 对于这些问题，拉美各国共产党做出了不同判断，从而制定了不同方针政策。60 年代，在古巴革命的鼓舞下，部分拉美共产党尤其是新成立的共产党纷纷拿起武器，仿效古巴革命，在本国开展了游击运动。游击运动的开展迫切要求古巴共产党的指导与支持，在国际主义原则的引导下，作为模仿对象的古巴共产党在巩固自身的同时，给这些游击运动提供了鼓励和支持。两相结合，推动了 60、70 年代拉美共产党的武装斗争尝试。

拉美共产党这一时期的武装斗争可以从老党②的武装斗争和新党的武装斗争两个方面把握。虽然绝大多数老党倾向于通过议会斗争实现和平过渡，但是也有少数党主张或至少在一段时间里主张武装斗争。如危地马拉劳动党从 60 年代初开始一直坚持在农村开展游击斗争；委内瑞拉共产党从 1961 到 1965 年主张以武装斗争夺取政权，在城市组织了游击队，进行游击战，并多次在城乡领导起义武装反抗政府。很多新党往往是由于在革命道路等问题上与老党有分歧而成立的。在革命道路问题上，多数新党都主张武装夺取政权。例如，巴西共产党、哥伦比亚共产党（马列）、委内瑞拉革命党等积极践行了武装斗争思想。1962 年被巴西的共产党中央以"反党派别活动"为名开除出党的阿马佐纳斯等人召开了全国特别代表会议。会议通过了"纲领宣言"和"保卫党"的文件，宣布成立新党。新党继续

---

① ［英］莱斯利·贝瑟尔：《剑桥拉丁美洲史》第六卷（下），中国社会科学院拉丁美洲研究所组译，北京：当代世界出版社 2001 年版，第 208 页。
② 此处的老党、新党之分主要指受国际共运论战影响，很多拉美共产党组织上发生了分裂，分裂后新成立的党简称新党，而原来的党则简称老党。另，此处的老党和上文论述 40 年代末到 50 年代末拉美共产党情况时的老党是在不同意义上使用的。

沿用"巴西共产党"的名称并自称是原巴西共产党的正统继承者。新党明确指出巴西革命要走武装夺取政权的道路。在这一思想的指导下，巴西共产党于1972年在帕拉州的阿拉瓜亚河流域发动了武装斗争，由于缺乏群众的参与和支持以及军事路线上的错误，武装斗争受挫并于1975年被迫停止。哥伦比亚共产党（马列）是由被哥伦比亚共产党开除的中央委员瓦斯盖斯和中央候补委员阿里亚斯于1964年初联合领导成立的。哥共（马列）主张武装斗争，1964年底，瓦斯盖斯亲自领导了农民起义，开始了武装斗争的尝试；1967年哥共（马列）创建了"人民解放军"并于同年底在西北部山区发动了农民起义；1968年瓦斯盖斯在战斗中牺牲后，党内发生分裂，而其领导的武装斗争也屡受挫折，但仍坚持活动。在政府的残酷镇压下，委共的处境变得非常艰难。因而1965年委共做出了停止武装斗争的决定，但此决定在党内引起严重分歧。原法尔孔游击战线司令布拉沃在改组由委共领导的民族解放阵线和民族解放军的基础上成立了委内瑞拉革命党，继续坚持武装斗争；但该党由于受单纯军事观点的左右、没有一条明确的政治路线而一直未能发展壮大。

受"游击中心主义"的影响，本时期拉美共产党的武装斗争一般都比较重视革命者的主观努力和"先锋队"的核心作用，相对忽视了对客观形势的分析，也没有得到工人阶级和农民的有力支持。不顾客观条件盲目发动、只有小部分人参加、脱离群众决定了这些武装斗争的效果都不是很理想。因此，到70年代后半期，很多党对武装斗争的态度发生了变化，不论是老党，还是新党，都越来越重视合法斗争，一直坚持武装斗争的越来越少。另外，虽然拉美共产党与这一时期的游击运动关系密切，甚至一些共产党拥有自己的游击队，直接领导或参与领导了一些游击战争，但拉美共产党的武装斗争与游击运动还是不能直接划等号——有些游击队可能开始受共产党的领导或影响，但后来逐渐与共产党脱离了关系；有些游击活动则是由小资产阶级极左派政党和组织领导发动的；还有一些游击队从事绑架、暗杀活动，后来成为恐怖组织，等等——这些都是不能忽视或刻意回避的。如果把二者等同起来，在对一些问题的认识上，如对拉美共产党的评价问题，难免会步入误区。

第三，以智共和平道路为代表的合法斗争。在国际共运大论战中大多数拉美共产党选择了站在苏联一边，在革命道路问题上，这些党（老党）一般认同苏联的和平过渡路线，主张通过"和平道路"夺取政权。其中，最具代表性的莫过于智共和平道路的尝试。

50 年代智共就通过人民阵线联合左派力量开展活动，并取得了不错效果，智共合法地位的重新获得就是一个证明。1964 年由共产党、社会党、人民民主党和民主党等联合组成的"人民行动阵线"第三次推举阿连德作为总统候选人参加总统竞选。虽然又一次失败，但得票率近40%的成绩有目共睹。1969 年智共十四大提出了"建立一切反帝民主力量的广泛民主阵线"、"选举出一个人民政府"的任务。在智利共产党的倡导下，智利共产党、社会党、激进党、社会民主党、独立人民行动和统一人民行动运动等力量再次携手组成"人民团结"阵线（Unidad Popular），第四次推举阿连德为候选人参加 1970 年的总统选举。结果阿连德在选举中获胜，当选为智利共和国总统，"人民团结"阵线政府随即宣告成立，智利开始了向社会主义"和平过渡"的试验。

"人民团结"政府上台后，在经济领域进行了一系列改革。首先是通过宪法修正案，规定政府有权对生产资料部门以及自然资源实行国有化。在此基础上，将铜矿、硝石、纺织等工业矿业企业和大部门银行收归国有，确立了国有、私有和合营三种经济成分并存的经济体制。其次是大力推进土地改革，建立了大量国营农场与合作社，使农村的土地占有情况发生了明显变化。再次是改善社会福利，大幅增加工人工资、养老金及贫困户津贴，增加对社会保障、教育和住房建设的投资。"人民团结"政府的改革在初期取得了显著成效，赢得了人民的认可和拥护。"人民团结"阵线在 1971 年的市政选举中获得过半数的选票，充分说明了这一问题。但随着改革的深入，"人民团结"政府出现了一些失误，加上国内外反对势力的破坏，智利的经济形势开始恶化。尽管如此，在 1973 年初的议会选举中，"人民团结"阵线仍获得了近44%的选票。这让试图通过选举合法推翻"人民团结"政府的右翼势力愿望落空。右翼势力开始酝酿通过武力达成愿望。经过一系列的背后动作和准备工作，1973 年 9 月右翼势力的代表军事委员会开始摊牌,要求阿连德出国或辞职。在遭到阿连德的拒绝后,政变部队开始进攻总统府,阿连德以身殉职。历时约1000天后,智利向社会主义"和平过渡"的试验在血泊中以悲剧收场。

在这次"和平过渡到社会主义"的试验中,智利共产党居于重要位置,在思想理论、组织、政策和实践等各方面都发挥了举足轻重的作用。思想理论方面,对"智利道路"理论的提出,智共起了主导作用;组织方面,智共是"人民团结"阵线的主要倡导者和推动者,而且是其中"最坚强,组织得最好,最有纪律的一支力量";政策方面,智共在"人民团结"政策的形成、"人民团结"政府的施政纲领的制定过程中发挥了重要作用;实践方面,智共在政府、议会和群众组织中都有强大实力和影响,智共利用这些优势在组织和发动群众方面起到了重大作用,而且智共也是"人民团结"政府获取苏联、东欧国家以及古巴信任和支持的重要因素。

智共和平道路的尝试,"作为对拉丁美洲帝国主义体系的一种革命打击来说,其重要意义仅次于古巴革命的胜利"①,"智利第一次提供了和平发展的长期经验。从完善革命战略和策略的观点来看是极为珍贵的,不但有本国意义,对整个国际工人运动和国际共产主义运动也是重要的"②。无论是开始阶段的成功,还是最终的失败,智共的尝试都为共产党对社会主义道路的探索提供了难得的素材。

第四,尼加拉瓜桑解阵的斗争。1961年,原尼加拉瓜共产党党员丰塞卡因不满该党多年无所作为而退党,并与部分志同道合者以尼加拉瓜爱国青年联盟、新尼加拉瓜运动、尼加拉瓜革命青年等组织为基础成立尼加拉瓜桑地诺民族解放阵线(简称桑解阵)。桑解阵成立初期受"游击中心主义"影响较深,曾多次领导游击队开展武装斗争,但均以失败告终。丰塞卡牺牲后,由于在革命战略战术等问题上的分歧,桑解阵分成三派:主张

---

① [苏] M. F. 库达奇金:《站在反帝斗争前哨的拉丁美洲各国共产党》,载《近代史和现代史》1971年第5期。

② [苏] B. 波诺马廖夫:《世界形势与革命进程》,载《和平与社会主义问题》1974年第6期。

把工作重点转向争取城市工人阶级的无产阶级派（TP），主要由原社会主义党（共产党）成员组成，主张坚持山区游击战争的持久人民战争派，及主张联合一切反索摩查的力量举行城乡起义的第三派（起义派）。无产阶级派和持久人民战争派的观点比较接近且存在共同之处，都认为尼加拉瓜革命将是一场长期和持久的斗争，因此需要在城市（无产阶级派）和农村（持久人民战争派）的群众中进行长期耐心的工作，积蓄革命力量；而第三派则认为尼加拉瓜的革命形势发展很快，桑解阵应该立即领导发动一次全面起义。三派虽然观点不同，但并没有形成互相对立、势不两立的局面。1977年，第三派发布了"争取桑地诺人民革命胜利的政治军事总纲"，指出桑解阵是马列主义先锋队，它将领导尼加拉瓜人民通过革命为"走向社会主义"创造条件，而桑地诺人民革命的当前目标是推翻索摩查独裁政权，建立人民民主革命政府。这一纲领获得了由各界人士组成的"十二人集团"的响应和支持。在此纲领基础上，三派于1979年实现了思想、组织和军事上的统一，组成了全国领导委员会统一领导革命斗争。1979年6月，桑解阵、"十二人集团"及一些反对派代表组成了临时民族复兴政府。不久，索摩查出逃国外，国民警卫队也不战而降，游击队兵不血刃地进入首都马那瓜，桑解阵领导的反索摩查独裁政权的革命斗争随即宣告胜利。

桑解阵领导的人民革命的胜利，是拉美大陆继古巴革命胜利以后，通过武装斗争夺取政权的又一次成功尝试。但是这次成功的武装夺权，除了在中美洲地区引起持续时间较短的游击运动高潮以外，基本上没有获得更多眼球与关注。这是一个耐人寻味的问题。

第五，拉美共产党地区会议。20世纪60至70年代，拉美共产党前后共举行了两次地区性会议。一次是1964年11月在哈瓦那举行的拉丁美洲共产党会议。这次会议主要研究了如何在反帝斗争中加强对古巴的声援和拉丁美洲各族人民团结的问题。会议通过了"在一些拉丁美洲国家，特别是在海地、洪都拉斯、巴拉圭和巴西，要积极反对寡头政治制度的白色恐怖，开展解救狱中受难共产党人和其他进步活动家的运动"的决定，号召一切民主力量支援为争取波多黎各和英属圭亚那独立以及马提尼克、瓜德罗普和法属圭亚那自治而进行的斗争；会议还谴责了共产主义运动中的派别思想，指出每个党的团结是这个国家革命过程发展的必要条件。① 另一次是1975年6月在哈瓦那举行的拉丁美洲和加勒比地区国家共产党会议。这次会议不仅分析了国际形势，还评价了该地区各国共产党人、一切革命者和爱国者在其反对美帝国主义的斗争中用作行动指南的基本战略原则和策略构想，对于各国革命力量加强相互之间的团结以及制定灵活的革命策略和战略具有重要意义。②

（三）20世纪80年代初到90年代初的拉美共产党

20世纪80年代拉美军政权纷纷还政于文人政府，拉美地区的民主化进程得到较大发展。大多数拉美国家的共产党恢复了合法地位，党的组织得以恢复，党员数量也有所增加，部分共产党在本国选举中取得了一定成绩。但是，由于共产党未能提出行之有效的解决社会矛盾问题的方针政策用以替代资产阶级政党的政策等原因，共产党并没有把握住难得的发展机遇。

1. 生态环境条件

这一阶段的生态环境条件以拉美大陆经济领域的经济危机以及政治领域的民主化进程为主。经济方面，20世纪50至70年代被称作是拉美经济的"黄金时期"，以工业化为主导的现代化进程在很多拉美国家得到快速推进，许多国家的经济面貌发生了深刻变化。但是"举外债促发展"的方针让拉美经济背上了沉重的债务负担。70年代拉美外债的总额急剧增加，外债还本付息额占到整个拉美出口额的41%，结果拉美陷入靠借新债还旧债的恶性循环之中，最终导致1982年债务危机的爆发。债务危机引发拉美经济的严重衰退，导致经济停滞、通货膨胀、高失业率、两极分化等并存的复杂局面。债务危机引发的经济危机引起各方面的连锁反应。比如，社会阶级阶层结构的变化、社会问题的增加、国家政策的变化、人民群众需

---

① 参见［苏］维·沃尔斯基：《拉丁美洲概览》，孙士明、刘德、姚新美译，北京：中国社会科学出版社1987年版，第103页。
② 参见［苏］维·沃尔斯基：《拉丁美洲概览》，孙士明、刘德、姚新美译，北京：中国社会科学出版社1987年版，第96页。

要的变化等等。从一定意义上讲，这些变化或问题为拉美共产党的发展提供了时代条件。政治方面，从1978年巴拿马的托里霍斯将军主动将部分权力还给文人政府开始，到1990年智利军政府交权为止，拉美大陆出现了一个以"军政府纷纷通过多种形式还政于民选的文人政府"为标志和主要内容的持续十年之久的民主化进程。刹那间，拉丁美洲成了"一片民主的大陆"。民主的氛围，为拉美共产党公开活动提供了空间。

2. 拉美共产党的执政实践与合法斗争

执政实践主要是执政的古巴共产党和尼加拉瓜桑解阵在80年代的活动，而合法斗争是处于非执政地位的拉美共产党围绕竞选开展的活动。

20世纪80年代，古巴共产党把主要精力用在了领导古巴人民进行社会主义建设上面。古巴80年代的社会主义建设可以以前后两个五年为两个阶段。前五年是古巴改革的调整阶段。70年代末的经济困难、第一个五年计划未能全部实现，促成了80年代前期在巩固70年代成果基础上的经济体制和经济政策的调整。经济调整的措施包括：改组领导机构，加强对经济的调控；放宽经济政策，开放农民自由市场；改变投资比例；进行工资和物价改革，等等。这些调整措施对国内经济的改善起到了积极作用，但古巴的涉外经济形势依然严峻；由于古巴经济对外贸的依赖较深，因而古巴经济的总体情况仍然不容乐观。1986年古巴共产党召开了中心议题为经济问题的第三次全国代表大会。大会正式把"发展经济"列为党和国家日后的重要任务；并着手全面调整长期以来一直执行的方针政策，发起了"纠正错误和消极倾向"的纠偏运动。这一进程的主要内容有：加强党的领导和政治思想工作，提倡精神鼓励；加强中央计划体系和对经济的宏观调控；严格限制个体经济的发展；采取经济紧缩措施；整顿经济秩序；加强劳动纪律，反对官僚主义和腐败行为，打击经济犯罪。通过"运动"实现目标的做法在这里再次展现了它的局限性——"运动"在政治、军事领域可能会起到效果，但在经济领域却很难行得通。纠偏运动虽然在政治上取得了一定成绩，但是经济上并没有取得预期效果。

桑解阵领导的桑地诺人民革命成功获取政权后，桑解阵和民族复兴政府一面与美国支持的反政府武装打内战，一面着手建设新国家，以期使国家从长年的战争创伤中恢复过来。新国家的建设是在"建国三原则"的指导下开展的。"建国三原则"是桑解阵在革命胜利前夕根据革命所处的阶段以及实际国情提出的,主要内容是政治多元化、混合经济和外交不结盟。三原则实际上扮演了建国共同纲领的角色。围绕三原则,民族复兴政府出台、实施了一系列举措:政治方面,颁布基本法,打碎旧的国家机器,建立新的国家权力机构,并通过了政党法,允许资产阶级政党和团体的组织活动,兑现了政治多元化的诺言。经济方面,没收索摩查家族的财产,将银行收归国有,建立国营经济,并成立人民工业公司管理国营企业;实行土地改革,废除农村带有封建性质的垦殖制、分成制和对分制,设立国营农场和合作社;由国家掌管传统产品的出口和农业资本资料的进口;同时尊重占国民经济60%的私人经济,力争与之和平相处,形成混合经济的基本格局。外交方面,在推行不结盟外交政策的基础上,谋求与各国发展外交关系,赢得了一定国际空间。由于桑解阵缺乏足够的思想准备和执政经验,在执行三原则的过程中出现了急躁冒进的苗头,在一些政策的执行上出现了大幅度摇摆和混乱的现象。政策执行上的失误,导致桑解阵与资产阶级统一战线的破裂、与教会上层矛盾的加剧以及国内各种矛盾的激化。这些问题加上美国支持的反政府武装的不断骚扰,使尼加拉瓜的国内形势急剧恶化。为走出内外交困的境地,桑解阵于1984年对政策进行了调整:重申政治多元,放宽对反动派的限制,主动改善与教会的关系;在保证战争需要的前提下调整经济政策;重新强调外交不结盟。这些调整从一定程度上缓和了紧张局势,但未能从根本上改善桑解阵的处境。1990年2月,按照在中美洲五国首脑会议上的承诺,桑解阵举行了大选。结果,全国反对派联盟的候选人查摩罗夫人以明显优势击败桑解阵候选人奥尔特加,桑解阵被迫交出政权。至此,一个通过武装斗争夺取政权并执政达十年之久的革命党,在"合法"的框架下,"和平地"失去了政权。

随着拉美民主化进程的推进,大多数拉美国家的共产党于20世纪80年代陆续恢复合法地位。在国际大环境总体趋于和缓、国内民主化成为主流的氛围下,拉美一些从事合法斗争的共产党开始把大量精力投入到竞选活动中,并取得不同程度的进展。有些党不仅进入了议会,而且还参加了中央、省、市或地方政府。例如，1979年墨西哥共产党得以参加其自1946年后所能参加的首次选举。1981年墨西哥共产党和其他几个政党联合组成墨西哥统一社会党（PSUM）。在1982年的总统和议会选举中，墨西哥统一社会党获得17个全国议员和14个州议员席位，还取得4个市长和80名市政委员的职位，成为国内第三大党。有些党虽然未能进入政府，但在议院中获得了一定席位。如委内瑞拉争取社会主义运动在1983年的议会选举中，获得11个参议员席位，还拥有一名副议长，成为国内第三大党。但总体来讲，"80年代期间共产党的选举记录是平淡无奇的"①。另外，80年代前期拉美国家的许多共产党还出现了一些变化——"开始认真总结过去的经验教训，把对国际问题的注意力逐渐转移到国内问题上来，根据本国实际情况，探索适合本国国情的斗争目标、策略和方式，以逐步扩大自己的影响。""批判'左'的影响，老党和新党之间的相互攻击大为减少或完全停止，在国内斗争中不同程度地采取了同其他激进政治力量进行合作和联合的行动。在对外关系上，有越来越多的共产党根据平等的原则同外国共产党建立新型的党际关系。"②

第三节　拉美共产党的全面调整（1991—　）

苏联解体、东欧剧变改变了国际共运的整体形势，给拉美共产党带来强烈冲击和灾难性后果——大多数拉美共产党陷入政治上空前被动的局面和思想上的混乱状态，一些共产党在组织上发生分裂或分化，大批党员退党，这些都严重削弱了拉美共产党的力量和影响，党的发展陷入困境。但是从另外一个角度讲，为了生存和发展，困境迫使拉美共产党不得不根据变化的情况调整战略和策略，走上独立自主的道路，这未尝不是一件好事。

---

①　[英]莱斯利·贝瑟尔：《剑桥拉丁美洲史》第六卷（下），中国社会科学院拉丁美洲研究所组译，北京：当代世界出版社2001年版，第229页。

②　祝文驰、毛相麟、李克明：《拉丁美洲的共产主义运动》，北京：当代世界出版社2002年版，第150—151页。

一、新形势新要求

20世纪90年代以来，拉丁美洲共产党遭遇空前未有的复杂局面。苏东剧变、冷战结束、全球化与信息化的深入发展、拉美左派的兴起、恐怖主义以及全球性经济危机等等都影响着拉美共产党的发展。

发生于20世纪80年代末90年代初的苏东剧变是国际共产主义运动在发展过程中遇到的巨大挫折，其对国际共产主义运动、对世界各国共产党的冲击是巨大的。对于拉美地区的共产党而言，苏东剧变的冲击尤为明显和沉重。从历史上看，多数拉美共产党是在第三国际和苏共的帮助下建立和发展起来的，而且一直与苏共保持着密切联系，不仅接受苏共的理论、政策指导，还接受其物质方面的援助，对苏共有着程度较深的依赖；而苏共不仅在政治、思想上影响拉美共产党，甚至在组织上（包括领导人的人事安排）也插手其内部事务。因此，苏联解体后，拉美共产党一下子失去了理论上、精神上的"支撑"和经济上的"支持"，从而陷入空前的困境。拉美共产党的困境主要表现为"大多数共产党都陷入政治上空前被动的地位和思想上的混乱状态"。"（经济来源的断绝——引者注）不仅使古巴受到致命的打击，而且也使尼加拉瓜革命政权由于失去苏联的援助而步履维艰。南美的许多共产党和中美洲的一些游击队曾长期得到苏联的援助，这时也因援助中断而难于活动。"[①] 另外，苏东剧变给国际反共势力以口实，反共思潮一时甚嚣尘上，他们所鼓吹的"共产主义灭亡论"在一定程度上影响了人民群众的思想认识，使拉美共产党的群众基础受到一定削弱。在使拉美共产党陷入空前困境的同时，从某种意义上讲，苏东剧变也给其提供了一定机遇，"长远观点看，拉美左派可以从欧洲社会主义的失败以及他们与前社会主义世界关系的断裂中得到益处"，"从冷战以来，拉美左派第一次在一种新的条件下面对夺取政权的可能性"。"在一个四分之三的人口是穷人并且在过去的十年中（指80年代）更加贫困的大陆上，左派终

---

① 祝文驰、毛相麟、李克明：《拉丁美洲的共产主义运动》，北京：当代世界出版社2002年版，第152页。

于可以以自己的语言,按自己的纲领(民主、主权、经济增长、社会正义)代表本大陆那些被排斥在经济繁荣之外的拉美大多数民众的利益而去竞争。"① 另外,苏联的解体,也意味着冷战以及美苏两极争霸格局的终结。世界局势进一步趋向缓和,和平与发展为大多数人所接受,这些为拉美共产党的公开活动提供了有利的国际大环境。

"在20世纪的最后一年和第二个千年的最后几个月,'全球化'这个词是再时髦不过的了。……事实是,几乎所有的时事分析家和眼下大多数的社会科学家都已经接受了'全球化'和伴随'全球化'而来的所谓的现实,似乎它是一个显而易见又完全崭新的事实,是一个毋庸置疑的观点。""'全球化'观点不仅仅在学术理论界占了上风,而且成为了一个含义广泛、生活中常提到的普通词汇:新闻媒体对它进行了大量传播,普通人在日常谈话中也常常引用。""'全球化'——或者其孪生术语即起源于欧洲的'世界化'——在异乎寻常的大范围内得到传播,不仅在学术报告中被引用,而且在日常言语中也常出现,使它成为研究、分析、评价、预见当今世界发展必要的前提条件或者是基础条件,甚至是在谈论当今世界时也不能回避的一个词汇。"② 应该怎样看待、理解及运用这个时髦词汇? 从历史发展进程的角度,尤其当把"全球化"作为共产党发展的一种背景条件看待时,墨西哥学者罗哈斯在其《拉丁美洲:全球危机和多元文化》一书序言中的观点不失为对"全球化"的一种有价值的理解。罗哈斯认为,把"全球化"视为合理的、毋庸置疑的观点,不仅没有一个"统一的、严格的、确切的、结构合理的、有理论依据并有充分证明的定义",论证观点时还犯了试图用所谓的"全球化"观点简单地通过直接或间接的方式来表现这些事实的经验主义的毛病。其实,"全球化"不是一个充满创意的新事物,早在《共产党宣言》中,马克思、恩格斯就揭示了"资本主义经济市场在全世界的建立",以及"伴随着这个经济市场而产生并作为经济市

---

① [墨]豪尔赫·卡斯塔涅达:《共产主义的衰落和拉美左派》,载《共产主义问题》1992年1—4月号。

② [墨]C. A. 罗哈斯:《拉丁美洲:全球危机和多元文化》,王银福译,济南:山东大学出版社2006年版,序言第1—2页。

场补充的文明全球化"。资本主义经济市场和文化全球化的两种趋势是16世纪以来资产阶级走向现代化的整个生命曲线，这才是真正的资本主义"全球化"有史以来唯一的中心内容。而那些所谓新"全球化"的各种声明和表现只不过是"现代资本主义在漫长的发展链条中最新的变种，或者说是最后的环节"。资本主义发展进程的这种所谓新形式，掩盖了近30年来世界资本主义文明所经受的普遍危机。① 如果依照罗哈斯的观点，"全球化"对共产党人的价值意义就显而易见了。既然所谓的"全球化"只不过是早已有之的资本主义发展进程的一个新变种、新形式，而且还表明了资本主义正经受普遍的危机，共产党人，当然包括拉美共产党人，要做的，不是简单地跟在别人后面谈论"全球化"的种种，而是依据马克思主义的普遍原理去拨开掩盖在"全球化"上的"面纱"，把握现象后面隐藏的本质，进而去应对、利用这种"新"形式。

在"全球化"背景下，各国之间的联系日趋紧密但是相互之间的地位又是不平等的事实，为处于"中心"或掌握"话语权"的国家将自身的危机转嫁到其他国家从而减少危机对自身的冲击提供了便利。2008年由美国开始后波及全世界每个角落至今尚未见底的经济危机，即源于美国次贷危机随后发展成世界金融危机进而演化为全球性的经济危机，即是一个生动鲜活的例证。这场世界经济危机既是全世界共产党活动的时代背景，也给共产党人提出了新的课题：本次经济危机的原因何在，其影响如何，应该提出怎样的对策以走出危机，在资本主义危机深重的时刻应该如何开展社会主义运动，要用怎样的社会主义来取代当今的资本主义，等等。通过对资本主义的考察，马克思曾指出："一切真正的危机的最根本的原因，总不外乎群众的贫困和他们的有限消费，资本主义生产却不顾这种情况而力图发展生产力，好像只有社会的绝对消费力才是生产力发展的界限。"②"生产社会化与生产资料私人占有"的基本矛盾决定了资本主义经济危机的不可避免性。而经济危机，马克思认为，是发生社会革命的历史条件，

---

① 参见［墨］C. A. 罗哈斯：《拉丁美洲：全球危机和多元文化》，王银福译，济南：山东大学出版社2006年版。
② 《马克思恩格斯全集》第25卷，北京：人民出版社1974年版，第548页。

社会革命是资本主义经济危机的后果和产物。历史上，资本主义经济危机往往成为工人运动发展、社会革命、社会主义力量壮大的条件，验证了马克思观点的有效性。但是"以电子信息为先导的第三次科技革命，已经使世界资本主义发展到了一个新阶段。在这个新阶段，传统的战争与革命难以发生"①的观点也有其道理。因此，本次经济危机能否引发社会革命尚难预测。但可以肯定的是，它会对资本主义体制产生重大影响，也让在逆境中奋斗的世界共产党人受到鼓舞，更加相信"社会主义是资本主义的替代选择"。

  就拉美地区的情况而言，20世纪80年代，以债务危机为核心的经济危机让拉美各国放弃了始自60年代对进口替代型模式进行修改的努力，开始寻找新的发展模式，结果成了新自由主义的试验场。拉美新自由主义的主要内容在于奉行自由市场经济、重视出口导向，这促成了拉美各国由国家主导型经济向自由市场经济的转变，由进口替代向出口导向的转变。遗憾的是，新自由主义在拉美的效果并不太理想，不仅没有改变一些国家的落后状态，还使阿根廷等原来相对富裕的国家经济出现倒退，自90年代中期拉美主要国家相继爆发金融危机起，整个地区的经济更是陷入持续低迷。新自由主义带来的经济萎靡、贫富差距增大、普通民众生活水平下降、社会保障水平降低等事实，为拉美左翼的崛起提供了现实背景。"新自由主义是野蛮的、非人道的，如果不摆脱它，只有死路一条"，作为对新自由主义发展模式的一种"反动"或回应，进入新世纪以来，拉美左翼政党、组织纷纷上台执政，形成了一股以"21世纪社会主义"为代表的"新社会主义"运动。有学者认为，此次被称为自1929年"大萧条"以来最为严重的经济危机宣告了"华盛顿共识"即新自由主义模式的破产；而2008年11月在巴西圣保罗召开的世界共产党和工人党第十次国际会议也就经济危机的问题达成了基本共识，认为经济危机是资本主义发展的必然现象，近年来新自由主义的经济政策加剧了资本主义经济危机爆发的可能性，当前的经济危机表明了新自由主义政策的彻底失败与溃退。本来新自

---

① 高放：《从世界经济危机看社会主义前景》，载《科学社会主义》2009年第3期。

由主义在拉美试验的效果就不理想，现在该发展模式在全球范围内的空前危机再次验证了其局限性。这为包括共产党在内的拉美左翼的发展提供了契机。

二、拉美共产党的现状

苏东剧变后，失去了"精神支撑"的拉美各国共产党顿时陷入思想混乱、意见严重分歧的境地。党内各种思潮涌动、各执己见：有的采取否定马列主义、否定共产党的取消主义立场，这种观点把苏联、东欧的剧变看作是马列主义和社会主义的失败，因而主张放弃社会主义，解散共产党，以资本主义的市场经济和代议制民主取而代之；有的主张皈依社会民主主义；有的则认为苏东剧变表明的是"假共产主义的死亡"，而"真正的共产主义依然存在"，因而主张坚持马克思主义和社会主义的方向不动摇，这是多数拉美共产党的立场，是拉美共产党的主流。伴随着党内意见分歧，拉美共产党还普遍经历了一次组织分化与分裂的过程：有的党直接易帜，整体脱离了共产主义运动，党的性质发生了改变，如墨西哥统一社会党重建为墨西哥社会党，巴西的共产党也重新建党为社会主义人民党；有的党则为了建立新党而与政府签订和平协定，随后解散，如危地马拉劳动党和萨尔瓦多共产党；还有的党的主要领导人宣布走民主社会主义道路，与共产党分道扬镳，如乌拉圭共产党和哥斯达黎加人民先锋党；坚持下来的共产党组织中，也有不少党的部分党员因为苏东剧变而对共产主义的前途失去信心，而自行脱党，导致党的力量进一步削弱。自身思想上的混乱、组织上的分化与分裂、党员的流失加上外部反共言论的甚嚣尘上，使得多数拉美共产党在国内的影响明显下降。

经过因苏东剧变冲击而带来的动荡、混乱、分裂、滑坡后，自1992年起，拉美共产党的情况开始趋于稳定，各党的基本队伍保存了下来。而且鉴于苏东变化的教训，多数共产党开始对拉美的共运历程进行反思，对自己的战略、策略进行调整，纷纷主张要独立自主地探索本国的革命道路。

目前，70多个共产党组织①遍布拉美主要国家和地区，而且多数都是合法政党。随着左翼运动的兴起，共产党也有了一定发展。②但各国共产党的发展情况差异比较大，实力较强、影响较大的仅占少数，大部分共产党的实力相对较弱而且在本国政治生活中影响较小。

苏东剧变后，古巴共产党领导的社会主义建设面临的外部环境变得异常复杂。苏东剧变给古巴政治、经济、外交等各领域都带来巨大冲击，而美国为首的敌对势力仍然坚持对古巴的封锁。面对险恶形势，古共于1990年宣布进入"和平年代的特殊时期"，领导开展了以"求生存、求发展"为主题的建设有古巴特色社会主义的新探索。2006年7月，劳尔代理古巴国务委员会主席兼部长会议主席职务，开始主持古共和古巴政府的工作。劳尔提出进行结构变革和观念变革，强调经济是古巴当前的主要任务，只有搞好经济才能坚持和发展社会主义。古共的工作重点开始向经济转移，古巴的经济社会模式开启不断"更新"的进程。总体来讲，在"不放弃革命原则、不放弃人民政权、不放弃为人民造福"三项原则的指导下，经过加强执政党自身建设、调整发展战略尤其是经济发展战略、谨慎推进改革开放、实行多元外交等各方面举措，古共顶住了来自各方面的压力，成功捍卫和巩固了古巴的社会主义政权。坚定的原则、灵活的政策帮助古巴共产党较好地做到了使古巴的"制度适应当今世界的现实"。古巴在政治、经济、社会、外交、党的建设等方面取得了较大进展。例如，经过艰难曲折的历程，古巴打破了与美国的僵持局面，成功于2015年7月与美国正式恢复外交关系并重开大使馆。虽然劳尔所提及的古美关系正常化的主要绊脚石——美国自20世纪60年代以来实施的经济封锁尚未解除，古美关系的未来尚充满不确定性，但毕竟迈出了破冰的重要一步。

---

① 关于目前拉美共产党组织的数量，学界存在争议。有20、30、40、50等多种说法。笔者认为应该这样理解此种局面：拉美各共产党发展的情况不同，有些党比较活跃，影响也较大；而有些党则影响相对较小；还有的处于"待激活"状态，等等。由于拉美共产党的情况比较复杂，研究者在统计其数量时可能采用不同的标准进行取舍，因而出现了数量上的差别。总体来讲，目前拉美共产主义性质的政党、组织约有70多个，而比较活跃、具有一定影响的有十几个。

② 参见杜康传、李景治：《国际共产主义运动概论》，北京：中国人民大学出版社2002年版，第283页。

20 世纪 80 年代末 90 年代初以来，在国际形势风云变幻的同时，巴西国内的情况也发生了很大变化。巴西共产党较早察觉到了国内外客观形势的变化，并相应地调整了自己的策略方针。其中非常重要的一点是将劳工党由竞争对手改为盟友加以对待，主动成为由劳工党领导的竞选联盟的一员。① 巴西共政策的调整及其体现出的灵活性，为其赢得了更大发展空间。党的发展体现在党的队伍进一步壮大、党的政治地位的提高与政治影响不断扩大等方面。1990 年巴西共有党员 9 万人，1995 年增加到 20 万人，2001 年达 30 万人，目前大约有 34 万人，是拉丁美洲仅次于古巴共产党的第二大共产党及最大的非执政共产党。在 1990 年以来的历次选举中，巴西共产党取得了不错成绩。国会选举中，1990 年、1994 年、1998 年、2002 年、2006 年、2010 年、2014 年分别获得联邦众议院席位中的 5、10、7、12、13、15、10 席；2006 年②、2010 年分别在参议院中获得 1 席。在各州和市议会中也有不少共产党员议员。例如，2012 年有 976 名巴西共产党党员当选市议员，2014 年有 25 名共产党党员在各州当选州众议员。党的副主席阿尔多·雷贝洛自 2003 年起任众议院党团领袖，2005 年至 2007 年初还代任众议长。与此同时，共产党员还参加了各级政府。在卢拉内阁中，阿格内洛·凯罗斯、奥兰多·席尔瓦曾出任体育部部长，阿尔多·雷贝洛曾出任协调部部长，哈罗尔多·利马出任国家石油管理局局长。地方政府中，弗拉维奥·迪诺任马拉尼昂州州长，法比奥·丹塔斯任北里奥格朗德州副州长；爱德华多·诺盖拉任阿拉卡茹市市长，卢西亚娜·桑多斯出任奥林达市市长，等等③。可以说，作为巴西执政党劳工党的重要合作伙伴，参政党的地位帮助巴西共产党在一定程度上参与了国家政治事务的决策，对国家的政治生活具有相当影响。党的影响还体现在巴西共对一些群团组织、政治运动具有较强影响力。例如，巴西共曾对巴西最大、最具影响力的工会组织——劳动者统一中心具有重大影响。共产党员曾担任劳动者统

---

① 不仅在联邦层面的选举中结成联盟，在联邦区和多数州的选举中也与劳工党结成联盟。
② 2006 年赢得的参议院席位打破了巴西共产党在参议院中 60 年的"席位荒"。
③ 例如，2008 年有 40 名巴西共产党党员当选市长；2012 年有 58 名党员当选市长，87 名当选副市长。

一中心的领导职务，共产党员曾占中心会员的 15%。不过后来，由于与劳工党出现分歧，巴西共脱离劳动者统一中心，与其他政党和工会派别成立了新的工会组织。再如，社会主义青年联盟、全国学生联盟、巴西中学生联盟都深受巴西共的影响，共产党员曾先后担上述联盟的主席等职务。其中，全国学生联盟自 1937 年建立起就深受巴西共的影响，1991 年至 2003 年间，共有八位共产党人担任过该组织的副主席。此外，巴西共产党在妇女组织和黑人组织中也有一定影响力。①

20 世纪 80 年代末、90 年代初，委内瑞拉共产党基本上处于委内瑞拉政治生活的边缘。在国家选举中的得票率从未超过 1%。虽然在 1993 年的总统选举中支持拉斐尔·卡尔德拉成功赢得大选，但不久即与其交恶。委共的境遇没有实质性改变。在 1998 年的大选中，委内瑞拉共产党参加了以第五共和国运动为主体的"爱国中心"，支持查韦斯为总统候选人。1999 年查韦斯出任委内瑞拉总统以来，委共的外部环境有了很大改善，党也有了一定程度的发展。在 1998 年以来的议会选举中，委共得票率在 0.94% 至 3.29% 之间。② 1998 年、2005 年、2010 年和 2015 年在国会（全国代表大会）分别获得 1 席、8 席、1 席和 2 席。在各级政府中，2007 年，委共中央委员大卫·内拉斯克斯出任查韦斯政府人民参与和社会发展部部长；目前有八名委共党员担任市长。在与其他力量合作的同时，委共注意保持自己的独立性。例如，2007 年，委共明确在继续全力支持查韦斯政府的同时，党不解散，不合并到查韦斯提议建立的统一社会主义党中。

委内瑞拉马列主义共产党成立于 2009 年。信奉马列主义，坚持和维护马克思、恩格斯、列宁、霍查等人的成果。主张通过渐进式改革乃至人民武装斗争等各种形式进行人民民主革命，以实现社会主义和共产主义的最终目标。支持劳动人民的各种形式的斗争。创建并参与各种阵线，以联系

---

① 上述信息来源为巴西共产党官网、维基百科等网站。关于苏东剧变后巴西共产党的发展情况，可参见张宝宇：《巴西共产党目前的政治地位》，载《拉丁美洲研究》2004 年第 5 期；袁征：《巴西共产党：红旗为什么不倒》，载《理论参考》2002 年第 9 期；郭元增：《与时俱进的巴西共产党》，载《党建》2007 年第 10 期，王建礼关于巴西共的系列文章，等等。

② 1998 年为 1.25%，2000 年为 0.91%，2005 年为 2.8%，2006 年为 2.94%，2008 年为 1.36%，2010 年为 1.47%，2012 年为 3.29%，2013 年为 1.89%。

大学生、妇女、青年等群体。党的领导人与其他亲政府的工会组织关系密切，有的领导人甚至在其中任职。委内瑞拉马列主义共产党的活动区域主要在玻利瓦尔州、卡拉沃沃州、拉拉州等地区，在全国范围内的影响有限。

  皮诺切特军事独裁政权还政于民后，智利的政治社会生态发生变化。随着合法地位得到恢复，智利共产党意识到在智利实现民主革命的必要性。1990年后，智共开始积极参与到各类选举进程中，取得一定成绩。总统选举方面，智共既推选本党党员作为候选人参选，也与其他政党合作推选候选人参选。例如，1999年，智共推举党的总书记格拉迪斯·马林作为总统候选人参加大选，得到26万张选票，占总票数的3.19%，未进入第二轮。2005年，智共与人道主义党结成"团结就是力量"联盟参与总统选举。推举人道主义党创始人希尔施为总统候选人，结果其未进入第二轮。在第二轮投票中，智共转而支持社会党候选人巴切莱特，为其获胜提供了助力。2013年，作为"新多数"联盟的成员，智共为巴切莱特再次当选总统做出自己的贡献，智共因而成为参政党之一。智共党员克劳迪娅·帕斯夸尔被任命为妇女部长，马科斯·巴拉萨被任命为社会发展部部长；克劳迪奥·布斯蒂略斯、塞里戈·萨拉斯等5人被任命为省长。国会选举方面，1993年、1997年、2001年、2005年、2009年、2013年在众议院选举中的得票率在2.02%至6.9%之间，其中2009年、2013年分别获得3个、6个众议院席位；参议院选举中的得票率在0.145%至8.4%之间，尚未获得参议院议席。① 地方选举层面，智共经常与其他左翼政党结成联盟参与市政选举，多数情况下能斩获市长、市政议员的职位。例如，1992年的市政选举中，智共获得1名市长、35名市政议员；2000年的选举获得1名市长、24名市政议员；2004年的选举获得4名市长、89名市政议员；2008的选举获得4名市长、44名市政议员；2012年的选举获得7名市长、102名市政议员。通过参加选举，智共既宣传了自己的主张，也扩大了党对智利政

---

  ① 1993年、1997年、2001年、2005年、2009年、2013年的众议院选举的得票率分别为5%、6.9%、5.2%、5.14%、2.02%、4.11%，参议院选举得票率分别为3.5%、8.4%、2.6%、2.19%、无、0.145%。2003年获得的众议院议席，打破了智共在众院37年的"席位荒"。

治和社会生活的影响。

苏东剧变及秘鲁国内形势的变化，使秘共（团结）、秘共（红色祖国）的力量都遭到削弱。1997年，秘共（红色祖国）领导创建了新左派运动。秘共（团结）开始与秘共（红色祖国）联合开展斗争。虽然在2001年的大选中，新左派运动未能获得国会席位，但在次年的地方选举中，新左派运动获得了1名大区主席、5个市长和26个区长的职位，共产党的力量与政治影响得到一定程度的恢复。2011年，秘共（团结）作为"秘鲁胜利"联盟（Peru Wins）的一员参加大选。联盟候选人乌马拉当选总统，秘共（团结）成为执政党。

苏东剧变使乌拉圭共产党经历了严重危机，许多领导干部离职，党的力量遭到削弱。幸好，乌拉圭共产党有借助各种名义与其他政治组织结成统一战线的传统。在20世纪80年代中期，乌拉圭共产党即与左翼解放阵线结成了先进民主联盟，共用一个选举编号。在苏东剧变后的一段时间里，先进民主联盟提名了许多无党派人士参加议会选举，并赢得议席。后来，乌拉圭共产党成为左翼政党执政联盟广泛阵线的一员。乌共在广泛阵线中属于中等力量，具有一定影响。

恢复合法地位后，尽管党员人数不多，厄瓜多尔共产党仍积极参与各类选举活动。① 目前，厄瓜多尔共产党是执政联盟"主权祖国联盟运动"的一员，属于参政党。另外，厄瓜多尔共产党比较重视工会运动，在厄瓜多尔劳工联合会（Confederación de Trabajadores del Ecuador）中扮演领导角色，这在很大程度上增强了党的力量。

厄瓜多尔马列主义共产党在1978年建立了人民民主运动。通过人民民主运动厄马列共实现了对国家政治生活的参与，并取得了一定成绩。例如，在1994年的中期选举中，由于宣传和动员工作比较充分，人民民主运动获得8个议员席位（居第三位）。在2002年的大选中，人民民主运动支持"1·21"爱国社团党总统候选人古铁雷斯竞选成功。古铁雷斯上台后，人民民主运动获得1个部长职位。后来，人民民主运动因古铁雷斯政府实

---

① 20世纪80、90年代，厄瓜多尔共产党主要通过参加左派广泛阵线参加选举活动。

行新自由主义政策而中止了与政府的联盟关系。在2006年10月举行的大选中，人民民主运动总统候选人比利亚西斯得票率为1.33%，居第九位；人民民主运动还获得了3个议员席位。

20世纪80年代末90年代初，玻利维亚左派革命阵线参加"爱国协议"联盟支持左派革命运动领袖帕斯·萨莫拉成功当选总统后，曾参加其联合政府内阁，阵线主席奥斯卡·萨莫拉出任劳工部部长。在1993年的市政选举中，奥斯卡·萨莫拉当选塔里哈市市长，并于1995年底连选连任。1997年总统大选中，左派革命阵线支持民族主义民主行动党候选人班赛尔，班赛尔就任后，阵线再次成为参政党，主席奥斯卡·萨莫拉被任命为塔里哈省省长，并在2000年至2001年担任玻利维亚驻华大使。2006年立宪大会代表的选举中，阵线获得了8个代表席位。

20世纪80年代以来，玻利维亚共产党的力量相对弱小，甚至在2003年失去注册资格。为参与国家政治生活，玻共寻求实现左翼和进步力量的团结。1996年，玻共与农民政治组织组建了团结左翼，在议会获得了一些席位。另外，玻共支持争取社会主义运动反对新自由主义的斗争。

哥伦比亚共产党1986年参加了"爱国联盟"，在议会选举中获得了3个参议员、5个众议员、21个省议员和150个市议员席位。苏东剧变后，哥共领导人和"爱国联盟"领导人在关于"采取所有斗争形式"的原则问题上出现分歧。哥共于1993年公开与哥伦比亚革命武装力量决裂。虽然其个别成员之间会偶有往来，两个组织却"形同陌路"。后来，哥共成为民主选择中心的成员之一，并于2006年支持民主选择中心的总统候选人参选，得到22.5%的选票，居第二位。2012年哥共退出民主选择中心，仍为政治和社会阵线的一员。

20世纪90年代中期，阿根廷共产党内部出现分歧。1996年12月，在布宜诺斯艾利斯召开的特别代表大会上，成立阿根廷共产党（特别代表大会）。该党沿用了历史上阿根廷共产党的党徽，继承了党刊。而阿根廷共产党则修改了党徽，并创办新党刊。阿根廷共产党与其他左翼政党合作组成竞选联盟参与各级各类选举，但表现一般。例如，在2005年的议会选举中，阿根廷共产党与其他左翼政党组成的广泛联盟惨败，丢掉了原有议席。2007年，圣菲省的共产党党员参与社会和公民进步阵线，助其候选人赢得了省长选举。

小 结

从1918年第一个共产党在拉丁美洲大陆出现以来，在其近百年的发展历程中，拉美共产党人围绕在新大陆实现社会主义进行了各种各样的探索与实践。其内容之丰富多彩，其场面之惊心动魄，其历程之跌宕起伏、百转千回，让人为之惊叹。之所以如此，恐怕主要源于拉美社会历史条件的独特性或拉美共产党的生态环境的多样性、复杂性与独特性。因此，拉美共产党为实现社会主义而进行探索与实践的过程，从生态学的角度讲，也是拉美共产党在拉丁美洲独特的生态环境下，为争生存、求发展、谋价值功能发挥而不断进行抉择的过程；即在由于构成生态环境的因素众多而且各因素各有不同要求所形成的困境中，寻求从众多竞争主体中脱颖而出成为一种抉择，进而从困境中突围，完成自身历史使命的过程。

由于生态环境中存在诸多共同之处、面临诸多共同问题以及同为工人阶级的先锋队组织，拉美各国的共产党在为实现社会主义进行探索与实践的过程中表现出很多共性；同时，由于各国具体实际的不同，各国党的探索与实践也存在个性，各国党发展的情况也不一样。总之，拉美共产党探索与实践的历程是共性与多样性的统一。

目前而言，拉美各国共产党的发展情况仍是个性之中包含共性。共性是基本上都慢慢从苏东剧变的震撼中稳定下来，情况有所改善并趋于稳定；个性是各国党发展的情况差异较大，既有执掌政权、领导古巴人民探索建设古巴特色社会主义的古巴共产党，也有参与政权在本国政治舞台上具有重要影响的巴西共产党、委内瑞拉共产党、智利共产党等，也有在本国政治生活中具有一定影响的阿根廷、哥伦比亚等国的共产党，还有在本国影响较小或几乎没有什么影响的共产党，等等。从各方面的情况综合考虑，在最近一个时期，拉美各国非执政共产党的发展情况不会出现太大变化——除非当初古巴革命时期各种机缘巧合的因素汇集到一起的场景再现。

  无论怎样，可以确定的是，共产党仍然是推动人类社会发展进步、为人民谋福祉的具有巨大潜力的政党组织。就拉美地区的共产党而言，只要它们能够更好地通过加强理论、调整政策、完善组织等努力来提高自己适应周围生态环境的能力，展现在其面前的将会是美好的明天。

第三章 拉美共产党的思想理论

思想理论是一个政党对诸基本问题的系统认识与解答。比如，政党对客观形势的认识与判断；对自身利益、价值与目标的设计，实现这些设计的工具与途径的选择，以及其利益、价值、目标设计和工具途径之间的关系，等等。从其与生态环境关系的角度讲，政党的思想理论可以理解为政党对生态环境及自身在生态环境系统中位置的认识与估计，应对环境要求、缓解环境压力、获取环境支持方法的选择。如果把对客观形势、外部条件的认识，即对生态环境、时代条件的认识，看作对"外部因素"的认识；那么，对自身位置、价值的判断，即对自身的定位，则是对"内部因素"的把握。对"内外因素"的认识、说明与判断能力的大小，即政党思想理论水平的高低，是决定一个政党生死存亡的大事，对政党具有根本性的价值意义。一般而言，政党思想理论的表现形式或表述方式相对比较抽象，更多意识形态的色彩。因此，政党的思想理论问题也可以理解为政党的意识形态问题。"任何政党的产生都有自己的意识形态前提，从逻辑上说，先有意识形态和意识形态认同才可能有政党。"① 政党意识形态是构成政党的最重要的"软要素"，有了它，政党才成其为政党。因而，政党的

---

① 王邦佐：《中国政党制度的社会生态分析》，上海：上海人民出版社2000年版，第235页。

思想理论即意识形态是其所拥有的内部资源的主要构成部分，也是一政党区别于它政党的主要标志。①

共产党历来重视思想理论问题——"批判的武器当然不能代替武器的批判，物质力量只能用物质力量来摧毁；但是理论一经掌握群众，也会变成物质力量。"②"哲学把无产阶级当作自己的物质武器，同样，无产阶级也把哲学当作自己的精神武器；思想的闪电一旦彻底击中这块素朴的人民园地，德国人就会解放成为人。"③"没有革命的理论，就不会有革命的运动。""只有以先进理论为指南的党，才能实现先进战士的作用。"④——这些经典语句充分表明了共产党人对思想理论重要性的认识。共产党的思想理论及对其的重视程度成为共产党区别于其他类型政党的鲜明标志，"共产党与世界上许多其他类型的政党相比，突出地表现在共产党历来高度重视思想理论。""共产党的理论是共产党的灵魂，是共产党的内核，也是共产党的精神，形成并规定着共产党的世界观和方法论。共产党的理论有效地指导着共产党的自身建设和它所从事的社会运动。""以马克思主义理论为指导是共产党的显著特性。""在世界政党发展的历史上，没有哪一个政党能像共产党一样，其理论如此完善和系统，并且其理论一直'完整'地得到继承并获得丰富发展"。⑤ 多数共产党也非常重视自身的思想建设。例如，中国共产党一直非常重视加强自身的思想建设，将加强党的思想建设放在首位，在用马克思主义的科学理论武装全党，纠正党内的各种错误思想方面取得了巨大成就。

---

① 当今世界，主要的政党意识形态有马克思主义、保守主义、自由主义、社会民主主义、基督教民主主义、生态主义、法西斯主义，等等。因此，从意识形态的角度划分，政党可以分为共产党、社会民主党、保守党、自由党、宗教型政党、民族主义政党、绿党、法西斯主义党等多种类型。需要指出的是，目前，上述各类意识形态彼此之间相互影响、相互借鉴、相互渗透，体现出趋同的倾向，出现了所谓的"意识形态中间化"的现象。在这种情况下，很多政党也不再突出或者尽量减少其鲜明的"意识形态"色彩。参见王长江：《政党政治原理》，北京：中共中央党校出版社2009年版，第101—120页。
② 《马克思恩格斯选集》第1卷，北京：人民出版社2012年版，第9页。
③ 《马克思恩格斯选集》第1卷，北京：人民出版社2012年版，第16页。
④ 《列宁选集》第1卷，北京：人民出版社1995年版，第311—312页。
⑤ 郭亚丁：《全球视野下的共产党》，北京：中国经济出版社2007年版，第46页。

对马克思主义的继承、运用与发展，对一些基本问题的理论认识与解答，是拉美共产党人理论探索的主要内容，是拉美共产党抉择的主要体现。本部分将对相关问题展开论述。

第一节 拉美共产党人对客观形势、党的目标及实现目标的道路等基本问题的理论认识

拉美共产党人所面对、关注和需要解答的基本问题既有全世界共产党人都会面对、关注、解答的问题，如党的指导思想、性质、宗旨、理想目标以及革命的性质、动力、对象、道路等；也有拉美生态环境下较突出的问题，如对军人（军政府）的认识与态度、与天主教的关系、与民族主义的关系、土著居民即印第安人在革命中的位置问题等。不同的党，同一党在不同时期，由于所处的生态环境、时代条件的不同，对同一问题的认识与回答往往因带有外部环境、时代条件的印记而存在差异；尽管如此，拉美共产党对很多问题的认识与解答仍存在众多共同之处。概言之，拉美共产党人对一些基本问题的理论认识充分体现了共性（作为共产党这一政党类型所具有的共性，作为拉美地区共产党的共性）与个性（因不同的生态环境、时代条件而彰显）的统一。

一、对客观形势的认识与判断

对客观形势、外部条件的认识与判断，也即对党所处的生态环境、所面临的时代条件的认识与把握，是共产党实现自身目标、价值的前提，是共产党制定战略、策略以及路线、方针、政策的依据。能否形成对客观形势、外部条件的正确认识，决定了党能否制定正确的战略、策略、路线、方针、政策，进而决定了党的目标能否实现；对客观形势、外部条件的认知程度，决定了党的方针政策的有效程度、党的功能作用发挥的程度以及党的价值的实现程度。

在其探索与实践的过程中，拉丁美洲共产党越来越认识到分析、把握客观形势的重要性。如圭亚那人民进步党在其题为"为在圭亚那实现社

主义而奋斗"的政治纲领中强调："在全世界和某个具体国家的社会生活发生深刻变革和急剧转变的任何历史时期，马克思主义者对于发展着的斗争形势和斗争条件进行深刻的和不断的探讨，给予正确的解释和分析，是十分必要的。"①

（一）对国际形势的判断

国际生态环境是影响拉美共产党发展的重要生态因素。毫无疑问，在拉美共产党产生、发展与发挥作用的过程中，其所面临的国际生态环境是不断变化的；但拉美共产党历史发展的每一时期的主导性国际因素还是相对确定的。

在拉美首批共产党诞生前，最突出的国际事件非俄国十月革命的胜利莫属。在其成立前后，拉美首批共产党无不言及十月革命——向本国人民介绍十月革命的真相，宣传十月革命的世界意义，表明对十月革命的态度，等等。比如，在拉美第一个共产党阿根廷国际社会党的成立大会上，大会首先谈论了十月革命及在其影响下的国际形势，揭露了反动派和社会党右翼对十月革命、布尔什维克和苏俄政府的污蔑。大会宣言最后说："在我们土地上正吹着炽热的、急速的自由之风。它源于俄国并向世界各地吹去。在美洲这块土地上，我们要成为最深刻革命的真正的积极参加者。无产者们，如果你们想站在历史机遇的浪尖上和不愿让某些人出卖你们自己的利益，那就加入我们的行列吧！"②

共产国际是对世界局势乐观估计的产物，而其成立的目的则是在世界革命形势成熟的条件下进一步推动世界革命。共产国际成立后到处致力于推动各地共产党的成立和革命运动的发展，各地革命运动的发展反过来又影响了共产国际对世界革命形势的判断。这种相互影响的双重作用过程助长了共产国际内部盲目乐观情绪的蔓延和"左"的思想的滋长。早期的拉美共产党无不为共产国际的乐观情绪所感染，对世界形势的估计都比较乐

---

① 转引自刘洪才：《当代世界共产党党章党纲选编》，北京：当代世界出版社2009年版，第802页。

② 《阿根廷共和国马克思社会主义史：国际社会党的诞生》，布宜诺斯艾利斯，1919年，第57页。

观。在"第三时期"和"人民阵线"时期，多数拉美共产党都采用共产国际对国际形势的分析，上文已有所述及，不再重复。

冷战时期，拉美共产党对国际形势的判断大同小异。"大同"在于都认为国际形势的主要内容是"世界正处在由资本主义向社会主义过渡的时代"，"小异"体现在不同的党、同一党在不同时期对国际形势的具体描述不尽相同。如洪都拉斯共产党第四次全国代表大会通过的纲领指出："当前，世界正处于资本主义向社会主义过渡的时代。资本主义体系已经历史地没落了，这客观上就需要一个更先进的社会形态——社会主义制度——来取代它。""两种对立制度的互相冲突决定了当今世界的主要矛盾。这两种制度是：资本主义——其根基已经在近几十年里受到了严重削弱；社会主义——充满创造力和代表人类的光辉未来。矛盾带来的、有利于社会主义的必然结局，将使当代人摆脱可怕的梦魇：战争、贫困、剥削和无依无靠。""帝国主义现在正面临着其历史上最严重的危机。"① 而古巴共产党第三次代表大会续会上通过的古巴共产党纲领则认为："资本主义生产方式向帝国主义阶段的过渡意味着这种制度的各种矛盾的极端尖锐化，不仅在每个国家内部是这样，而且在帝国主义列强之间，在帝国主义列强及其殖民地之间也是如此。""世界社会主义体系的力量和国际影响增长了，殖民体系随着民族解放运动的高涨而不断瓦解了，资本主义世界阶级斗争增加了，世界资本主义体系越来越无力解决它的内部矛盾，这些都反映了一种有利于反对帝国主义的力量的本质的变化，并表明世界社会主义体系正在成为人类发展的决定性因素。"②

冷战时期拉美共产党还有一些对国际形势的"亚判断"或倾向。一种可以称为"缓和论"，认同苏共二十大"和平过渡"思想的多数拉美共产党一般都认为，虽然资本主义向社会主义的过渡不可避免，但社会主义国家与资本主义国家之间的关系却出现缓和的局面。如在名为"群众运动的

---

① 转引自吴斌康：《八十年代世界共产党代表大会重要文件选编》（下），北京：中国广播出版社1989年版，第884页。

② 转引自吴斌康：《八十年代世界共产党代表大会重要文件选编》（下），北京：中国广播出版社1989年版，第988—989页。

中心任务——民主的转折"的政治报告中，哥伦比亚共产党指出："国际形势变得复杂而又危险。70年代的特点是，社会主义国家与资本主义国家之间的政治缓和大大迈进了一步，这主要由于苏联和社会主义大家庭在和平与和平共处方面做出了努力。"① 另一种倾向主要由一些为古巴革命胜利所鼓舞的共产党所持有，认为在拉美大部分地区早已存在共产党领导的革命事业所需要的客观条件，共产党人的主要任务是创造或促进主观条件的出现。这种倾向随着"游击中心主义"影响的衰落而式微。

苏东剧变是国际共产主义运动中的重大事件。对苏东剧变及其影响的认识，不仅是对共产主义运动形势的把握也是对国际形势的一种把握。苏东剧变对拉美共产党的冲击非常大，有些党消失了，有些党改弦易辙了，更多的党坚持了下来。坚持下来的拉美共产党对苏东剧变的认识比较一致，认为苏联东欧的变化只是社会主义一种模式的失败，而不是社会主义的失败；马克思主义并未过时，世界社会主义事业并未完结，社会主义仍具有强大的生命力。例如，智利共产党认为苏东剧变只是"一种模式危机"，是社会主义运动"一个阶段的危机"，而"不是社会主义的失败"。玻共（马列）认为苏东剧变表明假社会主义和假共产主义已经失败；但真正的社会主义和共产主义"没有死亡"，"马克思主义、列宁主义、毛泽东主义没有死亡"，社会主义和共产主义仍是第三世界各国人民向往的目标。阿根廷共产党则认为苏东剧变表明"官僚社会主义模式的失败"，但并不意味着社会主义完结，等等。对于苏东剧变的原因，拉美共产党的认识多种多样，既有经济角度的理解，也有思想角度的认识，还有政治体制（党政不分）、党的因素、人为因素等方面的分析。例如，墨西哥社会主义人民党认为东欧国家共产党下台，主要原因是未搞好经济。瓜德罗普共产党认为东欧社会主义制度失败的原因是由于某些共产党践踏了科学社会主义原则，在掌权后忘记了自己应起的政治作用，在社会主义建设和党内生活中背离了社会主义和共产主义思想，党政不分、宗派斗争、腐败、缺乏民

---

① 转引自吴斌康：《八十年代世界共产党代表大会重要文件选编》（下），北京：中国广播出版社1989年版，第1059页。

主使它们对人民的渴求充耳不闻，视而不见。因而其失败是人为失误造成的。秘共（团结）认为东欧社会主义国家消失的根本原因在于官僚主义、专制和人民很少或根本没有参与建设社会主义。哥伦比亚共产党认为苏联改革失败是戈尔巴乔夫彻底放弃原则，一步步同资本主义妥协的结果；东欧各国剧变则由于执政的共产党在改正自身的弊端和失误上迟缓不力和无能。马提尼克共产党认为斯大林的失误助长了官僚主义、专制和国家干涉的趋势，导致无产阶级专政变成了一个领导集团或一个党对全体人民的专政，由于缺乏民主而造成的经济和社会停滞，是苏东危机的主要原因，等等。对于苏东剧变的影响，主要集中在苏东剧变对世界形势、国际力量对比、共产主义运动、各国共产党和左派的消极影响方面。例如，马提尼克共产党认为苏联和东欧国家的社会主义危机深刻改变了国际力量之间的关系。瓜德罗普共产党认为东欧社会主义制度的失败是社会主义的重大挫折，影响了世界形势，并使共产主义运动和国际革命事业出现严重倒退。智利共产党认为苏联东欧剧变，使社会主义事业和革命运动"暂时处于低潮"。阿根廷共产党认为苏联东欧剧变加速了资本主义复辟，使社会主义和世界革命运动受到严重挫折。玻共（马列）认为苏联解体和东欧剧变对各国共产党和左派力量是一个很大的打击，等等。对于苏东剧变后的国际形势，多数拉美党认为资本主义向社会主义过渡仍是当代的基本趋势，但这个过渡是缓慢的，非直线的；社会主义仍是人类解放的唯一道路，国际共运只是相对进入低潮；各党如能改变策略，提出切合实际、顺应民意的斗争口号，仍有成为新抉择的机遇。

拉美各国共产党利用各种场合、举行各种活动，阐明了对目前震撼全球的经济危机的认识与观点。譬如，在经济危机的背景下召开的以"国际形势中的新现象"、"日益加深的民族、社会、环境和帝国主义之间的矛盾"、"为和平、民主、主权、社会进步和社会主义而奋斗"以及"共产党和工人党的统一行动"等为主题的世界共产党和工人党第十次国际会议就是由巴西共产党主办的，为各国共产党交流思想、阐发观点提供了平台。在大会上，东道主巴西共产党表明了对当下经济危机的特征、原因及影响等问题的认识与观点。巴西共主席拉贝罗在大会发言中指出："这场由始于20世纪80年代的金融自由化进程所引发的危机显示了资本主义制度的历史局限性,是资本主义的结构性矛盾和资本主义制度的产物。这场大规模的金融危机不是资本主义的一个暂时的现象,它进一步加深了资本主义的结构性矛盾。""在新自由主义金融化政策驱使下,虚拟资本以及金融投机活动无限膨胀,而不断创新的金融衍生工具则使生产资本和金融资本日益分离,从而使资本主义制度对危机的反应变得极为脆弱。危机不断恶化的趋势将会伴随着发达资本主义国家的衰退及其金融机构的破产,在接下来的几年里持续下去。"巴西共分管国际关系问题的书记卡瓦略则指出:"这次危机给劳动者和穷人造成了严重影响,是对资本主义的控诉。它形成的氛围有利于揭露资本主义制度的罪恶并提供另外一种选择。"概括而言,在对当前经济危机原因、影响等问题进行分析的基础上,拉美共产党基本上一致认为"当前的危机表明,资本主义体系的内在矛盾正不断恶化","新自由主义的破产绝不仅仅是一种资本主义管理政策的失败,而是资本主义自身的失败,同时也是对共产主义理想和模式的肯定";在资本主义危机面前,只有"社会主义才是替代选择",经济危机为提出一个更为理想的解决方案或者说替代选择提供了大好时机。

有的共产党也谈到了对全球化问题的认识。例如,古巴共产党主张实行社会主义、共产主义的全球化。古共认为,世界走向全球化是技术、通信、交通发展的结果,是生产力进步、人类社会发展、社会文明发展的规律,是不可避免、不可逾越的历史阶段。但当今的全球化却被新自由主义所束缚,为扩展资本主义的经济秩序和价值观念提供了借口,资本主义经济秩序和价值观念随着全球化进程而广泛扩张,将地球变成一个巨大的赌场,在唯一超级大国的统治下,靠盲目的市场蔓延的全球化不是拯救世界而是摧毁世界,而用大炮维持的世界秩序是不会长久的。

(二)对国内形势的认识

国内形势,即民族国家一国范围内的生态环境条件,涵盖社会、政治、经济、文化等各个领域,范围广,内容多,而且在不同的历史时期各领域的内容还会发生变化。共产党人以马克思主义学说作为自己认识、分析现实问题的理论、观点与方法。"社会性质问题是关系到一个国家的革命性质、任务和发展方向的重大问题,是制定正确的战略和策略的依据。"①"谁是我们的敌人？谁是我们的朋友？这个问题是革命的首要问题。"② 一般而言,在马克思主义的指导下,共产党对现实的认识首先要从对社会性质（社会主要矛盾）、阶级状况等问题的认识开始,只有对其形成准确认识,才有可能取得革命的胜利。

1. 社会性质（社会主要矛盾）问题

早期的拉美各国共产党在对各自国家社会性质的认识上明显受外来观点的影响。对拉美国家的社会性质,"从列宁到共产国际的大部分领导人,都认为是殖民地性质,其理由是,这些国家经济上靠大国资本,政治上受门罗主义控制,实质上只是强国的附属品而已"③。拉美各国共产党对本国社会性质的认识深受此观点的影响,相应观点因而表现出高度的相似性。1928年共产国际第六次代表大会上,共产国际领导人朱尔斯·乌姆贝尔特·德洛兹做了关于拉美问题的专题报告,认为拉美国家的发展水平是不平衡的,拉美国家的社会性质问题不能用一个标签来贴。此观点促成了拉美各国共产党对本国社会性质表述上的差异。二战后,苏联对拉美地区的兴趣逐步增加,但对于拉美国家的社会性质仍提不起兴趣,只是简单地将其归入有些特殊的第三世界或落后的国家与地区。后来,有些国家的共产党调整了关于社会性质的观点,如阿根廷共产党（马列）对阿根廷社会性质的看法在1969年整风前后发生重大变化：原来认为阿根廷是半封建、半殖民地社会；整风以后认为阿根廷是依附于美帝国主义的新殖民地；后来该党二大文件又将"新殖民地"的提法改为"附庸国"。也有很多共产党在其探索的过程中维持了早期对此问题的认识,只是在表述上略微有些变化,如秘鲁共产党（红色祖国）在1984年的五大上对秘鲁社会性质的表述,由过去的秘鲁是"一个半殖民地、半封建社会"改为秘鲁成为"经济

---

① 本刊编辑部：《有益的探讨 良好的开端——"关于拉丁美洲社会性质问题的讨论"小结》,载《拉丁美洲研究》1981年第4期。
② 《毛泽东选集》第1卷,北京：人民出版社1991年版,第3页。
③ 祝文驰、毛相麟、李克明：《拉丁美洲的共产主义运动》,北京：当代世界出版社2002年版,第87页。

发展不平衡、资本主义占主导地位、存在大量半封建残余的半殖民地"社会。

具体而言，拉美各国共产党有关本国社会性质的观点主要有：第一，"殖民地"论。"殖民地"论里的拉美社会性质有不同类型。其一，半封建半殖民地社会，如秘鲁的共产党（红旗）认为秘鲁是半封建半殖民地国家；萨尔瓦多共产党1964年五大《总纲领草案》中指出"萨尔瓦多是一个资本主义畸形发展的半封建半殖民地国家"；玻利维亚共产党（马列）1977年通过的《党内通报》指出"玻利维亚是一个半殖民地、半封建社会"，等等。其二，资本主义占主导的半殖民地社会，如秘共（红色祖国）认为秘鲁是一个资本主义占统治地位的半殖民地国家。其三，殖民地社会，如瓜德罗普共产党认为瓜德罗普是一个受外国力量统治的殖民地，生活命脉掌握在外国手中；马提尼克共产党认为马提尼克是"一个殖民地"，只有"通过清除殖民主义的阶段"，才能向社会主义迈进。其四，新半殖民地，如哥伦比亚独立革命工人运动认为哥伦比亚是新半殖民地半封建的国家。其五，新殖民地，如哥伦比亚共产党认为哥伦比亚是新殖民地半封建国家；委内瑞拉共产主义统一先锋党认为委内瑞拉是资本主义关系占统治地位的依附的、畸形的"新殖民地国家"。"殖民地"论是拉美共产党关于拉美社会性质的"传统"观点，突出强调了外来因素尤其是帝国主义因素对拉美社会性质的影响，把握到了近现代拉美社会深受外来影响的特点，具有其合理性。在此观点的基础上，帝国主义"顺理成章"地被列为革命对象。

第二，依附论。依附论下也有许多类型。其一，依附性资本主义的、半殖民地的、封建关系占相当比重的社会，如1976年洪都拉斯马列主义共产党二大制定的纲领认为洪都拉斯是"依附性资本主义的、半殖民地的、落后的和封建关系占有相当比重的社会"；玻共（马列）认为玻利维亚是"依附于美帝国主义的半封建半殖民地国家"，等等。其二，依附性资本主义社会，如哥斯达黎加人民先锋党十三大通过的纲领指出，"我党制定本纲领所遵循的准则是：哥斯达黎加是一个依附于帝国主义的不发达国家，资本主义生产关系占主导地位，在农村仍保留着前资本主义生产关系的残余"。"这样,一方面使我国保留了前资本主义的生产方式并同为帝国主义利益服务的经济交织在一起;另一方面也造成了资本主义生产关系的脆弱和落后性。"墨共十二大认为墨西哥是"一个中等发展程度的资本主义国家,对帝国主义具有依附性,农村还存在前资本主义残余,但是资本主义生产方式已在城乡占统治地位。"其他如洪都拉斯共产党、厄瓜多尔共产党、玻利维亚共产党、阿根廷革命共产党、智利革命共产党也持类似观点。其三,附属国,1969年巴西共产党制定的"人民战争——巴西武装斗争的道路"的文件指出"巴西是一个前资本主义时期的残余相当严重的附属国"。乌拉圭革命共产党("埃派")认为乌拉圭是一个带有封建残余的落后的资本主义附属国。依附论主要是一些拉美共产党借助20世纪中叶兴起的依附理论的工具分析拉美社会性质而形成的,出现后很快成为一种具有重大影响的观点,尤其是很多从老党中分出的新党在分析本国的社会性质时往往持依附论的观点。

第三,"资本主义"论。如巴拉圭共产党(克雷依特派)在其三大、四大上都认为巴拉圭社会是以庄园主、外国帝国主义剥削为基础的落后的资本主义社会;萨尔瓦多革命党(马列)认为以农业资本主义为基础的资本主义生产关系在其国内占统治地位。"半资本主义"论,如巴拿马人民党总书记鲁文1971年指出巴拿马是"一个半资本主义的国家,社会的基本矛盾是工人阶级同整个资产阶级之间的矛盾"。"资本主义"论区别于"殖民地"论与依附论之处在于"资本主义"论更多的是强调内部因素(本国的经济基础或生产关系),而"殖民地"论与依附论更强调外部因素的影响。下文的"多元"论侧重点应该说与"资本主义"论是一致的。

第四,"多元"论。例如,在其九大政治文件中,秘鲁的共产党(团结)指出"秘鲁社会具有下列特征:依附性资本主义生产方式占主导地位。在安第斯山区和森林地区最落后贫困的地方,无论是工业、农业,还是商业、服务行业,前资本主义的生产方式依然存在,尽管如此,秘鲁经济获得了中等程度的资本主义发展,当然这种发展依附并隶属于帝国主义"。如果说此处还对各种生产方式的主次进行了说明,而到了秘共(团结)十一大,已不再特别强调各生产方式的主次之分。秘共(团结)十一大指出:"秘鲁当前社会充满了复杂的危机,其经济是畸形的、依附性的、资本主义和新殖民主义性质的,夹杂着多种经济形式的生产方式。"

无论是"殖民地"论,还是依附论,抑或"资本主义"论、"半资本主义"论、"多元"论,实际上只是相对的区分或"临时标签"。它们都是拉美国家复杂社会性质的一种形式的反映,区别在于观察问题的角度、侧重点不同。

2. 阶级问题

长期以来,拉丁美洲各国共产党对阶级问题的认识往往以苏联、共产国际的相关观点为准,对各阶级的评价与态度也视苏联的立场而定。在盲目、机械照搬苏联阶级观点的同时,由于缺乏对本地区阶级问题的调查,拉美共产党人有关阶级结构、阶级状况的观点往往语焉不详,比较笼统。作为此现象的一个很好注脚的是,在很多拉美共产党的纲领、政治决议、政治报告等正式文件中,基本上很少有专门的篇幅、内容涉及本国的阶级问题;即使有也往往非常简单,"言简意赅"。有关拉美党对各阶级的认识在下文革命的动力与对象部分会有所涉及,此处不再展开。

与认识上的教条主义与观点上的模糊并存的是拉美共产党对各阶级认识与态度上的"实用主义"。例如,本地或民族资产阶级的作用问题是阶级诸问题中非常重要的一个,也是长久"困扰"拉美共产党的一个。拉美共产党往往用实用主义来化解这一"恼人"问题所带来的困扰。自20世纪20年代起,拉美各国共产党就一直在当地资产阶级是进步还是反动之间来回摇摆或游移,而决定摇摆游移方向的砝码是共产国际和苏联的立场。20年代到30年代中期,拉美共产党一般认为由于拉美的民族资本主义起步较晚、发展不够,当地资产阶级不可能效仿其欧洲祖辈的历史作用,共产党人要与民族资产阶级的改良主义做坚决的斗争。这与共产国际、苏联有关民族资产阶级尤其是殖民地、半殖民地地区民族资产阶级的观点是一致的,与共产国际的"第三时期"理论精神是相吻合的。而30年代中期到60年代初,在大多数拉美共产党中流行的观点却变成当地资产阶级是一支进步力量,由于本大陆存在大量封建残余,在当时的历史阶段,无产阶级必须和资产阶级协力斗争,以消灭封建残余和遏制帝国主义的渗透。如巴西共产党1958年发表声明称："在目前我国的形势下，资本主义的发展符合无产阶级的利益"，对资产阶级的态度昭然若揭。观点之所以发生转变，还是服从于苏联、共产国际的立场：30年代到40年代出于反法西斯战争的需要，50年代中期则是为配合苏共二十大"和平过渡"的理论。60年代，受古巴革命胜利、国际共运大论战及新兴的依附论的影响，拉美共产党在民族资产阶级的作用问题上的认识出现了分歧，不再一致。有的党认为民族资产阶级与大资产阶级及帝国主义之间存在矛盾，应努力争取或使之中立。如秘共（红色祖国）在其五大文件中指出："它不过是个正在形成当中的民族资产阶级，尚弱小、摇摆不定，但愈发认识到他们的利益同帝国主义和大资产阶级的利益相冲突。但同时他们又担心被人民运动吞没。当然，这并不妨碍无产阶级和整个革命事业重视加强同民族资产阶级的关系，吸引他们，使之担负起民主、爱国的任务，维护同国家进步一致的其自身的基本利益。"有的党则认为本国的资产阶级革命使命已经结束，工人阶级及其盟友将通过一场新的革命即社会主义革命夺取政权，而工人阶级的盟友中已没有民族资产阶级的身影。还有的党则不再对资产阶级加以区分，简单地把整个资产阶级列为统治阶级，系革命的对象。

在对国际、国内形势分析的基础上，多数拉美共产党人有关当下客观形势、外部条件的总的判断可以归结为：资本主义在帝国主义阶段的发展，以战争、经济剥削和破坏环境的方式，威胁了人类本身的生存，困扰人类的各种问题仍未解决，社会主义无论现在还是将来都是人类的希望。由资本主义向社会主义过渡是当前客观形势的主要内容，是社会发展不可改变的规律。在遭到资本主义剥削和经历着资本主义苦难的拉美各国，虽然在特定情况下，人民的组织得到发展，民主内容得到丰富，民主进程得以加强，但是拉美大陆目前还不具备革命的条件、不到革命决战的时刻，拉美共产党人要通过各种努力为决战的到来准备物质上和主观上的条件，为革命积蓄力量，任何试图提前实现共产主义的做法都是违背社会发展的客观规律的。如圭亚那人民进步党二十二大政治纲领指出："社会发展的同一客观规律也正在本地区产生效力，但表现形式却随着每个国家民族特点和历史特点的不同而有所不同。"秘共（红色祖国）五大政治报告指出：

"目前摆到日程上的还不是进行革命的决战,而是在主观上和物质上为决战做准备,积蓄力量,动员和组织群众,使更多的人在政治上参与这项任务。"

二、对革命诸问题的认识与选择

实现共产主义是共产党的历史使命。如何完成这一使命？政权问题是个根本问题,共产党完成历史使命先要获取政权,而共产党要通过"革命"的方式获取政权。"首先无产阶级革命将建立民主的国家制度,从而直接或间接地建立无产阶级的政治统治。"① "工人革命的第一步就是使无产阶级上升为统治阶级,争得民主。"② 有关"革命"的诸问题是共产党必须要面对和解答的。

(一) 革命的性质与发展阶段

对革命性质与革命阶段的认识基于对客观形势、外部条件的判断基础之上。苏联、共产国际对于拉美社会性质的简单化处理,直接影响到了其对拉美革命性质、革命阶段的认识——它们把对其他地区革命性质、革命阶段的认识与观点搬到拉美地区。苏联、共产国际关于殖民地、半殖民地国家和地区或落后国家和地区革命性质、革命阶段的观点前后有所变化。关于落后国家的革命问题,列宁在共产国际二大《民族和殖民地问题委员会的报告》中指出:"如果胜利了的革命无产阶级对落后民族进行系统的宣传,而各苏维埃政府以其所拥有的一切手段去帮助它们,那么,说落后民族无法避免资本主义发展阶段就不对了。……在先进国家无产阶级的帮助下,落后国家可以不经过资本主义发展阶段而过渡到苏维埃制度,然后经过一定的发展阶段过渡到共产主义。"③ 列宁逝世后,随着外部形势的变化和苏联利益的需要,苏联与共产国际对列宁的观点进行了演绎与修正。譬如,修正版之一是著名的"第三时期"理论,它号召全世界的共产党包

---

① 《马克思恩格斯选集》第 1 卷,北京:人民出版社 2012 年版,第 304 页。
② 《马克思恩格斯选集》第 1 卷,北京:人民出版社 2012 年版,第 421 页。
③ 《列宁选集》第 4 卷,北京:人民出版社 1995 年版,第 279 页。

括落后国家与地区的共产党把反帝斗争与反对资本主义相结合,为无产阶级专政和社会主义而展开决战。当"左"的错误在实践中遭到巨大挫折、法西斯主义的危险日益增加后,又出现了新的修正版:落后国家与地区的客观情况,要求其革命分阶段进行,即先进行资本主义民主革命,然后才能进行社会主义革命。在革命的第一阶段,共产党人将担当领导角色,完成资产阶级革命清除"封建残余"的任务;尔后才能转入社会主义革命阶段。对于拉丁美洲,苏联认为在该地区缺少为取得共产主义胜利所必需的"客观"和"主观"条件,拉丁美洲的落后状态要求该地区在通往社会主义的道路上必须先经历"人民民主"革命阶段这一"过渡阶段"来为社会主义复兴准备政治和经济基础。V. 沃尔斯基发表在1970年6月27日《真理报》上的《解放斗争的需要》一文指出:"在这些国家里,社会经济落后,加上农村里大庄园占统治地位并存在强大的前资本主义关系,以及受到外国垄断资本的压迫——所有这一切都说明了以下事实,即拉丁美洲首先要通过人民民主革命,才能走上社会主义的道路。"该论断可视为苏联观点的集中表述。

在对本国社会性质认识的基础上,结合来自苏联、共产国际的"革命阶段论",拉美各国共产党形成了有关本国革命性质与阶段的观点。

拉美共产党一般都认同"在社会主义革命以前还有一个为其准备条件的革命阶段"的观点,但不同的党对这个阶段革命性质的表述是有差异的。多数党将其界定为"人民民主革命"。如哥斯达黎加人民先锋党十一大党纲指出,哥斯达黎加革命分为反帝的人民民主革命和社会主义革命两个阶段,革命的第一阶段主要是"民主的、人民的、反帝的土地革命";哥伦比亚共产党十四大纲领指出,"为了实现社会主义,在我国的条件下,首先需要进行一场深刻的社会和民族解放变革,即反帝、反庄园制、反寡头的人民民主革命,这是社会主义的组成部分和第一步"。有的党则将其界定为"新民主主义革命"。如厄共(马列)在70年代主张:"革命必须分反帝、反封建的新民主主义革命和社会主义革命两个阶段",通过"反帝的民主革命,建立人民民主政权",然后再通过不间断的过程"把国家引向社会主义"。还有的党将其界定为"革命民主主义革命"。如圭亚那人民进步党二十大政治纲领指出："在圭亚那，在人民进步党的领导——先是革命民主主义性质的，后是无产阶级性质的——下，民族解放和社会解放这两个方面的人民斗争已经相互交织地进行了 30 年。争取社会主义的斗争和争取民族解放的斗争融合在一起，成为既反对半封建剥削关系又反对资本主义剥削关系的斗争。""我们的人民革命在现阶段必须是以社会主义为方向的民族的和革命民主主义的革命，这个革命之所以必须是民族的，是因为不通过反对帝国主义维护主权，不通过革命变革消灭外国所有制和控制，就不能取得社会进步和走向社会主义。"同一党在不同时期，对革命第一阶段性质的表述也在发生变化。例如，阿根廷共产党八大提出阿根廷革命的性质是土地的反帝的革命，即资产阶级民主革命；十四大修改为现阶段的革命是"民主的、土地的和反帝的革命，目标是实现社会主义"，基本口号是"反对依附，争取解放"；十六大则调整为现阶段的革命是"人民的、爱国的、民主的、反帝的、反垄断的、走向社会主义并同拉美解放事业相结合的革命"。又如，阿根廷解放党 1970 年中央全会指出国内的主要矛盾是"勾结寡头的帝国主义同工人阶级、城乡小资产阶级和中等阶层的矛盾"，革命的性质是"无产阶级领导的民族民主人民革命"；1976 年二大决议调整为阿根廷社会的主要矛盾是"大资产阶级和人民大众的矛盾"，因此应进行以民主革命为主的民族民主革命；1987 年的四大恢复为现阶段的革命是"民族的（反帝的）、民主的（反寡头的）、人民的（无产阶级领导的）革命"，其目标是实现社会主义。

无论不同拉美国家的共产党如何称呼革命的第一阶段，也不论同一共产党在不同历史时期如何变换该阶段的名号，实际上这一革命阶段的任务、目标是确定的，即完成本该由资本主义革命完成的任务，为下一阶段的社会主义革命准备条件。洪都拉斯共产党四大党纲的一段文字，对此进行了形象的说明："在 20 年代，我们的目标是进行一次人民民主革命；1954 年，我们的纲领路线是进行人民土地革命；1961 年我们制定了争取民族解放的民主革命的纲领；1972 年我们制定了人民的民主、反帝、土地革命的纲领；1977 年我们提出了进行人民的反帝、反寡头统治和民主革命的目标；而现在我们又重新提出争取民族解放的民主革命的纲领。每一时期政治形势的不同，要求我们给予我们为之奋斗的革命冠以不同的名称，但从各阶段所要实现的目的和所要解决的矛盾来看，革命的内容始终没有变。"

有关拉美共产党对革命性质和革命进程问题的认识还有四点需要说明。第一，在古巴革命胜利之前，多数拉美共产党认为拉美革命的性质是民主主义的、反帝的土地革命（当然前面的修饰词可能不同），革命过程应分为资产阶级民主革命和社会主义革命两个阶段，首先要进行第一阶段，然后在第一阶段的基础上进入社会主义革命阶段。然而，古巴革命胜利并迅速向社会主义革命转变的事实，特别是后来古巴关于拉美革命属于社会主义性质的声明主张，对拉美共产党的传统观念提出了挑战。[1] 第二，个别共产党虽然承认革命带有人民民主革命的性质，但主张一次革命论。如墨西哥共产党十二大指出，当前革命的性质是"人民民主的反帝革命"，革命的目的是以人民民主政府代替大资产阶级的政府，开辟通向社会主义的道路；民主的反帝任务解决后，要迅速过渡到社会主义。第三，还有个别党认为本国的资产阶级革命的使命已经结束，共产党将进行新的社会主义革命。如墨西哥统一社会党在其一大通过的行动纲领中就明确指出："墨西哥社会正进入一个新的人民斗争时代。资产阶级革命使命已结束了。""新的革命是一场社会主义革命，由工人阶级及其盟友夺取政权。"第四，有的党则因为古巴革命的成功而认为拉美革命既是民主反帝革命，又是社会主义革命。如乌拉圭共产党 1985 年的全国代表会议预备文件认为："我们生活在以从资本主义向社会主义过渡为基本特点的历史时期。从客观上来说，我们的反帝、土地、民主革命属于世界社会主义革命的范畴，而从长远来看，它与社会主义阶段同属于一个历史进程"，会议决议则指出："古巴革命胜利后，拉美革命既属于民主反帝革命的范畴，又是世界社会主义革命的组成部分。"

---

[1] 祝文驰、毛相麟、李克明：《拉丁美洲的共产主义运动》，北京：当代世界出版社 2002 年版，第 305 页。

(二) 革命的动力与对象

革命动力与对象的确定是基于对本国社会性质、主要矛盾尤其是阶级问题认识的基础上的。由于对阶级问题认识的模糊性及其态度立场的实用主义，在界定革命的动力与对象时，拉美共产党也往往大而化之，且会不时调整相应观点，今天的敌人明天有可能成为盟友，而昔日的兄弟却也可能会幡然侧目、形同路人甚至倒戈相向。

1. 革命动力

革命的领导阶级是工人阶级，主力军是农民，二者是革命动力的主体，这一观点为多数拉美共产党所认可。如洪都拉斯马列主义共产党二大制定的纲领认为：“工人阶级是革命的领导阶级，农民是主力军。”哥斯达黎加人民先锋党十三大通过的党纲指出：“工人阶级及其政党是革命的主要领导力量，这是使革命向社会主义阶段发展的根本保障。”"农民，首先是穷苦农民（包括半无产阶级、暂耕农、佃户和其他受资本主义方式剥削的人）是工人阶级的天然盟友。工农联盟是在为争取建立人民政府而斗争的进步力量的核心。"秘鲁的共产党（团结）八大政治文件指出秘鲁"革命的动力是无产阶级（工人阶级即主力军）、农民和城市中间阶层"；九大政治文件再次确认无产阶级的主力军地位，并进行了补充："无产阶级是反对帝国主义及其在我国代理人的主力军。因而，是秘鲁革命的主要动力，这种表述并不夸张。然而，我们不应该因此将其作用理想化，不否认他们中一些阶层的阶级觉悟、组织性和战斗力水平的发展尚不平衡。""农业劳动者是革命的另一轴心，是工人阶级最重要的、人数最多的盟友。"

但在其他一些阶级如城市小资产阶级是否是革命动力的问题上，认识却存在差异。如哥伦比亚独立革命工人运动认为革命的动力是无产阶级、农民、小资产阶级知识分子和其他受压迫群众；巴西共产党认为革命的动力是工人阶级、农民、小资产阶级和民族资产阶级；乌拉圭革命共产党（"埃派"）认为革命力量包括城市无产阶级、农业工人、贫农和中农、城市小资产阶级和中产阶级；萨尔瓦多共产党认为革命的动力是工人、农民、城市小业主和城乡中等资本家，甚至某些有爱国思想的大资本家也能参加到革命队伍中来；智利共产党认为以现代工人阶级为主体的社会主义领导力量，应"包括农民、中等阶层和把在人道主义价值基础上组织社会为己任的其他阶层"。

2. 革命对象

主要的革命对象也是非常明确的，包括帝国主义尤其是美帝国主义以及与帝国主义相勾结的大资产阶级、大地主和寡头势力。如洪都拉斯马列主义共产党二大制定的纲领认为革命的主要对象是帝国主义、大地主和大买办资产阶级；厄瓜多尔共产党六大通过的纲领指出厄瓜多尔人民的主要敌人是封建残余和帝国主义；哥伦比亚独立革命工人运动认为其主要敌人是美帝国主义和亲美的寡头势力，即大资产阶级、地主以及自由党—保守党寡头政府；萨尔瓦多革命党（马列）认为无产阶级和半无产阶级的头号敌人是金融寡头及其法西斯统治。

还有其他一些革命对象。例如，哥伦比亚共产党曾把苏联社会帝国主义与美帝国主义、封建地主阶级和官僚资产阶级并列为革命的对象；又如，玻利维亚共产党（马列）认为革命的对象是美帝国主义、地主、由国际财团组成的商业资产阶级、控制着国营企业的官僚资产阶级、民族资产阶级中同帝国主义相勾结和有联系的部分、一切保守倒退势力以及他们的镇压工具武装部队；再如，秘鲁的共产党（团结）八大文件指出反革命、反动的势力是帝国主义的跨国公司及其代表、军队中的右派、人民行动党和基督教人民党这两个右翼政党，等等。

3. 中间力量（中间阶级、中等社会阶层）

将其称为中间力量可能不准确，因为有些拉美共产党将它们视为革命动力的组成部分；但是也有些党将它们看作是既有可能倒向反革命阵营也有可能保持中立还有可能加入革命队伍的力量，是"统战"的对象。如秘共（团结）九大政治决议专门论及"政治上的中间派"，认为在秘鲁社会的阶级结构中，小资产阶级或"中间阶级"及其各个阶层，人数众多，作为后备力量无论对左翼还是右翼均具有决定性意义。因此，工人阶级应该尽可能地与之结成广泛的统一战线。洪都拉斯马列主义共产党二大纲领也有相似内容,认为工人阶级可以通过工农联盟争取小资产阶级以及中等社会阶层的某些部分;民族资产阶级也有参加革命的可能性,但有很大的局限性、不彻底性和动摇性。

4."身份待定"者

"身份待定"者与中间力量存在共同之处,即它们都有可能同情、支持甚至参与革命,有可能与工人阶级及其政党合作。但二者之间也存在诸多不同之处,"身份待定"者不再单纯以"阶级"的面目出现,以军队与天主教教会为典型代表的它们更大意义上是在拉美舞台上具有重大影响的政治或社会力量。在拉丁美洲进行革命,这些"身份待定"者是不能忽视也无法绕开的,共产党人必须给其一个"名分",表明自己的立场态度。尽管拉美共产党充分感觉到了"身份待定"者的力量,"我们在制定为建立人民政权而斗争的战略之时,不可忽视秘鲁社会两个极为重要的方面,即天主教会和武装部队长期以来所发挥的政治作用"①。但实际上多数拉美共产党并未能在理论认识上给其以明确的身份界定,偶尔发出的诸如"共产主义与天主教信仰是不冲突的"之类模糊的、微弱的声音在关键时刻是派不上用场的。

(三) 革命道路、革命方式的选择

如果说在对客观形势与外部条件的认识、对革命性质与革命阶段的判定等方面多数拉美共产党还存在诸多共识,有分歧也可以交流的话;在革命道路、革命方式的选择问题上,拉美各国共产党内部、各党之间曾存有较大分歧,且往往各执己见、互不相让,结果内部的分歧导致党组织的分裂,各国党之间的分歧导致彼此的相互攻讦、互不往来。

拉美共产党对于革命道路、革命方式的选择受苏联与共产国际的影响很大。苏联在此问题上的认识、政策主张"囊括了所有的斗争方式——和平的或暴力的、合法的或非法的、单独进行的或联合进行的——须视当地政治条件所造成的机缘而定。""每当和平的斗争方式(然而它并不排除阶

---

① 转引自吴斌康:《八十年代世界共产党代表大会重要文件选编》(下),北京:中国广播出版社1989年版,第1212页。

级斗争甚至使用暴力)可望获得成功或取得成就的时候,苏联就主张采取这种斗争方式,而当武装斗争看来可能失败的时候,它就谴责武装斗争是'革命的冒险主义'。"① 共产国际号召各共产党在"第三时期"进行决战,拉美共产党即响应号召进行了一系列武装斗争的尝试。"人民阵线"时期伊始,共产国际转而强调合作,以对付共同的敌人法西斯主义,拉美共产党又忠实地执行了人民阵线方针。如巴西共产党领导人普列斯特斯在1945年撰文指出:"毫无疑问,我们解决经济和社会危机的唯一出路是在法律和秩序的框架内采取和平的路线,执行统一战线的方针。"② 苏共二十大抛出"和平过渡"理论后,共产党情报局号召各党"运用一切手段来确保稳定与长期和平",党的所有活动都要"服从于这一最高任务"。③ 在革命道路的选择上,苏联提倡并督促拉美共产党通过"和平道路"来取得政权,并为此在舆论上进行宣传。如卡拉马诺夫在1974年第6期《工人阶级和当代世界》上发表的《智利的经验和革命的进程》一文指出:"正如不同社会制度的国家之间的和平共处是国际上阶级斗争的一种特殊形式,和平而非武装斗争的革命途径也是国内阶级斗争的一种特殊形式。"多数拉美共产党领导人接受了苏共"和平过渡"理论与"走和平道路"的指示,强调"合乎宪法"或"合法"的斗争方式。但是,很多党内部也存在不同意走"和平道路"的力量,这部分力量纷纷从原来的党中分裂出来,组建了新的共产党组织。虽然新党与老党决裂的原因有很多,但是在革命道路上的分歧却是主要原因之一。在革命道路问题上,老党"一般主张可以采取三种方式,即非武装斗争、武装斗争或两者结合,视形势而定。事实上,大多数老党都倾向于采取非武装斗争的形式,通过团结进步力量和进行议会

---

① [美]詹姆士·西伯奇:《苏联出现在拉丁美洲》(内部发行),上海:上海三联书店1976年版,第10—11页。此观点有其合理之处,可以这样理解:其一,苏共(布尔什维克)在夺取政权的过程中实际上也是综合运用了多种革命方式,而非仅武装斗争一种;其二,苏联在拉美的政策可以说是围绕自身利益展开的,对一些问题的认识也要服从于这一立场。此处在上述两点的角度上使用本段引文。
② 参见 Ronaldo Munck, *Revolutionary Trends in Latin America*, McGill University: Center for Developing-Area Studies Monograph Series, No. 17, 1984, p. 26。
③ 参见 Ronaldo Munck, *Revolutionary Trends in Latin America*, McGill University: Center for Developing-Area Studies Monograph Series, No. 17, 1984, p. 23。

斗争实现和平过渡。正如委内瑞拉共产党所说，在'强大的左派联盟'基础上，'能够建立起人民政府，使国家转到革命进程的轨道上来。'从1959年到1976年，在拉美国家中大约有一半的老党在本国的全国和地方议会中有席位或担任其他公职，参加议会选举的老党甚至超过此数"①。而新党则主张"民族解放斗争的唯一道路是武装斗争"，其方式是开展持久的人民战争，而"赢得人民战争的基本前提是坚决依靠在无产阶级政党领导下的农民"。②

20世纪60、70年代，部分拉美共产党进行了武装斗争的尝试，部分共产党决心要走出一条"和平道路"。但无论是武装斗争，还是和平夺权基本上都没有取得成功。鉴于此，80年代起，多数拉美共产党开始总结历史经验教训，反思革命发展进程，摸索革命前进的道路，逐渐形成关于革命道路、革命方式问题的相对稳定的观点认识。例如，哥伦比亚共产党十三大政治报告指出："斗争方式问题有其历史性，不能把它直接或机械地同对生活经济的分析分裂开。要确立这方面的正确主张，就应该考虑一系列因素，包括群众的经验、传统，斗争的具体环境，以及寡头集团在各种政治形势下所采取的方式。""同时，我们还应该重申这场斗争的历史性。正因为这样，一旦发生民主的先进变革，实现了政治转折，就会出现新的前景。如果军事扫荡计划得以改变，具备了使群众斗争进行有利于农民要求的改革的条件，这一斗争肯定就有条件采取新的行动方式。实践证明了这一点。即便仅仅由于一个党的政治决议，创造不出一定的斗争方式，一旦形势变化，要求采取新的斗争方式，目前的方式同样不可能长久保持下去。"墨西哥统一社会党一大原则声明指出："历史上，工人、农民历来都是根据当时的具体情况、工人农民的组织和觉悟程度、工农联盟的程度、统治阶级的情况、国际形势以及一系列实际因素情况而采用各种不同的斗争方式的。因此，不存在唯一的、一成不变的斗争方式。革命行动要求根

---

① 祝文驰、毛相麟、李克明：《拉丁美洲的共产主义运动》，北京：当代世界出版社2002年版，第220页。
② 祝文驰、毛相麟、李克明：《拉丁美洲的共产主义运动》，北京：当代世界出版社2002年版，第218页。

据劳动人民所寻求的目标和利益、采取不同的斗争方式。"又如，瓜德罗普共产党八大中央工作报告指出："瓜德罗普共产党一开始就没有放弃任何斗争形式。共产党声明，工人阶级作为掌握国家进步前途的阶级，不能首先阻止自己使用任何武力。相反，应该有能力掌握一切能够结束殖民主义统治的方法。然而，对这些方法的选择应根据具体的实际情况。"再如，洪都拉斯共产党四大纲领指出："被剥削群众赖以反对寡头统治、捍卫自己权利和自由的斗争方式是革命暴力，它在我们整个历史进程中具有不同的表现形式：武装的和非武装的。这样，我们的人民已经通过不同方法认识和实践了革命暴力的不同方式，从游击战到人民起义还包括选举斗争。……人民革命战争是洪都拉斯革命最可行的方式。""这并不意味着放弃其他（非武装）暴力革命方式。因为历史证明：所有这些方式都能同时对发展产生或大或小的作用，到现在为止，一直是各种（武装、非武装）斗争方式的结合，它导致了使人民群众进一步接近政治权利的根本性的飞跃。"这些有关革命道路、革命方式的观点表达了拉美各国共产党力图根据本国具体实际选择革命道路与革命方式的意愿，是对原来盲目执行"指示"的一种"矫正"。同时，也流露出对在革命道路问题上的不同"意见者"、不同声音的包容性及试图借鉴对方合理之处的倾向。一些主张合法斗争的老党开始表示不排斥武装斗争，而一些主张武装斗争的共产党也表示不排斥其他斗争形式，包括合法斗争，等等。1982年在哈瓦那召开的国际理论讨论会上，一些共产党和左派组织的代表指出："不应把和平的斗争方式与非和平的斗争方式对立起来"、"革命的武装道路完全不排斥其他的斗争方式"是对此的很好说明。

在革命方式的问题上，一些拉美共产党也明确了对恐怖主义活动的态度。一般来讲，尽管也有个别党曾进行过恐怖主义活动的尝试，如20世纪60、70年代，萨尔瓦多共产党曾力图对军队进行渗透，并从事恐怖冒险活动；但多数党是不赞同采取恐怖主义的方式的，认为其不是解决问题的正确手段，靠恐怖主义不但实现不了夺取政权的目标，还会适得其反，带来负面效应。如瓜德罗普共产党认为"恐怖主义不可能是一种解决的办法"，恐怖主义活动、无秩序的工会运动和经济破坏活动永远不可能开辟改变现状的道路。哥伦比亚共产党十三大政治报告也指出:"恐怖主义方式、突然袭击或戏剧性的、然而有限的行动都不能实现这样广泛的目标。我们必须再次指出,把单枪匹马的恐怖活动作为对反对派的最后答复,或者作为人民运动的中心策略只会适得其反,只会导致反革命恐怖的扩大化和最富有侵略性的右翼分子力量的加强。共产党人策略的基础是拥有群众,因而与冒险或恐怖主义政策格格不入。"秘共(团结)八大政治文件认为"恐怖主义显然不是争取政权斗争的正确手段,更不是正确途径,也不是日常的革命行动"——此观点显然是针对秘鲁"光辉道路"的恐怖主义战略策略而发;秘共(红色祖国)五大政治报告则如此表达了对"光辉道路"的认识:"'光辉道路'所谓的'毛主义'实际上同毛泽东的革命思想毫无共同之处,同人民战争的思想格格不入,但的确同最极端的无政府主义和唯意志论的思潮紧密相连。最近几年注意'光辉道路'活动的人都知道,他们最基本的特征恰恰是恐怖主义,而不是游击活动。"

三、对党自身问题的认知与界定

政党对自身的认知既是政党能力的构成要素,也是决定政党能力大小的因素。一个政党能否对自身在生态环境中的位置及价值做出恰当判断、形成准确认识与合理预期,也就是能否给自己定好位,决定了其能力的大小,决定了其满足环境要求、缓解环境压力、获取环境支持的程度,从而决定该党生存、发展与价值功能发挥的状况。

一般而言,共产党是工人阶级的先锋队,是以马列主义为指导思想、以民主集中制为根本组织原则、以现实共产主义为最高目标的政治组织,是工人阶级的最高组织形式。作为拉丁美洲地区的共产主义组织,毫无疑问,拉美各国共产党应该具备共产党组织所具有的共性。但是,在拉美特殊的生态环境条件下,拉美地区的共产党也具有不同于其他地区共产党的特性问题。如秘共(红色祖国)党纲就指出:秘鲁共产党是工人阶级的政党,最终目标是实现社会主义和共产主义,党是秘鲁无产阶级革命历史需要的产物,由于秘鲁革命具有自己的特殊进程和特点,秘共(红色祖国)也因此而具有不同于其他马列主义政党的特点。如何对自身的"来龙去脉"加以科学说明，如何表述共性与个性，如何给自身以合理定位，是拉美共产党所面对的基本理论问题。

(一) 党的性质与地位

1. 党的性质

拉美各国共产党对党的性质的认识相对比较一致，但自报"家门"或"出身"时所用的语言却往往各有千秋。阿根廷共产党十六大纲领认为党之所以成为共产党，就是因为它"代表着工人阶级——当代先进阶级和争取进步的主力军——的利益"。秘鲁共产党（红色祖国）五大章程指出："秘鲁共产党是秘鲁无产阶级的先锋队。它代表本阶级的利益并始终捍卫所有被压迫和被剥削人民的利益。"巴拉圭共产党三大制定的纲领规定党是工人阶级的政治先锋队。阿根廷革命共产党党章称党是"无产阶级的革命政党"、"无产阶级组织的最高形式"。巴拉圭共产党（克雷依特）四大通过的《巴拉圭共产党的基础和准则》指出，巴拉圭共产党是无产阶级的革命党，是工人阶级和一切丧失生产资料出卖劳动力靠工资维持生活的巴拉圭男女的革命党，是工人阶级最有觉悟的组成部分，是工人运动的先锋队，首先是工人阶级的下层，即受剥削最深的工人的革命先锋队。

多数拉美共产党对党的性质的表述比较稳定，但有些党有时会做出一定的调整与修改。例如，秘鲁的共产党（团结）八大原则声明称党是工人阶级的政党，是工人阶级政治、组织上的先锋队；而党的十一大则指出："劳动者当然包括工人阶级，但范围更广"，因此将党的性质由"工人阶级政党"改为"劳动者政党"，称党是"工人、农民、教师等劳动者的党"；十二大章程则改为"秘鲁共产党是劳动者、工人、农民、专业人士、青年和妇女的党"。又如，哥伦比亚共产党十四大纲领指出："哥伦比亚共产党是无产阶级和全体劳动者的政党，是其有觉悟的先锋队和最高的组织形式"，"哥伦比亚共产党既是无产阶级政党，又是爱国主义和国际主义政党"；而十九大通过的党章则规定党是"劳动者和全体人民的政党"。

无论是秘共（团结）还是哥伦比亚共产党将党的性质由"工人阶级政党"改为"劳动者的政党"，都体现了一种共产党在新的形势下致力于扩大自己的阶级和群众基础的努力。20世纪80年代起，面对新形势，为了扩大自己的阶级与群众基础，一些拉美共产党形成了试图建立群众性的党、现代型政党的认识。如哥伦比亚共产党十四大报告指出："我们试图建立这样一个党：它将扩大与广大群众的广泛联系，发挥其新型的现代政党的特点，在工人阶级、农民、知识分子和职员中吸收成千上万的新党员，壮大党的队伍。就是说，建设一个哥伦比亚人民运动所需要的党。"1985年的乌拉圭共产党全国代表会议也指出："我们要建设一个更为强大的群众性的干部党。这是工人阶级的党，是青年人的党，是为民主而斗争的先进战士的党，是进步知识分子和艺术家的党，是为社会主义、为革命、为消灭人剥削人的制度而斗争的党。"有些拉美国家的共产党认为建设群众性革命政党与党的性质并不冲突，不会改变共产党工人阶级政党的性质。如秘共（红色祖国）五大政治报告就认为"群众性革命政党并不意味着我们要改变秘鲁共产党的性质"。在此认识的基础上，建设群众性政党逐渐成为更多国家共产党的选择。一些拉美共产党党章、党纲对党的性质的界定充分体现了这种取向。如古巴共产党五大党章规定党是"由工人阶级和最广泛的劳动阶层以及所有爱国者和革命者组成的先锋队党"；委内瑞拉共产党十一大党章称党是"工人阶级和广大劳动者的政党、先锋队和最高组织形式"；巴西共产党十一大章程规定党是"巴西工人阶级和全体劳动者的政党，是劳动人民和国家利益的忠实代表"。

致力于建设群众性、现代型政党的取向是拉美共产党在把握新形势的基础上形成的认识，是对生态环境新要求的反映。促使拉美共产党形成此类认识的新形势主要有：科技革命导致工人阶级的阶级结构发生变化，传统意义上的工人的比例出现缩小的趋势，出现了一些新的社会阶层；20世纪80年代以来拉美的民主化浪潮使各共产党通过合法议会选举道路获取政权成为可能，为了获取更多支持、赢得更多选票，扩大自身的阶级基础与社会基础成为客观需要，等等。另外，也有拉美共产党自身的因素在里面，比如各国党对历史的总结也起了一定作用。

2. 党的地位

严格说来，应该是共产党在革命过程中，或者在由资本主义向社会主义过渡过程中的地位。既然是工人阶级的先锋队和最高组织形式,在革命过程中,共产党应该处于领导地位,起模范带头作用,只有如此才能真正保证革命的社会主义方向,才能取得革命的胜利。对此,拉美共产党也有充分认识。如巴西共产党党纲强调党是"为社会主义建立和建设而斗争的领导力量";哥斯达黎加人民先锋党十三大纲领指出:"工人阶级及其政党是革命的主要领导力量,这是使革命向社会主义阶段发展的根本保障","工人阶级政党必须在斗争中争取发挥领导作用";圭亚那人民进步党二十大政治纲领指出:"要建立和保持革命反帝政权和建设社会主义社会,非有一个马列主义党不可",人民进步党是"向社会主义过渡的领导力量";哥伦比亚共产党十三大政治报告也强调:"我们党在每个运动中的成就和在促进全体人民的团结中所起的作用,取决于我们同群众斗争的联系,积极参加的程度和取得的领导地位","哥伦比亚革命的先锋——共产党人的积极参加,是我国社会任何进步事业成功的必要条件之一";阿根廷共产党十六大政治提纲、政治报告、纲领分别指出:"为了能够胜利地完成其历史使命,无产阶级需要有一个使其整个阶级在国家政治事件中起决定作用的强大的马克思列宁主义党","党的问题已经变成关键问题了。它的发展与巩固,它扎根于群众的程度,它的领导能力,将是衡量革命是否能取胜的非常具体的准绳",共产党的"不断强大为劳动者提供了一个确保其领导作用、团结其他阶层、实现根本的政治目标、夺取政权和进行革命变革的不可取代的工具"。

(二) 党的目标与使命

作为工人阶级的政党,共产党的历史使命是领导工人阶级取得政权,建设社会主义,并最后实现共产主义。共产主义是全世界共产党人的最高目标。对此,拉美共产党人均无异议。

对社会主义和共产主义的认识,多数拉美共产党赞同马克思主义经典作家的相关论述,并长期沿用苏联在此方面的观点认识,把苏联模式作为自己学习、借鉴的模版。也有一些党在总结历史经验的基础上,形成了一些不同以往的认识。这些认识的主要内容是:第一,向社会主义、共产主义的过渡需要经过不同的阶段,不能一蹴而就。如委内瑞拉共产党十一大政治决议认为社会主义是更高级、更完善的革命民主制度,委内瑞拉向社会主义过渡是一个缓慢和渐进的过程。巴西共产党认为,以共产主义为目标建设社会主义是包含若干阶段的复杂过程,巴西从资本主义过渡到共产主义将经历从资本主义到社会主义的初步过渡、完全社会化、社会主义的全面建设并向共产主义逐步过渡三个基本阶段。鉴于巴西还不发达,为全面建设社会主义准备条件,第一阶段必不可少。① 秘共(红色祖国)五大章程指出:"社会主义是共产主义社会的初级阶段。它的发展、完善和建立需要无产阶级专政来保障并经历一个长期的历史过程;同时,它也是民族民主革命必然的和不可避免的继续。"哥伦比亚共产党十四大报告也指出社会主义历史阶段比大多数共产党人想象的更长、更复杂,并处于不断变化和发展中,不能把任何国家的社会主义当作有约束力的模式。第二,社会主义不存在固定的唯一模式,要立足于本国的具体实际,建设有本国特色的社会主义。如秘共(红色祖国)五大文件指出:"作为历史的需要和现实,作为工人阶级的普遍目标,社会主义是没有国界的。但是工人阶级为了能够斗争和进行革命,必须作为阶级在本国组织起来。秘鲁无产阶级阶级斗争具有的本国特征与其国际内容是一致的。因此,秘鲁革命是世界无产阶级革命的组成部分。如果不接受社会主义只有一种模式,世界革命只有一个领导中心的观点,就更不能接受一个社会主义国家从属于另一个社会主义国家的观点。"巴西共产党八大文件指出社会主义的形式多种多样,巴西的社会主义应当有自己的特点,不能照搬已有模式,不是一下就能建成的,需要分阶段逐步完善;现行党纲则强调"建设具有巴西特点的社会主义,通过若干阶段建立起一个进步的、自由的、公正的国家,使劳动者和广大人民享有新生活"。智利共产党强调社会主义"没有统一的模式",各国人民"应根据其民族特点"来建设社会主义;各国党要独立自主地根据各自国家的实际制定自己的政策。乌拉圭共产党二十二大指出事实已经证明走向社会主义的道路是多种多样的,社会主义没有固定模

---

① 参见张志军:《20世纪国外社会主义理论、思潮及流派》,北京:当代世界出版社2008年版,第205页。

式，但它有特定的一致性和根据本国特点要遵守的普遍规律。乌共致力于在乌拉圭建设开放性的社会主义。

除了共产主义的最高目标外，共产党人还有自己在某一历史阶段的任务与目标——有的拉美共产党将之称为"最低目标"，有的称为"战略目标"，有的称为"现阶段的任务"，等等。拉美各国共产党制定的阶段目标不尽相同，而且同一党不同历史阶段的目标任务也不一样。大致说来，革命第一阶段的目标是获取国家政权，为社会主义革命准备条件。例如，墨西哥社会主义人民党称其战略目标是建立一个"以工人阶级为领导的，包括一切民主和爱国力量的政府"，作为在墨西哥建立社会主义政权的过渡步骤；多米尼加劳动党党纲规定革命的最高目标是建立社会主义社会和走向共产主义，最低目标是推翻美帝国主义、大资产阶级和大地主的统治，以革命的民主国家代替反动的新殖民主义国家；哥伦比亚独立革命运动党章规定现阶段的主要任务是摆脱帝国主义桎梏，实现民族解放，消灭封建残余，发展经济，实行民主改革，为社会主义奠定基础。

（三）党的指导思想

理论是行动的先导和指南。以马克思主义为指导是共产党最显著的标志之一。在20世纪的大部分时间里，拉美各国共产党信奉马克思主义和科学社会主义。20世纪末虽然受到苏东剧变的严重冲击，多数拉美共产党还是顶住了重重压力，坚持马克思主义和共产主义的理想信念不变，并力图根据各国的具体实际在表述形式上进行一定调整，在内容上予以丰富发展。

1. 指导思想（理论基础）

绝大多数拉美共产党都直接表明以马克思列宁主义理论为指导，或马列主义是党的理论基础与行动指南。除此以外，其他表述还有：墨西哥社会主义人民党1955年宣称要以科学社会主义为其意识形态和战略路线的基础；1991年的十四大表示将继续坚持以列宁主义为指导思想。秘共（团结）十二大章程确定"秘鲁共产党的意识形态基础及开展政治活动的依据是科学社会主义理论"。秘共（红色祖国）五大党纲则指出："秘鲁共产党把马克思主义、列宁主义作为指导自己思想和行动的理论基础。此外，还有毛泽东的理论贡献和本党创始人何塞·卡洛斯·马里亚特吉的思想。"哥伦比亚独立革命工人运动则声称以马列主义、毛泽东思想作为行动指南，要把马列主义、毛泽东思想科学地运用于哥伦比亚实际中去，等等。

2. 对马列主义的新认识

经过血与火的洗礼，多数拉美共产党逐渐认识到，马列主义不是一成不变的教条，在坚持马列主义作为行动指南的同时，也必须根据具体实际和不断发展的形势加以具体阐述和运用。代表性的观点有：阿根廷共产党认为马克思列宁主义作为变革的理论，是在实践中不断发展的。因此，需要"理论上更新，恢复其批判的本质，排除教条主义"，"创造性地运用马克思列宁主义"。在坚持马克思列宁主义的同时，还应吸收拉美革命者马里亚特吉、格瓦拉对马克思主义"做出的贡献"。① 秘鲁共产党（红色祖国）五大文件指出马列主义的思想和理论原则对于各国共产党有普遍的指导作用，它为共产党打上阶级的印记并提供了不可战胜的辩证法，使之有可能正确地制定行动路线、建立组织系统、树立工作作风和采取真正革命的斗争方式。然而秘鲁的无产阶级政党作为一个具体的实体是在特定的环境下、为了一定的目的出现、存在和发展的。它应该在普遍原则的指导下，根据秘鲁革命特定的进程和特殊性，认识与其他马列主义政党的不同之处，用自己的头脑思考，由自己根据所处的客观环境确定战略和策略，而不应该犯教条主义错误，照搬别国革命经验。

对马列主义的新认识在拉美共产党的章程、纲领中的一个突出反映是对党的指导思想的新表述。例如，巴西共产党现行党纲规定"巴西共产党以马克思列宁主义的科学理论和我国人民及世界革命运动的历史经验为基础"，现行章程则指出党以"由马克思和恩格斯创立、由列宁和其他马克思主义革命家发展的科学革命理论"为指导。哥伦比亚共产党十七大党章规定："哥伦比亚共产党以科学的马克思列宁主义和民主、革命、丰富的革命经验为指导。"秘共（团结）十二大章程指出科学社会主义理论的基

---

① 参见钟清清：《各国共产党总览》，北京：当代世界出版社2000年版，第741页。

础是"马克思列宁主义以及国内外社会主义革命者的思想贡献,特别是何塞·卡洛斯·马里亚特吉的社会主义思想理论"。

3. 指导思想的"本土化"

一些拉美共产党为了增加自己对人民群众的吸引力,通过各种途径增加自己的"本土化"色彩,如吸收、借鉴本国的传统文化思想、民族思想等等。体现在党的指导思想方面,就是在坚持把马克思主义作为指导思想的同时,增添了本国或本地区先进人物和民族英雄的思想、其他政治思想等元素。例如,哥伦比亚共产党十六大表示要坚持马克思列宁主义,并使之在实践中不断发展;同时还主张继承"解放者"西蒙·玻利瓦尔的思想,吸收本国和整个拉美地区的进步思想,以及不同时代的关于政治、社会的民主思想。① 其党章规定:"党的政治路线和纲领是以玻利瓦尔和拉美思想为指导,将马列主义的科学原则和民主革命的公式和经验的宝库进行创造性的解释,并运用到哥伦比亚的实际。"又如,委内瑞拉共产党2007年十一大通过的政治决议指出委共以马克思列宁主义和委内瑞拉民族英雄的思想为指导思想,十一大党章的表述是党"以马列主义科学理论、西蒙·玻利瓦尔的反帝和一体化的解放理想为指导"。

如此,就出现了一个如何协调、处理马列主义与这些具有本土特色的民族思想关系的问题。坚持马克思主义(当然包括各种"结合"的理论成果)的指导地位,吸收借鉴民族思想,体现了党的意识形态的兼容性,增加了其本土特色,有利于党吸引更多支持者。但是,如果将民族思想与马克思主义并驾齐驱、不分二致,甚至将其地位置于马克思主义之上,那共产主义组织的性质如何保证,会成为一个大问题。

(四)党的建设

除了执政的古巴共产党及目前参政的巴西共产党等少数党外,多数拉美共产党有关党的建设的思想理论乏善可陈。个别党偶尔谈及党的自身建设存在的问题、加强党的建设的重要性,有的党提出过关于党的组织建

---

① 参见钟清清:《各国共产党总览》,北京:当代世界出版社2000年版,第647页。

设、思想建设的一些认识，还有的提出致力于建设一个群众性的革命党。除此以外，基本上没有其他内容。

有关党的建设存在的问题。秘共（红色祖国）五大政治报告对当时困扰秘共的问题进行了说明："党在走向全国并取得威望时，党的组织建设未得到相应的发展。党所组织起来的力量大大低于其应有的潜力。尤其是说明，党员、干部甚至党的领导人对党的建设估计不足，未加强支部及各级党委的组织生活，放弃对党员进行共产主义教育。党内这种轻视的态度、将党的任务压缩为应付偶然的事变的做法和屈从于合法组织的立场正是经济主义最消极最危险的表现，事实上是改良主义在政治上的根源，在思想上使放任自流得到加强。"如何加强党的建设以改变这种状况？秘共的回答是："党的建设意味着把党奉行的指导原则看作根据党所处的实际情况采取的具体方式。……不能一成不变地在不同的环境下工作，也不能对各种要求做千篇一律的回答。"巴西的共产党第八次全国代表大会决议有部分内容也涉及类似问题。决议首先指出了党面临的突出困难，"在这些困难中突出的有：轻视对科学社会主义理论、对我国经济与社会现实、对我们的政治路线和党的历史的研究；不能及时理解整个形势的变化；不能充分估价国际工人运动和巴西的共产党自己的经验；不能制定特殊部门的政策（如农村、妇女、青年、文化、生态、黑人运动和互助运动等）。在这些部门，整个党的思想和实际行动的水平很低，有偏离党的阶级性的倾向和偏差。在我们队伍中，也表现出在贯彻政治路线上的偏差"。为此，要加强党的建设。党的建设"要求党的每一个组织研究具体的现实，更好地参加到人民的斗争和运动中去。要求有实际措施，以确保在无产阶级中的成长和加强"。"党的建设的核心仍在于恢复列宁主义的组织原则——党的活动和参与的主要天地是基层（党的鼓动支部）——以便使党扩散到整个社会。""我们的组织和建设的政策的基本原则，在于正确贯彻我们的政治路线。""一句话，要使党具备必要的品质以紧跟国家政治与社会生活的新的每一个前进步伐，尤其是把党放在巴西社会所经历的整个紧张而接连不断的斗争和变革的前列。"

关于党的组织建设。鉴于一些共产党党组织经常分裂的客观事实，拉美共产党特别注重党的团结。例如,马提尼克共产党八大工作报告特别强调了党的团结问题,指出"党的团结是取胜的条件","我们党的历史也向我们证明了,每次分裂、每次分化都引起了党的削弱和影响的下降"。因此,要求全党"正如伟大的列宁谆谆教导的那样,我们要像爱护自己的眼珠一样来维护党的团结"。

第二节 马克思主义普遍原理与拉美实际 "结合"的主要理论成果

拉美共产党人在以马克思主义为指导去认识拉美实际、从事革命实践的过程中,形成了一些马克思主义普遍原理与拉美具体实际相结合的理论成果。其中,马里亚特吉思想、古巴道路、智利道路①等具有代表性。

一、马里亚特吉思想②

何塞·卡洛斯·马里亚特吉是秘鲁共产党的创始人,也是拉美共产党人中少有的公认的有较大影响的理论家。作为"创新的马克思主义者",马里亚特吉不仅创造性地把马克思列宁主义运用于本国实际,"参与创立秘鲁的社会主义",提出了一系列关于秘鲁问题的思想认识;在用马克思主义阐述拉丁美洲历史进程等拉美共性问题上,也起了重要作用,为创立"印第安美洲社会主义"做出了突出贡献。

马里亚特吉思想是围绕"对于马列主义的认识或态度"这一核心展开的。马里亚特吉"既反对认为马克思主义只适用于欧洲的主张,也反对对

---

① 此处古巴道路、智利道路中的"道路"均用来指代两国共产党在革命、建设过程中所形成的理论成果。严格说来,"道路"一词是不能用来形容一种理论的。之所以如此,基于:目前学界还无统一的名称来指代古共与智共的理论成果;古共的理论成果相对比较丰富,有关于革命的卡斯特罗主义、"游击中心"理论及有关社会主义建设的思想理论等诸多形式,用古巴道路统一呼之;智共力图走出一条走向社会主义的"和平道路",虽然其理论还不成熟且实践迄今也未取得成功,但毕竟代表了一种不同于武装夺取政权道路的尝试,故也把其列为一种加以探讨。

② 本部分参考〔秘〕马里亚特吉:《关于秘鲁国情的七篇论文》,北京:商务印书馆1987年版;肖楠:《当代拉丁美洲政治思潮》,北京:东方出版社1988年版,第130—146页。徐世澄:《拉丁美洲政治》,北京:中国社会科学出版社2006年版,第128—130页。

马列主义采取教条主义的态度"①，他认为"马克思列宁主义既回答了人类面临的问题，又不是一成不变的适合于任何历史阶段和社会条件的僵死的原则和论断"②，因而应该"根据每个国家和民族的特点发挥作用"。在该核心思想的基础上，马里亚特吉进一步主张从本国实际出发，用马克思主义的立场、观点与方法研究秘鲁的问题，并以此为基础制定革命的理论、策略与政策。"他致力于用马克思主义研究秘鲁的历史和现状，制定出秘鲁革命的理论和战略"③，"在20世纪20年代，马里亚特吉一面从事工农运动，一面从事马克思主义研究和宣传工作，深入研究秘鲁国情，探寻革命道路，逐渐形成了与拉美地区实际相结合的革命理论"。④ 马里亚特吉还主张，对拉美共产党人而言，要把马克思主义同拉美革命实际相结合，在拉美的现实中进一步发展马克思主义。他强调，"我们确实不想在美洲照搬照抄马克思主义，它应该是一种英雄的创造性事业。我们必须用自己的现实和自己的语言创造出印第安美洲的社会主义"。

马里亚特吉的理论认识主要体现于其1923年至1930年的作品中，其中最具代表性的是《关于秘鲁国情的七篇论文》。在《关于秘鲁国情的七篇论文》中，马里亚特吉对秘鲁的社会经济结构、政治体制、民族特点、教育、宗教、文学等领域的问题进行了全面、系统研究，为"全面了解秘鲁作出了巨大的、独特的贡献"，因而是"关心秘鲁问题的人阅读最广、请教最多、评价最高的著作之一"，它"拨动了美洲所有自由之士的心弦"。⑤ 在这些作品中，马里亚特吉的主要思想认识如下。

马里亚特吉认为，社会主义是人类的希望和前途，也是治疗拉美和秘鲁问题的良方，"拉丁美洲的未来是社会主义的"。在秘鲁实现社会主义前

---

① 肖楠：《当代拉丁美洲政治思潮》，北京：东方出版社1988年版，第134页。
② 张志军：《20世纪国外社会主义理论、思潮及流派》，北京：当代世界出版社2008年版，第165页。
③ 张志军：《20世纪国外社会主义理论、思潮及流派》，北京：当代世界出版社2008年版，第165页。
④ 张志军：《20世纪国外社会主义理论、思潮及流派》，北京：当代世界出版社2008年版，第165页。
⑤ 转引自［秘］马里亚特吉：《关于秘鲁国情的七篇论文》，北京：商务印书馆1987年版，第344—345页。

途的道路"只有进行社会主义革命",而且秘鲁革命"只能是一场纯粹的社会主义革命"。但由于秘鲁社会内部资本主义和前资本主义生产关系交织在一起的实际,秘鲁社会主义革命又具有两重性和特殊性,可以"视情况"在社会主义革命前面加上诸如"反帝的"、"土地的"、"革命民族主义的"等修饰语。秘鲁的社会主义革命不能只反对资产阶级,还必须完成一些在理论上属于资产阶级民主革命范畴的任务。为了保证革命的社会主义方向,秘鲁的社会主义革命应该由无产阶级来领导,无产阶级的政党共产党是引导革命的先锋力量;为了取得革命的成功,则需要以无产阶级和印第安人运动结成的联盟为基础,建立由受资本主义、前资本主义剥削的各阶级组成的统一战线。

由无产阶级领导,以无产阶级和印第安人运动联盟为基础,建立统一战线的思想是马里亚特吉在对秘鲁革命力量进行分析的基础上形成的。他认为,秘鲁的资产阶级是在民族国家形成后才开始发展的,他们既弱小又平庸,还缺乏反帝反封建的精神,不能完成民主革命的任务;而且这个阶级还与帝国主义和考迪罗的利益联系在一起,"在其根源和组织机构上同贵族有着千丝万缕、难解难分的联系"。因而秘鲁的资产阶级既不是民族主义的,也不是进步的,统一战线中也不应该包括资产阶级。对于小资产阶级和中等阶层,马里亚特吉的观点前后有所变化。早期的马里亚特吉认为他们虽然受帝国主义的剥削,但其立场多变,他们会从革命的立场转到反动的立场上去;而后期的马里亚特吉则认为在帝国主义的压力下,他们在政治上和组织上倾向进步,逐步采取了革命的民族主义的态度。鉴于其他阶级的特点,只有有觉悟的无产阶级才能担负起完成民主革命的历史使命。但是,从其数量和质量方面看,秘鲁无产阶级还不能单独进行社会主义革命,须和印第安人运动结成联盟。

秘鲁无产阶级必须和印第安人运动结成联盟,还因为秘鲁革命的中心问题是印第安人和土地问题。马里亚特吉有关印第安人和土地问题的观点是其革命思想中最富有拉美特色的部分。他认为,秘鲁五分之四的人口是印第安农民,因而印第安人是秘鲁民族的基础,是唯一的"秘鲁性"所在。把印第安人从剥削下解放出来,是秘鲁革命的中心任务,真正的民族主义应该以印第安人的要求为基础，"不首先关心印第安人的权益问题，就不是秘鲁的社会主义，甚至不是社会主义"。对印第安人而言，土地问题比其他任何问题都更重要，"印第安人可以对一切漠然置之，唯独不能对占有他们的土地漠然置之，那是他们怀着宗教般的虔诚用自己的双手费尽气力耕种和培育起来的土地"。印第安人问题实际上根源于秘鲁的土地占有制度，"土地所有制决定着一切国家的政治和行政制度。我们共和国至今尚未解决的土地问题，制约着我国的一切问题。各种民主和自由制度不可能在半封建经济的基础上产生和实行"。"土著人问题是由我国的经济产生的，其根源就在于土地所有制。"所以，印第安人问题和土地问题是一个问题的两个方面。

秘鲁土地问题具有自身的特殊性，主要体现在秘鲁还存在大量村社经济。对于秘鲁村社经济的分析是马里亚特吉关于拉美历史发展进程及秘鲁社会经济问题的重要内容。对于拉美的历史发展进程，马里亚特吉认为，拉美经历了本地的或村社的经济阶段，封建的或殖民地的经济阶段和资产阶级的或资本主义的经济阶段。随着拉美各国的政治独立，"封建经济逐渐变成资产阶级经济，但在世界范围内，它依然是殖民地经济"。拉美的"殖民地"特点不仅意味着经济上倚赖外国资本，还包括文化上倚赖传统的西班牙价值准则（与"城镇精神"对立的"采邑精神"）。这种局面决定了印第安人的受压迫地位，而印第安人在玻利维亚、秘鲁、厄瓜多尔和危地马拉等国以及哥伦比亚、墨西哥的某些地区是居民中的大多数。因此，解决拉美问题不能回避印第安人的问题。就秘鲁的社会经济而言，西班牙的征服中断了印第安公社共有制经济的发展进程，建立起封建的生产方式。殖民者还在农业和矿业中推行奴隶制剥削形式，奴隶制在秘鲁是作为社会生产关系整体中的一个基本部分起作用的，"由于奴隶制生产关系在封建生产关系中扎下根，使秘鲁的封建制变得病态畸型"，从根本上堵死了资本主义在秘鲁社会内部长成的可能性。共和国建立后，在帝国主义的扶植下，秘鲁的资本主义开始起步发展。但由于不是内部自然形成而是外部催生的，秘鲁的资本主义不能独立发展，只能是外国资本的附庸，而且其发展也不能根除前资本主义的生产关系。形成了村社经济被包在农奴制和劳役制之中，劳役制与庄园制又僵化于资本主义生产关系之中的局面。在此基础上，秘鲁社会逐渐演变成村社经济、封建经济和资本主义经济三种经济因素并存的半封建半殖民地社会。秘鲁的封建制和考迪罗主义没能消灭其前面的村社经济，在村社中仍保留着印第安人共有社会的集体主义活动和各类合作与结社形式。村社经济的古老生产方式在秘鲁具有"现代历史的威力"，是"最先进的原始共产主义组织形式"。由于村社经济的存在，马里亚特吉断言秘鲁的印第安人可以从村社经济直接跨入社会主义，而无须经过资本主义发展阶段。同时，马里亚特吉也没有忘记"现代共产主义"和"印加共产主义"的区别，他指出："现代共产主义是一种与印加共产主义不同的事物……现代共产主义与印加共产主义是人类不同经验的产物，属于不同的历史时代，是不同文明的结晶。"因此，"把这两种共产主义的形式和制度进行对比是荒谬的。唯一可以对比的，是它们在时间和空间、实质和物质不同的前提下，非物质方面的基本相似性"。

由于马里亚特吉强调从本国实际出发制定本党的路线和政策，相应地，在与国际共产主义的关系上，他主张独立自主，而不盲目地听从外国共产党和国际组织的指挥。这种立场、观点很明显是不合"革命中心旨意"，不受其欢迎的。在第一次拉美共产党大会上，在秘鲁现实的问题上，马里亚特吉关于秘鲁社会性质、革命性质、社会阶级分析、印第安人等问题的观点受到批评，被冠以"民粹主义"的"头衔"，《关于秘鲁国情的七篇论文》被称为"没有任何价值的小资产阶级的作品"；在建党问题上，马里亚特吉独立建党的主张与实践被指责为是在组织"持改良主义纲领的社会党"，是"背叛无产阶级利益，投降资产阶级"的行径，秘鲁党被要求立即改组为由"清一色"的无产阶级组成的共产党。在强大的压力下，秘鲁社会党出现分裂，马里亚特吉本人为了避免与共产国际发生直接冲突而主动辞去党内职务。

随着病魔夺取了其年轻的生命，马里亚特吉——早期拉美共产党人的杰出理论家，"从未赞赏过那些不了解秘鲁情况的外国的教条主义"，"长于批评、善于探究的社会主义者和经常研究如何解释秘鲁戏剧性事件的学者"，"令人信服的社会主义者"，还有他那闪耀着智慧光芒的思想在很长的一段时期里被忽视、被埋没，甚至被批评与贬低。这不能不说是拉美共产党人的一大损失，是拉美共产党发展历程中的一大遗憾。

二、古巴道路

古巴共产党把马克思主义普遍原理和古巴实际相结合，探索一条具有古巴特色的社会主义革命和建设道路，形成了系列理论成果，丰富和发展了马克思主义的理论宝库。

（一）革命理论

1. 对古巴革命的认识

古巴共产党的正式文件中对古巴革命的性质、阶段、特点等问题都给予了详细说明。在古巴共产党二大的中心报告中，卡斯特罗指出古巴革命的特点之一是"人民民主的、土地的和反帝的第一阶段向社会主义阶段的转变是在一个短暂的时期内，在同一个革命领导下进行的，质言之，从革命战争取得胜利的最初时刻起，对革命的两个阶段来说，政权问题就已解决了"。他认为古巴的经验证明了"在人民民主和反帝阶段与社会主义阶段之间并不存在着不可逾越的鸿沟。在帝国主义时代，这两个阶段可以形成一个统一的进程，在这个进程中，民族解放和民主性质的措施（有时已带有社会主义色彩）为纯粹社会主义的改造打下了基础。""在我们的时代，民主反帝革命的不断发展在一定的历史条件下可以直接走向社会主义。"卡斯特罗还认为古巴革命是把马列主义普遍原理应用到古巴实际的结果，"古巴革命一方面体现了一系列本国具体条件和当时的国际形势所产生的特点，一方面也是按照马克思列宁主义所发现的社会历史变化的根本规律来进行的，它证实了列宁主义关于革命和关于革命不间断地发展为社会主义革命的理论"。

2. "游击中心"理论

古巴革命走了一条不同于其他地区社会主义革命的道路。在古巴革命经验的基础上，形成了一种有别于拉美共产党传统革命理论的新的理论形式。有的称之为卡斯特罗主义，有的称之为格瓦拉主义，还有的称之为

"游击中心"主义或"游击中心"理论。①

具体地讲,"游击中心"理论的主要内容有:第一,拉美已经具备革命的形势,拉美各国可以立即发动革命,革命应在各国同时进行。"在这个(美洲)大陆上,几乎所有国家(进行革命)的条件都成熟了,可以进行这类战争(游击战)"②,"从美洲全局来看,一个孤立的国家很难取得胜利,压迫力量的联盟必须用人民力量的联盟来对抗","在所有那些被压迫得忍无可忍的国家里,必须高举起义的旗帜,由于历史的必然性,起义的旗帜将飘扬于整个美洲大陆"。第二,革命的道路是武装斗争的道路,农村是武装斗争的主战场。武装斗争是拉美革命取胜的唯一道路,"无论怎样不能同意和平过渡的论点","历史上以前没有、将来也不会有不经武装斗争而取得胜利的","对于多数拉美国家来说,组织发动武装斗争,是今天革命的迫切的基本任务","武装斗争是拉美革命的基本路线",而"在不发达的美洲,武装斗争的战场基本上应该在农村"。第三,武装斗争应从游击战开始,进行游击战的方式是建立"游击中心"。"游击中心"思想是"游击中心"理论的核心思想,即由一个有威望的领袖人物率领一小批革命者首先在一个偏僻的农村地区或山区开展活动,打击敌人,削弱政府在该地区的势力与影响,并以此扩大革命者的影响,进而建立一个游击中心;成功建立一个游击中心以后,革命者要接着建立一支游击队,当队伍扩大后组成另一个"游击中心","按照这个公式循环下去",发展成一支"人民军队",最后将革命推向城市,夺取国家政权。有威望的领袖人物及最初的这一小批革命者是革命的关键,是整个

---

① 这一理论源于古巴革命的经验,最早是由格瓦拉等人总结提出的。该理论对20世纪60年代至70年代初的拉美游击运动影响甚大。后来阿赴拉姆·纪廉、卡洛斯·马里格拉等人主张的城市游击战理论可以视为古巴经验的一个变种,即拉特利夫在《拉丁美洲的游击战与革命》中提到的"后游击中心的革命形式"。另外,一些学者对"游击中心"理论是不是一种理论形式表示了怀疑,认为其更具有革命策略的性质,而不是一种革命理论。

② 该理论有关革命形势问题的观点的另一种表述是:不一定要等到一切革命条件都成熟,即使不具备革命的客观条件,真正的革命者也可以发动革命,"游击中心"或魅力领袖能创造条件;也就是说,革命者的主观因素或主观能动性非常重要,没有真正的革命者,即使具备很好的客观条件,革命也不可能发生。

革命的发动机。① 第四，革命的政治和军事领导应当统一于"游击中心"，或者说，在革命之前无须建立一个革命的共产党，也无须由它来领导革命，革命的领导者和参加者是游击队本身。第五，游击队和共产党的关系。"政党就是军队"，"游击队是先锋队的先锋队"，"不是党做人民军队的核心，起义军倒是党的领导核心"，"先锋党可以以游击中心这种形式存在，游击队就是孕育中的党"。第六，拉美革命的性质是社会主义的。"在美洲，这种解放几乎必然具有转化为社会主义革命的特点"，"现在不存在任何别的变革，要么是社会主义革命，要么就是假革命"，"为了取得最后胜利，只有建立社会主义式样的政府，没有别的选择"。②

"游击中心"理论与共产党的传统革命理论的不同之处主要在于对游击队和党的关系的认识，或者说对革命的领导权归属问题的认识上。作为工人阶级的先锋队和最高组织形式，共产党在革命中处于领导地位，在革命中发挥首要作用是马列主义的主要思想之一，也为很多国家革命的实践所证实。而在"游击中心"理论中，游击队或"游击中心"的地位显然在共产党之上，是游击队领导党，而非党领导游击队；甚至在革命中建党的必要性都值得探讨，更不用讲党的领导了。

受"游击中心"理论影响进行的武装斗争尝试鲜有成功案例的事实证明，"游击中心"理论只适用于特定的环境，其普适性值得探讨。

（二）社会主义建设理论

1. 社会主义的发展阶段

在古共三大纲领中，对社会主义发展阶段问题进行了系统阐述，主要观点包括：社会主义和共产主义两个发展阶段具有共同的基础与特点，"社会主义和共产主义作为同一个经济社会结构的不同阶段，有着共同的

---

① 在其《游击战》一书中，格瓦拉认为大约30到50名革命者足以在拉美的任何一个国家发起武装斗争。参见 David Bell, *Communist and Marxist Parties of the World*, Longman Group UK Limited 1990, p. 549.

② 参见祝文驰、毛相麟、李克明:《拉丁美洲的共产主义运动》，北京：当代世界出版社2002，第213页；肖楠:《当代拉丁美洲政治思潮》，北京：东方出版社1988年版，第96—109页。

基础"。"在这两个阶段中,对主要生产资料实行社会所有制,取消一切形式的人剥削人的现象。劳动作为所有人的权利和义务是一种创造性的活动。按照实施共同的经济社会规律和以统一的计划发展经济的办法来领导社会。"这两个阶段的根本特点是:"绝大多数人民以越来越民主、广泛和自觉的形式参加决定同国家政治、经济和社会生活有关的问题。""建立以互助友爱为特点的新型的社会主义关系是社会主义和共产主义所特有的,其根本目的是为社会所有成员谋福利,使他们能获得多方面的发展。"同时,也不能忽视二者之间的差别,"在这两个阶段之间存在着必须予以重视的重大差别","社会主义阶段和共产主义之间的基本差别是生产力的发展水平和生产关系的成熟程度"。在共产主义阶段,"生产资料所有制将只有一种形式,即全民所有制,阶级差别将消灭。将不存在体力劳动和脑力劳动之间、城市和乡村之间的本质差别。货币—商品关系将消失。劳动将成为人的生活的第一需要。生产力的发展将达到非常高的水平,集团的财富将能完全满足人的合理需要,并允许社会在自己的旗帜上写上共产主义分配的光辉原则:各尽所能,按需分配!人们将具有最高的文化和社会觉悟"。而在社会主义阶段,"对生产资料的全民所有制尚未成为唯一的所有制,同它一起还存在合作所有制。还存在社会阶级,尽管矛盾还不是对抗性的。体力劳动和脑力劳动之间、城市和乡村之间还存在差别。劳动主要还是谋生的手段,因此,在精神奖励的同时还需要利用物质刺激。货币—商品关系仍然是需要的,虽然将具有新的内容。生产力的发展还不能完全满足人的物质和精神需要,社会实行在这一时期能保证社会利益和个人利益最紧密结合的分配原则:各尽所能,按劳分配"。纲领还指出,"在资本主义和社会主义之间,存在一个过渡时期",在这一过渡时期里,"要改造全部社会生活;消灭资本主义复辟的一切可能性。从历史上看,这一时期是无产阶级专政的时期,无产阶级专政的含义是大多数劳动者对少数剥削者施政,处于领导地位的工人阶级、劳动农民和其他体力和脑力劳动者享受越来越多的民主"。最后,纲领得出"通过资本主义向社会主义的过渡时期和共产主义社会的两个阶段来发展新社会,是一个不可避免的、受社会发展客观规律支配的客观进程,违反或曲解社会规律将导致社会发展的中断甚至步入歧途"的结论。

关于古巴目前所处的阶段，古共三大纲领指出："1960年10月15日，菲德尔·卡斯特罗少校宣布，蒙卡达纲领已经完成。革命立即提出了社会主义任务，在古巴开始了建设社会主义的历史阶段。""古巴已胜利完成从资本主义社会向社会主义社会过渡的历史阶段，正处于全面建设社会主义的阶段"。

2. 建设社会主义的道路

古共四大党纲决议指出，古共自1976年起在特定的条件下，在指导经济体制方面完全照搬其他社会主义国家的发展模式的做法，犯了一种政治性的错误。历史教训表明，如何根据国情建设有本国特色的社会主义，是各国共产党需要探索的问题。建设有古巴特色的社会主义，不应抄袭或照搬与古巴历史、传统和特点不相符的经验和模式，必须提倡自己富有创造性的思想，同一切教条主义和自由主义的行动决裂并彻底克服照搬别国经验所带来的不良后果。

如何建设有古巴特色的社会主义？古共中央政治局委员、国务委员会副主席、部长会议执行秘书卡洛斯·拉赫在1995年9月举行的"经典马克思主义有效性"国际研讨会上的发言代表了古巴对此问题的认识。拉赫指出，"我们在任何书本中都找不到古巴社会主义进程所需要的描绘其未来的具体答案，在当今世界推进的任何模式中找不到，在同样努力建设社会主义的国家，如中国和越南的模式中也找不到。我们需要进行适合我们情况的改革"。早在同年的1月份，卡斯特罗曾谈及改革的必要性，他指出："为了能够在这个单极世界的特殊环境下生存和发展下去，我们不得不适应这一形势，进行改革，做出努力和巨大牺牲。"

古共对于"改革"的认识有个不断深化的过程。古巴特殊的国际国内环境使其对于改革的认识与改革行动一直比较谨慎。为了争取和拓展国际空间和发展环境，古巴较早地实行了"开放"，以"开放反封锁"，但"改革"却一直迟迟未见影踪。直到苏东剧变后，面对空前恶化的国际国内形势，古共才不得不"冒险"尝试改革，"古巴党和政府面临着革命崩溃的抉择，与其自我灭亡，不如冒改革风险"。随着改革的深入，古共对改革的认识也逐步深化，改革由最初的"不得已的让步"变成发展马克思主义和完善社会主义的必要措施。总体来讲，古共认为：改革是解决国家经济问题的唯一出路，是拯救革命、拯救社会主义的唯一道路，是马列主义者应该采取的"革命行动"，"作为真正的马列主义者，我们应该这样做，形势也要求我们以现实主义态度勇敢地这样做"。改革的目的是"改进这个国家的社会主义制度（后来调整为'坚持和完善国家的社会主义制度'——笔者注），而不是摧毁这个制度"。改革"并不是有人所说的，是转向资本主义，更不是朝资本主义方向狂奔迅跑"，不是放弃社会主义思想和马列主义信念，不能偏离社会主义原则和方向。要立足于古巴国情，从古巴的实际情况出发，对国家的政治、经济进行谨慎的稳步改革，不能照抄照搬别国的经验和做法。以讨论古巴社会主义经济和社会模式"更新"（即改革）为主题的古共六大通过了《党和革命的经济社会政策纲要》（以下简称《纲要》），《纲要》共313条，涵盖包括经济管理模式、宏观经济、对外经济、投资、科技创新、社会、农工、工业和能源、旅游、运输、建筑住房、水力资源、贸易政策等经济社会领域的各个方面，标志着古巴的改革不再局限于某一个或某几个方面，成为对经济社会模式的全面的结构性改革。

（三）对党自身的认识

1. 党的历史

在古巴共产党第三次代表大会续会上通过的古巴共产党纲领，对党的历史问题进行了回顾，形成了有关党的历史的统一认识。纲领首先回顾了"第一个古巴共产党"的诞生及其活动："在卡洛斯·巴利尼奥和阿古斯丁·马丁·贝洛斯（马蒂尼略）等马克思主义领导人的影响下，本世纪初出现了第一批马克思主义组织，他们指出了马蒂理想的失败，开展了传播科学社会主义思想的重要工作。1905年，建立了社会主义工人党，它的生命虽然短暂，但它是第一个把马克思主义作为自己理论的古巴政党，1906年，它和其他的工人组织合并之后，改称为古巴社会党。……第一个工会组织古巴全国工人联合会及胡利奥·安东尼奥·梅利亚和卡洛斯·巴利尼奥在1925年创建了第一个古巴共产党。"古巴共产党诞生后即围绕"争取国家的完全独立"和"进行巩固独立和完善独立的社会主义革命"两个纲领性目标开展活动，取得了一定成就。如"从群众的革命运动中产生了一批在共产党领导下的工农苏维埃，他们虽然寿命很短，但却第一次表现了古巴工人阶级夺取政权的决心"。纲领随后对菲德尔·卡斯特罗这位"受了马蒂思想和马克思、恩格斯、列宁的革命观点影响的……青年"及其领导的革命运动进行了描述，谈到了卡斯特罗"以马克思主义的观点为他领导的运动制定了人民进步纲领"，古巴革命的历程、特点及为使革命向社会主义革命转变所采取的一系列措施。最后，对新党的成立过程进行了回顾："1961年底，由'七·二六'革命运动、人民社会党和'三·一三'革命指导委员会在科学社会主义原则基础上联合组成统一革命组织。它成立了几个月，犯了宗派主义错误……采取了这些措施之后，就建立了古巴社会主义革命统一党。"通过对党的历史的回顾，得出的结论是古巴共产党是"革命本身的成果"，是"革命造就了党"。

2. 党的性质、目标与地位

关于党的性质，古共二大章程规定，古巴共产党"是我国工人阶级有组织的先锋队，它在自由自愿结社的基础上集中了从最出色的劳动者中挑选出来的人民最优秀的儿女"；章程还指出古巴共产党是由两个主要因素构成的，"这个党是由两个主要的、根本的、无法估价的因素产生的：一个是所有革命者的联盟……是巴里尼奥、梅利亚等首批共产主义者在我国建立的党的继承者；另一个因素是马克思列宁主义这一科学学说，这一政治革命哲学"。古共五大修订的党章规定党是"由工人阶级和最广泛的劳动阶层以及所有爱国者和革命者组成的先锋队"，是"革命的真正成果和古巴人民团结意志的最高表现"。

关于党的目标，古共三大纲领指出，党的最终目标是"在我国建设共产主义"。同时强调为了实现这一目标，古巴共产党以"马克思列宁主义关于共产主义社会两个阶段——社会主义即低级阶段和共产主义即高级阶段的理论为基础"。

关于党的地位，古共二大章程指出，党"是革命最好的工具，是革命的历史连续性的保证";古共三大纲领强调党是"社会和国家的最高领导力量",是一个"能够确保其历史不断发展和实现工人阶级与全体劳动人民最终目标——建设社会主义和共产主义的思想政治工具";古共第一次全国会议继续强调党是"社会和国家的最高领导力量"。古共的地位不仅在党的基本文件中得到规定,在国家的根本大法宪法中也得到明确。1976年的《古巴共和国宪法》规定:"由工人阶级以马克思列宁主义先锋队组成的古巴共产党,是国家和社会的最高领导力量,它组织和引导朝着建设社会主义和向共产主义前进的目标的共同努力。"1992年的宪法再次明确古巴共产党是"社会和国家最高的领导力量,它组织和指导为实现建设社会主义的崇高目标和向共产主义社会迈进的共同努力"。

3. 党的指导思想

在二大中心报告中,卡斯特罗强调"一个执政的革命党不应背离马列主义的原则"。二大章程也指出古巴共产党要"忠于马列主义,认为它是先锋队的理论和行动的指南;努力把它创造性地运用于我国的具体情况,并根据自己的经验和其他兄弟共产党的经验发展它;捍卫它免受来自右的和左的方面的干扰,免受资产阶级、修正主义和假马克思主义教条主义的理论家的攻击和歪曲"。在四大章程中古共开始正式将马蒂思想列为党的指导思想的组成部分,声称古共是"马蒂思想和马克思列宁主义性质的党"。古共五大关于党的指导思想的新提法是"古巴共产党坚持马列主义、马蒂思想和卡斯特罗创造性思想和榜样",又增添了"卡斯特罗创造性思想"。

对于马列主义与古巴本土民族思想的关系,卡斯特罗在二大中心报告中也做了一定说明:"在我国,马列主义思想同我国人民的爱国主义和英雄主义传统是深深扎根在一起的。对我们来说,塞斯佩德斯、阿格拉蒙特、戈麦斯、马塞奥和马蒂同马克思、恩格斯和列宁是不可分离的。在我们的意识中,他们是联系在一起的,就像爱国重要思想和国家重要思想,民族自由、平等和社会主义,一国的历史和世界的历史,以及祖国和人类是联系在一起的一样。我们今天建设社会主义,地基是我们光荣的先辈用汗水、鲜血和英雄主义气概打下的。"

三、智利道路[①]

"通向社会主义的智利道路"理论（下文简称智利道路）是智利共产党和社会党等党派组织组成"人民团结"阵线参加总统竞选及大选获胜组建人民团结政府前后，智利共产党人和社会党人尤其是智共就智利的社会性质、革命性质、革命目标、革命道路和实现社会主义的途径等问题形成的较为系统的理论认识。阿连德总统在其第一个国情咨文中宣布要在智利建立世界上"第一个以民主、多元化和自由为样式的社会主义"，并"树立起第二种向社会主义过渡的模式"，他的宣言成为对智利道路的首次公开表述。

智利社会和革命的性质。人民团结政府施政纲领指出，智利是"一个依附于帝国主义的，由在结构上与外国资本有联系的资产阶级分子控制的资本主义国家"。这种制度不能克服其自身产生的危机，"唯一的，真正的人民的抉择只能是结束帝国主义、垄断集团、地主寡头的统治，建立社会主义制度"，建设社会主义是智利道路的最终目标。

革命或实现社会主义的道路。智共总书记科尔巴兰认为，"工人阶级和为社会主义而斗争的其他力量可以夺取政权并实现变革而不一定非诉诸武力"，替代武力的选择是通过和平选举走向社会主义。不通过内战而采取和平选举的方式走向社会主义正是智共所寻求的不同于俄国十月革命的一条新的社会发展道路。科尔巴兰还为和平走向社会主义设计了一套方案——第一步，通过选举获取行政权；第二步，通过选举赢得议会，从而获得立法权；然后，在资产阶级法制范围内实行政治、经济、社会等各方面的改革。这一方案的实施是一个漫长的过程，需要通过"连续不断以至无穷"的"按同一方式行事的政府"之间的相互继承，来实现社会主义的目标。

[①] 本部分内容主要参考祝文驰、毛相麟、李克明：《拉丁美洲的共产主义运动》，北京：当代世界出版社2002年版，第230—239页；肖楠：《当代拉丁美洲政治思潮》，北京：东方出版社1988年版，第164—179页。在第二本书中，将阿连德在智利推行的社会主义理论以及进行的相关试验称为"智利社会主义"。

阿连德在他的第一个国情咨文中也谈到了在资产阶级框架范围内实行改革的问题。他认为大多数智利人民只拥护法制范围内的改革，"在目前没有任何可能进行超出现存法律制度的改革"，因而主张最大限度地利用资产阶级民主，号召"在资产阶级民主中找到彻底改革人民的政治、经济和社会生活的根本方法"，"在尊重法制、体制和政治自由的条件下，改变资本主义制度"。当然，在现有体制范围内"建设"的同时，也要搞"破坏"，通过初步确立其替代物来破坏旧的社会经济结构、旧秩序。在纪念人民团结政府一周年的演说中，阿连德指出："智利的特点是一方面维持公共秩序，另一方面让法律规定的秩序适应新的社会现实而进行革命的。"

在其第一个国情咨文中，阿连德还表达了实行多元制的想法。他认为"多元制是马克思主义前辈预言而未实现的革命道路"，因此，智利要"在民主、多元化，特别是意识形态多元化下过渡到社会主义"。具体来讲，多元制主要包括多党制政府、意识形态多元制以及经济成分多元制三个大的方面。关于多党制，智共认为"在智利已有100多年历史传统的多党制政府与智利现实相适应"，因此"多党制的道路是打开社会主义大门的制度"；多党制政府甚至在"社会主义条件下也是可能的"，多党制恰恰是智利社会主义发展的特点之一。关于意识形态多元，智共认为"马克思主义者、天主教徒以及共济会员和社会出身不同、意识形态迥异的人民力量"在人民团结阵线"找到了相互间的共同点"，阵线本身就是意识形态多元的体现，为实现和平变革，要求各派力量超越政治思想和宗教分歧，达成相互之间"持久的"、"无限期的"谅解，实现各派的团结。关于经济多元，人民团结政府主张公有制经济、合营经济和私有经济并存，其中公有制经济应该占主导地位。

应该说，智利道路是作为智利特有生态环境反映的理论产物。从智共成立到人民团结政府期间，智利维持了拉美各国少有的民主传统这一客观现实，为智利道路的提出提供了现实根基；而智利共产党长期积累的利用资产阶级民主的经验也对智利道路的形成不无裨益。但是，智利道路恰恰又包含了一些基于对智利现实估计不足的空想成分，最终导致其悲剧命运。这种反映了现实，却仅仅反映了部分现实的"夹生饭"式的理论是智利共产党和平道路尝试未能成功的首要动因。无论怎样，智共的尝试还是为总结国际共运经验教训提供了生动有益的案例。

小 结

苏东剧变以前，拉丁美洲共产党对很多问题的观点认识明显受外来观点尤其是苏共（共产国际）观点的影响，一定时期甚至将苏共的观点奉为"圣旨"，采取简单的"拿来主义"立场，犯了教条主义错误。诚然，马列主义的基本原理具有普适性，作为工人阶级的政党，共产党用马克思主义的立场、观点与方法分析问题是理所应当的；对于一些具有共性的问题，如国际形势与党的性质、最高目标及指导思想等，吸收借鉴他国共产党的理论成果，达成共识，也是很正常的。但是，不能因此否认特殊性，每个国家的具体实际会存在不同，或者不同国家的共产党所处的生态环境有其独特之处，对这些个性问题的认识，就不能再简单、盲目地照搬照抄别党的观点，而实际上，这种做法与马克思主义的基本精神是相违背的。苏东剧变后，痛定思痛，多数拉美共产党开始日益重视马克思主义的本土化问题，纷纷强调要把马克思主义普遍原理与本国实际相结合，对之加以具体的阐释与应用。这也算完成了一轮"否定之否定"的艰难历程。

长期的教条主义，不能很好地把马克思主义普遍原理与本国具体实际相结合，导致多数拉美共产党的"理论之树"未能开花结果，拉美共产党有的多是对某些问题的零散的认识，缺乏成体系的系统的理论成果。除了目前执政的古巴共产党拥有一套相对完善、系统的关于古巴社会主义革命与建设的理论成果外，其他拉美共产党鲜有如斯者。

拉美共产党对很多问题的理论认识还表现出明显的模糊性，尤其对诸如军队、土地、印第安土著居民、民族主义、天主教等"拉美特色"的关键问题缺乏明晰的系统认识。理论的模糊性、对关键问题的忽视，固然与拉美共产党的教条主义及缺乏对拉美实际调查的传统有关——大致而言，尤其是二战以前，拉美共产党基本上很少开展对拉丁美洲实际（社会性质、阶级构成等）的调查；同时，也反映出拉美共产党对现实把握、说明能力的不足，即其理论水平尚需提高。理论模糊，缺乏对现实的解释力，表明拉美共产党的"思想武器"火力还不够强，用之指导实践很难取得理想效果，也会降低党对群众的吸引力。

第四章 拉美共产党的政策主张

政党要实现自身的存续、发展与价值功能的发挥，仅有对生态环境的理论认识和对自身的定位还不够，还应该在对外界和自身理解的基础上，对应该做什么以及怎样做等问题做出进一步的规定、细化与说明。也就是，将对党的根本目标及实现目标的工具设计等基本问题的抽象理论认识，转换到可操作的层面，以应对生态环境的要求、缓解生态环境的压力、获取生态环境的支持，从而实现自身的存续、发展与价值功能的发挥。如果说，政党的思想理论一般会停留在"动脑"的层面，政党的政策则更注重"身体力行"、"真刀实枪"的操作与实施。政党的政策涉及或涵盖各个领域、各个层面。因而，政党的政策会有经济政策、政治政策、社会政策、文化政策等之分，也有对内政策与对外政策之别。把握政党的政策既可以从经济、政治、社会、文化政策的角度入手，也可以以对内政策与对外政策为分析的视角。

从组织理论的角度讲，对组织行为的分析应从对其政策行为的观察分析开始。拉美共产党的政策是了解拉美共产党的一个重要窗口。在近百年的历程中出现了数量众多的拉美共产党组织，而且随着生态环境和党自身任务等因素的变化，拉美共产党的政策也在不断变化，要对所有拉美共产党的所有时段的所有政策进行研究几乎是一项无法完成的工作；另外，从行文的角度考虑，这样也很可能与上文第二章的内容出现重复。因此，本部分拟从两个方面对拉美共产党的政策问题进行研究：一是影响较大的拉美共产党的政治、经济、外交等领域的现行政策①；二是拉美共产党在拉美特殊的生态环境下，为增强革命力量而采取或长期坚持的一些政策。

第一节 拉美共产党的现行政策

为缓解来自以苏东剧变、全球化、信息化加速推进等为主要内容的新的生态环境的压力，满足新环境的要求，在总结历史经验的基础上，拉丁美洲各国共产党不仅从理论上对一些基本问题的观点进行了修改、丰富与完善；同时也对操作层面的政策进行了调整，实践上也有了许多变化。

一、拉美执政共产党的现行政策

目前拉美地区执政的共产党只有古巴共产党。其现行政策主要是"和平年代的特殊时期"以来，为打破"双重封锁"带来的困难、建设有古巴特色的社会主义而实行的，涵盖政治、经济、文化、外交等各领域。劳尔主政以后，致力于推动更新古巴经济社会发展模式，采取了一系列举措。鉴于此，可以将古巴共产党的现行政策分两个阶段考察。

（一）20世纪90年代初至2006年的政策

1. 政治领域的政策

20世纪90年代前期，在通过各种途径广泛征求群众意见的基础上，除了采取了一些用以稳定局势的应急性措施外，古共对现行政治体制进行了完善。对政治体制的完善集中体现在完善人民政权代表大会制度的和实行人民参政的新形式参议制民主两方面。

完善人民政权代表大会制度的措施有三项：第一，建立人民政权代表大会的基层组织——人民委员会。人民委员会由基层选出的代表组成，拥有对所在辖区的一切机关和企事业单位进行领导和监督的权力。人民委员

---

① 现行政策指苏东剧变后的政策，对应上文的全面调整时期。

会是市人代会与居民之间的组织机构,它的建立使国家政权的建制延伸到基层选区,有利于加强同人民群众之间的联系。第二,实现各级人大代表的直接选举。古巴人民政权代表大会成立后,虽然其市(县)级人代会代表由选民直接选举产生,但省级及以上的人大代表则实行间接选举。在古共四大的建议下,全国和省级的人大代表也改为由基层选民直接选举产生,扩大了人民直接参与政治生活的权利。第三,在企事业单位建立"工人议会"。"工人议会"的主要作用在于为普通劳动者建言献策提供一个平台,以方便决策部门直接、及时、全面地听取来自基层的各类意见。

古巴共产党认为,要在古巴实现社会主义,必须不断推进民主化进程,而人民的参与是民主的核心。因此,古巴革命胜利并成功向社会主义革命转变以来,古巴共产党一直比较重视探索人民参政的形式。古巴的人民参政形式经历了由直接民主向人民政权又向参议制民主不断发展的历程。参议制民主主要体现在选举方式和决策方式两个方面:选举方式上,人代会代表的提名来自各个基层选区,而非来自政党;决策方式上,凡是涉及公众的一切事务,均需通过民众讨论,征求意见后才能做决定。参议制民主是古巴人民在社会主义建设过程中的一项创造,充分体现了社会主义民主的优越性。[①]

2. 经济领域的政策

苏东剧变对古巴经济的冲击非常直接。苏东国家与古巴贸易的中断及苏联援助的取消,加上美国乘机加紧对古巴的经济封锁,导致古巴经济形势急剧恶化,陷入革命以来最困难的境地。面对"双重经济封锁"的恶劣形势,古巴共产党提出了以依靠自力更生保证生存和发展代替依靠外援实现国家工业化的发展战略。[②]

1990年至1993年,古共主要通过改变国民经济发展重点、采取紧缩措施、放宽经济政策以及积极吸引外资等政策减轻苏东剧变在经济领域的

[①] 参见毛相麟:《古巴社会主义研究》,北京:社会科学文献出版社2005年版,第102—106页。

[②] 参见毛相麟:《古巴社会主义研究》,北京:社会科学文献出版社2005年版,第276—308页。

冲击，以稳住局势，保证生存。1993年至1996年，进行了经济体制改革。主要经济改革措施有：第一，为缓解外汇紧张局面，以政府法令的形式规定私人持有美元合法，取消所携美元限量的规定，允许私人在银行储蓄外汇，允许自由兑换外币，放宽侨民回国的限制，等等。第二，扩大个体经济，发挥多种经济成分的作用。古巴政府先是宣布允许在部分行业中实行个体经营和建立个人私营企业，然后逐步扩大个体经营的范围。到1995年年底，作为古巴社会主义经济重要成分的个体经济已初具规模。第三，国营农场合作化。为调动农民的生产积极性，古巴政府宣布允许把国营农场改建为自主经营的具有合作性质的"合作生产基本单位"，同时允许将零散的国有小块土地租给农民耕种。第四，开放自由市场。80年代在推行"经济领导和计划体制"时曾开放过农产品市场，但后来关闭了自由市场。为活跃城乡经济，古巴政府先是放开了农牧业产品市场，不久又放开了工业和手工业市场。第五，加快开放步伐。在加强改革的同时，自1993年以后，古巴逐步加大对外开放的力度。在1995年通过的《外国投资法》中，不仅规定除防务、卫生保健和教育部门外，所有经济部门全部对外资开放，还特别申明对外资的合法权益给予保障。1996年至2001年，是经济改革的深化阶段，这一阶段的新举措主要有：第一，深化国企改革。在政府减少对企业的直接干预、给企业以人员编制和生产计划更多的自主权、按劳分配和加强企业内部管理原则的指导下，1998年古巴政府开始经过企业自我评估—提出改革方案—实行新管理体制等步骤对国有企业的管理体制进行改革。到2001年，国企改革初见成效。第二，加大开放力度。开放力度的加大主要体现为建立免税区。1996年古巴政府专门颁布建立免税区的165号法令。先后于贝罗阿、瓦哈伊、马里埃尔和西恩富戈斯设立四个免税区。2001年至2006年，对经济结构进行了一些重大改革：第一，糖业改革。制糖业是古巴传统的支柱性工业。为提高制糖业的生产效率，降低生产成本，在经过多年酝酿、周密部署后，2002年古巴开始全面调整制糖工业。成立了专门负责筹集资金的糖业金融公司和专门负责对外销售业务的国际糖业公司，关闭了近一半生产效率较低的糖厂，对下岗的工人进行各种再就业培训，等等。这些从资金、生产、销售到人员分流"一条龙"的改革进展得非常顺利,在国内外产生了积极反响,被国际糖业组织秘书长称作"勇敢的一步"。第二,调整小农政策。小农经济在古巴国民经济中处于重要位置,被视为国营经济的"宝贵补充"。为了进一步提高小农的生产积极性,古巴全国人代会通过了《农牧业生产合作社、信贷和服务合作社法案》,法案的主要内容有:提高合作社自留利润的比例,允许合作社雇佣外来劳工,合作社可以向小农收购农产品然后到市场上出售,等等。这些措施扩大了合作社的自主经营权,为个体农业更好地发展创造了条件。

3. 社会文化领域的政策

人们通常习惯于将社会领域与文化领域放在一起,统称社会文化领域。就其目标而言,无论是古巴共产党社会领域的政策还是其文化领域的政策,都是在力图从不同方面拉近党与广大人民群众之间的距离。社会领域的政策内容丰富,如通过免费教育、公费医疗等力促社会公平。这些将在下文交待。文化领域的政策主要围绕拉近古共自身信奉的意识形态与社会意识之间的距离这一中心展开:第一,设立专门负责调查、研究广大党员及群众思想政治动向的机构,提高思想政治工作的针对性和有效性。古共认为,如果没有事先的调查研究,就不可能开展有针对性的舆论引导工作。鉴于此,1996年召开的古共四届五中全会设立了社会舆论调查中心,该中心专门负责定期、不定期地调查党员以及群众的思想政治动向,并及时向领导机构和有关部门提供信息,有时中心整理的群众意见直接上报古共中央甚至卡斯特罗本人,成为古共观察、了解社情民意的重要窗口。例如,社会舆论调查中心1998年曾就是否邀请教皇约翰·保罗二世访古事宜展开民意调查,古共中央根据调查结果决定采取由卡斯特罗通过电视向广大党员及人民群众做解释和动员工作的措施,结果非常圆满——由于打消了群众的顾虑和疑惑,古巴在没动用行政命令和警察的情况下顺利完成了接待工作。第二,调整宗教政策,改善与宗教界的关系。古巴国民中信教者大有人在,宗教在人民生活中具有重大影响,如何处理与宗教界的关系一直是古共面对的一个课题。特殊时期开始后,教徒中涌现出不少积极支持和参加社会主义建设的爱国人士,进一步将如何对待此类人员的问题推向前台。经过全党范围的多次讨论和研究，全党最后达成不能教条地对待宗教和教徒的共识，一致认为：基督教主张平等、博爱，与共产党人所具有的最先进的政治、经济与社会觉悟是一致的，因此，不能否认信基督也可以成为马克思主义者，可以与马克思主义、共产党一起改造世界。在这些思想认识的基础上，古共先是在四大上修改党章，取消了有宗教信仰者不能入党的门槛；随后，修改了宗教政策。1992年古巴人民政权代表大会修改了宪法，修改后的宪法第55条规定："国家承认、尊重和保障信仰和宗教的自由，同时也承认、尊重和保障每个公民有改变宗教信仰或不信仰任何宗教的自由，有在遵守法律的前提下，信仰自己所喜欢的宗教自由。"通过上述举措，古共不但改善了与宗教界的关系，改善了古巴的国际形象、赢得了更多同情与支持，还扩大了自身的社会基础，增强了自身的代表性，也巩固了党的执政地位。

4. 外交领域的政策

特殊时期以来，面对严峻的外部形势，古巴共产党在坚持原有对外政策基本原则的基础上，对其内容和形式做了大幅度调整。①

积极开展全方位外交和经济外交。全方位外交既包括交往对象范围的扩大，也包括交往内容和领域的扩大。外交对象范围方面，不仅积极加强同社会主义国家的关系，还积极开展与其他类型国家的关系；不仅注重同本地区国家加强往来，积极参与拉美一体化进程，还强化同西欧、加拿大、日本、俄罗斯和东欧国家的联系。交往内容和领域方面，虽然首要的是发展与各国、各地区之间的经贸关系以改变因"双重封锁"而遭受重创的国民经济；但也未忽视其他诸如政治、军事、文卫科教体育等领域，如积极参与不结盟运动、反对军备竞赛，等等。至于经济外交，古共指出，古巴需要外国投资，需要资本和技术，可以在坚持社会主义制度的前提下，在一定范围内引进西方国家的资本和技术，"在不放弃社会主义方向的情况下，古巴应加入由跨国公司控制的、以不公平交易为特征的、国际

---

① 参见毛相麟：《古巴社会主义研究》，北京：社会科学文献出版社2005年版，第261—272页。

市场竞争日益激烈的世界经济"。

有理、有利、有节地处理与美国的关系。处理与美国的关系是古巴外交领域的重头戏。针对美国的敌视政策，古巴共产党根据有理、有利、有节的原则，与之开展了针锋相对的斗争。比如，针对美国一贯的经济封锁政策，古巴一面积极发展与其他国家的经贸关系，力争打破经济封锁；一面在国际上谴责美国的行为，以期获得国际舆论的支持与道义上的援助。而对美国的"示好信号"，古巴也往往会及时捕捉，给以积极回应。如面对克林顿上台初期美国对古巴政策的松动，卡斯特罗和其他部分党政领导人曾多次公开表示对古美关系"持一种更为小心的态度"，古巴愿意同美国讨论两国之间的任何分歧。

(二) 劳尔主政以来的政策

可以以古共六大为界，分两个阶段考察劳尔主政以来的政策。

1. 2006 年至 2011 年的政策

劳尔主持古共和古巴政府工作后，强调实现经济结构和观念的变革，在政治和经济领域采取了一些举措以改变古巴发展模式。

政治领域，改组政府。2009 年，劳尔大规模改组了古巴部长会议，解除了 2 名副主席的职务，替换了 11 名部长，更换了部长会议秘书和国务委员会秘书。改组不仅充实了政府中经济班子的力量，还加强了政府中军人的力量和作用。

经济领域的举措主要有：第一，兑现"逐步取消一些过时的限制"的承诺，放宽对商品流通和外汇交易的限制，允许向持有"可兑换比索"的民众出售电脑、手机等商品。第二，改革工资制度，取消最高工资额的限制，增加职工工资。第三，颁布第 259 号法令，将闲置土地承包给合作社或农民个体。拥有法人代表的合作社承包闲置土地的面积不设上限，承包期 25 年，到期后可延长；农民个体承包可承包的土地面积在 13.4 至 40.1 公顷之间，承包期为 10 年，到期后可以延期。截至 2011 年底，原闲置土地的 80% 承包给 17 万户农民及合作社，尚有 200 万公顷左右的土地闲置。第四，裁减国有部门的职工，增加个体劳动者数量。国有部门裁员计划分阶段逐步实施。计划从2011年1月到2011年3月精简50万人,3年内裁员100万。受各种因素制约,裁员工作进展得并不顺利,没有按期实现计划的目标。劳尔不得不下令延长裁员工作实施的期限。第五,放宽对个体工商户的限制,允许个体户从事178项经济活动。该工作进展顺利,从启动个体注册登记工作的2010年10月份到年底,短短几个月的时间,有75061人获得了私人经营许可证。

外交领域,当美国新科总统奥巴马宣布解除古巴裔美国人前往古巴探亲及向古巴亲属汇款的限制,允许美国电信公司进入古巴市场,向古巴打开一条善意的"门缝"时,古巴也给予积极回应,国务委员会主席劳尔·卡斯特罗表示,"我们已经通过私下和公开的渠道向美国政府递口信,我们愿意(与美方)讨论所有话题——包括人权、自由等",菲德尔·卡斯特罗也表示:"奥巴马可以发挥自己的才智,采取建设性行动,结束实施近半个世纪、已经证明失败的封锁政策"。这些都是对古共四大"古巴愿在维护古巴独立、主权,尊重更加平等的基础上,解决与美国的历史争端"决议的良好体现。

2. 古共六大以来的政策

2011年4月召开的古共六大,可以说是古共历史上一次承前启后、继往开来、意义非凡的党代会。六大的主要议题是古巴社会主义经济和社会模式的"更新"。劳尔的中心报告和会议通过的《党和革命的经济社会政策纲要》(下面简称《纲要》),就更新古巴发展模式问题统一了思想,确定了古巴未来变革的方向,标志着古巴进入以更新经济和社会模式为主线的新一轮改革。

劳尔中心报告的要点包括:第一,更新经济和社会模式的目标是继续实现和完善社会主义,社会主义不可逆转。第二,更新模式是为了发展经济,改善人民生活水平,弘扬社会主义道德和政治价值。第三,低价定量供应日用品的购货本制度是平均主义的表现,与按劳分配的原则矛盾,应逐步取消。第四,不实施"休克疗法",政府绝不抛弃任何无依无靠的人。第五,将继续推进国有部门裁员的工作,既不操之过急,也不停顿。第六,扩大非公有部门是受法律保护的一种就业出路,非公有部门的扩大不意味着所有制的私有化。第七，将继续保障全民免费医疗和免费教育。第八，仍将以计划为主，也应考虑市场趋向。第九，党和国家主要领导人最多任期两届，每届五年。

《纲要》共12章，313条，涵盖经济社会的各个方面。其要点有：第一，将继续以计划为主，同时考虑市场趋向。第二，国有企业是所有制的主要形式，同时承认并鼓励合资企业、合作社、个体劳动者等其他所有制形式，使所有制多样化。第三，继续保持全民免费医疗、免费教育等成果，同时减少过度社会开支及不必要的补贴。第四，逐步取消低价定量供应日用品的购货本制度。第五，调整就业机构，裁减国有部门的冗员，扩大个体劳动者活动范围。第六，继续吸引外资。第七，重新安排所欠外债的偿还期。第八，逐步取消货币双轨制。第九，放松关于房屋买卖的限制。第十，给农业以更大自主权，增加并巩固商品和劳务出口。

六大后，古共依据《纲要》这一纲领性文件，采取了一系列更新社会主义发展模式的改革措施。主要有：第一，为确保《纲要》得到贯彻落实，2011年7月成立"促进和落实《纲要》委员会"，其职责主要是指导和协调《纲要》的法规编制、具体实施、宣传、有关干部培训，并向全国人民代表大会和部长会议汇报《纲要》的年度落实情况。第二，围绕模式更新，修改已有法律或制定新法律。几年内连续修改或制定了新的税收法、移民法、社保法、个体劳动者法、劳工法、开发特区法、外国投资法等等。例如，2014年通过并生效的外国投资法进一步放宽了外商投资条件，允许外资在教育、医疗、军事以外的行业投资，并给予外商以税务减免等方面的优惠，还为外商提供免征用（即不会被国有化）的法律保障。第三，取消事实上的党政最高领导职务终身制，推动干部的年轻化。2012年的古共第一次全国代表会议明确党政主要职务任期两届，每届五年。2013年的第八届全国人大会议选出的新国务委员会委员的平均年龄为57岁。第四，精简国家机构。2012年10月将轻工业部和钢铁机械工业部合并为工业部，2012年11月设立能源和矿业部，2013年将民用航空委员会并入交通部。第五，继续推动国有部门裁员工作。截至2014年初，国有部门实现裁减冗员近60万人。第六，推动国企改革，增加国企的自主经营权,允许部分国企向国内出售其剩余产品,允许效益好的国企保留50%的利润作为生产投资,而连续两年无法有效盈利乃至亏损的企业则会被撤销重组。第七,陆续解除一些禁令,继续放宽个体经济的经营活动范围。个体户可从事的经济活动由178项增加至200多项,并允许个体经济雇工;解除关于私人买卖汽车近半个世纪的禁令;允许住房买卖和转让,允许银行向个人发放小额贷款,并给个人建房或修房有困难者发放补贴;取消国家对农产品收购后销售的垄断,允许农民直接将农产品销售给旅游饭店或旅游公司。

(三) 古共党的建设

古共一直强调党是古巴社会和国家的最高领导力量,是革命的合法成果。为确保革命的进程,古共注重加强自身建设并在各方面取得了显著成绩。思想建设方面,1991年召开的四大通过的党章申明古共是"马蒂思想和马克思列宁主义性质的党",第一次正式将马蒂思想列为党的指导思想的组成部分。如此就突出了古巴共产党的本土性,有利于凝聚全党、团结全国人民为社会主义事业共同奋斗。组织建设方面,古共四大对党的组织原则做了修改,即废除原来党章中关于对宗教迷信和其他旧思想遗迹开展有力斗争的规定,允许教徒入党。允许教徒入党的做法取得了积极效果,不仅有效扩大了党的代表性,还使古巴共产党和政府同宗教界的关系得到明显改善。虽然允许教徒入党的规定扩大了可以入党人员的范围,但是古巴共产党对入党人员的要求却非常严格,并发展完善了一套制度来保证党员的质量。四大决议规定,在发展新党员时,发展对象必须是由基层劳动者大会选举产生的劳动模范,或者是由共青联盟基层组织推荐的超龄共青团员。对入党人员条件的严格要求对于保证党员的质量进而保持党组织的纯洁性和先进性功不可没。在保证党员质量的前提下,古共注意发展新党员,壮大党的队伍。特殊时期以来党员数量始终在60万以上,最多时近90万。党的基层组织建设也得到加强,全国约有6.6万个基层党组织,遍布所有社区、合作社、学校、医院、文化团体等单位组织,保证了党对各方面的有效领导及党的政策的全面贯彻执行。古共还非常重视党的干部队伍建设。在各级领导机构贯彻老中青三结合的原则,在保证领导层稳定性和连续性的同时，积极培养提拔年轻干部。如 1997 年古共五大选出的中央委员的平均年龄为 47 岁，政治局委员的平均年龄为 54 岁，其中 40 岁以下的占到了总数的 1/3，基本上实现了年龄结构、知识结构的合理化。古共六大则提出限制干部的任期，明确包括国务委员会主席和部长在内的高级领导人任期最多两届，每届五年。另外，也注意加强干部培训工作。例如，2011 年古共成立国家和政府干部高等学院，以培养高质量的干部。作风建设方面，历史上，古巴共产党通过各种政治社会组织以及开展各类活动加强同广大人民群众的联系，形成了密切联系群众的一贯作风。特殊时期以来，古巴共产党更加重视通过各种政治组织加强同人民群众的联系。比如，保革会在团结群众和维护社会稳定方面发挥了不可替代的作用，成为党和人民联系的重要桥梁。除了通过政治组织联系群众外，古巴共产党在制定政策前，还往往直接吸收群众参与讨论，并对群众的意见给予高度重视和尊重。例如，古共六大召开前，古共举行了为期三个月的全民大辩论，呼吁民众自由表达对经济改革和《党和革命的经济社会政策纲要》的意见。据统计，有 891 万人次参加了讨论，提出了 78 万条意见建议，六大对这些意见建议进行了吸收，六大通过的《纲要》比草案多了 22 条。古巴共产党的另一个优良传统是党的干部能以身作则，与群众同甘共苦，不搞特殊化。例如，党的干部的工资待遇是完全公开的，2004 年局级干部和部级干部的月工资都是 400 多比索，由于不准党政干部搞第二职业，他们别无其他收入；又如，特殊时期开始后，古共规定凡是挂红、蓝牌照的公车在行驶中有空位时，沿途的老百姓如果想搭车，应该允许其乘车，否则群众可以上告。廉政建设方面，特殊时期的经济改革带来了一些不良影响，腐败现象开始在党内出现和蔓延。对此，古共严加警惕并采取了一系列措施进行控制与治理。第一，通过强化党的组织纪律及对干部的制度约束来规范党政干部的行为。主要做法是通过制定有关法律、法规将党员干部应遵守的行为道德规范与法律结合起来。古巴政府 1996 年出台的《国家干部道德法》，详细规定了对一个国家干部的道德要求并规定了干部的行为准则。该法主要规定了国家机关工作人员的 26 条戒律，包括高级干部公务以外即使自己有外汇也不能去旅游饭店消费，高档礼品一律上缴；政治局委员、部长不得更换新型汽车；部以上干部及其家属不能在企业兼职或担任名誉职务；不允许高级干部子女经商；不允许企业领导人把家属和亲戚安排在本单位工作，等等。虽然这是关于国家干部的道德行为法令，但实际上也是对古共党员干部的要求。第二，健全监督机制，加大监督力度。监督机制主要从组织监督和群众监督两方面来打造。组织监督方面，分别由同级党的代表大会选举产生中央、省、市三级申诉委员会，负责受理对党员干部和党员违纪行为的举报，审理对违纪党员干部和党员有关处分的申诉，委员会的决定同级党委无权否定或修改；还设立了直属主管党务工作的政治局委员领导的全国群众举报委员会及从属财政部的全国审计办公室。这些组织机构的设置为从多方面监督党员干部及党员的行为提供了组织保障。群众监督方面，古共规定政治局委员和省部级干部与群众一样，都要接受居住地保革会的管理和监督。保革会有义务向党政干部所在单位报告他们及其家属在社区的表现，保革会也拥有对党政干部年度考核、任用和选拔的发言权。第三，严惩腐败行为。古共规定领导干部贪污受贿金额在 300 美元以上者，不论其职务高低，坚决予以免职，违法的则按法律程序处理。典型的案例如古巴五名"共和国英雄"之一、原古巴驻安哥拉驻军总司令阿纳尔多·奥乔亚中将等官员因涉嫌参与贩毒、走私而被逮捕并判刑，以及原古巴渔业部长因对下属单位腐败监管不力而被免职。强大的反腐运动及严厉的惩罚措施，给腐败行为以巨大威慑。特殊时期古巴共产党对自身建设的探索充分体现了该党一贯的"从严治党"原则。通过各方面建设，党的凝聚力和战斗力得到进一步加强，党的执政地位得以巩固，而党自身的强大也是党领导古巴人民冲破"双重封锁"的核心因素。

二、拉美非执政共产党的现行政策[①]

苏东剧变给拉美共产党带来强烈冲击，但同时也为其反思历史提供了

---

① 本部分内容参考 2007 年阿根廷、巴西、古巴等六国共产党的蒙得维的亚声明，2008 年圣保罗论坛声明，2008 年世界共产党和工人党十大文件，中联部 2009 年《当代国外主要政党概览》等材料。

契机。鉴于苏东剧变的教训和自身历史发展过程中存在的问题，拉美各国共产党在强调马克思主义基本原理仍然有效的同时，也认识到马列主义是需要不断发展的，共产党要结合各国的国情对马克思主义加以具体的阐释与运用。这也就意味着社会主义没有统一模式而具有多样性，各国共产党对社会主义的实践与探索也具有多样性，各国党要独立自主地探索本国的道路，要根据各国的特点、需要和历史传统，独立自主地制定自己的政策。理论认识上的修改、完善是政策调整的基础。苏东剧变以来，多数拉美共产党开始对自己的政策加以调整。

（一）参政共产党的政策

巴西共产党是拉美共产党中较早地依据国外和国内客观形势变化调整政策的党。可以对其参政前与参政后的政策进行大致比较。参政前的1997年，巴西共产党召开了第九次全国代表大会。九大确立了巴西共产党的三大斗争目标：第一，最大限度地团结政治和社会力量去建立反对新自由主义攻势的人民抵抗政治运动；第二，争取实现民主、民族重组和加快发展的新计划；第三，开辟战胜新自由主义的道路，朝"向社会主义过渡的计划"靠拢。围绕三大斗争目标制定了党的对内、对外政策。对内政策主要集中在政治与经济领域。政治方面，主张为推动巴西政治、社会和文化生活的现代化，政府应朝民主化方向改革；法律应维护广大劳动人民的利益，反对少数人享有特权。经济方面，主张发展民族经济，维护民族工商运输企业的利益，尤其是中小企业的利益，反对政府将国营企业私有化，尤为反对将国企外国化；实行土地改革，实现耕者有其田，反对闲置土地，反对大农场主强夺中小农民的土地；经济均衡发展，缩小地区差距，扶持落后地区的经济发展。对外政策方面，主张第三世界各国人民联合起来，共同维护世界和平；主张裁军及销毁核武器和战略武器；反对干涉别国内政。① 卢拉竞选成功并于2003年出任总统后，巴西共成为参政党；2006年卢拉连任，巴西共仍为参政党。成为参政党后，巴西共的政策又有所调整。巴西共十一大章程指出，"为了使党的主张与时俱进，巴西共产

---

① 参见钟清清：《各国共产党总览》，北京：当代世界出版社2000年版，第721—722页。

党要在国家现行法律范围内，按照现章程开展活动"。巴西共对议会的认识就是其在国家现行法律内活动的生动体现。巴西共认为虽然巴西现有的议会是资产阶级精英们的机构，但民主、进步力量在某种程度上可以利用这一机构来揭露现制度的污点，公正地参加选举和议会活动是重要而有意义的。目前，巴西共产党的主要政策是：政治上，主张在巴西建立一个劳动者及广大人民群众的共和国，重视体力和脑力劳动的价值，实行人性化的互助并努力建设社会主义生活，并强调要实现这样的目标，本质的问题是争取取得政权；经济上，主张发展社会主义计划经济以阻止生产的无政府状态，但同时要保持市场机制，促进生产，以满足社会的需求；对外政策上，主张实行无产阶级国际主义，支持各国人民争取民族和社会解放的斗争，支持各国人民反对帝国主义，与人压迫人、人剥削人的制度做斗争。①

巴西共参政前后主要政策的变化充分说明了巴西共政策的灵活性。正是这种依据变化着的实际对政策的不时调整，帮助巴西共取得了今天的成就。事实证明，苏东剧变以来，巴西共的政策总体上是符合巴西生态环境的要求的，其政策有效地缓解了环境条件给党带来的压力，从而保证了党在获得环境有效支持的基础上取得了较大发展。

参政前，委共在政治上主张结束垄断资产阶级的一切特权，由人民参与国家的管理和决策。在经济上，委共主张实现石油、矿山、金融和内外贸易的全面国有化；壮大民族经济，摆脱跨国公司对国企的控制；实行土地改革，建立和发展农业合作社，由国家提供农业信贷和技术。对外政策上，委共主张尊重国家主权和人民自决原则；支持不结盟国家争取建立国际政治经济新秩序的努力，声援各国人民摆脱帝国主义压迫的斗争；以和平方式解决国际争端；反对帝国主义在拉美特别是在加勒比地区的霸权主义政策。② 参政后，委共表示支持查韦斯政府的政策及所主张的玻利瓦尔革命进程。具体而言：政治上，表示与查韦斯的改革建议保持高度一致，

---

① 参见王家瑞：《当代国外政党概览》，北京：当代世界出版社2009年版，第845—846页。
② 参见钟清清：《各国共产党总览》，北京：当代世界出版社2000年版，第669—670页。

支持查韦斯提出的政治改革方案和宪法改革建议,支持对武装部队进行改革;主张加强民众的组织和政治参与。经济上,主张多种所有制并存,认为在过渡时期,乃至在相当长的时期,在建设社会主义的阶段,包括生产资料私人所有制在内的不同所有制形式都应得到发展。对外政策方面,主张加强国际团结,支持各兄弟民族的斗争,支持哥伦比亚和平进程的一切努力。①

秘鲁共产党(团结)政治上主张实行政治改革和制定新宪法,建立真正的民主国家,切实保护各领域劳动者的合法权益;经济上,反对新自由主义政策以及为帝国主义所掌握的发展模式;对外政策上,主张在尊重主权与和平、独立自主、互不干涉的原则基础上发展对外友好关系,反对帝国主义和恐怖主义。②

智利共产党政治上主张召开立宪大会,举行公民投票,修改军政府时期的宪法和选举法,结束反民主的制度,建立人民直接参与的机制,实现"真正的、人民的和参与的民主";经济上,主张发展体现社会公正的和为人类服务的民族经济,反对新自由主义经济政策和国营企业私有化;对外政策上,主张奉行有利于合作的政策,尊重各国人民的自决权,反对霸权主义。③

厄瓜多尔共产党政治上主张进行民族民主革命,建立代表人民多数的民主政府,尊重意识形态多元化,尊重多党制和代议制。经济上,主张实行民主土改,发展民族工业,消灭饥饿和失业,改善教育、卫生等状况。对外政策上,反对帝国主义、新老殖民主义、种族主义和法西斯主义,同世界各国人民友好,遵守各国人民自决、不干涉别国内政、和平解决国际争端原则,支持拉美一体化,支持不结盟运动,赞成建立国际经济新秩序。④

---

① 参见王家瑞:《当代国外政党概览》,北京:当代世界出版社2009年版,第1024页。
② 参见王家瑞:《当代国外政党概览》,北京:当代世界出版社2009年版,第865页。
③ 参见王家瑞:《当代国外政党概览》,北京:当代世界出版社2009年版,第1047页。
④ 参见王家瑞:《当代国外政党概览》,北京:当代世界出版社2009年版,第894页。

（二）在野党或反对党的政策

多数处于在野地位的拉美共产党影响较小，仅简单梳理其中部分影响较大的共产党的政策。

秘鲁共产党（红色祖国）政治上主张建立人民民主独立国家，保证人民享有广泛的民主；经济上，主张发展有计划的、完整的、独立的经济，实行土改和国有化；对外政策上，主张坚持独立自主、不结盟原则，反对帝国主义、霸权主义、殖民主义、种族主义和犹太复国主义，支持拉丁美洲和加勒比地区的团结和一体化。①

阿根廷共产党政治上主张发动群众，开展维护国家主权和群众权益的斗争，通过发展"民族与社会解放阵线"，积蓄力量，建立"独立的民主国家"和"人民政府"，实现"民族解放和社会主义"；经济上，反对新自由主义经济政策，反对国企私有化，主张通过振兴国内市场发展民族经济，实现外债资本化和银行及外企国有化；对外政策上，主张和平共处、拉美团结、多元、民主、不干涉内政、各国平等和领土完整的独立和平外交政策。②

玻利维亚共产党政治上主张深化参与的、多元的"群众民主"，建立一个"公正社会"；经济上主张发展民族经济，反对新自由主义的经济政策；外交上，反对帝国主义和新老殖民主义，声援各国人民维护民族独立和反帝反殖的斗争。③

厄瓜多尔马列主义共产党政治上主张建立人民、爱国、民主和革命的政府，为社会主义社会奠定基础；经济上，主张由国家掌握经济的基础部门，打破对外资的依附，扩大民族资本，实行土地革命等；外交上，主张在平等、互利和互不干涉内政的原则基础上发展同别国的友好关系，反对新老殖民主义、种族主义，主张拉美国家联合和一体化。④厄瓜多尔共产党政治上主张进行民族民主革命，建立代表人民多数的民主政府；经济上

---

① 参见王家瑞：《当代国外政党概览》，北京：当代世界出版社2009年版，第864页。
② 参见王家瑞：《当代国外政党概览》，北京：当代世界出版社2009年版，第813页。
③ 参见王家瑞：《当代国外政党概览》，北京：当代世界出版社2009年版，第874页。
④ 参见王家瑞：《当代国外政党概览》，北京：当代世界出版社2009年版，第892页。

主张实行民主土改，发展民族工业；对外政策上主张拉美一体化，反对帝国主义、新老殖民主义、种族主义和法西斯主义。①

综观非执政拉美共产党在政治、经济、外交等领域的政策，可以发现诸多共同之处：基本上都强调通过民主的方式开展合法斗争。巴西、委内瑞拉、乌拉圭、阿根廷、哥伦比亚、秘鲁等国的共产党纷纷在本国大选中与国内其他进步政党或组织建立选举阵线或联盟，积极参与本国的政治生活。基本上都反对盛行于拉美地区的新自由主义改革。拉美各国共产党认为新自由主义不但未能实现拉美地区的发展，反而使社会财富愈加集中在少数垄断寡头手中，大多数人却日益贫困，陷入被遗弃的境地。新自由主义不能解决拉美的问题，其自身正面临着危机。基本上都对美国的帝国主义政策持批评态度，反对美国主导的一体化进程；主张用一个排除美国但包括古巴的组织代替美洲国家组织；支持在新的基础上重新推进一体化进程，支持所有有利于反对帝国主义和有利于地区一体化的建议；主张在反对帝国主义的过程中实现拉美的团结，加强拉美国家的联合行动，拓展自治空间，以应对帝国主义的霸权。基本上都表示无条件支持古巴革命，谴责美国对古巴的长期经济封锁，认为古巴的存在对于拉美人民斗争的发展、对于坚定拉美共产党用社会主义取代资本主义的信念具有重要意义；同时，这些共产党也表示支持拉美地区的左翼政府和进步政府，支持拉美地区左翼力量之间加强团结，反对右翼势力对它们的攻击。基本上都主张维护世界和平，通过和平方式解决国际争端；主张裁军与削减核武器，反对军备竞赛、反对核扩散。

毫无疑问，非执政拉美共产党现行政策的差异源于各国的不同历史条件，而政策中的共性除基于其共同的性质与历史任务之外，也是对其面临的共同历史条件或生态环境的反映。譬如，对民主的合法斗争的强调是对20世纪80年代以来拉美地区政治民主进程潮流的顺应；反对新自由主义则是对拉美作为新自由主义试验场的"反动"；反对美帝国主义和推进地区一体化既是对美国影响的体现，也是对本地区经济一体化进程的体现；

---

① 参见王家瑞：《当代国外政党概览》，北京：当代世界出版社2009年版，第894页。

对古巴的态度是拉美地区共运形势一种形式的反映，而对左翼或进步政府的支持则是对本地区左翼社会主义运动形势的反映；维护世界和平的政策则是和平与发展时代主题的要求。

第二节 拉美共产党增强革命力量的政策

大多数拉美共产党从诞生以来力量就相对较弱，尽管它们在本国政治生活中也许是一个无法忽视的重要因素，有的还可能具有较大影响，但是从其发展程度来看，它们还无力接管政权，或者它们所拥有的内部资源还不足以支撑其实现获取政权的目标。在这种情况下，拉美共产党面临一种抉择——是"关门自守"、"洁身自好"，而党的最高目标的实现遥遥无期；还是通过积极的政策寻求臂膀、同情者、支持者、同盟军，联合能够联合的积极力量，通过整合外部资源来弥补内部资源的不足，增加共产党及其所代表的发展方向作为一种政治及社会发展选择的分量，进而由可能性转化为现实性。鉴于其自身发展状况，在拉美的生态环境下，关门自守、洁身自好对拉美共产党的影响是消极的。在这方面，紧跟"第三时期"理论的拉美共产党有着惨痛教训。而寻找同盟军和采取灵活政策是共产党缓解环境压力，争取自身生存、发展与价值功能发挥的明智之举。

基于对其空间距离、地位与重要性以及与自身关系的亲疏等因素的考虑，拉美共产党对各"外援"的认识、判断与态度存在差异，采取的相应政策也不同。大致而言，有群众组织政策、统战政策与无产阶级国际主义政策三种。

一、群众组织政策

在其发展历程中，绝大多数拉美国家的共产党长时段内一直或反复处于非法或地下状态。不受法律保护、不能公开活动、党组织经常性地遭到破坏，这直接影响了党的正常活动的开展、削弱了党的影响。为改变这种被动局面，多数拉美共产党不得不采取迂回政策，隐身于一些组织之中或在幕后开展活动。另外，为扩大自身在不同领域的影响，拉美共产党通常会寻找在相应领域的助手,通过这些各具特点的助手来影响特定人群。拉美共产党这种为了应对特殊环境的需要而隐身幕后以及寻找助手开展活动以扩大影响的做法可以视为其群众组织政策。

（一）借助其他组织开展活动的政策

在不同的国家及不同的时期,拉美共产党隐身其后的组织有所不同,有工会等群众性组织,也有阵线联盟性质的政治组织,有时还有其他政党,等等。具体而言,有些拉美共产党有时会以别的名义或成立名称看不出明显"红色"的组织来开展活动。例如,哥斯达黎加共产党20世纪30年代初未被准许以共产党的名称参加大选,仅允许它的候选人以工人与农民集团的名义参加议会选举,1932年共产党以"工农联盟"的名义参加了议会选举,获得两个议席。再如,巴西共产党曾利用民主运动党的名义参加该国1982年的议会选举,但此种情况并不多见。

多数拉美共产党多数时期所中意的组织是工会。工会组织是拉丁美洲的一支重要传统政治力量。正如上文所指出的,拉美工会组织具有附属性、多样性、分散性等主要特点。这些特点表明,工会和政党关系密切,各类政党一般都有自己的工会组织,工会既可以看作是受政党影响的外围组织,也可以理解为党内具有某种独立性的派别。共产党与工会的关系亦是如此。工人运动的发展为拉美共产党的成立准备了条件,拉美共产党成立以后也多把领导工人运动作为工作的中心环节,而在共产党诞生前后,有组织的工人运动多是由工会组织开展的,工会在工人及其运动中具有重大影响。因此,采取政策以增加对工会的影响并争取对其的领导权是拉美共产党的重要选择;而在党处于非法状态时,受党领导的工会往往成为党开展活动的主要媒介。比如,20世纪30年代,古巴共产党将争取扩大对本国工会的影响作为自己的主要工作之一,经过持续努力,古共对工会运动的影响逐步扩大,并在30年代末取得了在主要工会中的领导权,从而有效扩大了革命活动及党的影响。又如,1929年被迫转入地下后,墨西哥共产党一面仍积极坚持在诸如铁路工人工会、印刷工人工会和教师工会等主要工会中开展活动,一面成立了新的工会组织墨西哥统一工会联合会。通过影响已有工会、成立新工会,墨西哥共产党较好地削弱了非法地位给自身所造成的消极影响,保持了党的活动的连贯性。通过组织工会活动,拉美共产党得到了锻炼,并在这个过程中不断成长。从20世纪中期很多拉美共产党在苏共"和平过渡"理论的影响下开始探索通过和平途径实现社会主义以来,影响、领导工会政策的条件变得更为适宜,在多数党强调通过民主的方式开展合法斗争的今天,在工会中开展细致工作更是成为拉美共产党通用的做法。

拉美共产党通过影响、领导、成立工会组织开展活动的政策,在实践中遇到不少困难、阻碍与挑战。首先,许多拉美政府采取了各种措施,如收买工会领导人、挑动工会内部派别斗争、建立同类工会组织与已有工会竞争、限制乃至取缔不合作工会等等,来控制工会(尤其是有影响的工会)并阻止激进运动的发展。将共产党人从有组织的劳工运动中清洗出去是多数拉美政府的一贯作风。从一定意义上讲,"工会运动如何在很大程度上总是视国家的政策而定"①,共产党人通过工会开展活动的成效也往往在很大程度上受国家政策的影响。当工会本身因遭到镇压而不能正常开展活动时,共产党只有另谋替代。如20世纪60、70年代拉美军人独裁统治盛行期间,当工会受到镇压时,拉美共产党就转而关心贫民区的组织。其次,许多竞争者都想争取劳工政治上的忠诚,都在争夺对工会的控制权,共产党只是其中一员,而且是优势不太明显的一个。共产党要在众多竞争者中胜出,取得对工会的领导权,不但需要加倍的努力与付出,还要提防来自竞争者的"明枪暗箭"。例如,无政府主义、无政府工团主义等曾在很多拉美国家的工会中拥有大量信众,由于它们从中作梗,鼓吹工会高于一切,否定无产阶级政党及其领导的必要性,共产党在工会中的影响大打折扣,共产党为争取对工会的领导权就不得不与这些力量做坚决斗争。再次,加入工会的劳动者只占全部受雇人口的一小部分,一个越来越大的部分被发现处于非正规经济之中。如果再一味地单纯依靠工会来影响、领导

---

① [英]莱斯利·贝瑟尔:《剑桥拉丁美洲史》第六卷(下),中国社会科学院拉丁美洲研究所组译,北京:当代世界出版社2001年版,第334页。

工人运动就有了盲区及力所不逮之处。① 另外，拉美共产党自身在对工会的工作中也存在不足之处。其不足主要体现在两个方面，一个是受共产党影响的工会组织往往各自为政，山头主义倾向比较严重，形成不了战斗力；不仅一国内的情况如此，拉美诸国之间的工会联合也往往停留在口头与书面上，真正操作时往往进展缓慢，难有成就。另一个是拉美共产党在执行其工会政策时，并不总是能处理好与工会的关系，往往把党与工会等同起来，混淆二者的区别，犯了事实上的"取消主义"错误，影响了党的正常运作。秘共（红色祖国）五大政治报告对此做了精彩分析，报告指出，"事实上，由于党处于地下状态又受到迫害，再加上其他因素，党不得不依靠工会或其他形式的争取权益的组织来开展自己的活动，最后常常同这些组织混淆起来，造成相当数量的党员实质上感觉自己更像是工会会员，而不是共产党人，感觉权益斗争和争取改革的直接行动比必要的政治斗争和革命的政治组织更保险；他们热衷于争取权益的纲领，而对民主革命的纲领，甚至对社会主义的纲领视而不见。党几乎是为工会或类似的组织而存在，是为维护这些组织而不是为了自身的巩固、为成为革命的参谋部而生存，因而多次成了这些组织的附庸，而未能成为领导因素和革命的参谋部"。此为长期困扰拉美诸共产党发展的一个大问题。

（二）扩大党在特定群体影响的"助手"政策

拉美阶级构成、社会分层情况异常复杂，拉美社会存在诸多群体，其各自的利益、价值取向、伦理标准等各不相同。为在这些不同群体之中有效开展活动，扩大党的影响，拉美共产党采取了寻找各群体内"助手"的政策。如工会、农会、青年组织、大学生组织、妇女组织，等等。在借鉴其他地区共产党的经验、总结自己的教训的基础上，拉美各国共产党深刻地认识到，反对帝国主义和国内反动派的斗争无论采取什么方式，只有广大人民群众参加才是胜利的保证；没有人民群众的支持与积极参与，任何革命斗争都会遭遇失败。因此，多数拉美共产党把在群众中争取影响看作

---

① 参见［英］莱斯利·贝瑟尔：《剑桥拉丁美洲史》第六卷（下），中国社会科学院拉丁美洲研究所组译，北京：当代世界出版社2001年版，第181页。

是最主要的任务之一,一般都强调要密切联系群众,即走群众路线。拉美共产党的群众路线往往借助中间人来实现,可以说,这些党在不同群体中的助手实际上扮演了中间人的角色。在这个意义上,这些助手又可称为党的"群众组织"。这些组织有的是由党设立或长期受党的领导与影响的,如共产主义青年组织;有的则是党通过努力力图争取的,如工会、农会等。

在这个问题上认识比较全面、做法比较成熟、实践效果也比较好的非古巴共产党莫属。因此,此处以古巴共产党为例说明拉美共产党的"群众组织"政策。密切联系群众、走群众路线是古巴共产党的优良传统之一。古共历次代表大会的主要文件都对群众路线的问题进行了专门说明。如古共二大章程将"密切联系群众"列为党制定政策、开展一切活动的基本原则之一,指出:"密切联系群众,从群众是党的经验、勇气和力量的不竭的源泉这一原则出发,指引和领导他们,同时向他们学习。"古共三大纲领则强调:"我们的党是在同群众经常联系的情况下建立和发展的,它从来都是,也应当是所有革命者——不论他们是否加入了党的队伍——的真诚努力的结果,所有革命者都发自内心地把党视为劳动人民中最先进、最有贡献的分子所组成的、工人阶级的有组织的先锋队。"苏东剧变后不久,古共进一步明确了"四个一切"原则,即"一切立足于群众,一切依靠群众,一切重大决定要广泛听取群众的意见,一切活动要有群众配合","四个一切"原则为古共更好地执行群众路线提供了坚实的基础。如何走群众路线以加强党同群众的经常联系,或者联系党和群众的桥梁是什么?古共二大章程与三大纲领都给出了明确答案,"群众组织过去是,现在仍然是我党强有力的支持者。它们无疑是保证我党同广大人民群众密切联系的桥梁","在建设新社会的过程中,我国人民组成的群众组织和社会团体发挥着极为重要的作用","这些组织是一个不可缺少的桥梁,它保证党与广大群众之间最紧密的联系,保证党能够对群众进行教育、指导和动员;党借助于这些代表一部分人特殊利益的组织,还可以了解到我国各部分人的想法、问题和意见"。古巴共产党的主要群众组织有工会、全国小农协会、古巴妇女联合会、大学生联合会、中学生联合会、保卫革命委员会、"何塞·马蒂"少先队和共产主义青年联盟。它们基本上都是各有其专门面对的群体和不同任务的组织。作为工人组织的工会,其主要任务是维护劳动者的合法利益,争取改善劳动条件;作为农民组织的全国小农协会,其主要任务是引导农民走向更高级的生产方式,提高农民的政治觉悟,加强工农联盟;作为妇女组织的古巴妇女联合会,其任务是争取妇女完全行使平等权利,组织和动员妇女参加社会主义建设各个领域和层次的工作;保卫革命委员会是古巴成员人数最多、成员构成阶层最广的群众组织,其主要任务是保持高度的革命警惕、支持和保卫古巴革命;共产主义青年联盟是青年人的先锋队,是由革命青年组成的具有战斗性的先进组织,它是党的后备军,是党的积极助手,其主要任务是协助党培养青年人的共产主义道德,把他们培养成为能够担当建设社会主义和共产主义重任的人才。古共认为,古巴的群众组织是无所不在的,它们在工厂、农村、建筑工地、交通部门、学校、医院和大学支持古巴共产党的工作,既是成百万脑力和体力劳动者提高觉悟的学校,也是不计其数的革命干部和战士得到锻炼的大熔炉。群众组织遵循民主的原则,在其代表大会上决定各自的方针和章程,确定为在社会生活中发挥有效作用所应开展的工作。这些的基础与前提是处理好与古巴共产党的关系。在同党的关系中,群众组织自觉自愿地尊重党的领导,自觉接受党的方针政策;而党则要在承认其组织上的独立性和自主权的基础上,领导并指导这些团体的工作,密切关注群众组织的工作和发展,全力支持其为本组织群众的利益而工作,帮助它们不断完善。具体而言,党要注意:加强群众组织的民主性,提高其自我管理和自我决策的能力;提高群众组织的政治思想觉悟和文化科技水平;督促群众组织履行宪法和法律规定;促使群众组织提高工作质量。实际上,古共的上述认识是对党实践经验的总结,是在党通过群众组织联系群众的过程中不断形成、发展与丰富的。反过来,这些认识又为古共有关群众组织政策的制定提供了必要的理论指导与规范。

二、统一战线政策

在拉丁美洲,革命双方力量对比的实际是,革命对象的力量异常强大，而革命者的力量相对弱小。在这种情况下，单靠某一种革命力量来完成革命任务，往往超出其能力所能支撑的范围。对共产党而言，也是如此。因此，寻求与其他政治力量的联合，壮大革命者的阵营，分化、削弱敌对阵营就显得非常必要。拉美共产党的统战政策正是为实现这一目的而制定的。从一定意义上讲，拉美共产党活动的效果在很大程度上取决于其统战政策执行状况及效果的好坏；而共产党活动效果的好坏则决定了党的发展状况。

（一）拉美共产党统战政策的理论基础

拉美共产党对于"共产党与其盟友关系如何才算合适，应该如何处理这一关系"的观点的变化往往导致统战政策的变化，有时甚至是一百八十度的转弯。因此，有必要对拉美共产党的相关思想认识进行梳理与说明。

关于统战的必要性与重要性。多数拉美共产党认为建立广泛的人民阵线是实现第一阶段革命目标的有效政策，将统战工作列为党的工作中心或工作重点。如洪都拉斯改革党三大认为洪都拉斯还没有形成革命形势，因此主张将工作重点放在建立广泛的人民团结阵线方面；哥伦比亚共产党十四大纲领指出："在我国所处的历史阶段中，组成爱国阵线的政策是唯一适宜的政策，它能吸引并团结所有受美帝国主义、大资本主义垄断者和地主压迫的社会和政治力量"；墨西哥统一社会党一大原则声明也认为民主左派力量的联盟是建设和发展一种能够击败资产阶级并通过社会主义革命建立工人民主政权的替代性政治力量的重要基础之一，并指出"工人阶级只有同其他劳动人民结盟才能使自己完全上升为统治阶级"。

关于统战的原则。共产国际四大指出，对于"殖民地年轻的无产阶级来说，为在'反帝统一战线'内部赢得独立自主的地位，并成为其领导力量而斗争，是必需的"[①]。在统战问题的原则上，拉美共产党与共产国际四大指示的立场一致，不仅强调要争取对统一战线的领导权，还强调要保持党的独立性。

---

① 转引自[西班牙]费南德·克劳丁：《共产主义运动——从共产国际到共产党情报局》（第一卷），福州：福建人民出版社1982年版，第279页。

关于统一战线的领导权。拉美各国共产党一般都认为统一战线的领导权应该掌握在工人阶级及其政党手中,唯其如此才能保证社会主义的前景。如哥斯达黎加人民先锋党十三大纲领认为:"工人阶级及其政党是革命的主要领导力量,这是使革命向社会主义阶段发展的根本保障","工人阶级政党必须在斗争中争取发挥领导作用";哥伦比亚共产党十四大纲领则指出:"这个庞大的统一战线只要由工人阶级来领导,就能够战胜主要敌人——帝国主义和哥伦比亚的大垄断者,取得决定性胜利。"至于独立自主原则,秘共(红色祖国)五大政治报告对党在统一战线中的独立自主重要性的强调是典型代表,秘共(红色祖国)认为,"党的统一战线政策包括在左派联盟内捍卫自己的独立自主。在任何情况下,我们都不会放弃捍卫自己的独立自主,也不允许我们对它做出让步。同样,也不能强制我们采取主动。我们主张团结,也尊重团结。但不能因此我们就可以推断出一种'一切通过统一战线'的政策,因为我们不同意这种政策,也不支持这种政策"。

关于统战对象。不同时期不同国家共产党统战的对象是存在较大差异的。在"人民阵线"时期,为了抗击"共同的敌人"法西斯主义势力,拉美共产党几乎与一切"民主"力量结盟,其中甚至包括右翼政府以及诸如索摩查、巴蒂斯塔之类的独裁者。50年代中期左右,在"和平过渡"思想的指导下,莫斯科认为"在为工人的社会解放和为社会主义的光辉灿烂的理想而进行的斗争中,一切进步力量采取联合行动的可能性是很大的"。因此,苏联和拉美各国共产党不仅普遍表示愿意在统一战线中包括社会党和激进的军人,也包括基督教民主党人士,甚至表示愿意同号召进行"激进的革命改革"的天主教会进行合作。80年代拉美共产党对其政策进行调整以来,在统战对象等问题上开始有了较为明确和稳定的认识。例如,洪都拉斯共产党四大纲领将建立一个全国的革命、民主力量的广泛阵线视为自己的中心工作,认为这一阵线的核心应是工人和农民的联盟;在进行联合工作时还应注意同其他阶级或阶层的政治党派以及群众组织实行联合的实际可能性。又如,哥斯达黎加人民先锋党十三大纲领指出:"我党工作的中心任务是:把那些受帝国主义统治和不发达之苦的社会阶层团结在工人阶级周围，建立一个民主阵线"，组成民主阵线的主要力量是"无产阶级、贫农和中农、职员、学生、知识分子和其他中等阶层"，其中"农民，首先是穷苦农民（包括半无产阶级、暂耕农、佃户和其他受资本主义方式剥削的人）是工人阶级的天然盟友"，因而"工农联盟是在为争取建立人民政府而斗争的进步力量的核心"。再如，圭亚那人民进步党二十大纲领认为，"在建立工人、农民、中间阶层中进步分子之间的反帝团结的广泛阵线的同时，也努力实现左派力量的团结"。

有的共产党还对阵线做了性质、阶段的区分。例如，玻利维亚共产党（马列）认为，由工人阶级领导的，主力军是农民、包括城市小资产阶级和部分民族资产阶级在内的统一战线，分为旨在夺取政权的战略性的和临时性选举联盟一类策略性的两种。又如，哥伦比亚共产党十三大政治报告特别强调争取民主力量的团结和联合的必要性，认为这要经过两个阶段，首先是在选举斗争、经济权益斗争和工会斗争中，逐步形成一个比较稳固的反寡头、反垄断的民主阵线，其中有左派组织参加，并制定争取民主转折的具体行动纲领；其次是通过联合行动和政治协商，与左派政党和自由党的独立派别组成竞选阵线并进而结成政治性的联合阵线全国反对派联盟。

还有些党对统一战线的内容、特点、作用等进行了全面说明。例如，秘鲁共产党（红色祖国）五大纲领指出："革命统一战线是工人阶级和其他关心革命的阶级和力量组成的统一战线。其特点及内容因革命所处的时期不同而发生变化。统一战线由于具有社会核心的作用，而成为革命的政治部队。因为通过统一战线，工人阶级和我们党以及其他革命政党可将工会组织、民众组织、文化组织、艺术组织、各界人士，总之，将一切可以团结的反帝、民主和进步的力量团结在一起。""统一战线有其领导阶级工人阶级制定的纲领，有自己的目标和革命的斗争方法，有由其成员构成的社会基础，因此具有战略性质。其轴心是工农联盟。然而，在革命的发展过程中，统一战线的形式、斗争特点和社会基础，可以根据革命力量和反革命力量交战中所发生的变化进行调整。"

(二) 拉美共产党统战政策的大致历程及实践效果

早期的一些拉美共产党曾有与其他政治力量的合作，典型的如与社会党人的合作。但是，这种合作并没有在多数拉美共产党的政策、策略层面得到明确、系统的体现。从20世纪30年代起，拉美共产党争取其他政治力量支持的努力在其所采取的政策、策略中开始得到明显体现。1935年，为反对法西斯主义，共产国际七大摒弃了"第三时期""左"的政策而代之以建立人民阵线的政策，向全世界共产党发出执行人民阵线路线、参与本国政治生活的号召。拉美各国共产党纷纷响应国际七大号召，在本国开展了建立人民阵线的活动，这成为拉美共产党发展史中多数党公开执行统战政策的开始。而执行通过人民阵线与其他民主力量合作的统战政策，为拉美各国共产党赢得了良好声誉，是拉美各国共产党在"人民阵线"时期得以迅速发展的政策性因素。50年代中期，苏共二十大提出了"和平过渡"理论，要求资本主义国家的革命通过"议会道路"和平过渡到社会主义，号召各国共产党通过和平方式"走向社会主义"。尽管苏共的理论与号召在拉美共产党内引起了极大混乱，并出现了围绕革命道路等问题的激烈争论，但是多数党（老党）还是选择了苏联指出的道路。与其他革命力量结成联盟以获取政权，建立包括共产党人在内的民主民族解放政府的统战政策是"和平走向社会主义"道路的重要内容。如果说拉美共产党此前的统战政策更多地是受国际因素影响的话，那么始于70年代末期的相关政策则更多地源于内部因素的考虑。无论是80年代的政策调整，还是苏东剧变以来的政策调整，内容都涉及统战问题：80年代政策调整的主要表现之一是认为人民的团结具有重要战略意义，从而端正了统战思想。如委内瑞拉、墨西哥、秘鲁、阿根廷等国的共产党都在纲领中明确强调了建立统一战线的重要性。[①] 苏东剧变以来政策调整的主要表现之一在于强调摒弃宗派主义、改善与其他政治势力的关系，为更好地开展统战工作铺路。[②]

[①] 参见祝文驰、毛相麟、李克明：《拉丁美洲的共产主义运动》，北京：当代世界出版社2002年版，第287页。

[②] 参见祝文驰、毛相麟、李克明：《拉丁美洲的共产主义运动》，北京：当代世界出版社2002年版，第153、350页。

整体来看，拉美共产党的统战政策的执行效果是功过参半。成功之处在于：通过实行统战政策，多数共产党找到了参与国家政治生活的一条途径，党的影响得以扩大，有的党甚至成为本国国内政治舞台上举足轻重的力量。不足之处在于：虽然拉美共产党始终在强调掌握统一战线领导权的重要性，但实际上多数时候统一战线的领导权并未掌握在工人阶级及其政党手中。另外，在实际贯彻执行统战政策的过程中，多数拉美共产党并没有很好地把握与其他革命力量关系的度。一般而言，在共产党与其他革命力量关系的处理上存在两种极端倾向，一是不与其他力量合作的宗派主义或关门主义，一是"一切经过战线"的投降主义。拉美共产党总是在这两种极端倾向中不停地来回摆动，并没有形成合理模式。

三、无产阶级国际主义政策

在共产党人的字典里，"国际主义"既可以理解为一种从共产党的创始人马克思与恩格斯那里继承下来的薪火相传的传统，也可以视为共产党人为在全世界实现共产主义的理想而遵循的一种策略，还可以当作一种处理各兄弟党之间关系的原则，也曾被看作一种攻守同盟的责任与义务……对共产党人而言，"国际主义"问题既是重大理论问题，也是重大实践问题。

在其发展历程中的相当长时期里，拉美各国共产党所寻求的众外援中的一个强援来自本地区外部，主要是以苏联为代表的国际共产主义力量。从某种意义上讲，外部力量的帮助曾是维系拉美共产党在恶劣生态环境下生存的主要因素。因此，拉美共产党基本上都非常重视与强调无产阶级国际主义的问题。

（一）苏东剧变前拉美共产党的"国际主义"认识与实践

多数拉美共产党都主张坚持无产阶级国际主义，将其作为党活动的基本原则。如哥斯达黎加人民先锋党十三大纲领认为："由于我党是一个马列主义和工人阶级的党，是一个根据列宁主义原则建立起来的党，从我党所要达到的目标和代表的利益看，我党同全世界共产党和工人党之间存在着共同的观点，因此无产阶级国际主义原则是我党活动的基本原则之一。"

瓜德罗普共产党八大中央工作报告则指出:"第二个指导工人阶级政党的原则是无产阶级国际主义。……因此,在不同的民族先锋队之间进行合作是绝对没有障碍的。相反,它们之间的合作是必不可少的。而且这种合作要符合工人运动的一贯传统。对我们来说参加国际声援是检验一个组织的革命性的试金石。"

对拉美各国共产党而言,无产阶级国际主义的主要内容或体现是发展与各国兄弟党的良好关系,实现国际共产主义工人运动的团结和相互支持,声援各国的革命运动。例如,墨西哥统一社会党一大原则声明指出党"把最大限度地支持一切建设社会主义、捍卫民主、争取彻底的民族独立的人民看作是自己应尽的义务"。"党的国际主义表现在支持全世界工人阶级的斗争上,也表现在严格尊重每个外国党和革命组织的独立性,表现在确定和执行党的政治路线中的自主性。"古共二大报告认为国际主义的思想也就是"世界各国人民以及人与人之间的兄弟情谊、团结一致和相互合作"。古巴共产党三大纲领则指出,"我们的党和人民将继续完成其光荣的国际主义使命,声援为本国独立和民族解放,反对帝国主义、新老殖民主义、种族主义和犹太复国主义而斗争的人民,以便战胜那些推动战争和剥削的人。这过去是,将来也仍然是党、政府、政治、社会和群众组织的国际政策的主要方针"。

坚持无产阶级国际主义原则还要处理好国际主义与民族主义或爱国主义的关系。① 拉美共产党认为国际主义与爱国主义并不矛盾,主张在实践中将二者结合起来。如秘鲁的共产党(团结)八大声明指出:"争取一个民主和社会主义的秘鲁的斗争,是世界各国人民争取和平、独立、社会进步、社会主义和共产主义总斗争的组成部分。为此,要把无产阶级国际主义的实践和对那些已经取得或正在为建立一个新型的正义的社会而斗争的

---

① 较早地系统探讨国际主义与民族爱国关系的当属古巴共产党早期领导人梅拉与布拉斯·罗加。梅拉认为,成为一个国际主义者,无须忘记祖国,也不用攻击或仇恨自己出生的土地;国际主义首先要从外国帝国主义的桎梏下解放自己的民族,还要同被压迫的民族团结一致,结成紧密联盟。罗加则在其1943年出版的《古巴社会主义基础》一书中驳斥了在拉美广为流传的所谓国际主义者是世界主义者、不爱自己祖国的言行论调,并强调了梅拉在此问题上的观点。

工人阶级、劳动者和世界各国人民的声援同自己真正的爱国主义结合起来。"古共三大纲领指出:"作为科学社会主义不可分割的部分,国际主义的实践一方面反对帝国主义思想家企图用以分裂社会主义国家和革命运动的民族利己主义,同时还加强了社会主义的爱国主义。"巴拉圭共产党(克雷依特)三大和四大文件都声称巴拉圭共产党是一个爱国主义的民族党,同时又是一个国际主义工人党。巴拉圭人民只有依靠自己的力量才能解放自己;巴拉圭人民也需要各国人民的援助,同时也要在反对帝国主义和共同斗争中援助各国人民。

(二) 苏东剧变后拉美共产党对"国际主义"的态度与认识

苏东剧变前,在国际主义的问题上,拉美共产党虽然在理论上形成了一些正确认识;但是多数党大部分时间内并没有在实践中处理好国际主义与爱国主义的关系。往往是强调国际主义胜于强调爱国主义,而其国际主义却又往往沦为对苏联指示与政策的简单服从,亦可以理解为对苏联利益的维护超过了对民族利益的维护。

苏东剧变给各国共产党以极大冲击,一些党在公开场合不再提国际主义的问题。但多数在后苏东时代坚持下来了的拉美共产党仍公开表示继续坚持无产阶级国际主义,不过它们大都对国际主义有了新的认识与理解。洪都拉斯改革党主张继续执行国际主义原则,支持中美洲和其他地区的人民解放斗争;认为苏东剧变以来,世界革命力量正在进行重新组合,必须重建世界革命运动,加强各国人民和各国先进政治力量之间的友谊和相互支持;各革命政党和组织应遵循相互尊重、平等、独立与互不干涉内政的原则发展友好合作关系。[①] 瓜德罗普共产党表示在任何情况下都不会放弃其国际主义声援的责任,对所有涉及革命运动和社会主义建设的问题都将公开表明其立场与态度。[②] 哥斯达黎加人民先锋党认为,当前的客观形势与以往大有不同,今天已无法设想一个像二三十年前或共产国际时期的共运。各国共产党所处环境的纷繁复杂、观点的分歧以及社会发展的日新月

---

① 参见钟清清:《各国共产党总览》,北京:当代世界出版社2000年版,第601页。
② 参见钟清清:《各国共产党总览》,北京:当代世界出版社2000年版,第636页。

异都要求各国共产党致力于建立新型关系。共产国际运动的团结应是灵活的、多元的，意见不同不等于不团结或分裂；不禁锢于机械的形式主义的条条框框，反而能使共运团结成为现实。"共同团结必须避免同一，不必强行遵循一种模式；一些党不得凌驾于另一些党之上；不得干涉其他党的事务。这样的共运团结能促进经验、信息和观点的畅通交流以及国际主义声援，能够满足当前国际共运的要求。这种团结关系与实现共产党的地区的世界的会晤并不是不相容的，党的独立与履行合作、援助等国际主义义务并不相悖。独立与国际主义是共产党员政治思想道德同一性不可分割的两个方面。"[1]

从关系的角度讲，拉美共产党的群众组织政策主要处理的是党与群众的关系，统战政策处理的主要是党与其他政治组织、政治力量的关系，无产阶级国际主义政策则是重在协调拉美地区的共产党与其他地区共产党及共产主义组织之间的关系，它们所面对的对象及侧重点各有不同。但这些政策之间又是高度相关的，共同构成了拉美共产党通过外援以弥补自身力量不足的政策体系。

小 结

拉美共产党的政策是以其思想理论为基础的。因而，对于一些基本问题的理论认识的一致，为拉美各国共产党选择共同的政策提供了理论基础及可能性，但理论认识的一致并不必然导致各共产党采取共同政策；理论上的模糊性往往导致政策上的含混及摇摆，政策的含混与模棱两可给党的实践活动造成极大危害；理论上的模糊性还往往导致政策上的实用主义或机会主义，导致短视或短期行为的不时出现——拉美共产党人以实际表现"验证"了列宁的"如果不先解决总的问题就去着手解决局部性问题，那么随时随地都必然会不自觉地'碰上'这些总的问题。而在每一具体场合不由自主地碰上这些问题，就必然会使自己的政策陷于动摇不定和不讲原

---

[1] 参见钟清清：《各国共产党总览》，北京：当代世界出版社2000年版，第607页。

则的糟糕境地"① 的警告。

拉美共产党的政策包含不同领域、不同程度的单边或多边及积极或消极政策，这些政策的选择都可以归入拉美共产党的路线、策略问题。而政策的选择及其最后的执行结果或效果很大程度上取决于拉美共产党所能获取的资源。

在其发展历程的一个很长时段里，拉美共产党实行怎样的政策受外来因素的影响很大。如拉美共产党一般在成立后即被共产国际接纳为其在各国的支部。共产国际为它们制定统一的战略和策略，当共产国际的政策发生变化时，它们的政策也发生变化。共产国际解散后，拉美共产党则开始直接接受来自苏联的指导，这种情况一直持续到苏联解体。受外来因素影响较大容易导致：拉美共产党所实行的政策并不一定适合拉美独特的生态环境，不能满足拉美生态环境的要求，因而其效果会存在问题；拉美共产党的政策往往会因共产国际或苏联政策的转变而转变，因而缺乏连续性。

拉美各国共产党在执行其群众组织政策、统一战线政策及无产阶级国际主义政策时，在所涉及关系的处理上教训颇多——将党与外围组织混同，"不分彼此"；统战政策上的关门主义与投降主义；独立性服从国际性，等等。如何既保持共产党本身的独立性，又充分发挥"外援"的力量；如何避免相互之间的冲突与内耗，使各方的力量形成合力，形成"1+1>2"的良好互动局面，是拉美共产党人要继续探索的"关系学"。

目前处于非执政地位的拉美共产党通常选择通过合法道路来实现获取政权、建立民主民族政府的目标，而至今尚未有通过此途径实现获取政权目标的案例，从政策的角度讲，主要在于共产党无法提出更好的替代性政策来解决困扰拉美各国发展的诸多问题。而长期处于执政地位的古巴共产党之所以能不断取得显著成绩，从政策的角度讲，主要在于古共在把马克思主义的普遍原理与古巴的具体实际相结合的基础上，制定了能满足古巴生态环境要求的政策，并能根据生态环境要求的变化对政策进行调整，在较大程度上获取了古巴生态环境的支持。

---

① 《列宁全集》第15卷，北京：人民出版社1988年版，第366页。

第五章 拉美共产党的组织建构

政党的组织是与政党的"软要素"——政党的思想理论或意识形态相对应的"硬要素";或者说,政党的组织是政党意识形态的物化,是政党存在的物质载体。与其他类型的政党相比,工人阶级的政党共产党一般更突出强调党在组织上的高度严密和行动上的高度一致,以严格的组织原则、组织制度、铁的纪律规范党内各主体的相互关系及行为方式,整合全党,以保障党更好地应对生态环境的要求、缓解生态环境的压力、获取生态环境的支持,从而保证党充分发挥与实现自己的功能与价值,完成自己的历史使命。严密的组织是共产党的优势之一,是党所拥有的内部资源的又一主要组成部分,对于党的生存、发展与价值功能的发挥具有重大价值意义。"党的组织机构、工作方法、干部训练,这一切都使它特别有条件去完成正在进行的任务。……事实证明共产党是一支卓越的组织力量,是'一种极为有效的武器'。"①

就拉美共产党的组织而言,《拉丁美洲的国际共产主义:1917—1963年的历史》一书对其作用及结构特点做了精彩描述:"有纪律的组织是拉美共产党最大的资源。它使共产党能够在长期的镇压中生存下来,使党得

---

① [西班牙]费南德·克劳丁:《共产主义运动——从共产国际到共产党情报局》(第一卷),方光明、秦永立译,福州:福建人民出版社1982年版,第242页。

以公开或秘密活动，使党根据客观形势的需要迅速地收缩或扩张。拉丁美洲的所有共产党都有着共同的基本结构，而这基本上都是对苏共组织结构的模仿。在过去的四十年中，尽管拉美共产党的战略、策略与即时目标会不断变化，有时甚至是发生剧烈变化，但其组织却从本地区的第一个共产党组织诞生以来就基本上没有改变过。"①

政党的组织问题所涉及的内容比较丰富，包含了"所涉极广的各种组织变量：政党决策机构的组成及其权力，及两者之间的关系；权威集中或分散的程度；政党官僚机构的结构和规模；政党基层地位或地方单位的性质与功能；以及两个极其重要的变量——党员资格问题和党内领导的性质"②。本部分将在此认识的指导下，从组织构成要素、组织机构设置、组织原则、组织制度尤其是领导机构产生与运行的制度、组织纪律、组织经费等方面，对拉美共产党的组织问题进行大致探讨。

第一节 拉美共产党的组织构成要素③

作为一种政治组织，政党的第一个基本构成因素是其成员。任何政党要成其为真正意义上的政党，都要有自己的党员。不同的党员对于政党的价值是有区别的。从党员入党动机的角度讲，社会成员之所以会加入一个政党组织，其前提是基于入党可以享有与不入党或与其他非党社会成员相比不同的权利，或者说入党可以获得不同的利益——当然，入党可以获取的利益有现实利益与长远利益之分。换言之，社会成员之所以会加入政党组织，一种情况是基于代表一种长远利益的理想、信念或党的纲领所描绘的目标与前景，另一种情况则是出于作为现实利益体现的现实需要。入党动机决定了党员为党的事业奉献的程度及参与的真诚性与积极性，从而影

---

① Rollie E. Poppino, *International Communism in Latin America: A History of the Movement 1917 - 1963*, London: Collier-Macmillan Limited, the Free Press of Glencoe, 1964, p. 117.
② [英] 戴维·米勒，韦农·波格丹诺：《布莱克维尔政治学百科全书》，邓正来译，北京：中国政法大学出版社2002年版，第567页。
③ 本部分内容参考了王长江：《政党政治原理》，北京：中共中央党校出版社2009年版，第72—80页，以及郭亚丁：《全球视野下的共产党》，北京：中国经济出版社2007年版，第91—102页。

响了其在党组织中作用发挥的程度及地位。其中，基于理想、信念或党的纲领所描绘的目标与前景入党的，更能对党的意识形态表现出强烈认同并愿意为之奋斗，此类党员是党的积极分子，是党的核心与骨干力量，正是由于他们的存在，"政党才体现为活生生的存在"①。从特定意义或应然的角度讲，这些积极分子或骨干力量即为党的干部。政党的又一个构成因素是政党内部的各类亚组织或次组织，如党的基层组织、地方组织、中央组织及各类功能组织部门，等等。此类亚组织或次组织是正式的，是"合法"的，是政党的"组织"形式的组成部分。不同于政党内部存在的非正式的亚组织，如"小圈子"；也不同于政党内部的宗派。用政党的组织规范衡量，"小圈子"、宗派都是"非法"的。政党实际上是由各类亚组织集合而成的，而不是由党员个体直接组成的。本节主要讨论拉美共产党的个体构成因素——党员及党的干部，而拉美共产党的"组织"构成因素，将在下节探讨。

一、党　员

不同类型的政党对其成员的认识、界定是有差异的，因而其对党员的要求也不一样。有的政党对其党员的界定极其广泛，对党员也没有明确要求，成员入党不需要相关的申请和批准程序，党员对党也没有必须承担的义务与责任。美国的民主党与共和党均是此类情况。与此形成鲜明对比的是，工人阶级的政党共产党不仅非常重视对申请入党人员条件、素质的规定，对党员的要求非常严格，有时甚至近乎"苛刻"，对党员和非党员有明确的区分，党员入党也要经过严格的程序；共产党对党员入党后的管理也非常严格，有一套明确的行为规范约束、调节党员的行为及关系；对党员的权利、义务和责任亦均有明确规定。

（一）党员条件（或党员标准）

共产党历来重视党员的条件问题。早在共产主义者同盟时期，马克思、恩格斯为同盟起草的章程的第二条就对盟员的条件做了七条规定。列

---

① 王长江：《政党政治原理》，北京：中共中央党校出版社2009年版，第76页。

宁党建思想中也有很多关于党员条件的观点，他认为："徒有其名的党员，就是白给，我们也不要。世界上只有我们这样的执政党，即革命工人阶级的党，才不追求党员数量的增加，而注意党员质量的提高和清理'混进党里来的人'"①，"宁可十个办实事的人不自称为党员（真正办实事的人是不追求头衔的！），也不让一个说空话的人有权利和机会做一个党员。这样一条原则在我看来是无庸置辩的"，"我们的任务是要维护我们党的坚定性、彻底性和纯洁性。我们应当努力把党员的称号和作用提高，提高，再提高"②。这些思想对拉美共产党产生了很大影响。

拉美共产党一般都比较重视党员的条件，一般都在党的章程中对该问题进行了明确规定与说明。例如，古共二大章程对党员的条件、入党程序及特殊情况的处理等做了详细规定与说明，虽然后面的党代会对其中的若干条款进行了一定调整，但多数条款都比较稳定。关于党员的条件，二大章程规定："承认党纲党章，参加党的一个支部，在支部或党的一个组织中或在双重组织中工作，按照规定缴纳党费，执行党的决定和决议，为推进社会主义和共产主义事业而斗争和劳动的古巴公民都可以成为古巴共产党党员。"后来的调整主要有：四大明确了教徒可以入党以及五大增加了"在政治上与党的最高机构和组织保持一致"的内容。关于入党的程序，二大章程规定："要求入党的人应提出书面申请，并有两人介绍"，"被接纳入党的人必须在一个支部的经常关注下经过不少于一年的预备期，或参加共产主义青年联盟至少已3年之久"，"预备党员资格授予一年之后，支部有义务评价预备党员，并对是否接纳为党员进行表决"。二大章程还对一些特殊情况进行了说明，一是做出突出贡献人员的入党问题，章程规定："凡在保卫革命，执行国际主义支援任务或在建设社会主义和共产主义的其他各项任务中取得卓越成绩而应享有党员光荣称号的人，以及由于安全方面原因不能通过正常途径履行入党手续的人，中央委员会、政治局和书记处有权不按照本章程规定的手续授予他们党员的资格"；二是侨居

---

① 《列宁选集》第4卷，北京：人民出版社1995年版，第51页。
② 《列宁全集》第7卷，北京：人民出版社1986年版，第272页。

古巴的外国革命者的入党问题，章程规定："对长期侨居我国的其他国家的革命者，只要他们准备拥有我党党籍，经中央委员会书记处的事先同意，按照党章规定的手续，可以作为例外情况讨论接纳他们为我党党员"，五大章程进一步要求此类人员只能拥有古巴共产党的党籍。巴西共产党现行章程规定："成为一名党员意味着，致力于团结广大人民群众和民主进步人士，为捍卫巴西人民的权利平等和尊严、促进民主进步、维护国家主权、实现社会主义而斗争"；获取党员资格，从"个体通过填写全国党员登记表、表示接受党的纲领和章程"的形式开始，入党申请需要"一名党员担保并经党的一个组织批准"，被接纳的新党员不但要在党员登记簿上登记，以通报选举法院，还要接受相应培训；章程还规定，"著名领导人、有选举职务者、其他党派领导干部和社会知名人士等，申请加入本党，应得到州委员会批准，并听取全国政治委员会的意见"，在得到州级政治委员会批准的前提下，一些特殊情况还可以采取"申请仅内部入党"的方式。哥伦比亚共产党十四大章程规定："接受党纲党章，为贯彻党纲党章积极做出贡献，参加党的一个支部，执行党的决定并按时缴纳党费的，可以成为哥伦比亚共产党党员"，并特别指出"无论其宗教信仰或哲学观点如何，所有的人都可以入党"；在入党程序上，章程要求"发展党员，应有一名正式党员介绍"，"个别履行入党手续"，但"在大批发展党员或在没有党组织的地方"，可"灵活掌握"。阿根廷共产党十六大章程规定："凡年满18岁，承认党纲、党章，参加党的基层组织，按时缴纳党费的阿根廷男、女公民和定居阿根廷的外籍人士都可以成为阿根廷共产党党员。"秘鲁的共产党（团结）十二大章程对党员的要求是，"全体党员必须接受党的意识形态、纲领、政治路线和党的章程。党员要参加一个支部，并定期缴纳党费"；要求"加入秘鲁共产党，需向地区委员会或省级委员会填写申请书，上述委员会将申请书转交其认为适合的党支部"，申请书则需要由一名党龄不得少于一年的党员签字；党章还对一些特殊情况进行了说明，一种情况是由团转党的，规定"当共产主义青年团的成员达年龄界限，或者党需要其继续服务时，共青团员必须加入其所在地区党的一个支部"，再就是来自其他政治组织的人要求入党的，规定"原属其他政治组织的入党申请人，必须以公开、书面方式放弃其原党籍"，还有就是被开除出党的人员重新入党的，规定"对于已被开除党籍的人重新入党需要中央委员会的同意，事先需征求全国道德纪律委员会的意见以及给予其处分的机构的报告"。

通过对上述拉美共产党党章中有关党员条件及入党程序等问题的比较，可以发现各党对党员的要求存在许多共同之处。譬如，都要求党员承认党的纲领与章程、参加党的一个组织、参加党的组织生活、按时缴纳党费、入党都要经过一定的程序等。这些共同点是拉美各共产党在党员条件问题上遵循列宁相关思想的体现。由于各党自身的政治地位、发展情况及外部生态的不同，各党对党员的条件要求也有差异之处。如有的党允许外籍人员入党，有的不允许，有的则未明确表态；有的党允许教徒入党，有的党对宗教信仰问题没有明确要求；有的党强调党员入党要遵循严格的程序，有的党则指出入党程序可以视情况灵活处理，等等。另外，如果从纵向上比较，多数党对党员的相关要求与规定既保持了一定的稳定性，又有一些变化。承认党的纲领与章程、加入党的一个组织、按时缴纳党费等要求相对稳定，但是对入党人员条件的要求、入党程序等问题的规定则有较为明显的变化，总体趋向于条件的放宽、程序的简化。这些变化是对外部环境要求变化及自身任务变化的反映与体现，与拉美共产党致力于建设群众性政党的目标一致。

（二）拉美共产党党员的来源或成员构成

在党的性质上，拉美共产党都认为自己首先是工人阶级的政党，是工人阶级的先锋队与最高组织形式。因而，拉美各国共产党都强调要把党建立在工人阶级的基础之上。阿根廷共产党十六大决议特别指出："党的社会构成应与其阶级属性和政治计划相一致。发展工作的基本对象应是工人，是工人阶级中的优秀代表，尤其是来自大企业的工人阶级的优秀代表。"但是拉美共产党在打造自己阶级基础的过程中，遇到许多困难与挑战。首先是自身思想认识方面的问题。尤其是在其早期，多数拉美共产党的领袖普遍低估了工人阶级，认为其政治觉悟、思想水平低下，因而不能发挥"先锋"的作用，在吸纳工人入党方面表现得比较消极。后来，党的领袖们慢慢认识到工人阶级的强大力量,原来的观点也逐渐发生转变,情况有所改观。其次,共产党的政治地位与政治身份也往往影响到其对潜在成员的吸引力与号召力。共产党处于合法地位、党的影响较大会增加工人及其他群体人员入党的积极性;而党处于非法地位、受到迫害时,党的吸引力就会降低,而且也会出现党员退党的现象。再次,越来越深刻地感受到工人阶级强大力量的不仅仅是共产党人,其他政治组织、政治力量也为工人阶级的力量所震撼,并试图使工人的力量为己所用。政府当局、民族主义力量等纷纷争夺对工会的控制权,其实就是为了通过工会这个工具利用工人的力量。这些竞争者"抢走"了部分工人阶级"受众",在客观上削弱了共产党的阶级基础。另外,拉美的工人阶级具有多样性、流动性等特点,这些因素影响了其阶级意识的形成及政治觉悟的提高,很多时期一些国家工人阶级的部分阶层对共产党并没有特别的"好感",也谈不到对党的"忠诚"。这些因素影响了拉美共产党以工人阶级为基础打造工人阶级政党的效果。

拉美共产党吸纳党员所面向的重点目标群体除工人阶级以外,还包括农民、城市小资产阶级、学生、知识分子,等等。其中,学生与知识分子群体长时期地为多数国家的共产党提供了稳定可靠的党员来源,并为党准备了骨干分子与干部。而对于工人阶级的天然同盟军——农民而言,尽管拉美共产党在其早期就提出了建立"工农联盟"的问题,但是在其发展过程中的相当长时期里,多数拉美共产党实际上是忽视了农村与农民问题的。总体上讲,古巴革命胜利以前,多数拉美共产党在很大程度上对农村大众漠不关心。二战前的一段时期,萨尔瓦多与墨西哥的共产党比较重视在农村通过发动农民开展工作,成功建立了党的农民组织,但其他国家的共产党鲜有如此者。古巴革命胜利以后,情况有所改观,拉美共产党开始逐渐重视农村与农民问题,但也只是部分党如此。共产党既不关心、不重视,也没兴趣、没能力去理解农民的思想和要求,这不仅妨碍了农村下层阶级对共产党的热情,也使共产党在农村开展的吸纳新成员及其他工作收效甚微。

另外,拉美共产党的党员入党也不外乎基于理想与基于现实利益两种动机。纵观拉美各国共产党的发展历程，可以发现：那些出于共产主义的理想与信念、为了共产主义所代表的人类美好未来而加入拉美共产党的党员通常对党更为忠诚，无论党合法与否、执政与否，无论党是"贵"是"贱"，均能做到不离不弃，为党的事业而"奋斗终身"，但多数拉美共产党的相当长发展时期里非常缺乏此类党员；而那些基于现实利益考量入党的党员，譬如，加入共产党可以借助党的力量谋取公职，从而获得个人晋升，入党可以解决个人生活困难，甚至有的雇主为了获取工会支持，防止工人罢工而加入共产党，等等，通常对党的忠诚度相对较低，党处于非法或低谷的时刻，往往弃党而去甚或另投他党，多数拉美共产党均有被迫转入地下的经历，有的甚至长期处于非法状态，此时往往"屋漏偏逢连夜雨"，遭遇大批"现实派"党员退党的二次打击。

（三）党员的权利与义务

共产党非常重视党员与非党员的区分。对党而言，党员与非党员最明显的区别之一在于：党对其成员所享有的权利与应尽的义务有着严格规定与要求，强调党员权利与义务的高度统一是共产党的一条重要原则。

拉美共产党对其成员的权利与义务也都有详细规定与要求。例如，古巴共产党二大章程规定的党员义务多达十九条，涵盖了党内、党外生活中思想、工作、纪律、道德、方法等诸多方面，对党员提出了整体性及具体要求——不仅要求党员"对无产阶级革命事业抱有无限的忘我精神，准备在必要时献出一切，甚至自己的生命"，还要求党员"积极为贯彻党的纲领和政策而斗争；遵守党的章程，执行党的一切决定、决议和指示"，"大力加强马克思主义列宁主义理论的学习"，"遵守并要求别人遵守党纪国法"，等等。党员享有的权利也有十三条，包括选举与被选举、表决、建议献策、申诉等权利。

通过对拉美各国共产党章程中有关党员权利与义务规定的比较，大致可以看出拉美各国共产党党员均享有的主要权利包括：其一，选举与被选举的权利。不过各党选举与被选举权的范围不同。通常包括两种情况：大部分共产党规定的选举权与被选举权的实施主要限于党内的领导职务与各级代表大会的代表。如古共二大章程规定党员可以"选举和被选举为党的领导人、地方党代会和全国党代会的代表",秘共(红色祖国)五大章程指出党员"根据规定,有选举权和被选举担任党的任何职务和职责的权利",阿根廷共产党十六大章程规定党员"有选举和被选举为党的各级组织的领导的权利",等等。部分党规定党员除了可以享有选举和被选举党内职务的权利外,也可以被提名为公职人员。如墨西哥统一社会党一大章程规定党员可以"选举和被选举担任党的领导职务、民选职务和党的各级代表大会的代表",秘鲁的共产党(团结)八大章程则规定"根据党章有关条文的规定,党员在党组织内有选举权和被选举担当任何领导职务的权利。可以被提名以党的名义担任公职",等等。其二,建议与表决权。例如,古共二大章程规定党员可以"参加其所属的党的基层组织和领导机构的党代会、党员代表大会和会议,在这些会议上自由地讨论党的政策和活动,在会议尚未对讨论的问题做出决议之前,可以提出建议和为自己的意见进行公开的申辩","对讨论的事项做出决定时投票表决"。其三,公开发表意见的权利。如古共二大章程规定党员可以"在党的报刊上就提出辩论或调查的问题阐明自己的意见",秘鲁的共产党(团结)八大章程规定党员"有充分自由从事理论科学方面的研究工作和文化艺术的创作活动"。其四,批评的权利。如古共章程规定,"如果认为有必要,可以彼此间或在党的会议、党员代表大会和党代会上对任何党员提出批评,不论他是否担任领导职务。在党内,所有人都有权进行批评,没有人是批评不得的"。哥伦比亚共产党十四大章程也规定党员可以"在党的有关会议上,向任何一名党员提出批评"。其五,申诉权。申诉权包括两种情况,一种是对党的已有决定持有不同意见,向党申诉,如古共章程规定党员"对某个决定有不同意见时,可以向上一级党组织提出申诉,但不能因此而不严格执行已经通过的决定";另一种情况是对党组织给予本人的处分有不同意见,可以提出申诉,如古共章程规定"对给予本人、本基层组织或领导机关的纪律处分有不同意见,可以提出个人的申诉,并有权及时获得具体的答复","对将本人开除出党的决定如有不同意见,可以提出个人的申诉,并有权及时得到具体的答复"。其六,知情权。如墨西哥统一社会党一大章程规定党员"有权得到政治教育和为开展党的活动所需要的情况通报与工作指导"，秘共（团结）八大章程规定党员"应及时得到有关党内情况的通报"。其七，讨论党员个人问题的会议，党员有权参加。如阿根廷共产党十六大章程规定党员可以出席"有关讨论本人政治生活或个人表现的会议，特别是那些做出有关本人决定的会议"。党员还有接受有关党员身份证明的权利。如古共章程规定党员有权"接受和保存党证"，并规定"党证只有在有关领导机关做出决定后才能予以没收"；墨西哥统一社会党章程也规定党员"有权要求发给证明本人党员身份的党证"。

有些共产党规定的党员可以享有的一些权利，也非常有价值。如古共规定党员可以"向包括中央委员会在内的任何一级党的领导机关直接提出问题、要求和建议，并有权及时得到具体的答复"；秘共（团结）八大章程规定党员有权接受"有助于发挥其全部政治能力的全面培训"，等等。

各党对党员必须对党履行的义务的规定有所差别，但也存在诸多共同之处：都要求党员必须参加党的一个组织，如秘共（团结）八大章程要求党员"必须参加一个支部"；都要求党员必须贯彻党的路线、方针、政策与决议，如墨西哥统一社会党章程要求"服从本人所在基层组织和领导机关的决议，并贯彻执行"，秘共（红色祖国）党章规定党员要"执行各级党组织做出的决定和决议，履行党所赋予的职责"；都要求党员致力于维护党的团结，如秘共（团结）章程规定党员要"千方百计维护党在思想、政治和组织上的团结"，哥伦比亚共产党章程规定党员要"决心无条件捍卫和增强党的团结，为反对任何形式的结帮拉派、另立山头或分裂主义而积极斗争"；都要求开展批评与自我批评，如哥共章程规定党员"在党内开展批评和自我批评，指出工作中的缺点，同错误和弱点做斗争"，秘共（红色祖国）党章规定"自我批评是批评的基础。批评的方式不应是强制性的和随意的。批评只能在党的组织内部进行"；都要求党员遵守党的纪律，如秘共（团结）章程规定"遵守和执行党的纪律是所有党员的共同义务"，秘共（红色祖国）章程规定"全体党员无一例外地均应遵守党的纪律。党内不允许因为功绩、职务及阶级出身不同，因而在公共部门、工会或类似单位担任职务，而享有任何特权；都要求党员对党要忠诚，如哥共章程规定党员要"对党忠诚、坦白、诚实，不允许掩盖或歪曲事实"，秘共（团结）章程规定党员"对党要忠诚老实，不隐瞒真相，也不允许任何人隐瞒和歪曲与党的利益相关的事实"；都要求党员要积极宣传党的方针，加强与工人阶级和人民群众的联系，如秘共（团结）要求党员"不断加强同工人阶级和人民群众的联系，及时反映他们的问题和要求，同他们一起为争取其切身权益而斗争，并在他们内部宣传党的政治路线和纲领"；都要求党员要按时缴纳党费，等等。

（四）党员的管理

对党员行为模式的规范与要求在下文组织原则、运行机制及党的纪律等部分还会有所涉及。此处重点是拉美共产党关于党员退党问题的规定。例如，墨西哥统一社会党一大章程规定："对提出退党要求的党员，应将其召到本人所在组织的全体党员会议上，以审议其要求退党的原因，并进行劝阻。如其坚持退党，则应报上一级领导机关"，"对没有提出退党要求但已不参加党的活动的党员，应将其召到本人所在党组织，以审议其不参加活动的原因，并尽力规劝。经组织帮助，6个月内仍不参加党的活动，基层组织可将其除名，并上报有关领导机关"。古巴共产党二大章程则规定："党员或预备党员如提出退党要求，或者如果支部或党的领导机关认为此人不具备条件或不可能继续留在党内，党支部或党的领导机关有权做出让其退党的决定"，"退党不构成处分，但需要支部起码2/3以上党员投票赞成和支部的有关直接上级领导机关批准，才能生效"。

二、干 部

"政治路线确定之后，干部就是决定的因素。"[①] 干部对一个政党的发展至关重要，干部是政党活动所要借助的主要力量，政党组织的日常运行、政党价值功能的发挥都主要依靠干部的工作。正如伯恩斯指出的，"政党权力的大小取决于党的各级领导者的能力，也就是其了解、激发现有和潜在的党的追随者的需求和愿望的能力，以及调动各种经济、社会和

---

① 《毛泽东选集》第2卷，北京：人民出版社1991年版，第526页。

心理的手段来满足——或答应满足——他们要求的能力"①。对于拉美共产党而言，长期制约其发展的一个顽疾是党员干部尤其是中下层干部的缺乏。在多数拉美共产党发展的大部分时间里，尤其是党处于白色恐怖之下而不得不转到地下时，党的干部、党员遭到迫害而数量锐减，如果说普通党员流失带来的负面影响尚可以通过新党员的加入而得到一定程度的削减的话，干部的折损所造成的危害却是致命的，而且短期内也是无法弥补的。

在政党的干部序列中，党的领袖处于关键位置，其能力的大小对政党的发展具有重要影响，有时甚至会起决定性作用。共产党素来特别重视领袖的作用，列宁就曾特别指出："在通常情况下，在多数场合，至少在现代的文明国家内，阶级是由政党来领导的；政党通常是由最有威信、最有影响、最有经验、被选出担任最重要职务而称为领袖的人们所组成的比较稳定的集团来主持的。"② "在历史上，任何一个阶级，如果不推举出自己的善于组织运动和领导运动的政治领袖和先进代表，就不可能取得统治地位。"③ 与其普通党员的更新频率较快、中下层领导干部的缺乏形成鲜明对比的是，多数拉美共产党的领袖层保持了罕见的连续性与稳定性。例如，阿根廷共产党的维·柯都维亚与鲁·吉奥尔蒂、巴西共产党的路易斯·卡洛斯·普列斯特斯、智利共产党的路易斯·埃米略·雷卡瓦伦与路易斯·科尔巴兰、哥伦比亚共产党的希尔维托·维埃拉、哥斯达黎加人民先锋党的曼努埃拉·莫拉等均为本党的著名领袖。以这些人为代表的领袖们表现出惊人的相似性④：他们都长期担任党的领袖或主要领导职务，具体情况是阿根廷共产党的柯都维亚和吉奥尔蒂在1918—1973年间一直是党的主要

---

① ［美］J. M. 伯恩斯：《领袖论》，刘李胜等译，北京：中国社会科学出版社1996年版，第372页。
② 《列宁选集》第4卷，北京：人民出版社1995年版，第151页。
③ 《列宁选集》第1卷，北京：人民出版社1995年版，第286页。
④ 有学者认为他们之间的共同之处远比他们之间的差别更让人印象深刻：他们无一例外的都是"专业"共产党员，他们都曾受到苏联的教育与训练，其中还有很多人长期在国际共产主义组织中任职，等等。参见 Rollie E. Poppino, *International Communism in Latin America: A History of the Movement 1917 – 1963*, London: Collier-Macmillan Limited, the Free Press of Glencoe, 1964, p. 115。

领导人，普列斯特斯 1943—1962 年间任巴西共产党总书记，雷卡瓦伦 1922—1947 年、科尔巴兰 1958—1989 年间分别任智利共产党总书记，维埃拉 1947—1991 年间任哥伦比亚共产党总书记，曼努埃拉·莫拉 1933—1984 年间任哥斯达黎加人民先锋党总书记——长的达半个世纪之久，短的也近二十年，因而他们对党的影响全面而持久；他们都与苏联交往甚密，一方面都长期或至少曾经得到苏联的大力支持，另一方面又都忠实地、无条件地执行苏联的政策，唯苏联马首是瞻；与其热衷于对苏联指示的教条主义式的无条件服从相联系的是，他们基本上都不太习惯或不太愿意去根据本国的具体实际来制定党的政策；未依据本国实际制定的政策在解决问题的效果上一般都不太理想，因而党的发展也就不理想，而这些领袖人物也给人留下"能力有限"的印象。

与柯都维亚、普列斯特斯等领导人不同，有一小部分人也长期担任党的主要领导职务，但他们更倾向于根据本国的实际来制定本党的政策，并能根据变化的情况，不断对自身的政策加以调整。在他们的领导下，相应共产党取得了较大发展、党的价值功能也得到较好发挥。此类领袖的代表人物有古巴共产党原第一书记菲德尔·卡斯特罗、巴西共产党前主席若昂·阿马佐纳斯等，卡斯特罗 1975 年起担任古巴共产党第一书记至 2011 年；阿马佐纳斯 1962—1985 年担任巴西共产党的总书记，1985—2001 年任党主席。古巴共产党、巴西共产党能有今天的成就，与卡斯特罗、阿马佐纳斯的领导密切相关。

第二节 拉美共产党的组织机构设置

作为由党员个体及其亚组织依托某种模式构建而成的政治组织，政党是以一定的"结构"形式存在的。政党的组织结构问题亦即其组织机构设置的问题，即机构设置的依据及不同机构各自的范围、权责、相互关系等。共产党一开始就是一种分层的多层组织，每一个层级都有较为清晰、稳定的范围，每一个层级还可能又分成若干层次，每一层级都享有不同的权力同时又承担不同的职责与任务，不同的层级之间存在明确的上级与下级、领导与被领导、监督与被监督的关系，从而形成了具有层次性的严密的组织体系。

拉美共产党的组织结构也都是典型的层级制结构，各国共产党层级的数量及各层级的范围、权责、相互关系有所不同。但大致而言，其层级不外乎中央组织、地方组织与基层组织之分，在这三级以外，有的党还设立了一些职能部门，各党的章程都对此做了明确规定。

一、中央组织

中央组织位于拉美共产党层级组织结构中的最高层，是党的最高权力的所有机构及执行机构，是自上而下决策体系中的最高决策体系，是事关党的命运与发展等重大基本问题的决定机构。根据其性质，中央组织有权力机构与执行机构之分。其间的逻辑是全国代表大会是党的最高权力机构与最高领导机构；中央委员会是全国代表大会闭会期间党的最高机构；中央委员会产生中央政治局与书记处，中央政治局[①]是中央委员会闭会期间的最高机构，执行党的全国代表大会和中央委员会的决定，领导和协调全党的一切工作；书记处协助政治局领导党的日常工作。

（一）全国代表大会

拉美各国共产党对两届全国代表大会之间时间间隔的规定不同，有的党规定全国代表大会通常每三年举行一次，如秘共（团结）、墨西哥统一社会党、哥伦比亚共产党；有的是每四年举行一次，如秘共（红色祖国）、巴西共产党、阿根廷共产党、委内瑞拉共产党、智利共产党；有的则是五年一次，如古巴共产党。实际上，出于各种各样的原因，多数拉美共产党并未能真正做到严格按照党章的规定如期召开党的全国代表大会。多数党还规定在召开全国代表大会之前，要提前一定时间宣布相关信息。如古巴共产党章程规定中央委员会要"至少提前六个月发出通知（要召开全国代表大会的通知——引者注）并告之会议将涉及的主要议题"，秘共（团结）

[①] 各党对其中央委员会休会期间的最高领导机构的称呼不一，有的叫政治局，有的叫中央政治委员会，有的叫政治委员会，有的叫中央执行委员会，等等。但其地位实质上是相同的。

章程则规定"应在全国代表大会召开前四个月发布会议通知,会期确定后即开始在全党的所有机构中讨论中央委员会撰写的文件"。

拉美共产党的全国代表大会代表一般由选举产生,而且对其代表性与人数都有专门要求。如古巴共产党章程规定,党的全国代表大会的代表"由下级党员大会以直接和无记名的投票方式个别选举产生","全国代表大会的人数必须能够代表一半以上的党员和预备党员,否则代表大会无效";哥伦比亚共产党章程规定,"党的全国代表大会由从属于中央委员会和共产主义青年团全体大会的省、大区或首都辖区及其他级别的代表大会选举的代表组成。中央委员会根据每一级组织的党员数或每一级委员会的政治地位和其建制制定规章并确定代表的名额";阿根廷共产党章程规定,"全国代表大会由省和地区代表大会选举出的代表组成,其名额根据各组织党员人数由中央委员会决定。全国代表大会必须有半数以上的代表出席,才能召开"。多数党也规定中央委员会的成员是理所当然的全国代表大会的代表,但其享有的权限却有差别。有的党规定如果中央委员未被选为正式代表,其享有的权利有限,通常只有发言权,没有选举权,如阿根廷共产党章程规定"没有被选为全国代表大会代表的中央委员可以出席会议,但只有发言权,没有选举权";有的党则规定中央委员享有与由选举产生的代表同等的权利,如巴西共产党党章规定"中央委员会的委员是全国代表大会的当然代表,并享有发言权和投票权",但同时又规定其"人数不能超过全国代表大会总人数的10%;如果超过10%,只能遴选10%的享有发言权和投票权的代表,其余代表仅有发言权";还有些党,如委内瑞拉共产党、智利共产党等,其中央委员会委员和候补委员都可以参加全国代表大会并且享有与由选举而生的代表所享有的同等权利,这些党也未对参加全国代表大会的中央委员人数做出限定。有些共产党的全国代表大会代表成员还包括共青团代表、辅助机构或职能部门的代表,有的还邀请嘉宾与会,如智利共产党党章规定:"智利共产主义青年团的团员代表——拥有发言权以及投票权。外部协调行业的代表——拥有发言权以及投票权。会议嘉宾——拥有发言权。"

作为党的最高权力机关,拉美各国共产党的全国代表大会履行的职权通常有通过或修改党的纲领和章程，审议中央委员会的报告，制定党的基本路线，选举确定中央委员会委员及其人数，审议、处理对党组织及党员个人的处分及其申诉与要求，等等。一些党的全国代表大会还选举党的全国监察委员会、财务监督委员会等职能机构，而作为领导社会主义建设执政党的古巴共产党，其全国代表大会还"研究并指出如何解决建设社会主义和共产主义过程中出现的最重要的问题，尤其是要讨论并批准我国经济、社会和文化发展的中、长期计划的指标"。全国代表大会最高权力机关的性质还体现在其做出的决定对全党都有约束力，而且要求必须得到无保留地执行，如秘共（红色祖国）党章就专门强调："全国代表大会的决定代表全党多数人的意志，它对全体党员和各级党组织都有约束力，必须无保留地执行。"

  针对由于内外因素不能正常举行党的全国代表大会或因遇有突发性的重大问题而有特别需要的情况，拉美共产党规定了相应替代措施，主要的是召开全国代表会议或特别会议。如智利共产党现行党章规定："在遇到突发的重大政治事件而迫使党无法合法而公开地活动时，全国代表大会可以最多推迟两年召开。在多数成员通过的前提下，中央委员会可以召开全国代表大会的特别会议"，古巴共产党章程规定："如有特殊情况，可以召开特别代表大会"，秘共（团结）党章也规定："为了检查组织状况或审议特殊的政治问题和党务问题"可以召集全国代表会议。各国党的全国代表会议的地位与职权是不一样的，有的党的全国代表会议地位在中央委员会之上，如秘共（团结）党章规定"全国代表会议是中央委员会的上级"，虽然"全国代表会议不能取代全国代表大会"，但"全国代表会议的决定具有决议性质"；而有的党的全国代表会议仅具有咨询性质，其形成的决议需要中央委员会批准才能生效，如哥伦比亚共产党党章规定"党的全国代表会议无论涉及哪些方面工作，均由中央委员会在认为有必要讨论并组织某些方面的工作时召集。代表会议带有咨询性质，会议做出的决议只有经中央委员会批准后方能生效，中央委员会闭会时，由中央执行委员会审批"。无论党章对全国代表会议的规定如何，在拉美共产党的发展历程中，尤其是当其处于地下状态而全国代表大会不能如期正常召集时，很多拉美共产党的全国代表会议实际上扮演了全国代表大会"替代者"的角色。

(二) 中央委员会

中央委员会是由全国代表大会选举确定的，在全国代表大会闭会期间是党的最高机构。各党规定的中央委员会例会的时间长短不一，有的为三个月，如墨西哥统一社会党规定中央委员会"每三个月至少举行一次会议"；有的为四个月，如阿根廷共产党规定"中央委员会每四个月召开一次会议"；有的为六个月，如秘共（红色祖国）规定"中央委员会每年召开两次全体会议"，哥伦比亚共产党规定"中央委员会应由中央执行委员会每隔六个月召开一次常规会议"；有的则未明确具体时间，如古共规定"中央委员会全会每年至少举行一次"，但"政治局可以随时召开中央委员会全会"。在特殊情况下，可以临时召集中央委员会特别会议，如阿根廷共产党章程规定"当政治委员会认为必要时可以召开特别会议"，哥伦比亚共产党规定"在中央执行委员会的倡议或在大多数人申请下可以随时召开非常规会议"。拉美共产党一般对中央委员会委员的党龄都有明确要求。如古巴共产党要求"当选中央委员会正式委员和候补委员者，必须具有五年以上的党龄"，秘共（团结）、哥伦比亚共产党也都要求至少"连续五年的党龄"。

由于是全国代表大会闭会期间的最高领导机构，中央委员会的职权范围非常广，涵盖党的生活的各个方面。概括地讲，多数拉美共产党中央委员会的主要职权有：贯彻执行全国代表大会批准的党章、党纲、路线方针、决议、决定；领导并监督党的各级组织机构，指导其工作；选举确定政治局、书记处及其他全国性领导机构的领导人；批准党的财政政策、财政预算及资金分配，并予以监督；领导党的群众组织并指导其活动；协调党与其他政治团体和政治力量的关系；代表党与其他国家的共产主义组织交往，等等。作为执政党的古巴共产党，其中央委员会还履行诸如"为国家机关制定政策，监督并积极协助贯彻执行这种政策"、"审查经济发展的总体规划和年度计划，制定有关的方针和目标"等"执政"职能；而处于非执政地位而又致力于通过议会选举道路和平过渡到社会主义的共产党，其中央委员会往往还具有"推荐担任民选职务候选人"的职责。

(三)政治局、总书记和书记处

政治局和总书记都是由中央委员会在其内部选举产生的。一般来讲，政治局是中央委员会闭会期间代其行使职权的最高领导机构，领导党的一切工作；总书记是理所当然的政治局委员并负责主持政治局的工作；多数党的书记处也由中央委员会选举产生，也有些党，如秘共（团结），其书记处是由中央委员会任命组成而非由选举产生的，还有些党，如哥伦比亚共产党，其书记处是由中央执行委员会（相当于政治局）而非中央委员会选举产生的，书记处负责党的日常工作，或协助政治局开展工作，书记处的书记可能是也可能不是政治局委员。

除了上述对政治局、总书记和书记处产生方式、职权及相互关系的笼统而抽象的界定外，虽然偶尔有个别党，如墨西哥统一社会党，对其中央政治委员会及总书记的职权进行了明确规定，但多数拉美共产党并没有就相关问题做出进一步规定、细化与说明。如此就为总书记在事实上集诸权力于一身埋下了伏笔。有学者曾对此现象进行了描述："总书记是绝大多数拉美共产党的最高官员和支配性人格，但党的章程对总书记的具体权力和责任默不作声是非常耐人寻味的。表面上，总书记的权威来自全国代表大会，总书记要和政治局其他委员协商共同做出决定，还要定期向中央委员会报告工作；但实际上他的权力来源于国际共产主义领导者的支持，只要他的政策能与苏联为拉美共产党设定的方向一致，他就能放心地依靠苏联的支持来压制对其独断专行的反抗。"[1] 虽然其观点有值得探讨之处，但这段描述确实反映出了由于拉美各国共产党历史上没有对其总书记的权责进行明确界定，未形成对总书记的有效监督与制约，以致造成总书记集诸权力于一身、个人对党的影响过大的客观事实。

二、地方组织

地方组织的设立及层次划分是由党中央依据一定原则、标准，出于一

---

[1] Rollie E. Poppino, *International Communism in Latin America: A History of the Movement* 1917–1963, London: Collier-Macmillan Limited, the Free Press of Glencoe, 1964, p. 124.

定考虑决定的，是介于中央组织和基层组织之间的组织，通常充当连接两端的桥梁，因而发挥着中介作用。拉美共产党的地方组织一般包括地方代表大会及其委员会，地方代表大会是地方的最高权力机构，而其委员会则是执行机构；各国党的地方组织通常又有省（州、大区）级组织、市（县、地区）级组织的分层。

（一）地方代表大会

各党对地方代表大会召集的时间均有一定要求。如古巴共产党规定"党员代表大会由同一级的党委会召集，通常在每次全国代表大会例会闭会期间召开两次"。有些党的省级代表大会与市级代表大会的时间是不同的。如哥伦比亚共产党大区级的代表会议"一般情况下两年召开一次"，而地区代表会议则"每年举行一次"。遇有特殊情况或有特殊要求，各级地方代表大会均可召集特别会议。如古巴共产党规定"经党委会同意，并事先报告中央委员会批准后，可以召开党员代表大会特别会议"。

地方代表大会的代表均由选举产生。不过，不同党规定的选举方式不同，有的是由其所属基层组织直接选举产生，如墨西哥统一社会党，其"州和市的代表由其所属基层组织选举产生"；更多的则是间接选举产生，如秘共（团结），其"参加地区代表大会的代表，应根据地区委员会确定的代表准则，由地方代表大会按党员人数比例选举产生"，而"参加地方会议和地方代表大会的代表，应根据地方委员会确定的代表条件，由支部大会按党员人数比例选举产生"。

作为地方的最高权力机构，地方代表大会的职权一般包括：根据党中央的路线、方针、政策，结合本级实际，制定各自党组织的工作方针；选举确定同级党的委员会；选举参加上一级代表大会的代表；讨论、审议同级党委会的工作报告，等等。

（二）地方委员会

地方委员会是由同级地方代表大会选举确定的，在地方代表大会闭会期间领导党的工作的机构。一般情况下，尤其是当其成员数量超过一定人数时，在地方委员会成员中还会产生一个执行机构，负责日常工作及贯彻落实各项任务。各党对地方委员会成员均有党龄上的要求。如古巴共产党要求"当选为省党委会的正式委员和候补委员需要至少四年的党龄,当选为市党委会的正式委员和候补委员需要至少三年的党龄";哥伦比亚共产党要求"大区委员会成员应至少有连续两年党龄","区域委员会成员需要至少有一年党龄",等等。

地方委员会的职权一般有：贯彻上级组织的决议、方针与指示；执行同级代表大会的决议；领导下属组织的活动，指导并监督其工作；培养党的干部；定期向上级和下级组织汇报工作；教育党员,等等。

地方委员会的执行机构一般通过选举或任命的方式产生,通常包括一名作为本级党组织政治代表的书记（第一书记）、一个书记处和一个领导小组（执行局）。领导小组负责领导和安排党的各项任务的贯彻落实,并向地方委员会和相应的上级机构负责,领导小组的成员一般会分工负责不同工作,如党建工作、党群工作、统战工作,等等；作为党的政治代表的书记是执行局的当然成员；书记处执行各委员会和领导小组的决定,负责日常工作。

三、基层组织

拉美共产党的基层组织通常采取支部①的形式。支部是拉美共产党最小的组织单位,是其在各个地区、各个领域的触角,是其"战斗堡垒",是其至关重要的组织层级。古巴共产党二大章程认为"支部是党的整个组织机构的基础",五大章程则指出"支部是模范与劳动者及普通大众之间不可断的联系渠道",墨西哥统一社会党一大章程指出"基层组织对党开展各项活动和斗争是至关重要的",阿根廷共产党十六大政治提纲指出"执行政治和策略路线能不能取得成功,从根本上说就在于基层组织。"充分表明拉美各国共产党对于基层组织的重视。

---

① 多数国内学者在译介拉美共产党的党章时,通常将基层组织译为"支部",但一些拉美共产党章程规定的基层组织应译为"核心小组"。为了与学界保持一致并便于理解,此处沿用"支部"的译法,未专门进行区分。

（一）基层组织的设置依据

拉美共产党通常规定，凡是有三名及以上党员的地方都可以成立支部。多数拉美共产党是根据工作地和居住地设立支部的，支部"按工作地点（工厂、车间、矿井、办公室、糖厂、学校等）和居住地区（市区、教区等）组成"，"在工厂、劳动中心或住宅区、农村等条件具备的地方，可视情况按部门、科室或劳动班组、居住区等建立支部"。① 因而，"支部基本分两种：劳动区支部和居住区支部"。②

多数党还规定，根据需要，也可以设立一些临时支部、特殊支部或专门支部，如行业支部、移民支部、妇女支部，等等。哥伦比亚共产党就规定："鉴于妇女的特殊情况，在她们不能参加混合会议时，可以适当组织临时妇女支部"，秘共（红色祖国）也规定："为了完成某些特殊任务，可以根据党的需要建立专门支部"。

（二）基层组织的构成

基层组织的"最高权力"机构是支部大会，拉美共产党规定支部大会要定期召开，不过各党规定的时间不一，有的党如墨西哥统一社会党规定"至少每15天举行一次会议"，有的党如古巴共产党则要求"支部一般1个月举行一次会议"。

负责支部日常工作的支部领导机构通常包括一个支部总书记和若干其他书记，书记的人数一般根据支部的人数和需要确定。如哥伦比亚共产党规定："由3—6人组成的支部要选举1名总书记，总书记负责主持会议并负责支部各方面的工作"，而"支部成员超过6人时，要选举1名总书记和另外两位同志组成书记组。根据党员人数，可任命新的书记和某个方面的负责人"，也有的党如阿根廷共产党直接规定基层组织的"领导机关人数不能少于3人，即书记、司库和报刊与宣传负责人"。

---

① 转引自吴斌康：《八十年代世界共产党代表大会重要文件选编》（下），北京：中国广播出版社1989年版，第1101页。
② 转引自吴斌康：《八十年代世界共产党代表大会重要文件选编》（下），北京：中国广播出版社1989年版，第1179页。

有些党员人数比较多的大党在支部以下又成立了党小组,成立党小组是为了"把共产党人的干劲落实到本职工作上,加强对党员的工作的监督,密切党员与其他劳动者的联系",但党小组却不构成党的基层组织,不是党的组织层级单位,"不是党的基层组织,不实行处分,不吸收预备党员和党员,不具备党支部所具有的职能"。例如,古巴共产党规定,"事先报市党委会批准后,支部内部可以以工厂、服务部门和学校的科室、班次或其他环节为单位,成立党小组",但并不是所有的单位都能设立党小组,"除了工厂、服务部门和学校外,基层组织只有在特殊情况下才能成立党小组",特殊情况包括"没有支部的工作单位"、"临时调动去参加生产任务或其他任务的党员和预备党员"中间,等等。

(三) 基层组织的职能

作为党的基本组织单位,基层组织的主要职能包括:贯彻落实党的路线、方针、政策,是党的路线的具体执行者;教育党员和预备党员,规范、管理党员的活动与行为,督促、监督党员遵守党的纲领与章程并履行其党员义务,对违纪党员进行处分;发展新党员;代表党发展与群众的联系,在群众中宣传党的政策,增强党在群众中的影响;收缴党费,在群众、同情者中间募集资金。

四、职能部门

从其名称即可大致推断出职能部门的设立是出于某种特殊需要,其初衷是为专门负责某一方面的事务或履行某项职能。鉴此,不应简单地将职能部门归入上述中央、地方及基层组织三个层级的任何一级。实际上,有些职能部门可能遍布中央、地方与基层三级,有些职能部门则仅限于中央一级,有些则可能仅仅是一种中间组织,等等。

监察委员会在拉美共产党中是一种较为普遍的职能部门,多数党都设立了各级监察委员会。有些党的监察委员会只在中央和省两级设立,如古共规定"中央和各省设立监察委员会";有些党的监察委员则从中央一直设到市一级,如秘共(团结)规定"中央委员会在其内部任命一个全国监察委员会(地区和地方委员会也如此)"。各级监察委员会一般由同级党委会产生，受其领导并对其负责，地方级别的监察委员会除了从属于同级党委并在其领导下进行工作以外，还从属于上级监察委员会。监察委员的任期一般与产生它的党委会的任期相同。监察委员会一般负责同党的纪律有关的问题，其主要职能在于：追究违背党纲、党章和党的各项纪律的党员的责任，确保党章与全国代表大会决议得到贯彻执行，确保党员遵守党纪；检查党的各级领导机关的财政及财产管理情况；审议对党员、干部的指控与处分，并做出决定，等等。

全国干部委员会是专门负责党的干部问题的机构。全国干部委员会或者由中央委员会选举产生，或者由中央委员会在其内部任命产生。其主要职能是关注干部的培养与发展，为干部的发展提供政治、思想、物质方面的帮助或条件；对干部的培养工作进行监督。

经济及财务委员会是专门负责党的经济或财务问题的机构。主要职能包括制定党的年度预算；检查预算的执行情况及党的财务工作和经济活动；管理党的财产，等等。有的党的财务委员会还可以任命财务官员，如哥伦比亚共产党党章规定"全国财务委员会将任命财务检察官、监察长和出纳长，所任命的人员具有法定职能"。

党报、党刊等是共产党的重要宣传工具，是宣传党的方针和社会主义、传播信息的"喉舌"，"党的宣传工具对于党的政治行动、组织建设、政治和思想教育以及讨论和阐述国内和国际热点问题等是必不可少的"①。全国性党报、党刊的领导机构一般由党的中央委员会直接任命。传统的党报、党刊等工具以外，多数拉美共产党也逐渐重视利用以网络为代表的新通讯媒体，多数党都拥有宣传党的路线与方针、帮助党与党员和社会交流的门户网站。

政治和理论研究机构通常是党从事政治和理论等研究活动的协作机构，承担为党提供理论支持、帮助党更好地认识国内外各方面实际情况、推动党员的政治及思想理论教育工作、帮助党与知识界对话和联系等任

---

① 转引自刘洪才：《当代世界共产党党章党纲选编》，北京：当代世界出版社2009年版，第763页。

务。如巴西共产党的毛里西奥·格拉博依斯基金会就是此类性质的机构。

除了上述多数拉美共产党均设立的职能部门外，部分共产党在职能部门设立上的独特规定与做法也值得借鉴。例如，古巴共产党党中央下设了组织部、干部政策部、基础工业部、消费与服务部、食品农业部、建筑交通与通讯部、意识形态部、国际关系部和教育、科学与体育部等众多专门负责某一领域工作的职能部门；在地方职能部门中比较有特色的是指导员，指导员最早是在古共三大开始设立的，古巴共产党规定市委以下实行指导员制度，指导员由市委执委会任命，其工作的基本内容是，全面负责基层党的组织工作，对他所主管的基层组织的工作进行教育和指导，每个指导员通常负责联系、指导20—30个基层党支部。又如，委内瑞拉争取社会主义运动章程规定"为了适应运动基本工作发展的要求，在全国和州一级可设立组织、宣传、财务、培训和其他必要的工作委员会"，工作委员会的性质是"一种辅助性机构"；"为了向党的各级组织提供咨询"，社运设立了技术部；为了更好地开展选举工作，社运成立了全国、州、县级选举委员会和特殊选举委员会，并在国民议会、州和市级议会设立由各级议员组成的国民议会党团和州、市级议会党团等专门从事政治工作的机构。再如，哥伦比亚共产党的特色职能部门或辅助机构有党员会、协商会、党员小组、调研中心以及各种委员会，党员会具有通报有关领导部门的决议，集思广益，汇报政治、组织和群众工作并协调任务的职能；党员小组负责协调党员在群众组织或其他事务中的工作，专门讨论与其特定工作相关的问题以及党对特定群众活动所采取的政策；调研中心的职能是对国家、省、地方情况进行调研，同时为党、工人和人民运动提供科学解释；各类委员会则用以协调和联系不同级别的党组织，向党提供参考意见和建议。

第三节　拉美共产党的组织制度

"党应当是一个组织的总和（并不是什么简单的算术式的总和，而是一个整体）……使作为阶级的先进部队的党成为尽量有组织的，使党只吸收至少能接受最低限度组织性的分子。"① 如何保证共产党成为"尽量有组织的""一个整体",而不是"简单的算术式的总和"? 首先要求党的组织、活动与运行遵循一定原则,并通过特定制度加以落实保障。

在此问题上,拉美共产党的态度与认识比较明确,均表示遵循列宁主义的组织原则来组建党并保障党的活动与运作。如瓜德罗普共产党八大政治决议就明确表示:"只有遵循列宁主义组织原则和民主的工作方法,党才能达到自己的奋斗目标和实现自己的计划。"

一、根本组织原则和组织制度——民主集中制

共产党"不是许多党员简单的数目字的总和,而是由全体党员按照一定规律组织起来的统一的有机体","这种规律,就是党内的民主集中制"。② 民主集中制是共产党的根本组织原则和组织制度。拉美各国共产党均以民主集中制作为根本组织原则。如古巴共产党二大章程指出:"古巴共产党是根据民主集中制原则组织起来并进行工作的。民主集中制是整个党内生活的准则,是保证党内思想、政治和步调统一的基本条件。"

"共产党在不同国家、不同的社会环境里,以不同的方式从理论和实践上都对民主集中制进行了丰富和发展。"③ 在其独特的生态环境下,拉美各国共产党也形成了自己对于民主集中制的理解与认识。

(一)民主集中制的内容

拉美各国共产党对民主集中制主要内容的理解、认识与规定既有共同之处又不尽相同,代表性的观点与规定如下。

古巴共产党认为民主集中制的内容主要是民主选举产生所有领导机关,服从并执行多数人的决定。其五大章程指出,"民主集中制原则体现为:(1)所有党的领导机构,从基层到最高领导机关,均由民主选举产生,并有义务定期向选举它们的机构及上级机关汇报工作并对之负责。

---

① 《列宁选集》第 1 卷,北京:人民出版社 1995 年版,第 471 页。
② 《刘少奇选集》(上卷),北京:人民出版社 1981 年版,第 358 页。
③ 郭亚丁:《全球视野下的共产党》,北京:中国经济出版社 2007 年版,第 136 页。

(2) 所有机构、基层组织及其成员行动服从党的纪律, 在最广泛自由讨论的基础上, 获多数通过的决议是每位党员必须执行的。(3) 党的机构及基层组织做出的决定是其本身必须执行的, 其下属机构及成员也必须执行。"

哥伦比亚共产党则从领导机构的产生及其任期、决定具有效力的人数要求、上下级的关系、纪律要求等方面对民主集中制的内容进行了规定。其十四大章程规定: "哥伦比亚共产党是以民主集中制原则为基础组织起来的, 该原则概括如下: (1) 在代表会议和代表大会上, 领导机构自下而上选举产生。(2) 任期的改变和领导的更迭由参加代表会议和代表大会的代表决定。(3) 为使党的各级组织所做的决定具有效力, 召开有关会议须达到规定的法定人数, 即代表会议或代表大会的与会党员或代表人数应超过半数。(4) 领导机构应向各自的基层组织定期做出报告。(5) 下级组织应及时执行上级组织的决定。(6) 各级组织在讨论政治问题和组织问题时, 应遵循这样一个原则, 即自觉遵守铁的纪律, 这不仅不排斥而且是建立在批评、自我批评和不同意见的斗争基础之上的。一旦讨论结束并由多数做出一项决议时, 所有的人, 包括曾持不同意见的少数派, 都必须执行。(7) 党的纪律是关系到党的团结、力量和威信的重要因素。党纪面前人人平等, 党的代表大会是唯一的最高领导机构, 代表大会闭会期间, 中央委员会为最高领导机构, 少数服从多数, 下级服从上级。"

巴西共产党十一大章程强调民主集中制的原则即党员可以自由地、负责任地发表意见, 但要遵守党的全国代表大会是全党领导核心的原则; 少数服从多数, 下级服从上级, 全党服从中央; 不搞宗派。章程指出: "民主集中制是在党的全国代表大会领导下 (而在两次代表大会之间, 是中央委员会的领导下), 鼓励个人以自由和负责的方式发表意见, 鼓励每个党员和各个组织广泛的行动主动性, 并以此作为党的方针建设的积极因素。党在自由的和自觉遵守纪律的基础上保持行动的一致性。"民主集中制中的"民主"是"党内生活的根本财富, 它意味着: (1) 不管一般党员和党员积极分子的身份, 只要执行对党的各种义务, 所有成员的权利和义务平等, 拥有党内的选举权和被选举权。(2) 各级党的领导机构由下而上地选举产生, 选出它们的基层单位有权解除被选举人的职务。(3) 在党的机构中，根据党内个人言论自由，广泛讨论党的方针。(4) 领导机构应定期向选出该机构的基层单位和全体党员汇报情况和提供信息。(5) 在开展党的各项活动和执行章程及中央委员会做出的规定和条例的范围时，严格遵守制度、真实性和客观性的原则"。"集中制"则是"确保全党政治行动必不可少的一致"，并"意味着：(1) 通过协商或多数党员做出的集体决定对所有党员均有效；个人利益或少数人的利益服从集体利益或多数人的利益。(2) 由上级机关做出的决定对其所有下属机构都有效；全党必须执行由代表大会或中央委员会做出的决定。(3) 意见分歧并不免除党员执行、捍卫和宣传党的方针的义务。(4) 不允许党员或党组织在党的体系之外，围绕着个人的或集体的、临时的或永久性的、自己的建议或纲领而组织帮派活动"。

阿根廷共产党十六大政治报告认为，"在实践中，民主集中制体现在：纲领性文件、规范内部生活的章程以及重大的决策，必须经全体党员讨论之后方能通过，因此，党内所有的组织和成员必须予以遵守；各级党组织只能有一个经党员在少数服从多数的基础上选举产生的领导机构；下级必须执行上级的决定。"其十六大章程则指出："共产党遵循民主集中制的原则，这些原则包括集体领导、个人负责、批评和自我批评、思想和组织上的统一，自觉自愿遵守纪律，发扬党内民主。因此，党要求：(1) 自下而上地通过基层组织党员直接投票或党员代表投票的方式选出各级领导机关。(2) 在各自所在的组织讨论党的问题，必须执行大多数人通过的决定。(3) 下级组织服从上级组织的决定。(4) 上级组织必须定期向有关党组织的成员报告工作情况。"

通过比较可以发现，拉美各共产党民主集中制的共同之处主要体现在：就领导机构的产生方式而言，均强调党的各级领导机构由选举产生；就上下级的关系而言，均强调下级服从上级，全党服从中央；就党员的行为规范而言，均强调少数服从多数，个人利益服从组织利益；再就是，不论党员个体还是党的各级组织，都要遵守党的纪律，保证党的行动步调一致。共性之外，各党也有对民主集中制的个性理解，强调的重点也不尽相同。比如，有的党对领导机构的任期有明文规定，而有的党则无；有的党强调各级领导机构要定期向各自的基层组织通报信息，有的党规定领导机构向选出自身的单位汇报工作，有的党要求上级组织向有关党组织的成员报告工作，其规定的听取汇报的主体不同。

（二）民主与集中的关系

民主与集中的关系是民主集中制的关键问题，二者关系处理得如何在很大程度上决定了民主集中制实际贯彻效果的好坏。关于民主与集中的关系，拉美共产党的代表性观点有：民主与集中不可分割论，此类观点没有专门明确民主与集中二者之中哪个更重要。如阿根廷共产党十六大政治报告指出，"通过讨论，我们明确了必须在完善民主和集中这两个概念的前提下发扬民主集中制。民主即抛弃傲慢态度和形式主义，听取群众意见；集中即遵守纪律，有力地执行民主通过的决定"，民主与集中的关系是"民主和集中是不可分割的。集中需要民主，民主也需要集中"。在其十六大召开以前，阿根廷共产党为筹备十六大而形成的政治提纲中，也提到民主与集中关系的问题，认为"民主集中制的基本原则体现在思想和组织原则的统一，体现在民主与集中不可分割的统一，体现在团结在一个统一领导机构的周围，在不断发扬党内民主（保证自由讨论和理论与实践的统一）的基础上，真正做到少数服从多数，下级服从上级"。另一类观点虽然也指出民主与集中密不可分，但更强调集中，并明确指出集中是民主集中制的主要方面。如秘共（红色祖国）五大章程指出，"集中是民主的条件。只有实行集中制，才能集中正确的思想，使一个具有共性和一致性的领导班子的各种观点统一起来。无产阶级的集中是建立在广泛的民主基础上的，但只有充分执行党内纪律，才能切实达到集中。……集中制是党内生活的指导性原则的主要方面。"巴拉圭共产党（克雷依特）四大也认为，集中是居于首位的，但只有在党组织内实行民主的基础上，集中才能实行或行之有效。

二、选举制度与领导体制

拉美共产党对民主集中制的规定中，内容基本上都涉及领导机构的产生方式及运行方式的问题。拉美共产党领导机构的产生方式一般是"民主选举"，而领导机构运行的方式是"集体领导"。因此，在民主集中制的基础之上，形成了关于领导机构产生和运行的选举原则与制度以及集体领导原则与领导体制。

（一）选举原则与选举制度

选举原则指党的各级领导机构均应自下而上地选举产生；而党内选举制度主要包括领袖的变更、各级党代会代表的选举、基层党组织机构及其领导人的直接选举、代表大会对党的委员会及委员会对常委会的选举等内容。上文在介绍拉美共产党的组织机构设置时对相关内容有所涉及，需要补充强调的是：各国共产党所采用的选举方式各有不同，有的实行直接选举，有的实行间接选举，有的则是把直接选举和间接选举结合起来，在一些层级如市级以下实行直接选举，市级以上则实行间接选举，等等。

多数拉美共产党并没有对党的领袖的任期做出明文规定，为党的领袖事实上的终身制"大开方便之门"。但也有个别党对其领袖的任期做出了明文规定，如墨西哥统一社会党一大章程明确指出"中央总书记可以连任，但连续任期不得超过六年"，委内瑞拉争取社会主义运动五大章程规定"主席和副主席任期为两年，可连任三届"，古巴共产党规定个人担任国家和政党重要职务的最长任期不得超过两届（每届任期五年），等等。

多数拉美共产党对主要领导可任职的数量也没有明确规定，一人身兼数职的现象比较普遍。偶尔个别党也针对此问题出台了相关规定，如委内瑞拉争取社会主义运动五大章程对州以上领导担任职务的数量提出了要求，明确一人不能同时担任两个州以上的重要职务，尤其是"主席、副主席、总书记和助理总书记不能兼任议会党团领袖和运动机关报社长"。

（二）集体领导原则与领导体制

党内领导体制包含有党的代表大会、党的委员会的权力界定及其相互关系，党的主要职能部门的权限、职责及相互关系，等等，实际上是党内权力配置问题。各级党的代表大会、委员会、职能部门的权限、职责及其相互关系上文已有涉及，此处仅简单探讨拉美共产党的领导机关运行时所遵循的原则或者运行方式，即集体领导的问题。"党的领导机关实行集体领导的工作原则"①,"党需要民主、健康、有效的活动。要做到这点,就必须在党的领导机构内实行集体领导"②。一般来讲,拉美共产党对集体领导原则的理解是:党的各级领导机关决定重大问题,必须经过集体讨论与研究,禁止个人专断。实际上,集体领导的全面表述应该是"集体领导和个人分工负责相结合"。"领导机关以集体的方式讨论党的工作中的问题、任务、计划和检查工作情况,并作出相应决定"③;同时,实现集体领导的原则"并不排除每个领导成员个人要对自己分管的工作负责"④,分工负责的重点是"负责",因为"没有个人责任的集体领导将流于虚无"。⑤

有些党还对集体领导的原则进行了细化。如阿根廷共产党十六大报告指出,"我们尚可增加下列几条原则:集体领导要讲究办事效率,以便与徒有形式的领导相区别;实行集体作出的决定时要有严格的个人负责制;自觉自愿的纪律同对各级党组织的监督和在实现目标的斗争中给予经常不断的帮助相结合;作为一种正规的、必要的制度,领导要与基层保持不间断的、密切的联系,这将有助于经验和意见的交流,使中央及地方领导能掌握党员和群众的真实情绪和占主导地位的思想"。

第四节 拉美共产党的纪律与经费

一、纪律问题

作为一种政治组织,为保障党组织的正常运转,整合全党的力量以更

---

① 转引自吴斌康:《八十年代世界共产党代表大会重要文件选编》(下),北京:中国广播出版社1989年版,第1101页。

② 转引自吴斌康:《八十年代世界共产党代表大会重要文件选编》(下),北京:中国广播出版社1989年版,第1254页。

③ 转引自吴斌康:《八十年代世界共产党代表大会重要文件选编》(下),北京:中国广播出版社1989年版,第1101页。

④ 转引自吴斌康:《八十年代世界共产党代表大会重要文件选编》(下)北京:中国广播出版社1989年版,第928页。

⑤ 转引自吴斌康:《八十年代世界共产党代表大会重要文件选编》(下),北京:中国广播出版社1989年版,第1385页。

好地实现党的目标,共产党内部各主体之间的相互关系及其行为方式应该是有序的。如果没有一定的运行规范,和谐有序很难实现。如果说民主集中制这一根本原则是既调节党内各主体之间的相互关系又规范其行为方式的全面规范的话,党的纪律则是侧重规范党内各主体行为方式的行为准则,纪律对共产党的有效运转起到了"保驾护航"的重要作用。"否定政党和党的纪律,——这就是反对派得到的结果。而这就等于完全解除无产阶级的武装而有利于资产阶级。这也恰恰就是小资产阶级的散漫、动摇、不能坚持、不能团结、不能步调一致,而这些一旦得到纵容,就必然断送无产阶级的任何革命运动。……要抵制这一切,要使无产阶级能够正确地、有效地、胜利地发挥自己的组织作用(而这正是它的主要作用),无产阶级政党的内部就必须实行极严格的集中和极严格的纪律。"① 共产党历来强调纪律,拉美共产党也不例外。如秘共(团结)八大章程强调,"遵守党的纪律是全体党员义不容辞的义务,不管担负什么职责和属于哪级党组织,都必须自觉地遵守纪律";阿根廷共产党十六大党章则认为"自觉地遵守党纪是接受党纲、党章和党的政治路线的结果"。

拉美共产党有关纪律规定的一条基本原则是"纪律面前一律平等"。如阿根廷共产党章程强调"不论职务高低、功劳大小、所有党员在党的纪律面前一律平等";哥伦比亚共产党章程也规定"全体党员和党的各级组织都应服从党的纪律,党的纪律是统一的,一视同仁的"。

对于违纪行为,有些党只是笼统地做了规定,并没有加以细化。如古共二大章程指出"党员经核实违背了本章程或犯有其他错误",即可给予纪律处分。而有些党则对违纪行为做了较为详细的说明。如哥伦比亚共产党党章规定,"对下列错误要给予处分:(1)对党说假话、不真诚、不忠实,诽谤和不执行党的决定,泄露党的机密,破坏党内生活准则,在工人阶级和人民面前,采取损害党的态度。(2)搞宗派活动,贪污党的、革命报刊的或群众组织的经费。酗酒成性,吸毒成嗜,在敌人面前退缩,背叛党、党纲和党章"。秘共(团结)则规定,"犯有以下错误的共产党员要受

---

① 《列宁选集》第4卷,北京:人民出版社1995年版,第154页。

到纪律处分：(1) 违犯党纲和党章及党员应该履行的职责。(2) 不是廉洁地使用党、工人阶级和人民组织的经费。(3) 在党内搞分裂和派别活动。(4) 背叛工人阶级、秘鲁人民和党的行为。(5) 经常有蜕化、不道德、酗酒和吸毒行为。(6) 家庭行为败坏。(7) 进行诽谤、污蔑、攻击、造谣，不诚实，或有任何损害党的威信、腐蚀党的队伍和党员的行为。(8) 冒险主义、无产阶级中的堕落行为（流氓）、挑起恐怖主义和以孤立的、脱离党的小团体行动取代群众斗争的行为。总之，一切有害于党、有害于工人阶级和人民的行为"。

对违纪行为的处分分为对违纪党员个体的处分和对违纪组织的处分两种。对违纪党员的处分通常有：党内警告或批评，公开警告或批评，撤销党内职务，留党查看，开除出党；有些党对党员的纪律处分还包括暂时停止违纪党员的权利、暂时离党等；有的党还特别明确了对违纪领导干部的处分，如秘共（团结）章程规定："中央委员会、地区委员会或地方委员会委员违反纪律，违背政治路线或党章，必须受到上一级领导机关制裁或处分。首先，必须对他们提出警告促其改正，如果无起色，就可以部分或全部撤换他们，并恰当地任命上述组织的新成员。"对违纪组织的处分，有的党没有明文规定，有的党则有所明确。如哥伦比亚共产党规定："对党的一个组织可采取以下纪律措施：(1) 警告。(2) 部分解散和重新组建该组织或其执行委员会。(3) 全部解散该组织或执行委员会，并指定临时机构。(4) 解散该组织。"

各国党规定的有权做出处分的机构是不同的。例如，古共二大章程规定"支部有权决定给本支部党员以纪律处分"；对于既属于本组织又属于上级机关的党员，"党支部和党的领导机关有权加以处分"，但"处分这种党员，应由此人所属的较高级机关做出决定，由该机关的直接上级领导机关批准、改正或撤销"；章程还明确了党的高级机构处分权限的范围，"党的高级机构和领导机关有权决定给予纪律处分的范围是：本机构和本机关的成员，下属的领导机关和基层组织及其成员"，而"实行和批准纪律处分的标准由中央委员会制定"。又如，秘共（团结）规定"中央可以对全国任何组织的党员实行纪律处分。地区委员会、地方委员会和支部在各自权限内同样可以这么做。但无论如何,必须给受到牵连的基层组织提供机会,让其讨论形势,对问题发表意见,并提出解决问题的措施。违纪案例应由相应的组织解决,但必须把处分的情况报至上一级组织和通知相应的基层组织"。再如,关于违纪党员的处分,哥伦比亚共产党规定"党的各级组织可在党内向任何一位上级领导成员提出批评和警告,但其他任何纪律措施只能由有关的上级领导机构采纳";对于违纪党组织的处分措施则"只能由上一级组织采取,纯属临时性,待召开有关代表会议时,方可作出最后处理"。

有的党则成立了专门机构负责纪律问题。如秘共(红色祖国)成立了一个纪律检查委员会来专门负责纪律的相关问题。其纪律检查委员会分为由中央委员会任命的全国纪律检查委员会与各大区在其管辖范围内建立的纪律检查委员会两类。纪律检查委员会的职责是:"负责检查党章和党的纪律的执行情况,并对党员进行有关教育;对严重的违反党纪的事件进行调查,并提出处理意见;审查由中层和基层组织采取的有关纪律措施。"[①]

二、经费问题

经费是政党内部资源的重要组成部分,是维系政党组织正常运转的经济基础,对一个政党生存、发展与价值功能的发挥具有重大影响。拉美共产党一般都非常重视自身经费的募集及管理问题,尤其是处于非执政地位的共产党或处于地下状态的共产党,更是重视经费问题;多数拉美党的章程中对党的经费问题做了专门规定。

拉美共产党的经费来源或渠道主要包括党费、特殊党费、担任公职党员的工资、党证费、同情者的资助及募捐活动等。拉美各国共产党均要求本党党员缴纳党费,并将此视为其履行对党责任与承诺的表现。党费一般按工资的一定比例缴纳,各党对比例的规定有所不同。如哥伦比亚共产党要求"党员规定上交的固定党费,其份额由中央委员会确定,数额为党员收入的1%",而秘共(团结)则规定"如果其收入相当于或低于最低工

[①] 转引自吴斌康:《八十年代世界共产党代表大会重要文件选编》(下),北京:中国广播出版社1989年版,第1278页。

资的两倍,党费金额为月收入的1%;如果收入超过这个数量,党费数额为月收入的2%"。固定党费以外,有些党还要求党员缴纳"特别党费"。如哥伦比亚共产党要求"党员每年须缴纳相当于一天工资的党费"。担任公职党员的工资收入一般全数上缴,党再给该党员发工资并为其提供活动经费。如哥伦比亚共产党规定"任公职党员的津贴、工资以及其他收入将存入党内各级财政中",然后党的领导机构再"向这些党员发放工资,并按比例配给工作所需设施"。但也有些党不要求担任公职的党员上缴全部收入,而是要求其缴纳特殊党费。如巴西共产党规定"担任公共职务、选举产生的职务或由党组织指定的、或在立法或政府部门担任推荐职位的党员,将按照中央委员会的条款规定缴纳特殊党费、月党费或特别党费";秘共(团结)也规定"在党的支持下,获取公职的党员必须将其收入的一部分上交党组织,具体比例根据其所属党组织的规定上缴"。拉美共产党一般都要求每个党员须拥有党证,并定期更换,党则对党证收取一定的费用。同情者的捐款与资助是拉美各共产党经费的重要来源,有时甚至是主要来源,如来自苏联的援助曾经是一些拉美共产党长期的主要经济来源;募捐活动是拉美共产党获取经费的重要渠道,各国党募捐活动的形式也多种多样,如墨西哥统一社会党为筹款授权中央委员会发行全国募捐债券及捐献证券,哥伦比亚共产党通过举办党节来募集资金,阿根廷共产党通过"筹款运动、联欢会和特别募捐"来增加经费,等等。一些党还拥有自己的产业或企业,参加竞选活动并达到法定要求的共产党还会得到来自国家选举职能机构的竞选资金,这些也构成了部分拉美共产党的经费来源。

拉美各国共产党的经费一般按照一定比例在党的各级组织之间进行分配,各国党对分配比例及方法的规定有所不同。如墨西哥统一社会党规定"党费收入按各25%分摊给下列各级组织:基层组织,市委会或区委会,州委会或地区委员会,中央委员会",而"全国性募捐活动所得收入,按中央委员会决定的办法分配";秘共(团结)规定"党员上缴的日常党费按以下方式分配:10%分给中央委员会,10%分给部门委员会,10%分给省级委员会,30%分给地区委员会,40%分给支部";哥伦比亚共产党则规定"党费(此党费为党员缴纳的相当于一天工资的党费——引者注)分配比例为：中央委员会占70%，省或地区、首都区以及隶属中央的各级委员会占30%"；"党费（此党费为固定党费——引者注）用途：20%用于中央委员，20%用于省、大区、首都辖区或附属于中央委员会的地区委员会，20%用于地区委员会，20%用于地方委员会，20%用于支部"，若没有上述级别的党组织，其"财务的一半归入中央委员会，另一半归入直接上级"。

对经费的管理主要体现在对各级组织收支情况的审查上。如墨西哥统一社会党规定"党的各级委员会和基层组织应进行收支登记，按月做出金库结算，并在自己管辖的范围内通报预算执行情况。各级党组织均应向上一级领导机关报告本组织预算执行情况"，"从基层到中央各级党的委员会都必须在向代表大会或代表会议报告工作的同时，提交一份关于预算执行情况和自己管辖范围内党的财产情况的报告"。

小　结

在组织方面，拉美共产党既具有共产党此类政党组织类型所具有的组织共性，如以民主集中制为根本原则、对党员有严格要求、发展党员需要经过特定组织程序、强调党的纪律等等；也具有不同于其他地区共产党的组织特性，如几乎所有拉美共产党都要求其党员加入一个外围组织（或群众组织）并在其中发挥积极作用，"每个工人党员都应该加入马提尼克总工会的一个行业工会，并且在没有这种行业工会的地方致力于创建行业工会"① 是对此的很好说明。

拉美共产党所表现出的组织特性主要是基于满足其所处生态环境的要求，或者说，生态环境因素对拉美共产党的组织具有重大影响。一个非常明显的例证是地理、职业、居住地等因素对拉美共产党组织尤其是基层组织划分与设置具有重要影响，构成了拉美共产党组织机构设置的主要依据之一。例如，墨西哥统一社会党党章规定，"党的组织是按地区、工作单

---

① 转引自吴斌康：《八十年代世界共产党代表大会重要文件选编》（下），北京：中国广播出版社1989年版，第1054页。

位和其他有关的单位划分和建立的",委内瑞拉争取社会主义运动章程也规定运动的"组织和机构主要根据地理、阶层、工作、政府机构和技术部门的特点建立"。

从组织角度讲,拉美共产党是本地区众多政党组织中非常有特色的,其严格的纪律、有效的执行力无不给人以深刻印象。同时,拉美共产党在组织方面也存在一些问题或不足,或者,在其探寻契合拉美生态环境的组织形式的过程中,拉美共产党遇到一些两难抉择。一个是建立"精英党"还是"群众党"的问题,即是追求党员质量还是追求党员数量的问题。一般而言,共产党是工人阶级的"先锋队","先锋队"应该是"精英"型的。因此,严格党员条件要求并通过严格的入党程序来保证党员质量是顺理成章的。很多拉美共产党持此种观点并且也是如此操作的。如阿根廷共产党十六大政治报告论及发展工作时强调,"党的正常发展及其社会构成包含着数量和质量这两个方面,其中质量是根本的方面";卡斯特罗在古巴共产党二大政治报告中指出,"我们过去没有,今后也永远不会为片面追求党员数量而牺牲质量",表明了古巴共产党在此问题上的一贯态度与立场。但是,没有一定数量的党员,共产党实际上也不可能很好地发展,更不可能完成历史所赋予的使命。上文曾提到哥伦比亚共产党、乌拉圭共产党、秘共(红色祖国)等力图尝试建立群众型政党,反映了一些党对传统观念的反思。如何把保证党员质量与增加党员数量有机结合起来,是有待多数拉美共产党继续探讨的问题。另一个问题是,与其领导层尤其是领袖(长期任职)的相对稳定矛盾并存的是,多数拉美共产党普遍缺乏中层干部,普通党员的更新也很快。高层的"终身"、中层的缺乏、基层的流动综合作用,在"人"的因素上对拉美共产党的发展影响甚大。再一个问题是由不同原因导致的经常性的组织分裂。拉美共产党往往由于党内的派别斗争以及观点的不同导致组织分裂,这曾经是长期困扰拉美各国共产党发展的一个大问题。还有一个问题是组织规定与实际操作的脱节。如多数拉美共产党规定党的领导体制是集体领导,但在实践中,很少有党能真正做到这一点。规定与实践的脱节无疑影响了拉美共产党组织制度运行的实际效果,在一定意义上也影响了党的形象。

结 语

拉丁美洲共产党为实现社会主义进行理论与实践探索的过程中，拉美共产党为争生存、求发展、谋价值功能发挥而不断进行抉择的过程中，拉美共产党为从生态环境困境中突围从而成为拉美社会发展的一种抉择而努力的过程中，既有创举，也有"亦步亦趋"，既有成功的地方，也有不足之处。对拉美共产党抉择的经验教训进行总结，并在此基础上得出相应启示，具有"他山之石"的价值。

一、拉美共产党艰难抉择的经验教训

（一）拉美共产党发展过程中面临的问题

从生态资源的角度讲，拉美共产党发展过程中面临的最大问题就是其"所图甚大而所有（即其所拥有的资源）甚少"。资源的不足不仅包括资源"绝对量"上的匮乏，还意味着拉美共产党整合其所拥有资源的能力差，从而未能最大程度地发挥其功效。从此意义上讲，拉美共产党的发展历程，实际上总是在不断尝试通过各种途径缓解资源稀缺与宏伟目标之间的张力。拉美共产党缓解资源与目标之间张力的不成功之处主要体现在以下方面。

1. 内部资源方面

上文导言部分曾提到，政党所拥有的内部资源主要有理论资源、政策资源和组织资源三大方面。政党的思想理论（意识形态）、政策主张和组织结构加在一起决定了生态环境及其变化对政党的影响及效应。总体上看，拉美各国共产党在大部分时间里所拥有的内部资源较为有限或远远不能满足需要。

第一，理论资源方面。思想理论是政党文化资源的主要组成部分，政党的思想认识与说明能力是最重要的政党能力之一，是形成其他政党能力的基础。由于其思想理论方面存在的问题，拉美共产党所拥有的理论资源严重不足，其思想理论对现实的认识与说明能力不强。

其一，教条主义顽疾的长期困扰。"教条主义的特点在于模仿别国革命经验或机械重复马克思列宁主义原理，对本国具体情况视而不见，长期不能用自己的大脑思考问题，不能用马克思主义作为行动的指南制定自己的理论。"①（"自己"为笔者所加，原文为"秘鲁革命"。）教条主义者简单、盲目地照抄照搬别国的经验或机械地重复马列主义原理的做法实际上是未能把握马列主义的实质精神，或者未能掌握马列主义的立场、观点与方法的体现。盲目照抄照搬的同时，缺乏对拉美实际的忽视及调查，"拉美许多共产党对本国政治、经济和社会缺乏深入了解……但又不愿做艰苦深入的调查研究"②。不能掌握或没有真正掌握马列主义的精神，又对本国的具体情况"视而不见"，直接的结果之一是无法找到拉美革命诸问题的答案，因而也就不能形成自己的系统理论，"拉美多数党的领导人物，无论是普列斯特斯还是阿里斯门迪、柯尔巴兰和柯都维亚等人，基本上都没有自己的理论建树，他们在几十年中留下的东西只不过是'应景之作'"③。不能掌握或没有真正掌握马列主义的精神，又对本国的具体情况"视而不见"的另一直接结果是所形成的理论认识具有模糊性，对拉美现实的说明能力不强。缺乏系统的结合性理论成果，仅有对现实说明能力不强的模糊的应景性认识，是难以胜任指导本国革命进程的重任的。其结果往往是理

---

① 转引自吴斌康：《八十年代世界共产党代表大会重要文件选编》（下），北京：中国广播出版社1989年版，第1218页。
② 郭元增、江时学：《拉美共产党为什么难以取得政权》，载《红旗文稿》2005年第18期。
③ 郭元增、江时学：《拉美共产党为什么难以取得政权》，载《红旗文稿》2005年第18期。

论与实践的脱节,从而导致"始终在激烈的革命言辞(理论上的左——笔者所加)和行动上的机会主义(实践上的右——笔者所加)之间不停徘徊"①的尴尬境地。

其二,"一言堂"(有人称之为"思想专制"、"思想恐怖主义"等)与思想混乱并存。"一言堂"是家长制(个人专断)的典型表现和主要内容;"在党的生活中,'思想恐怖主义'一向是被用来压制不同意见或批评意见的方式"②;宗派主义不仅在行动上排斥异己,在思想理论上也听不进不同意见——这些容不得不同声音的消极因素加在一起,使拉美共产党丧失了"试错"、"纠错"的机会,也大大降低了形成合乎拉美实际的理论认识的可能性。与此同时,奉行"一言堂"的"家长"的理论修养往往又存在欠缺,不能形成理论上的权威,而没有理论根基的权威是缺乏说服力和感召力的,是难以服众的。如此,往往催生党内的思想混乱局面;缺乏说服力与感召力也易导致转而通过强制的方式来寻求表面的一致,强行压制不同声音的"思想恐怖主义"使思想混乱的局面进一步恶化;思想混乱局面的恶化又招致更多的"恐怖主义"——形成一个"交相为恶"的恶性循环——一个使党"人心涣散"的"离心力加速器"。

其三,拉美共产党的思想理论往往缺乏本土思想的滋养,因而易被视为异类而很难被接受甚至被排斥。诚然,拉美大陆历史上一直受到各种各样外来思想的影响,其文化也是多种多样的;但是外来思想最终往往都被本土化——虽然多数时候本土化以后只保留了原思想的形式,其内容却已面目全非。拉美各国共产党均公开声称以马克思主义为指导,显然,共产党的指导思想也是"外来货",而且是传入拉美大陆历史较短的"舶来品"。既然如此,马克思主义也应该经历一个本土化的过程才能显得不那么另类,才能更易为大家所接受。但拉美共产党的教条主义做法却无疑是在向世人宣布拒绝将马克思主义本土化,一个拒绝本土化的外来思想更容

---

① Rollie E. Poppino, *International Communism in Latin America: A History of the Movement 1917 – 1963*, London: Collier-Macmillan Limited, the Free Press of Glencoe, 1964, p.25.

② 转引自吴斌康:《八十年代世界共产党代表大会重要文件选编》(下),北京:中国广播出版社1989年版,第1253页。

易为大家所猜忌。可叹的是,拉美共产党对马克思主义的教条主义做法结果也是只学到了其皮毛而未能把握其精髓,与对外来思想本土化后只保留其形式而扭曲其内容的传统做法真是"殊途同归",尽显"异曲同工之妙"。实际上,拉美地区传统的玛雅、印加社会的公有制以及"村社"的遗产,还是很值得共产党人去认识、研究并给以正确评价的,在此基础上对其合理之处进行学习与借鉴将不无裨益,如果拉美共产党能吸收这些传统遗产的合理成分并加以利用,会有效增加自身思想理论的本土色彩,进而增加其对拉美人民群众尤其是印第安土著居民的吸引力。遗憾的是,多数拉美共产党不但未这样做,还将有此类想法的党员作为"异教徒"而开除出党,将能够拉近马克思主义与拉美人民群众距离的一条捷径无情地堵死。

教条主义、思想上的专制以及对本土思想的忽视等因素使拉美共产党的思想理论能力处于一个非常低的层次,决定了共产党不能对拉美的生态环境形成客观、真实的认识,不能及时判断生态环境的变化,更不能对生态环境发展的趋势做出科学的预判,也就不能很好地把握拉美生态环境的要求,更谈不上制定出能有效满足生态环境要求、缓解环境压力的政策了。

第二,政策资源方面。思想理论是制定政策的理论依据,理论的科学程度、对现实的分析、判断与说明能力,是决定政策能否取得预期效果的前提。拉美共产党在思想理论上的无能,即认识拉美生态环境(认识问题)能力上的欠缺,决定了其政策能取得的效果非常有限,即其应对环境要求(解决问题)的程度有限。

其一,就当前情况而言,非执政拉美共产党的现行政策证明其不是能够替代当局政策、足以解决国内诸问题的可行方案。各国共产党现行政策的情况不一,有些共产党的现行政策基本上是调整后的产物,这些不同以往的政策在一定程度上适应了苏东剧变以来新环境的要求,因而党的发展情况相对较好,如巴西共产党、委内瑞拉共产党,等等;而多数党的政策仍然没能体现出应有的灵活性,无法满足变化的环境的要求,因而党的发展情况并不乐观甚至一团糟。总体看,无论是经过调整的,还是灵活性不足的政策，都不是能够解决目前困扰拉美各国发展诸问题的有效方案。对于致力于通过议会选举道路获取政权的拉美共产党而言，不能提出解决问题的可行的替代性方案，意味着在选举中获胜的概率近乎为零。

其二，从历史上看，拉美共产党的政策往往不符合拉美实际。拉美共产党政策的形成往往不是基于国内实际，政策本身通常也不是用来或者主要不是用来解决国内问题，满足拉美生态环境需要的；而是对外来"指示"的简单执行与翻版，服务于"一国建成社会主义"的目标与任务。"不注意对具体情况作具体分析，忽略阶级斗争及党的客观实际，不关心群众的觉悟、组织水平和斗争状况……以上问题损害了党的策略。"① 另外，拉美共产党的政策也往往缺乏连贯性。苏联需要及其拉美政策的变化，往往导致拉美共产党的政策随之发生变化，有时甚至会在一夜之间发生一百八十度的转弯。政策缺乏连贯性甚至发生骤然的急剧变化，其负面影响是多方面的，不仅会影响政策的效果，也往往在党内引起混乱，容易给外界留下"朝令夕改"的印象。

其三，就拉美共产党为增强革命力量而长期执行的政策而言，群众组织政策、统战政策及无产阶级国际主义政策也各有问题。群众组织政策最大的问题是未处理好党组织与外围组织的关系，二者经常被混淆在一起，削弱了党的领导作用。统战政策的最大问题是统一战线的"理所当然"的领导者无产阶级及其先锋队共产党实际上并没有掌握领导权，并且关门主义与投降主义的双重极端倾向一直在冲击统一战线的防线，使之时刻面临瘫痪或解体的危险。无产阶级国际主义政策的最大问题是没能处理好独立自主与国际主义的关系，独立自主往往从属于"国际主义"，使党沦为没有独立性的走卒。这些问题都牢牢扼住了拉美共产党长期政策的命脉，使之不能发挥应有效果。

政策可以说是政党组织对生态环境反映的最终输出形式，也是政党组织反作用于生态环境的主要方式。政策反映生态环境及其要求的程度，决

---

① 转引自吴斌康：《八十年代世界共产党代表大会重要文件选编》（下），北京：中国广播出版社1989年版，第1222页。

定了其所能取得的效果,决定了政党组织对环境影响的效果,也直接决定了政党生存、发展与作用发挥的状况。拉美共产党政策方面存在的这样那样的问题,直接导致了其生存之艰难、发展之困难、作用发挥之低效。

第三,组织资源方面。相较于本地区其他类型的政党组织,应该说,拉美共产党的组织优势还是比较明显的,民主集中制、严格的纪律使共产党成为拉美少有的有效率的组织力量,但这种优势由于组织方面存在的某些问题而遭到削弱。

其一,由于各种原因[①],多数拉美共产党的党员人数长期维持在一个较低的水平,而且普通党员的更新速度较快。作为党的"细胞"、党的最基本构成要素——党员的状况对党的发展具有根本性的影响。党员人数少、更新快直接限制了拉美共产党力量的壮大及稳定。虽然从一定意义上讲,一个党力量的大小不一定与其党员人数的多少成正比,党员人数多寡不是决定其力量大小的充分必要条件;但党员人数却是决定一个党能否进一步壮大的必要条件,一个只有几百人或者几千人的党,很难说会形成具有决定性影响的力量。比如,对于一个因为党员人数少而在推荐竞选公职人员时捉襟见肘的党而言,想在选举中胜出几乎是不可能的,更不用讲通过议会选举道路"和平实现社会主义"了。"很明显,就其本身而言,共产党党员数量的过于稀少,导致它们很难通过武力或者通过选举获取拉丁美洲任何一个国家的政权"[②],目前多数拉美共产党在本国影响甚微的一个主要因素,恐怕还是党员人数过少。有学者曾指出几乎所有拉美共产党的党员平均每十年会更换60%,在非常时期个别党的这一比例还要更高[③]。且不论其得出此结论依据的科学性及该结论的可信度、时效性,其结论至

[①] 影响拉美共产党党员人数变化的因素各种各样,导致其党员人数少的原因不外乎内外两方面。内因主要表现为因党内分歧甚至组织分裂导致的人员流失,比如对一些基本问题持不同观点的人员的"出走"、"另立门户"或被开除,党的政策骤然变化引起思想混乱进而出现党员流失,等等;外因主要表现为当局的残酷镇压,党的领袖、干部及党员的被害、被监禁、被放逐等往往导致党的人员的锐减。

[②] Rollie E. Poppino, *International Communism in Latin America: A History of the Movement 1917 - 1963*, London: Collier-Macmillan Limited, the Free Press of Glencoe, 1964, p. 18.

[③] 参见 Rollie E. Poppino, *International Communism in Latin America: A History of the Movement 1917 - 1963*, London: Collier-Macmillan Limited, the Free Press of Glencoe, 1964, p. 110。

少说明普通党员更换速度快是拉美共产党的重要特征之一。普通党员更新的速度过快也给拉美各国共产党的发展带来明显的消极影响：党员更换速度快直接影响到了党组织的稳定性，党组织的不稳定又会引发系列连锁反应，如党的政策贯彻执行缺乏连续性及效果大打折扣、党员的教育难以开展、难以发挥应有效果等；有经验的老党员的缺乏也使党的干部的培养使用受到限制。

其二，缺乏有能力的"魅力"型领袖，未形成稳定的能凝聚全党的领导核心；缺乏大量"干事创业"的干部。"拉美各党缺乏懂得马列主义、有政治远见、有工作能力、有献身精神和高超领导艺术的领袖人物。"[①] 上文提到，以柯都维亚、普列斯特斯等为代表的一批人长期担任拉美各国共产党的主要领导职务。他们能长期担任党的领导职务主要的不是靠个人的能力与魅力——系统的理论建树、突出的分析问题解决问题的能力、高尚的人格魅力等等，更多的是靠与苏联或共产国际的密切关系——对苏联"心意"的准确揣摩、对苏联"指示"的言听计从与坚决执行。这些"基本上都是靠共产国际和苏共撑腰，自己没有理论建树和领导特色"[②] 的人长期担任党的主要职务，相当于给党的发展施加了"紧箍咒"，而非安装了强势"火车头"。与个别人物长期担任党的主要领导矛盾并存着的是党的中央领导层成员的频繁更替，导致难以形成稳定的领导核心层。领袖的魅力不足，又没有稳定的领导核心层用以凝聚全党，使拉美共产党往往陷入一盘散沙的境地。与中央领导层相比，地方及基层干部的情况同样糟糕，甚至更糟。缺乏大量有能力的能够"干事创业"的中下层干部尤其是党的专职干部，是拉美各国共产党的切身之痛。例如，秘鲁共产党（红色祖国）五大政治报告指出，"党自上而下的工作是在最难以想象的条件下开展的"，导致这种局面出现的主要原因之一是"实际上，没有靠党组织为生的专职干部"。

其三，党内宗派主义倾向严重，缺乏党内团结。"党内无派，千奇百

[①] 郭元增、江时学：《拉美共产党为什么难以取得政权》，载《红旗文稿》2005 年第 18 期。
[②] 郭元增、江时学：《拉美共产党为什么难以取得政权》，载《红旗文稿》2005 年第 18 期。

怪。"在一个党内，有不同的观点认识，进而形成持不同意见的"派别"是比较正常的，只要能合理协调相互之间的关系，未尝不是一件好事。但宗派主义却走向了极端，其突出表现为狭隘地排斥异己，甚至将小集团私利置于党的利益之上，"宗派主义的实质在于，不善于或拒绝与其他人一起工作，这些人是愿意工作、愿意干革命的，他们持有不同意见或工作方法，不听命于某些人的指挥棒。一般来讲宗派主义者的特征是专横跋扈，有沉重的主观主义负担，带有支配倾向"①。宗派主义一直对拉美共产党具有重要影响，对拉美共产党而言，"宗派主义仍然是一个有待解决的严重问题"②，无论是在集中阐述党的思想理论与路线方针的纲领、章程与决议中，还是在党的日常生活中，都可以发现宗派主义的身影。宗派主义是危害党内健康生活、削弱党的力量的"恶势力"，它可以借"纯洁党"的名义打击异己、清除"不同声音"，也可以借"纯洁党"的名义阻止党在一些群体发展党员，还可以借"纯洁革命"的幌子阻止党发展与其他政治力量的关系、实现革命力量的联合……在扭曲党内正常关系的同时，宗派主义也损害了拉美共产党的党内团结。党内团结是共产党能够完成其历史使命的前提。只有在党内团结的前提下，共产党才能更好地整合全党的力量，使之汇集于一点；而党内团结的缺乏，导致的只能是力量的分散，对于力量本来就相对弱小的拉美共产党而言，这无疑是雪上加霜。

其四，党组织经常性的分裂。缺乏党内团结的一种极端化表现是党组织的分裂。在拉美共产党发展史上，或者因为"政见"不同——尤其是对诸如革命道路等基本问题的观点分歧，或者因为政策转变，或者因为派系斗争，或者因为个人恩怨，或者因为"激进"的青年不满领导人的保守，或者因为外部因素的影响，等等，党组织的分裂简直成了司空见惯的"家常便饭"。比如，巴西、智利、哥伦比亚等国的共产党一分为二，乌拉圭、委内瑞拉等国的共产党一分为三，秘鲁等国的共产党一分为四，等等。遗

---

① 转引自吴斌康：《八十年代世界共产党代表大会重要文件选编》（下），北京：中国广播出版社1989年版，第1253页。

② 转引自吴斌康：《八十年代世界共产党代表大会重要文件选编》（下），北京：中国广播出版社1989年版，第1253页。

憾的是，此处一国同时存在两个、三个甚至多个共产党组织或者共产主义组织的局面，并非是共产主义事业兴旺发达的表现，而是党的微弱的力量与资源进一步分散的"耻辱柱"。两个及以上党组织并存的局面不仅分散了党的力量与资源，也使党在人民群众中的威信与影响降低，使人民群众不知所从，因而迷失了革命的大方向。

其五，党的组织原则、运行机制尤其是领导体制操作过程中出现异化。就其根本组织原则而言，拉美共产党在实践中往往强调民主集中制的"集中"的方面；就其领导体制来讲，拉美共产党规定的集体领导在实践中很少得以真正贯彻。把集中作为民主集中制的主要内容加以贯彻执行，集体领导没有得到真正贯彻执行，助长了党内的家长制作风，催生了一言堂，造成了事实上的个人专断局面。个人专断影响了其他领导成员的积极性，限制了他们作用的发挥；而行使专断权力的领导通常又平庸得不具备成就大事的能力，这种矛盾的结合体"汇聚"的是众多"弊端"而非优点，其影响也就可想而知。

其六，党的领导干部的领导方式、方法与工作作风方面存在诸多缺点与不足之处。拉美共产党的领导干部，上至中央领导，下至基层干部，在领导开展党的活动的过程中，工作方法和作风上存在不少缺点与问题。秘鲁共产党（红色祖国）五大政治报告对此类问题做了精彩描述。报告指出，不好的领导方法与作风中最重要的有两个，一个是官僚主义，其实质是"取代党内外群众，把行政命令方法作为基本准则，破坏党内民主，'个人说了算'"，"沿袭官僚主义做法，党就会脱离群众，党的领导机构就会脱离群众"，因而官僚主义是"建设群众性革命政党真正的绊脚石和障碍"；另一个是领导方法上的手工业方式和落后观念，手工业方式是"一个严重的障碍"，其"严重程度可以使我们的大部分努力失败"。

其七，党的经费有限，经济状况窘迫。苏东剧变前，与诸如托洛茨基主义政党组织等其他左翼政党、左翼力量相比，由于得到了苏联各方面的资助，拉美各国共产党的经济情况相对较好；但是，由于苏联忙于自己的事务以及拉美地区长时期里并没有引起苏联足够的兴趣，苏联对拉美这一战略价值意义不高地区的共产党的资助有限。从苏联对阿连德时期智利共产党和平道路尝试的谨慎和有限资助可以看出一些端倪。苏东剧变以后，拉美共产党突然失去了一个主要经济来源，经费更加紧张，经济状况也更加艰难。多数拉美共产党内部也长期存在不重视经济问题的倾向。"党的经济和财务工作一向是糟糕的。普遍存在贬低经济活动的现象，或错误地认为，筹措经费不是'政治任务'。"① 对经济工作的不重视影响了党的经济状况的改善。另外，国内生态环境也限制了拉美共产党经济状况的改善。在当局禁止共产党活动的时期，包括经济状况在内的党的总体境况的恶化是普遍的；而在共产党能够合法活动的时期，许多国家关于政党活动的部分法规条款从经济上限制了共产党，如一些国家规定任何政党组织不得接受任何外国政府、组织、个人公开或私下的任何馈赠，以及多数国家不允许政党开展筹款活动，规定统一由政府提供活动经费，而只有在选举中赢得一定比例选票的党才能有资格获取政府按比例提供的经费，等等，这些规定实际上是给共产党施加了重重"经济门槛"。无论由于何种原因，拉美共产党的经费紧张、经济状况窘迫是不争的事实。而经济方面的局限又在极大程度上限制了党的活动的正常开展及其效果，"不是大部分也有相当一部分工作由于缺少最低限度的经费而受到限制"②。

拉美共产党组织资源方面存在的问题削弱了其组织优势，从而降低了其满足生态环境要求的程度，损害了其缓解生态环境压力的效果。而拉美共产党的组织长时期里变化不大，长期困扰其发展的组织方面的问题未能得到很好地解决，或者说，拉美共产党没能根据生态环境的变化及时在组织方面做出相应调整，以致其丧失了改善总体发展状况的机会。"党在组织方面的变化很小。我们未能跟上哥伦比亚社会发展的速度。我们的组织状况不适应当前革命斗争的需要"③ 是对此的写照。

---

① 转引自吴斌康：《八十年代世界共产党代表大会重要文件选编》（下），北京：中国广播出版社1989年版，第1254页。

② 转引自吴斌康：《八十年代世界共产党代表大会重要文件选编》（下），北京：中国广播出版社1989年版，第1254页。

③ 转引自吴斌康：《八十年代世界共产党代表大会重要文件选编》（下），北京：中国广播出版社1989年版，第1089页。

2. 外部资源方面

外部资源的情况比较复杂。为了便于把握，主要从为拉美共产党提供资源、与拉美共产党争资源、削减拉美共产党的资源的不同力量及其特点、影响的角度入手。

第一，未能获得拉美广大人民群众的参与和支持。拉美共产党未能获得广大人民群众支持的原因是多方面的。其中，拉美共产党在思想理论、政策、组织等方面存在的问题——思想理论缺乏本土色彩，对现实分析、解释乏力；政策不切合拉美实际，在解决现实问题上显得低效与无能；缺少发动群众的干部；缺少活动经费；领导干部的官僚主义等不良工作方法与作风，等等——是一大方面，党自身存在的这些问题使党无法有效动员人民群众参与党领导的革命事业，无法获得人民群众的理解与支持，经常性地处于和人民群众脱离的状态。人民群众自身的特点也是原因的一方面。就共产党的阶级基础工人阶级而言，拉美工人阶级的一些特点给共产党在该阶级中的纳新等工作提出挑战。有学者指出，"在拉丁美洲几乎不存在 19 至 20 世纪初的欧洲很普遍的那种工人阶级共同体"，"拉丁美洲的工人阶级从来是不同质的，大工业对其形成只起了相对次要的作用。在这方面，19 世纪及 20 世纪初英国和德国形成工人阶级的历史经历没有出现重复"[①]。这勾勒出拉丁美洲工人阶级的一个重要特点——多样性。拉丁美洲工人阶级的来源及成分多种多样，既有来自正规经济部门的，也有来自非正规经济部门的；既有工业（产业或制造业，矿业，运输业，建筑业等等）工人，也有服务业雇工，还有农业工人；有城市工人阶级，也有农村工人阶级；而且其中非正规经济部门、服务业的工人占有相当比例，或者说，拉美工业工人的比例和影响力要远远低于其他地区同类工人的比例与影响力。拉美工人阶级的另一重要特点是高度的流动性。社会流动在拉美是比较常见的现象，而工人阶级尤其是农村的工人阶级非常珍视流动性。工人阶级的又一重要特点是易受外部影响。早期的工人阶级主要由外来移

---

① ［英］莱斯利·贝瑟尔：《剑桥拉丁美洲史》第六卷（上），北京：当代世界出版社 2000 年版，第 317、316 页。

民构成，很多工人工作的企业为外部资本主义经济服务，甚至相当多的工人就在外资企业里工作，这些因素导致拉美的工人阶级很容易受到外界影响。工人阶级多样性、流动性、易受外界影响的特点，造成了一系列后果：不同来源、不同成分的工人阶级的阶级意识、阶级认同感层次不一。除了工业工人的阶级意识和阶级觉悟相对较高以外，其他行业部门的工人阶级往往阶级意识淡薄或没有形成明确的阶级意识，许多工人更愿意把自己归入一个带有"贫民"或"人民"标签的更大的社会类别①，而对工人阶级的认同感、归属感并不是很强，或者说，缺乏对工人阶级的认同；成分的多样性还容易导致彼此之间的竞争、不信任甚至敌对情绪，致使工人阶级组织内部宗派林立，严重妨碍了工人阶级的团结及力量整合。高度的流动性也十分不利于工人阶级的有效组织与团结。易受外界影响则容易导致简单模仿外界而忽视本地实际的主观主义倾向，或者激起盲目排外的民族主义情绪。这些都严重影响了工人阶级的健康成长，也妨碍了工人阶级政党共产党工作的深入开展。就工人阶级的同盟军农民来讲，拉美的农民尤其是土著居民则有深受传统影响、缺乏革命传统、难以组织的特点。在现代交通、通讯技术与工具应用以前，由于拉美多数地区恶劣的自然条件，大多数国家的农村基本上很少与外界联系，广大农民尤其是其中的土著居民往往处于"与世隔绝"的状态。在此处境下，农民一方面深受传统的影响，对外来或新生事物持怀疑、不信任甚至排斥态度，他们很难接受"革命"思想，而影响拉美农民的诸传统之中非常重要的一条是缺乏革命传统，这无疑进一步增大了阻碍农民参与革命的力量；另一方面，由于居住的分散及交通的不便，加上对外界的排斥，农民也很难被有效组织起来。"反抗极少超出一个村庄以外，对殖民主义制度的挑战极其微小。大多数土著人并不把自己看成应该与有着严重土地纠纷或其他争吵的邻村联合起来的'印第安人'。历史学家威廉·B.泰勒研究了墨西哥中部和瓦哈卡的这类暴力反抗，得出结论称，这些地区的土著居民是'好的造反者和

---

① 参见［英］莱斯利·贝瑟尔：《剑桥拉丁美洲史》第六卷（下），中国社会科学院拉丁美洲研究所组译，北京：当代世界出版社2001年版，第322页。

差的革命者'"①，此段描述生动刻画了拉美农民尤其是其中的土著居民的"不利于革命"的特点。工人阶级与农民自身的这些特点妨碍或阻隔了共产党与其"天然"阶级基础及社会基础之间的"血肉联系"。此外，社会党、民族主义政党甚至政府等政治力量对工人、农民的影响与争夺，也使得共产党的"天然"基础进一步分化。不能获得广大人民群众的支持，使拉美共产党失去了力量源泉、强大后盾与最可宝贵的资源，使党沦为真正的人数稀少的"精英"型小团体。靠这样的小团体孤军奋战，难以开展持久的革命斗争，也难以取得革命的成功。

第二，以苏联、共产国际为代表的外来资源提供者的消极影响。长期受到以苏联、共产国际为代表的外来力量的影响以至支配是拉美共产党的最突出特点之一。不容否认，苏联、共产国际在各方面的指导与帮助是拉美共产党能够在严酷的环境下存活下来并得到一定程度发展的重要支撑，有时甚至是决定性因素。但苏联、共产国际也给拉美共产党带来了各种各样的消极影响，借用加夫列尔·帕尔马的说法，"由外来组织机械决定其内部任务"是拉美共产党的"致命伤"。②

其一，共产国际的消极影响③。多数拉美共产党成立后不久就成为共产国际的成员，作为共产国际"在本国的分支机构"，拉美各国共产党得到共产国际的全方位指导。因而，共产国际对拉美各国共产党的影响非常大。共产国际对拉美共产党的消极影响可以从两个方面把握，一个方面是由于国际自身的一些特点而导致的对国际各成员党都有的消极影响，另一方面是国际对拉美共产党的较为直接的消极影响。就由共产国际的特点导致的对世界各国共产党都有的消极影响而言，主要有：一、共产国际成立以来，一直为"左"的思想理论所困扰。虽然在列宁的领导下，国际的第三次和第四次代表大会均以反"左"为主题，并在一定程度上纠正了国际

---

① [美]谢里尔·E.马丁、马克·瓦塞尔曼：《拉丁美洲史》，黄磷译，海口：海南出版社、三环出版社2007年版，第137页。

② 见加夫列尔·帕尔马：《依附：不发达的一套正式理论还是分析不发达的具体的一套方法论？》，载《世界发展》，1978年，第900页。

③ 共产国际活动期间，苏联往往隐身于国际之后，通过国际来施加对拉美共产党的影响；国际解散以后，苏联才走到前台。所以此处把二者分开。

的极"左"倾向，实现了策略和政策的较大转变，但国际指导思想上根深蒂固的"左"的观念并没有被撼动根基。列宁去世后，"左"倾冒险主义、教条主义、关门主义等思想倾向再度泛滥，"第三时期"理论标志着共产国际的"左"有了较为完备系统的理论形态。在共产国际"左"的思想理论、策略和政策的指导下，国际共产主义运动屡屡遭受失败与挫折。二、不同于第一国际和第二国际的是，第三国际把"国际"的利益明显置于各国民族利益之上，把"各国运动的利益必须服从世界革命的共同利益"作为各成员党必须遵循的原则，而"世界革命的共同利益"主要体现为"在苏联建成社会主义"，因此，"各国运动服从世界革命的共同利益"也就变成了各国共产党要捍卫、维护苏联的利益。这使得各国共产党日益和自己民族的现实分离开来，日益和本国的人民群众脱离开来，日益沦为一个捍卫苏联利益的工具。三、作为为推进世界革命而产生的世界性共产党，共产国际会为推动各国、各地区的革命而给予当地共产党以指导。这些指导的突出特点是"共产国际给各国共产党规定了一条清一色的路线，而不是要求他们主动地制定出最符合各国具体特点的方针"①。机械地执行一条路线，对各国的具体实际不做区分，结果可想而知。四、共产国际对各国共产党的领导层具有"生杀大权"。多数情况下，那些最愿意顺从共产国际（莫斯科）意志的人得到重用、提拔，而那些富于怀疑、批判精神，主张将普遍原理与本国实际结合的人往往被打入"冷宫"或被撤销领导职务。如此，各国共产党的领导就逐渐很自然地不做任何批判地全盘接受共产国际的所有指示，而不论其正确与否，适用与否；久而久之，各国共产党领导层的理论性讨论变得越来越罕见，甚至蜕变为转达、传递来自"最高的真理源泉"真理的一种仪式，党的独立创新精神也就逐渐泯灭。五、共产国际缺乏关于殖民地或附属国革命的理论。共产国际活动期间能够用来引用的关于殖民地或附属国革命问题的"经典"理论少之又少——在相关问题上，马克思、恩格斯留下的思想遗产较少，列宁的相关认识虽

---

① ［西班牙］菲南德·克劳丁：《共产主义运动——从共产国际到共产党情报局 第一卷：共产国际的危机》，方光明、秦永立译，福州：福建人民出版社1982年版，第23页。

然相对多些,但仍不足以满足指导具体革命实际的需要;而共产国际的教条主义却又不支持理论创新。没有相关理论的指导,是困扰共产国际处理殖民地或附属国革命斗争问题的一大难题。就共产国际对拉美共产党的直接影响来讲,"共产国际的领袖们从未指望在拉丁美洲的马克思列宁主义的革命能够在欧洲革命成功之前成功。因而拉丁美洲便被置于次要的和支援欧洲和亚洲的工人阶级斗争的地位。共产国际对拉丁美洲的分析是从资本主义国家的前景而不是从拉丁美洲自身的前景出发的"[1]。如此导致经常出现"把办不到的任务置诸少数斗士的肩头"的局面,因而拉美革命的效果非常不理想。

其二,苏联(苏共)的消极影响。二战后,在与拉美共产党的关系上,苏联慢慢从幕后走到台前,虽然未与拉美共产党建立直接的组织隶属关系,但是苏联对于拉美共产党的影响并未因此而遇到任何障碍。"拉美共产党的战略、政策总是与苏联的外交政策保持一致,苏联和拉美共产党之间偶尔出现的利益冲突总是无一例外地以维护苏联利益的方式解决。这种与一个外国政权的长期的紧密联系既是拉美共产主义运动的一个主要限制性因素,也是其最重要的力量源泉。二战期间以外,拉美共产党与苏联的紧密联系通常使其只对少数人具有吸引力"[2],消极影响还体现在苏共给拉美共产党"带去了浓厚的教条主义,使拉美共产党不顾本国国情,急于求成,又在党内加剧斗争,从而削弱了党的力量"[3]。苏联(苏共)的消极影响与共产国际的消极影响基本上大同小异。

第三,其他主体的竞争增加了拉美共产党获取资源的难度。在拉美生态环境下,争夺有限资源的主体是多元的,共产党只是其中非常普通的一个,多数时候并不具备特别明显的优势,共产党要在有限的资源蛋糕中争得一份具有相当难度。

---

[1] [英]莱斯利·贝瑟尔:《剑桥拉丁美洲史》第六卷(下),中国社会科学院拉丁美洲研究所组译,北京:当代世界出版社2001年版,第183页。
[2] Rollie E. Poppino, International Communism in Latin America: A History of the Movement 1917-1963, London: Collier-Macmillan Limited, the Free Press of Glencoe, 1964, p. 151.
[3] 高放:《拉美共运特点和拉美发展前景》,载《拉丁美洲研究》2002年第3期。

其一，各种各样的政治思潮影响和干扰了马克思主义的传播，分流了"信众"。从外来政治思潮的角度看，蒲鲁东主义、巴枯宁主义、无政府工团主义、社会民主主义、托洛茨基主义以及白劳德主义等在拉美工人阶级和一些群体中具有较大影响，拥有数量可观的信众，分流了工人阶级；这些思潮甚至对各国的共产党也产生了或多或少的影响，分化了党的组织力量。就拉美本土的政治思潮而言，各种民族主义或民众主义思潮占有的"市场份额"很大，影响的范围甚广，拥有的信众也多。未能科学地处理好与民族主义的关系，使拉美共产党经常处于脱离人民群众的危险境地，"许多拉美共产党未能高举民族主义大旗，提出能够争取多数民众的民族民主革命纲领，急于实现共产主义，反而使共产主义运动脱离人民大众，难以迈出大步"①。

其二，现实政治生活尤其是政党政治生活中，参与政治生活或参选的以政党为代表的"逐鹿者"数量众多。尽管共产党与其他类型的政党具有质的区别，但是现实政治生活中共产党却表现得与其他类型的政党同多于异——提出的解决国家发展问题的政策大同小异，在选举中采取一样的策略，等等——对普通民众或选民而言，共产党并没有展现出特别的吸引力；另外，部分其他类型的政党经常会借用共产党的一些口号、提法，以使自己表现得和共产党一样革命甚至比共产党更革命，如此一来，对一些希望通过激进方式解决现实问题或者共产党的传统同情者和支持者而言，有了在共产党以外的更多选择。因而，共产党不可避免地遇到了人民群众尤其是工人和农民有可能会去支持其他类型政党的问题。②

第四，国内外各种敌对势力的围剿削减了共产党获取资源的机会，使共产党处境艰难。从一开始，拉美共产党就受到了国内外各种敌对势力的联合围剿，陷入重重包围之中。

其一，主要以美帝国主义为首的外部敌对势力的干涉。帝国主义在拉美地区有着难以割舍的利益，尤其是美帝国主义，更是将拉美视为自己的

---

① 高放：《拉美共运特点和拉美发展前景》，载《拉丁美洲研究》2002年第3期。
② 参见 Rollie E. Poppino, International Communism in Latin America: A History of the Movement 1917—1963, London: Collier-Macmillan Limited, the Free Press of Glencoe, 1964, p. 41。

"后院"。它们不能容忍在拉美地区存在共产主义的威胁。帝国主义通过扶持拉美反动势力、直接军事干涉等各种途径力图将它们认为的潜在共产主义威胁扼杀在摇篮之中；而对西半球"共产主义的桥头堡"古巴，则通过全方位封锁的形式极尽打压之能事，妄图推翻古巴共产党领导的社会主义政权。帝国主义的干涉使拉美共产党的生存变得异常艰难。

其二，国内敌对势力数量众多，力量强大。对此，可以从政治力量和社会文化力量两个方面把握。政治力量方面主要体现为反动政府对共产党的镇压，"拉丁美洲各国的共产党从一开始就受到系统的持续的镇压。……镇压之残酷常常是与被造成的真正威胁国家风马牛不相及的"[①]。"长期以来，拉美国家的共产党都曾遭到过当局的不同程度的镇压。尤其在冷战时期，拉美国家内部的反共势力与美国的反共立场遥相呼应，对共产党采取敌视的政策，并用各种手段镇压它。"[②] 政府活动覆盖的范围异常广是拉美各国的一个突出特点，反动政府的镇压极大地削减了共产党所能获取的资源，减少了共产党"成为一个群众政党的可能性"。社会文化方面的敌对力量主要是天主教教会，"拉丁美洲主要信仰体系是天主教教义，教会对马克思主义（以及甚至对自由主义）的强烈敌视必然要限制激进运动的号召力，尤其是在除工会运动以外的大众部门中以及在妇女中"[③]。

（二）古巴共产党长期执政的经验

作为目前西半球唯一一个社会主义政权，古巴社会主义政权自诞生之日起便处于严酷环境之中。历经半个多世纪的风雨，古巴社会主义政权依然巍然屹立，并没有像西方媒体预言的那样随着苏东社会主义政权崩溃的多米诺骨牌倒下，堪称奇迹。究其奥秘，毫无疑问，主要应该在其执政党——古巴共产党身上寻找答案。执政以来，古共经历了各种各样的考验，其"成绩"或"政绩"如何？古巴社会主义建设取得的各项成就等其

[①] ［英］莱斯利·贝瑟尔：《剑桥拉丁美洲史》第六卷（下），中国社会科学院拉丁美洲研究所组译，北京：当代世界出版社2001年版，第180页。

[②] 高放：《拉美共运特点和拉美发展前景》，载《拉丁美洲研究》2002年第3期。

[③] ［英］莱斯利·贝瑟尔：《剑桥拉丁美洲史》第六卷（下），中国社会科学院拉丁美洲研究所组译，北京：当代世界出版社2001年版，第181页。

他"论据"暂且不提,近期的一次民调的数据从一个侧面给出了答案——民调显示,89%的被调查者认为古共代表广大人民的利益,85.5%的被调查者认为古共继续是古巴社会的领导力量①。古共为什么能长期执政,为什么能领导古巴航船穿行于惊涛骇浪之中而罗盘始终指向社会主义彼岸的方向?古巴共产党长期执政的原因,可以归结到两个基本点:一个是古共一直较为注重将马克思主义普遍原理同本国实际相结合;一个是古共在古巴人民中威信较高,得到绝大多数古巴人民的拥护与支持。前一个因素属于古共所能掌握的内部资源范畴,而后一因素则属于外部资源。因此,从生态资源的角度讲,古共能够长期执政的奥秘在于古共整合内外资源的能力较强,因而提高了自身的适应性,较好地满足了生态环境的要求,进而实现了自身的较大发展,党的价值也得到了良好体现。

1. 内部资源方面

古巴共产党一直较为注重将马克思主义普遍原理与本国实际相结合,并取得了较为理想的效果。具体来讲,表现在以下方面。

第一,结合实际加强党自身的建设,致力于打造一个与时俱进、廉洁、高效、亲民、坚强、作为"社会主义表率"的先锋队。

就与时俱进而言,古共能够根据形势条件、自身情况的变化,适时修改党章、党纲,对新问题、新情况给予及时关注与解答,使党的思想理论富于时代性与本土化色彩。例如,古共四大是在苏东剧变后古巴面临空前困难的形势下召开的,为了应对、反击敌对势力"下一个该轮到古巴了"的疯狂叫嚣,四大提出了"拯救祖国、拯救革命和拯救社会主义"的口号,并通过了修改党章和党纲的决议。古共四大对党章与党纲的修改突出体现在将"马蒂思想"列为党的指导思想的重要组成部分及废除原来党章中关于对宗教迷信和其他旧思想遗迹开展有力斗争的规定,允许教徒入党两大方面,这些修改不仅增强了党的本土化色彩,也扩大了党的纳新范围,增强了党对民众的吸引力与号召力,是党努力争取及时应对新形势的体现。

---

① 参见李海洋:《古巴共产党党的建设的基本经验》,载《学习与实践》2008年第6期。

就廉洁而言,古共一直比较重视党的廉洁问题并始终保持了对此问题的清醒认识,其廉政建设或反腐倡廉工作在执政的共产党中是比较有特色的。"在腐败未侵蚀党的肌体之前,就必须把毒瘤切除"①,"革命不仅受到美国的威胁,而且也受到腐败和容许腐败滋生的自由化立场的威胁","腐败将一直伴随着我们,但是我们必须将腐败控制在踝关节以下,绝不能让它达到我们的脖子位置"②,"我们要永远牢记总司令(古巴人对卡斯特罗的尊称)的思想:'社会主义就是榜样的科学',一定要不惜任何代价根除腐败"③ 等充分说明了古巴共产党的相关态度与认识,正是在将廉政建设置于关乎党、关乎社会主义命运高度的基础上,古共通过严惩腐败、加强法制建设、加强道德建设、强化监督等措施从严治党,取得了积极成效,为保持古共的"纯洁性"做出了突出贡献,而"古巴共产党始终保持着自身的纯洁性,这是我们胜利的法宝"④。

就高效而言,为了提高工作效率,古共先后多次进行机构改革,大量精简各级组织机构和党员。例如,1990 年古共中央书记处成员由 7 名减为 5 名,省级机构人员编制缩编 50%;1991 年古共中央直属部委由原来的 19 个简为 10 个,干部设置由七级简化为三级,专职干部由 600 多人减至 180 多人,同时省市委也大幅精简,省委取消第二书记,仅保留常委会和第一书记;随后,古共四大决定取消中央书记处及各级党组织候补委员,只保留中央委员会和政治局;古共五大进一步将中央委员会和政治局委员分别精简至 150 和 24 人,分别比上届少了 75 人和 2 人;古共第一次全国会议提案精简中央委员会成员,同时为党注入年轻力量,等等。

就亲民来讲,古共历来主张和坚持走群众路线,力争形成党与群众水乳交融的局面,"古共要维护同群众的联系,因为这是党存在的理由,它给党以威信、权威和力量。永远不能超越群众;要永远和群众在一起,永

---

① 转引自吕飞科:《古共如何抓党建》,载《共产党员》2005 年第 5 期。
② 转引自张登文:《对前苏联解体后古巴共产党自身建设的再认识》,载《北京社会科学》2006 年第 3 期。
③ 参见肖枫:《古巴压而不跨的奥秘》,载《科学社会主义》2006 年第 3 期。
④ 转引自季正矩:《通往廉洁之路——中外反腐败的经验与教训研究》,北京:中央编译出版社 2006 年版,第 285 页。

远在人民的心中"①。在"四个一切"原则的指导下，古共采取系列措施确保党同群众之间的密切联系：古共中央规定领导干部必须经常深入基层，与群众直接交流，倾听群众意见。如卡斯特罗经常到各地视察，且非常善于与群众进行面对面的沟通与交流。创新群众参与机制，鼓励群众参与政策的制定与讨论，参与国家重大事务。在出台重大政策以前，古共都要发动、召集群众进行广泛讨论，征求群众意见。在达成共识的基础上，决策才会通过，而如果存有分歧，就会先行搁置。

就"社会主义的表率"而言，卡斯特罗在《国家干部道德法规》发布仪式上指出"社会主义是表率的科学"，部长会议执行委员会秘书拉赫在仪式上则强调："没有精神道德就没有社会主义。如果我们的人民在干部身上看不到共产党人特有的品德，就没有社会主义"，我们"需要一种道德、一种精神、一种榜样"。古共领导层不仅是这样说的，也是这样做的。如卡斯特罗对自己要求非常严格，生活俭朴，不图奢华，不搞特殊，且能几十年如一日。在领导层的表率下，古共各级干部多能吃苦在前，享受在后，与群众同甘共苦，且时时、处处注意为群众树立榜样。"领导干部就要时时事事起模范带头作用，不然群众就不信服你"，对领导干部道德与模范带头作用的强调及身体力行，为古共赢得人民群众的拥护贡献多多。

第二，根据变化的实际与任务，不断调整党的方针、政策。作为领导建设古巴特色社会主义的执政党，古共的各项政策不仅对党自身的发展，而且对古巴的社会主义建设具有重大意义。古共在各时期的政策上文已有论述，不再重复。总体来讲，古共较好地做到了根据变化的实际，不断调整自身的方针、政策，使其富于时效性与针对性，从而较好地实现了党与生态环境的良性互动。无论是根据变化的实际加强党的建设，还是根据具体实际调整党的方针、政策，使古巴共产党拥有了支持其长期执政的较为丰富的内部资源。

2. 外部资源方面

笼统地讲，恶劣的国际国内环境使可供古巴共产党使用的外部资源相

---

① 《卡斯特罗言论集》（第二册），北京：人民出版社1963年版，第26页。

对匮乏。就国际角度而言，众所周知，近在咫尺的美国长期执行对古巴的敌视政策，从经济封锁、贸易禁运、外交孤立、意识形态渗透、军事威胁等各方面，力图颠覆古共领导的社会主义政权，给古巴带来极大压力；苏东剧变以前，古巴经济的运行与经互会密切相关，古巴对外贸易的85%通过与其他经互会国家开展贸易实现，以苏联为首的社会主义阵营也曾给古巴提供了多方支持与援助，但同经互会国家的贸易却随着苏东剧变而中断，苏联等国的支持与援助也随之消失，使古巴失去重要政治和经济依托，遭遇前所未有的打击。外部的恶劣环境作用于古巴国内环境，诱发了国内政治经济形势的恶化。例如，1989年到1993年间古巴国民生产总值连续大幅下滑，累计下降了35%，致使其财政状况严重恶化，1993年的财政赤字高达30.5%，等等。

  面对诸多不利条件，古共并没有对社会主义失去信心，也没有惊惶失措，而是沉着应付，积极寻找对策。其中，帮助古共战胜重重困难与不利条件的法宝是古共时刻不忘采取措施发展经济并逐步改善人民生活。"社会主义不是定量供应本，不是四家分一个南瓜，一个党委书记最好的思想工作就是使自己的人民有饭吃。老百姓有饭吃，就是最大的意识形态问题。"① 要让老百姓有饭吃，首先要发展好经济，为了发展经济，古共先后多次尝试，最终走上对外开放和改革之路。经过改革，古共经济逐渐好转，为人民的基本生活提供了坚实保障。在发展经济的同时，古共始终高举公平的大旗，注意维护广大人民群众的利益。例如，在经济十分困难的情况下，古共仍坚持每年拿出占国内生产总值相当比例的经费用于发展公共事业，其中公共卫生事业、教育事业与社会保障事业发展得尤为完备。拿医疗来讲，全国城乡居民均能享受终身公费医疗，小病到社区医院，大病到中心医院，治疗、医药费用全免，住院还可以免交伙食费；就教育而言，古共非常重视教育公平，坚持全民免费教育制度，力争实现教育机会均等，任何古巴公民，不论其种族、性别与家庭出身，只要愿意均可接受免费教育；就社会保障而言，古巴已建立了一套覆盖率达100%的社会保

---

① 转引自肖枫、王志先：《古巴社会主义》，北京：人民出版社2004年版，第226页。

障体系，基本上实现了对每个国民"从襁褓到坟墓"的保障。上述措施不仅与发展经济的初衷一致，也是古共作为古巴人民利益代表的最好体现。古共采取的切实维护与保障人民群众利益的措施增强了其凝聚力与号召力，赢得了人民群众的支持与拥护。古巴人民的拥护是古共所能获取的最可宝贵的外部资源。人民的拥护在一定程度上抵消了其他外部资源困乏的不足，是古共长期执政的基石。

二、拉美共产党艰难抉择的启示

通过前文对拉丁美洲共产党的生态困境、历史发展、思想理论、政策主张及组织问题的梳理和探讨，通过对拉美共产党未能获取政权原因的分析，通过对古巴共产党长期执政经验的总结，大致可以得出如下规律性认识。

（一）拉美共产党的抉择所体现的规律

1. 政党存续、发展与价值功能实现的过程实质上是政党与生态环境互动的过程，政党能否形成与生态环境的良性互动是事关其存续、发展与价值功能实现状况的决定性因素

政党与生态环境的互动一方面表现为生态环境通过提供资源、提出要求、施加压力等方式影响政党——生态环境对政党的影响主要体现在其思想理论、政策主张和组织方面；另一方面表现为政党主要通过其政策反作用于生态环境——政党的政策既是其对生态环境的反馈，也是其反作用于生态环境的武器。政党能否与生态环境形成良性互动，关键在于二者之间的渠道是否畅通。从一定意义上讲，政党的政策可以视为政党与生态环境互动渠道的一个环节。因此，政策对政党具有极为重要的价值意义。而政党政策的制定又以政党的思想理论为前提与基础，以政党组织为载体或实施者，政党的思想理论、政策与组织因素共同决定了政党与生态环境的互动效果。

横向上比，不同国家或地区的生态环境是有差异的，因而其影响着的政党各自具有不同特点，政党与生态环境的互动也具有不同特点，政党的思想理论、政策主张、组织设置要体现、适应这些个性因素。纵向上看，

政党的生态环境是不断变化的,不同时期的生态环境具有不同特点,其为政党提供的资源、提出的要求、施加的压力也在不断变化,即生态环境对政党的影响的内容、特点等均在不断变化。因而,政党要根据变化的环境做出相应调整——思想理论要及时反映新情况并对之做出解释、说明,政策制定、组织运行要有效应对新要求。

2. 民心向背是决定政党前途命运的关键因素

作为一种政治组织,无论何种类型的政党,只有掌握了国家政权,才能真正更好地实现自身的价值功能,才能更好地实现自身的发展。对于致力于获取政权的党来说,无论其准备通过何种途径争取上台,武力革命的道路也好,和平合法的形式也罢,没有人民群众的支持,是很难成功的,因为人民群众是有硝烟与没有硝烟的战场上的决定性力量;而对于执政党而言,民心向背是决定其能否继续执掌政权的关键因素,因为任何政党的执政基础都要立于人民群众认同的根基之上。

对于工人阶级的政党共产党而言,要获取政权或者长期持有政权,必须时刻牢记自己的阶级属性与历史使命,使自己始终站在最广大人民的一边,始终代表最广大人民的根本利益,始终关注、解决事关人民群众切身利益的各种问题。

3. 工人阶级的政党共产党的发展过程,实质上也可以视为一个党内外各种政治关系的相互依存、相互促进、共同发展的过程

其中,作为与共产党相伴相随的政党现象的党内关系,标示共产党文明的发展水平,反映党的基本价值取向,蕴含党的底气与实力,预示党的前途;是党得以建立、发展必不可少的条件,是党一切活动的基础。共产党只有确立和协调好党内关系,才能生成并不断发展壮大,不断调整和处理好党内关系是党加强自身建设的重要任务。

党内关系是共产党组织内部各主体在治理政党内务的过程中,围绕各自相应的权利和义务,所形成的相互关系及互动的行为模式。政党生态环境和党的自身建设状况是影响党内关系的两个基本要素,党所处的社会生态环境不同,党的成长经历不同,其内部关系的模式也不同。

党内关系以党内民主为基本运行方式,以民主集中制为基本原则,以

法规性、制度性的"硬约束"——党内法制和"软规范"——党内文化为运行规范。党内关系的理想状态是实现党内各主体既保持各自特点又相互合作、协调一致,即实现党内关系的和谐。党内关系的运行态势是共产党不断化解党内矛盾以追寻党内关系和谐的过程。

4. 社会主义的探索和实现是一致性和多样性的有机统一,是一个长期的历史过程

"一切民族都将走向社会主义,这是不可避免的,但是一切民族的走法却不完全一样,在民主的这种或那种形式上,在无产阶级专政的这种或那种形态上,每个民族都会有自己的特点。"① 作为人类社会发展的一个高级阶段,社会主义迟早会实现这一前景是明确的;为了保持社会主义的方向,各民族国家共产党在探索实现社会主义的过程中要遵循一些基本原则也是确定的,这些都是一致性的体现。但是"社会主义革命是一个复杂的历史进程,因环境因国家而异。德国革命和欧洲革命所提出的问题、所遵循的规律一般跟俄国革命所提出的问题、所遵循的规律是不同的"②。由于各个国家环境或具体实际的不同,社会主义的实现过程也遵循特殊规律,具有不同特点,因而具有多样性,不存在实现社会主义的"一条道路、一种模式"。拉美共产党为实现社会主义的探索的"事实已证实了列宁关于走向社会主义的道路是多样化的预见。这种多样化反映了一个国家甚至地区性或洲际性的特点"③。

同时,社会主义的最终实现还是一个长期的历史过程。就已经或曾经由共产党执政的国家而言,其在社会主义建设过程中超越阶段、急于求成的错误,给社会主义事业造成巨大损失,惨痛的教训向共产党人表明,社会主义建设的长期性、艰巨性和复杂性,社会主义的巩固、建设和发展需要经历一个长期的历史过程。就尚未获取政权的共产党来讲,尽管其对社

---

① 《列宁全集》第28卷,北京:人民出版社1990年版,第163页。
② 转引自[西班牙]菲南德·克劳丁:《共产主义运动——从共产国际到共产党情报局 第一卷:共产国际的危机》,方光明、秦永立译,福州:福建人民出版社1982年版,第322页。
③ 转引自吴斌康:《八十年代世界共产党代表大会重要文件选编》(下),北京:中国广播出版社1989年版,第1348页。

会主义的探索已经历了一个较长的过程，也取得了一些初步成果，但事实证明他们的努力或自身条件还不够，他们对社会主义的探索还将长期进行下去；而且在目前世界社会主义总体处于低潮、共产党发展环境依然严峻的形势下，社会主义力量全面复兴的条件还不具备，这也要求尚未取得政权的共产党做好为实现社会主义而长期努力的准备。

5. 共产党发展的多样性

如果把共产党为实现社会主义而努力探索的过程的多样性理解为共产党产生、发展及价值功能发挥的多样性的话，共产党本身也具有多样性。共产党的多样性源于其所处生态环境的多样性，"由于每个共产党生存的文化背景不同，所处的社会环境不同，面临的矛盾问题不同，以及党员的成分、党的领导人员的状况不同等等，共产党有不同的表现，具体呈现出多样性"①。

(二) 对规律的自觉遵循

"问题不在于认识世界，而在于改造世界"，在实践基础上形成的理论认识还要反过来用于指导实践。对规律的认识与把握，是为了通过遵循规律更好地开展实践。

对全世界共产党而言，为了能够更好地自觉遵循上述规律开展实践，应该坚持下列原则。

第一，根据变化着的实际及时调整理论政策。思想理论要想具备解释力、说服力和生命力，政策主张要想发挥应有效力，都必须和实际相结合。客观实际发生变化，思想理论要及时跟进，对新问题做出说明，政策也要及时进行调整，以期更有针对性与有效性。"我们党的错误和弱点的政治思想根源在于没有从马列主义阶级观点出发，及时地对经济、社会阶级关系、政治、国家、政府以及政党的其他力量等方面所发生的变化进行足够的分析"② 因此，"在进行变革时，应该更紧密地将理论和实践、思想和政策结合在一起。以往原本是不可分割的这两个方面的关系削弱了，于

---

① 郭亚丁：《全球视野下的共产党》，北京：中国经济出版社 2007 年版，第 218 页。
② 转引自吴斌康：《八十年代世界共产党代表大会重要文件选编》（下），北京：中国广播出版社 1989 年版，第 1348 页。

是导致了思想上的教条主义,与此相对应的是政治上机会主义的实用主义。我们需要的是,用大胆而创造性地应用于我国实际的理论来指导政治行动,反过来,政治行动又能丰富和发展理论,如此不断反复。"① 做到根据变化的实际及时调整理论政策,必须把马克思主义普遍原理与本国具体实际和时代条件相结合,实现马克思主义的本土化、时代化和大众化。马克思主义是无产阶级及其政党的行动指南,但只有掌握其精神实质,即马克思主义的立场、观点与方法,才能制定出正确的战略、策略、方针、政策。马克思主义的立场、观点与方法要求各国共产党把马克思主义与本国的具体实际和时代条件相结合,实现马克思主义的本土化、时代化和大众化,使党的理论和实践把握规律性、富于创造性、体现时代性。

第二,保持党的先进性,发挥党的模范带头作用,争取、维护与加强党的领导地位。工人阶级政党的性质赋予共产党以先进性;工人阶级先锋队的性质要求党时刻注意发挥自身的模范带头作用;只有在其先锋队共产党的领导下,工人阶级才能完成由自在阶级向自为阶级的转变,才能成为领导阶级,才能实现自身的解放。

第三,重视党的建设,把党的建设和社会历史条件的变化相结合。只有加强自身建设,共产党才能更好地保持其先进性,才能更好地发挥其模范带头作用,才能获得或巩固其执政地位。世情、国情即社会历史条件的变化,会推动党情的变化。世情、国情和党情的变化给党的建设提出新要求,要求党在新形势下加强和改进自身建设。也就是说,生态环境的不断变化,给政党提出了新要求,政党只有在新环境里给自身以科学定位并适时做出调整与变革,才能提高自身有效整合资源的能力,才能提高自身的适应性。

第四,正确处理党内关系,力求党内和谐。为了实现党内和谐,处理党内关系可以从维护共同理想、目标、信仰;切实保障党内各主体的权利,实现权利主体之间利益的平衡;依靠政党法制,实现依法治党等方面

---

① 转引自吴斌康:《八十年代世界共产党代表大会重要文件选编》(下),北京:中国广播出版社1989年版,第1387页。

着手。

第五，走群众路线，密切与广大人民群众的联系。群众路线是某些发展得较好的共产党的法宝，值得全世界共产党借鉴、发扬。群众路线的贯彻，要注意在不同条件下，探索不同形式。譬如，鉴于拉美共产党往往通过其群众组织联系、影响群众的特点，走群众路线，要求拉美共产党先要正确处理好自身与其外围群众组织的关系，以更好地发挥外围组织的纽带作用；另外，"参加选举是接近群众，组织群众，使群众的觉悟成熟起来的一种媒介"①，通过选举活动拉近与选民的关系也是联系人民群众可以尝试的一条道路。

第六，坚持统一战线政策，正确处理与其他政党组织等政治力量的关系。正确处理好与其他政治力量关系的前提，是在明确自己任务的同时，对自己在生态环境中的位置与自身的价值给予合理定位；在此基础上，还要对统战的对象保有清醒认识；在统战的过程中，要讲究方法，做到有理、有利、有节。

第七，处理好独立自主和无产阶级国际主义的关系。独立自主和国际主义的关系是共产党发展史上的重大课题，不同时期不同的党对二者关系的认识和处理既有共同之处也存在差异，且相关的认识和处理方式在不断变化。这些问题上文都有所涉及，不再重复。此处要强调的是独立自主和国际主义关系问题的一个重要内容，即别国党的经验（"指示"）与本国党的路线、政策的关系问题。在《所谓国际内部的分裂》中，马克思、恩格斯指出："在国际的章程中直截了当地提到追求共同目标、承认同一纲领的'工人团体'，这个纲领仅限于指出无产阶级运动的基本路线，而从理论上阐明这些路线，则要在实际斗争需要的推动下，在容纳一切色彩的社会主义信念的各个支部内；在它们的机关刊物和代表大会上，通过交换意见加以实现。"② 列宁也曾指出："只要各个民族之间、各个国家之间的民族差别和国家差别还存在（这些差别就是无产阶级专政在全世界范围内实

---

① 转引自吴斌康：《八十年代世界共产党代表大会重要文件选编》（下），北京：中国广播出版社1989年版，第891页。

② 《马克思恩格斯全集》第18卷，北京：人民出版社1965年版，第36页。

现以后，也还要保持很久很久），各国共产主义工人运动国际策略的统一，就不是要求消除多样性，消灭民族差别（这在目前是荒唐的幻想），而是要求运用共产党人的基本原则（苏维埃政权和无产阶级专政）时，把这些原则在某些细节上正确地加以改变，使之正确地适应于民族的和民族国家的差别，针对这些差别正确地加以运用。在每个国家通过具体的途径来完成统一的国际任务，战胜工人运动内部的机会主义和左倾学理主义，推翻资产阶级，建立苏维埃共和国和无产阶级专政的时候，都必须查明、弄清、找到、揣摩出和把握住民族的特点和特征，这就是一切先进国家（而且不仅是先进国家）在目前历史时期的主要任务。"① "……共产党必须根据科学原则来行动。而科学首先要求估计到其他国家的经验，特别是其他同样是资本主义的国家正在经历或不久前曾经经历过的那种非常类似的经验；其次，它要求估计到本国内部现有的一切力量、集团、政党、阶级和群众，要求决不能仅仅根据一个集团或一个政党的愿望和见解、觉悟程度和斗争决心来确定政策。"② 也就是说，各国共产党在制定自身的路线、政策时，固然要借鉴先行者的经验教训，但更要以本国的实际作为依据，要考虑到本国的特殊之处，而不能以某一政党的主观愿望或主观意志来确定政策，这样才能称得上是根据"科学原则"来行动，才有可能取得革命的成功。换个角度讲，在社会主义的探索道路上取得了一定成绩或走在前列的党，要摆正自己的心态与位置，要意识到国际主义不等于"输出革命"，不能以"革命中心"自居，不能越俎代庖，"在工人政党中决不容许妄图从旁边，在远处解决当前政治中的实际而具体的问题。每个国家进行直接斗争的先进的觉悟工人的集体经验，永远是解决所有上述问题的最高权威"③。因为"把在一种具体的历史基础上产生的这种现象同这种联系割裂开来，把它变成具有普遍的绝对的意义的抽象公式，这就犯了反对马克思主义的'神圣灵魂'，即反对它的历史的辩证的思想方法的极大罪过"④。

---

① 《列宁选集》第4卷，北京：人民出版社1995年版，第200页。
② 《列宁选集》第4卷，北京：人民出版社1995年版，第189页。
③ 《列宁全集》第14卷，北京：人民出版社1988年版，第225页。
④ 罗莎·卢森堡：《政治著作选》，纽约霍华德：每月评论出版社1971年版，第298页。

第八，重视调查研究。在调查研究的基础上，形成对社会历史条件及其变化的正确认识，以此作为丰富党的理论并制定党的路线、方针、政策的依据，即共产党要在正确把握生态环境要求的基础上做出合理应对。

第九，全面总结历史经验，为现实服务。总结历史，是为了更好地认识现在，进而把握未来。对共产党人而言，全面地对自身历史经验加以总结，"从中找出规律性的东西"，将"会大大有利于针对现实情况，从理论、方针、政策上解决今后的革命和建设问题"。[①]

[①] 祝文驰、毛相麟、李克明：《拉丁美洲的共产主义运动》，北京：当代世界出版社2002年版，第357页。

附一　古巴共产党章程

第一章　古巴共产党

古巴共产党是革命的真正成果,是古巴人民团结意志的最高表现。党汇集了古巴人民最优秀的儿女,他们坚持群众路线的方法,起模范带头作用。

古巴共产党体现了古巴人民英勇的革命传统。几代革命者继承革命传统,坚定地反对西班牙殖民主义和美国帝国主义的新殖民主义。古共是何塞·马蒂为争取民族独立而创建的古巴革命党的忠实继承者,是胡利奥·安东尼奥·梅利亚和卡洛斯·巴利尼奥为代表的古巴第一个共产党的忠实继承者,是所有参与1959年1月1日推翻亲帝国主义独裁政权的斗争的革命组织的忠实继承者。

古巴共产党忠诚于共产主义理想。作为国家和社会的最高领导力量,古共承担人民赋予的领导和协调全国在革命原则的基础上努力建设具有真正古巴特色社会主义的重任。

古巴共产党的权威建立在其政治路线的正确性、党员的模范性、与人民的联系以及倾听、劝导大多数人加入为实现革命目标而开展的斗争中的能力等基础上。

古巴共产党作为古巴唯一的党和民族团结的成果,为在我们的社会发展和巩固古巴革命思想而系统地、持续不断地开展工作。古巴革命思想概括和构成了我们的革命的特点：何塞·马蒂的激进革命思想、民族和社会解放斗争（斗争中涌现出大量革命者和爱国者）的独特传统与马列主义的基本原则及社会主义的历史必然性相结合。在我们的条件下，社会主义是解决欠发达问题和摆脱新殖民统治的唯一选择。古巴革命思想在其领导人菲德尔·卡斯特罗·鲁斯同志的思想和行动中得到最好体现。

在其教育和指导工作中，古巴共产党给新一代年轻人的培养以特别重视。

古巴共产党为在古巴社会巩固一种道德而斗争，这一道德建立在革命思想、爱国主义、集体主义、团结一致、权利和机会平等、社会公正、相互信任、纪律自觉、谦虚、诚实、批评与自我批评的精神、对社会主义未来的坚定信心的基础之上。因此，坚决同颂扬资产阶级思想、个人主义、任何形式的种族偏见和歧视、怀疑主义、对社会主义缺乏信心、自由化倾向、失败主义、民众主义、机会主义、任人唯亲、吹毛求疵、阳奉阴违、道德虚伪、家长作风、平均主义、无纪律、腐败和所有形式的违法犯罪和反社会行为作斗争。

古巴共产党在更严格遵守列宁主义建党的民主集中制原则的基础上有机组织并发展其党内生活。民主集中制将自觉严格遵守纪律与最广泛的党内民主相结合，践行集体领导与个人负责相结合，面对错误开展批评与自我批评。所有这些保证了党员队伍的纯洁和凝聚力，在党员自由讨论和充分发挥主动性的同时，保证全党思想和行动的必要统一。

古巴共产党的根本目标是建设社会主义，党动员群众投身经济和社会发展。作为团结的政党，作为工人阶级和劳动人民的最广泛阶层以及所有爱国者和革命者的有组织的先锋队，党有义务在其活动、运行和结构中为其所代表的人们的建议、政见、看法和合法愿望预留空间。上述情况表征着党和人民之间牢不可破的联盟，通过党的干部和党员向人民学习，关注人民的评价、批评和意见并把其带到党的相应活动中，长期保持与人民群众公开对话的工作作风的能力体现。

党的基层组织机构应遵照党章、条例以及上级组织机构的决定、决议、方针和指示开展活动。

党的组织机构必须经常性地同其所在地的劳动者、社区居民保持联系，视情况解决他们的问题，倾听他们的意见，向他们学习；发起与他们的对话以交换意见，阐明政策，解释当前的紧迫事务及正面临的困难和匮乏；分析他们针对党和政府的活动提出的批评性建议；直接或借助共产主义青年联盟和其他群众组织教育、动员他们自觉地贯彻落实党的政策。

古巴共产党反对任何形式的因循守旧和停滞，推广那些好经验，始终鼓励用更新精神和根据原则来探寻解决问题的办法。

在干部政策方面，古巴共产党秉持主要人才源于人民并在工作、节俭和斗争中得到锻炼的理念，承担旨在确保各级领导岗位的连续性和逐步更新的政治责任，干部工作以考察对象的优点、取得的成绩、所需的培训、能力、才干、正直、对革命的忠诚、坚定性和模范表率作用等为基础。党对参加革命的几代人都一视同仁。

党自身领导机构的干部源于全体党员。

古巴共产党密切关注加强所有社会组织的影响及其民主运行和自治的权利。社会组织要遵循自觉和自主接受党的领导的原则。党的领导是政治上的领导，不同于家长制和庇护关系。

古巴共产堂忠实于国际主义、反对帝国主义、全世界人民团结友爱等原则。

在受到侵犯的情况下，古巴共产党将担负起责任，同人民一道战斗在第一线，并贡献全部力量、才智、意志来保卫国家、革命和社会主义，让敌人接受人民的意志，迫使他们放弃在古巴重建资本主义和进行新殖民主义压迫的企图，古巴共产党将战斗到底，直到把敌人打败，把他们从古巴神圣的土地上赶出去。

第二章 党　员

第一条 认同党的政策，接受党的章程，隶属党的某个核心小组并在这个核心小组活动，缴纳党费，履行党的决议和决定，为社会主义的存续而斗争和工作的古巴公民均可成为古巴共产党党员。

特殊情况下，允许具有其他公民身份的古巴公民入党。其程序由相应条例确定。

第二条 入党自愿，由个人选择。入党应通过劳动模范选举会议或征求群众意见的其他方式，最重要的是入党申请者的个人品质，这将是得到人民承认的保证。

第三条 入党必须符合以下条件：

第一项 年满18岁。

第二项 经核心小组成员三分之二以上投票同意。

第三项 具有相应职权的核心小组的直接上级组织，或为此设立的委员会，批准上述决议。

第四条 获准入党的共产主义青年联盟成员，在在共产主义青年联盟基层组织或领导机构担任职务的情况下，可继续保留团籍。

第五条 政治局有权不按本章程规定的程序给予因非凡贡献而担得起党员这一荣誉或因安全原因不能通过常规程序入党的人员以党员身份。

第六条 经政治局事先批准，作为特例，可以研究讨论允许居住或不住在我国的他国公民入党。其程序由相应条例确定。

第七条 除本章程整体规定的义务外，党员还应：

第一项 在所有地方、每个时刻以及任何情况下都捍卫革命。坚定、勇敢地面对在思想或实践方面出现的以下情况和表现：影响民族团结和革命进展，阻碍采取必要的举措，在人民中间制造混乱或骚乱。

党员应负有忘我、牺牲精神，恪守道德，政治勇敢，献身于革命事业，成为党和革命政策的一名忠实代表。对针对革命政策的歪曲和没有根据的谣言保持警惕和敏感，同其进行斗争，并在所处的集体里就此长期开展澄清和劝服工作，把关系建立在道德和革命原则的基础上。

第二项 成为以共产主义态度对待工作和所承担的特定社会责任的楷模，熟练掌握与工作内容有关的知识；要求执行工作领域的党和革命的社会经济政策，系统地把个人大部分的贡献放在解决出现的各类问题上，推动其他人向同一方向努力。努力提高工作效率和质量，言行一致，推动科技成果的运用。

坚决反对所有形式的官僚主义、腐败、非法行为及其他消极和不道德行为以及不遵守劳动和社会纪律的行为；反对过分软弱、不行动及对违法行为的容忍，不使其逍遥法外。

务求节约，坚决反对所有形式的挥霍浪费。

当党需要时，一以贯之地勇于承担责任或任务，依据对条件和可能性的客观分析着手进行。

第三项 针对影响其工作中心和社区的重要问题，适时提请所隶属的基层组织注意，必要时提请上级组织注意，并为寻找解决问题的办法或处理措施做出自己的贡献。

第四项 以模范态度面对国防，全面完成备战任务和革命警戒措施；忠实于一个共产党员在任何情况下为捍卫祖国神圣不可侵犯的利益而战斗直到胜利的信念，遵守一个革命者决不投降的原则。

第五项 为落实党的政策而奋斗，学习掌握、履行并捍卫党的章程、条例以及基层组织大多数和上级组织做出的决议、指示和决定，党员如果在讨论过程中投反对票或持不同意见，履行决议并不意味着一定要放弃本人的意见，也不意味着在讨论同一问题时放弃在组织内部重新阐述自己观点的权利。

第六项 不断努力增加对古巴革命思想和我国历史及世界历史的了解。

第七项 捍卫一贯支持所有为民族解放和社会正义而斗争的人们的原则，这一原则融合了爱国主义、国际主义及对拉丁美洲和世界的一种深厚感情，对年轻一代进行人民的革命传统教育。

第八项 为发展和巩固社会主义价值观而奋斗，使劳动者认同社会主义所有制、集体主义和合作关系；尊重和承认其他所有制形式和非国有制经营的存在，使之与既有经济模式相协调；为古巴革命平等和社会公正的基本观念而奋斗；为建设一个健康、文明、节俭、富有劳动精神、不同于资本主义消费社会标准的社会而奋斗。

第九项 为加强党的思想和组织团结及队伍的纯洁性做贡献，反对宗派主义，捍卫党，防止那些不配获得共产党员这一崇高荣誉的人渗入党内。

第十项 坚决反对因肤色、性别、宗教信仰、性取向、出生地而产生的偏见和歧视行为,坚决反对损害民族团结、限制人民行使权利以及其他违反宪法和法律的行为。

第十一项 参加基层党组织会议或由党组织参与组织的会议以及任何其他由党召集或委派参加的会议,在上述会议上表达自己的观点,并为做出最好的决定做出贡献。

第十二项 所有党员,无论做出多大贡献或担任何种职务,都应遵守党、国家和社会纪律,最忠实地履行和遵守现行司法规定与纳税要求。

第十三项 应客观、如实地汇报自己及他人的工作情况、计划及其他事务的进展情况,严格保守党和国家的秘密,保持应有的谨慎。

第十四项 在合适的地点、适当的时间,以正确的形式,开展批评与自我批评。揭露工作中存在的明显缺点和错误,并坚决改正。严格要求自己,与对待错误的所有形式的无动于衷做斗争;反对形式主义、对成绩的夸大倾向及用做辩解的自我批评;同禁止或阻挠批评的所有企图坚决斗争;对损害党、国家、革命、社会主义社会利益的任何表现和行为保持警惕,在语言和行动上以身作则,同上述表现和行为做斗争,并将情况直接向基层党组织报告,必要时直接向包括中央委员会在内的党的领导机构报告。党员有汇报这些表现和行为的义务,任何人不能阻止党员履行此项义务。

第十五项 在推荐、任命和评价领导、合作者和官员时,以其专业技术基础、工作业绩以及经过考验的思想、政治和道德品质为依据,在任何情况下都不能因友情、亲情或个人关系徇私情,搞裙带风。

第十六项 谦逊朴素,诚实正直,永远不能忘记党员没有谋取任何类型特权和优待的权利,永远把社会的利益置于个人利益之上。

第十七项 在居住地和在群众组织的工作中保持符合党员身份的态度,并以自己的参与、模范带头和战斗精神,通过积极的思想和政治工作对社区施加积极影响。

第十八项 成为公民行为的模范,关注家庭,特别是对子女的思想、政治和社会培养。热心帮助他人,以正确的态度对待并遵守社会生活准则。

第八条 除本章程整体规定的权利外，党员还具有以下权利：

第一项 在所有时候要求执行党的政策，履行本章程和条例规定，遵守党的决议、方针和指示。

第二项 针对关于所讨论事务建议采纳的决定进行投票。

第三项 在选举党的领导干部及党的代表大会、会议、大会代表时，有选举权和被选举权。

第四项 参加党代会、会议、大会和所隶属党组织的会议，在上述会议中自由讨论党的政策和党所开展的活动，并提出建议；发起关于自己思考或在联系群众的过程中发现的问题或事务的讨论，出现分歧时，捍卫自己的观点。

第五项 在不同意某个决定的情况下，向上级机关提出，但并不能因此而不严格执行该决定。

第六项 可以私下，或在集会、大会、会议和党代会上对任何一名党员提出批评，无论这名党员做出何种贡献或担任何种职务。批评应在合适的地点、适当的时间，以正确的形式提出，遵守在党内任何人都有权批评、无人不能被批评的原则。

第七项 参加分析其工作情况和表现、提出处分或撤销党员资格建议的党的会议。

第八项 自愿申请退党。

第九项 接收和保留党证。只有根据相应职能机构的决定，党证才能被剥夺。党员有权了解党内处理意见的内容。

第十项 直接向包括党中央在内的任何一个党的机构提出疑问、问题、请求或建议，并要求得到快速确切的答复。

第十一项 及时接收必要的信息并接受指导，以推动党在群众中的工作，澄清疑问，宣传革命政策。

第九条 党对党员实施惩罚的目的是为了对其进行共产主义教育，改正其缺点和错误，使其牢记党、国家和社会纪律的必要性，维护党的团结和队伍的纯洁性。

对党员的惩处形式有警告、撤职、留党查看、劝退和开除党籍。

第十条 核心小组有权决定对其成员进行惩处。

党的组织机构能决定对其成员及所辖的基层组织机构及其成员的惩处。由相应大会选举产生的委员会根据相应条例的规定，有权决定对党员的惩处。

第十一条 触犯宪法、法律及其他法律规定的党员除接受党内惩处外，还将送交相应职能司法机关。

第十二条 由党的某一组织或党支部对其党员做出的任何处分，在理由充分的情况下，可由同一组织或支部，或相应上级组织或相应职能委员会，予以撤销或修改。

第十三条 当某一党员提出申请或认为不再适宜或不能继续留在党内时，核心小组的领导机构或相应委员会可决定撤销其党员资格，该决定不构成处分。

第十四条 被处分或被撤销党员资格的党员如不同意有关处罚，有权提出申诉并得到快速确切的答复。

第三章 党的组织机构和运行原则

第十五条 古巴共产党根据民主集中制原则组织和运行。民主集中制原则规范全部党内生活，是保证党的政治和思想凝聚力及行动团结一致的根本条件。

民主集中制原则体现为：

第一，党的所有领导机构，从基层到上级机关，均民主选举产生，有义务定期向选举它们的机构及上级机关汇报工作并对之负责。

第二，党的所有机构、基层组织及其成员根据党的纪律行动。所有组织机构及每位党员都必须执行在充分自由讨论的基础上形成并获多数通过的决定。

第三，党的机构、基层组织必须执行自身做出的决定，其下属机构及其成员也必须执行。

第四，各领导机构针对其职权范围内的问题形成的提议和决定不得违背党的政策和上级组织机构的决议、指示以及本章程的规定。

第十六条 党的基层组织、领导机关召开的会议和党的大会，必须有超过百分之五十的党员、委员或代表出席，方有效。决议须获得超过半数的有投票权的与会者的支持票才能通过。

本条不适用于本章程规定的例外情况。

第十七条 党的所有组织机构应遵循集体领导和个人负责相结合的原则，遵守有关党内民主的规范。

第十八条 派别的存在不符合党的组织原则，因此，属于某个派别，或得知其存在而不与之斗争或不及时向相应组织机构反映，是对党的规范和纪律的严重违背。

第十九条 党组织通常以地域和工作单位为基础构建。

某地域内的所有基层组织隶属于领导该地域工作的党的机构。特殊情况须获中央委员会批准。

某单位各部门的支部和分党委均隶属于该单位的党委。

第二十条 全国代表大会是党的最高机构，全国代表大会选举产生党的中央委员会。

在中间层级，相应大会是其最高机构，由其选举产生相应党委。在基层组织中，相应大会选举该级党委或核心小组领导。

中央委员会确定全国代表大会、各级会议和大会的组织规范及相应代表的选举程序。

第二十一条 规划领导岗位上的干部的更新，根据每个职位的职能和复杂性，设置任职期限和年龄方面的限制。应以逐步和慎重的方式推行本原则。

第二十二条 各级党委委员均应由大会、会议或全国代表大会的代表个人以无记名投票方式直接选举产生。委员必须获得百分之五十以上的有效票方为当选。

原则上，当认为自身当选的理由不复存在时，党委的委员应辞职，此举不应被视为过失也不应受到谴责。如果其未辞职，相应党的机构将做出适宜决定。

第二十三条 担任党的领导干部职务或当选为包括全国代表大会在内的各级大会代表应满足党龄方面的要求，相应标准由中央委员会明确。担任中央委员会委员必须至少有五年党龄。不足五年者，经全国代表大会或全国会议公开批准后，也可成为候选人。

中间层级的党委及单位党委委员候选人的数量由相应大会根据相应条例的规定确定。

第二十四条 包括中央委员会在内的各级委员会有权：

第一项 根据协商和参与的原则与程序，增补一名或多名在相应大会或全国代表大会未当选的党员为该机构成员。

中央委员会可增补相当于选举产生的委员人数百分之十的委员，省级党委可增补百分之十五，市和区党委可增补百分之二十。

第二项 各级党委可决定让那些因工作或政治职位变动或因其他可以证实的正当理由而无法继续真正从事委员会工作的委员退出党委，不构成处分。

第二十五条 确有需要的情况下，中央委员会、中间层级的组织机构可成立常设委员会并明确其在思想和政治、经济、社会或国防等领域的具体工作任务。也可就某些有时间性的具体事务成立临时委员会。

第二十六条 党的所有组织机构在任何其认为合适的时刻，有权要求其下属组织机构汇报工作，有权检查其开展的活动。

第二十七条 在党的组织机构集体违反党的原则或路线的情况下，无论是否有个人责任，可给予该机构以警告或解散处分。

相应程序由相应条例明确。

第二十八条 中央委员会和中间层级党委设有专业机构，配合其开展工作，协助其行使职能。中间层级党委的专业机构隶属于其执行局，中央委员会的专业机构隶属于中央政治局和书记处。

第二十九条 党的基层组织机构必须及时地听取劳动者及其他古巴公民的检举、看法和建议，疏导其牢骚，要求相关负责人快速地给予具体答复，并加以检查和核实。

第四章 基层党组织

第三十条 基层组织是党的组织架构的主要组成部分，它在工作单位、其他形式的社会和劳动组织、军事部门或社区开展活动，至少由三名党员组成。

根据其复杂性、所开展的活动及党员人数等情况，基层组织采取不同的组织形式，其中核心小组是基本形式。

在相应上级组织批准的情况下，核心小组可以吸纳共产主义青年联盟成员。

核心小组是沟通作为先锋队的党与劳动者和人民群众的不可割断的桥梁，在其所在地执行党的政策。

第三十一条 核心小组通常每月召开一次例会，或根据需要召开多次会议，由其领导或上级机构召集。

例外情况应根据相应条例的规定获得批准。

核心小组党员大会由上级机构召集，定期召开，以总结工作，审批工作计划，选举核心小组领导，在相应时间选举大会代表以及上级机构成员的预候选人。

第三十二条 为领导日常工作，核心小组选举产生由一名由适合该工作的党员担任的总书记及相应条例明确的其他书记组成的核心小组领导机构，其主要工作内容取决于该核心小组所在单位或社区的工作重点。

第三十三条 在有相当数量党员或开展活动的情况复杂以及有需求的工作单位、工作间或其他部门，可以成立多个核心小组并选举产生负责领导这些核心小组的委员会。

第三十四条 核心小组直接负责监督和要求党员发挥模范带头作用，当发现伪装或堕落的状况时，核心小组有义务及时采取相应措施。

党的基层组织根据党员的社会、政治和工作能力及表现对其进行综合、系统的考核。

第三十五条 党的基层组织应将有效完成所在地的特定活动作为工作任务的中心。有权利和义务监督领导人和行政管理人员的活动，无论其是否是党员。通过在相应劳动集体和社区中维持适宜的政治、思想和道德状态对党负责。

不能作为行政管理机构发挥作用，也不能干涉或取代相应行政管理机构的职责和决定。

党的基层组织应将旨在预防和反对腐败、违法犯罪、裙带关系、违反劳动和社会纪律、干扰思想政治及其他消极行为的行动放在首位。

在国有部门的党的基层组织应将所在集体的思想政治工作作为关注的中心；为使社会主义价值观获胜而奋斗，反对自私自利和个人主义。严格遵守关于所开展活动的法律和规范。

第三十六条　党的基层组织应监管并推动提高关于干部选举、培养、定位及储备的要求。无论其是否是党员或共产主义青年联盟成员，确保其在对革命的坚定与忠诚、扎实的专业技术知识、个人的模范性、已经核实的思想、政治和道德品质以及遵守被共和国宪法认可的原则和党的政策等方面表现突出。

党的基层组织开展工作时，不能取代领导干部的职责，只能加以补充，尊重其在自身职权范围内做决定的权威，在必要时给以提醒、提出要求。

第三十七条　设在国家中央部门及其办事处、人民权力部门、国家驻外机构、企业领导办公室及企业联盟内的党的基层组织，不得干预这些机构的领导活动。

在党的附属领导机构和组织、共产主义青年联盟领导机构、群众及社会组织里的核心小组，亦应如此。这些基层组织的工作内容和职能，由政治局批准的条例规定。

第三十八条　党的高级领导机构，在履行对国家中央部门职责时，应依靠设在这些部门的党的基层组织并获得其协助。

第三十九条　党有责任代表劳动者和人民群众的利益，了解和疏导其忧虑与不安。党的基层组织，作为其工作作风的一部分，直接与群众打交道，通过劝说和信服使群众支持党的主要任务和决议。

第四十条　党在社区的基层组织，应将在其辖区内的居民（尤其是青年一代）中开展思想和政治工作作为主要任务，支持群众组织、古巴革命战斗协会、人民权力部门办事处的工作。

第五章 党的中间层级的大会和领导机构

第四十一条 相应大会是党在省、市、区的最高领导机构，通常负责总结工作、审批下一个时期的工作计划、选举相应委员会和工作委员会，以及根据上级机构的指导处理其他事务。

第四十二条 党的中间层级的领导机构承担以下任务：领导和开展思想政治工作，组织、推动增强党的作用和影响；提高党员和人民的革命意识，推动其支持革命举措；协调、协助、整合属地所有机构和单位为完成经济和社会计划而奋斗，避免干涉或取代其职能；提高效率；增强防卫实力以应对、抵消敌人的宣传和活动。

应特别关注旨在预防和反对违纪、违法、腐败、犯罪及其他消极行为的行动。

第四十三条 党的中间层级的领导委员会应根据相应条例规定的期限定期召开全体会议，并从其成员中选举产生第一书记及执行局的其他成员。

第四十四条 中间层级领导机构的执行局在相应委员会闭会期间管控并组织完成党的任务。执行局隶属并对委员会全体会议及相应上级机构负责。

第六章 党的全国代表大会和高级机构

第四十五条 全国代表大会是党的最高机构，通常围绕党的政策、组织和活动等方面的重大问题做出决定，其决议是最终决议，全党必须执行，不得回避。

全国代表大会审议并指明解决社会主义建设重大问题的道路，审批国家经济、社会、文化发展的战略方针和纲领，审批党章，选举中央委员会。

第四十六条 全国代表大会通常每五年召开一次，由中央委员会全体会议召集举行的为特别会议。面对战争威胁、自然灾害及其他特殊情况，全国代表大会可延期。延期应由中央委员会全体会议批准（条件不允许的情况下由政治局批准），并将延期信息告知人民。

全国代表大会的召开方式由中央委员会全体会议确定，应至少在会议召开前六个月发出通知，并告知会议将涉及的主要议题。如果召开特别会议，提前通知的时间可缩短。有代表半数以上党员的代表出席，全国代表大会方有效。

第四十七条 全国代表大会议程根据中央委员会全体会议建议制定；大会代表集中后，可以对大会议程提出删改、增补意见并最终予以审批。

第四十八条 在全国代表大会闭会期间，中央委员会可以召集全国会议，以处理党的政策等重大问题。

全国会议有权吸纳新的成员出席会议，也可根据需要不让某位成员与会。

全国会议参会人数、参会人员的选举方式、准备及召集大会的规范等由政治局确定。

第四十九条 在全国代表大会闭会期间，中央委员会是党的最高领导机构。

中央委员会全体会议确定政治局委员数目并在其内部选举第一书记、第二书记及其他委员。书记处亦如此。

第五十条 中央委员会全体会议应每年至少召开两次；经政治局召集，也可多次召开全体会议。

第五十一条 在政治局和书记处的帮助下，中央委员会在全国代表大会闭会期间根据相应条例规定落实大会制定的政策、通过的决议和决定。

第五十二条 政治局在中央委员会全体会议闭会期间为党的最高领导机构，领导闭会期间党的所有工作。

政治局实施党的全国代表大会、全国会议及中央委员会全体会议做出的决议，并在中央委员会全体会议闭会期间，决定党的政策。响应中央委员会全体会议的号召并向其汇报工作。

第五十三条 为处理职权范围内的事务，政治局内设一执行委员会，执行委员会由中央委员会第一书记主持。该委员会对政治局负责，并在必要情况下事先征求政治局的意见。

政治局在中央委员会书记处的帮助下负责党的日常运作。

第七章　党和国防

第五十四条　古巴共产党制定关于国防的政策并教育公民要有为捍卫祖国、革命和社会主义而做出必要牺牲的信念。

第五十五条　古巴共产党本着开展联合、持久、全面斗争直到取得最后胜利的原则，努力使全国人民了解战争规则。所有革命者、古巴爱国者、自尊的男人和女人们在和平时期就应知道自己在战争状态所处的位置，掌握一种参与抵抗和消灭敌人的方法和手段，为此应接受有关训练。

第五十六条　古巴共产党努力使所有的机构对防卫任务给予最高程度的关注，并保证有关各方时刻处于合理的准备状态。

第五十七条　党根据国内生活的一般原则及中央委员会批准的相关具体规范在革命武装力量和内务部构建组织、开展工作。这些组织在上述两个机构中开展思想政治工作时，应考虑到与在服务和经济单位中开展工作的不同，后者具有更多数量的党员和劳动者。

第五十八条　革命武装力量和内务部中的党组织负责领导和管控这些机构中的共产主义青年联盟组织。

第五十九条　党在革命武装力量和内务部的工作由中央委员会第一书记领导。

第六十条　革命武装力量和内务部中的党组织应与党的地方组织保持密切工作联系。

第八章　党、共产主义青年联盟及群众和社会组织

第六十一条　古巴共产党担负对新一代进行思想政治教育和培养的职责，在其青年组织——共产主义青年联盟内有其最亲密和活跃的合作者。

党的基层组织机构指导和管控其辖区内相应的共产主义青年联盟组织，鼓励其发挥主动性和创造性，尊重其组织独立性。

第六十二条 党在群众和社会组织自觉自主接受党的领导的原则基础上指导和领导其工作,依靠在群众和社会组织中的党员施加影响,承认这些组织的组织独立性和自主性。

党对这些组织的领导和指导方法是,开展充分而民主的对话,通过摆事实讲道理使其接受党的路线和决议,尊重这些组织的自主性及它们所代表的群众的利益。

文 件 来 源: http//www.pcc.cu/pdf/documentos/estatutos/estatutosbc.pdf.

附二 巴西共产党章程

第一章 党

第一条 巴西共产党成立于1922年3月25日，重建于1962年2月18日，1985年5月27日获得合法地位并保持至今。巴西共产党是巴西工人阶级和全体劳动人民的政党，是劳动人民和国家利益的代表，是自觉的无产阶级先锋队的政治组织，以由马克思和恩格斯创立、由列宁和其他马克思主义革命家发展的科学革命理论为指导。

巴西共产党反对资本主义和帝国主义的剥削和压迫并与之斗争。旨在让无产阶级及其同盟获得政权，捍卫科学社会主义。最终目标是实现共产主义。坚信社会主义优于资本主义，渴望开辟为社会主义理想而斗争的新时期。伴随20世纪的社会主义实践经验，我们的社会主义理想不断更新，并应时代现实、国家和人民的要求而不断发展。同时，要按照无产阶级国际主义精神，支持各国人民争取民族和社会解放、国家主权、世界和平的反帝斗争。

巴西共产党是一个爱国、反帝的社会主义组织，宣传和继承巴西人民的崇高斗争传统，承担21世纪的战斗责任，推动转型，受权利平等、自由和团结的价值观激励，具有无产阶级伦理道德、人道主义和民主精神。

为实现自身目标，巴西共产党在国家现行法律框架内，依照本章程开展活动。

第二章 党 员

第二条 巴西共产党是一个只要接受其纲领和章程、年满十八岁的男女公民均可自由和自愿参加并享有其政治权利的团体。在特殊情况下，年满十六岁的年轻选民也可入党。

成为一名党员意味着，致力于团结广大人民群众和民主进步人士，为捍卫巴西人民的权利平等和尊严、促进民主进步、维护国家主权、实现社会主义而斗争。

党员身份隐含权利与义务。党员的权利和义务是随着加入党的一个组织，执行党的方针，在物质和资金方面支持党，学习并宣传党的思想与主张，通过一种有意识的不断进步的过程形成的。

第三条 党员身份从个体通过填写全国党员登记表、表示接受党的纲领和章程的形式入党开始。入党申请应由一名党员担保并经党的一个组织批准。正式接纳入党的信息应在三十天内通知该申请人。新党员将在党员登记簿上登记，并知会选举法院。

准许其入党的组织应向新党员指明其所属组织，解释其权利和义务，同其确定党费缴纳事宜，并向其建议订阅《工人阶级报》及参加政治理论培训班。

第一款 著名领导人、有选举职务者、其他党派领导干部和社会知名人士等，申请加入本党，应得到州委员会批准，并听取全国政治委员会的意见。

第二款 在特殊情况下，可申请仅内部入党，应得到州政治委员会的批准。

第三款 党员退党应向其所属基层组织或向市级委员会提出书面申请。

第四条 作为党的政治财富，党员应持续努力提高自己的政治觉悟，积极参与党的生活和承担党员责任。

党员的权利包括：参加党的会议，参与制定党的政治路线并在其活动范围内向党的领导机构表明自己的立场。申请者可自愿成为党员，通过获得全国党员证并定期参加党的一个组织的活动，以便能在党组织中获得选举权和被选举权。

党员的义务包括：支持党的事业和各项活动，投票给党的候选人，执行党的方针政策并承诺推动提高人的尊严，为维护人民的权利、自由、国家主权和实现社会主义而斗争。

第五条 党员是在党的一个组织中正常参加各项活动，按时缴纳党费，学习、服从并执行党的决定，宣传党的方针、主张和建议的申请者。党员同劳动者和人民群众一起构成党的力量基础。

党员应不断努力加强与劳动者和人民群众的联系，团结人民群众，提高自己的文化水平和政治觉悟，培育高尚的伦理道德，关注公共事务，成为与同志们并肩斗争、为人正直、真诚的榜样，无愧于共产主义战士的光荣称号。

党员身份应凭全国党员证确认，应注册登记，遵守中央委员会的规定。

第六条 所有党员拥有同等权利和义务。

第一款 党员的权利如下：

第一项 参与制定党的政治路线，自由发表意见，参加党组织关于政治、理论和实践问题的讨论；如有分歧，在不妨碍执行、维护和宣传党的决定的前提下，保留个人意见。

第二项 在所在的党组织中选举和被选举。

第三项 向党组织反映有利于改进党的活动的意见；通过所在组织提出意见建议，请求任何一个上级组织提供信息；对关于自己的纪律决定提起上诉；要求参加处理自身态度或行为的会议并享有最充分的辩护权。

第二款 党员的义务如下：

第一项 根据本章程的原则和规定行动，遵守党的纪律，定期参加党的一个组织的活动，为推动党的政治路线的发展、发展新党员做贡献，执行党的决定，维护党的政治行动的一致。

第二项 拥有全国党员证作为按时缴纳党费的证明，阅读并宣传《工人阶级报》、党的理论杂志、党的网站及党的其他出版物，参加党组织的培训活动。

第三项 参加与自身工作、居住、活动区域或部门有关的群众团体或组织，尊重其做出的民主决定，并为其发展与巩固做出贡献。

第四项 向集体报告参加党的活动的情况，鼓励并开展批评与自我批评；报告可能会引起所属党组织变动的工作、居住地或活动区域的变化。

第五项 反对任何形式的压迫，支持受到政治迫害或社会、性别、民族、种族、性取向、宗教歧视的对象，改善儿童、青少年、老年人、有特殊需要者的条件。全力支持劳动者和人民群众捍卫国家主权、争取社会解放、维护和平以及反对帝国主义的斗争。

第三章 党的干部

第七条 干部是党组织架构的中坚力量，是使党在原则和方针方面团结一致的主要负责人，是党长期开展政治、思想和组织建设的主要负责人，是党员义务的模范执行者。

造就干部要经过长期、艰苦的过程，是集体付出和个体努力的结晶。所受的先进共产主义教育，将促使干部秉着批评和自我批评的精神及对党的事业的热忱去承担并完成其所担负的党的任务。他们对社会主义事业坚定的思想信念，忘却自我及对所委派任务的全心投入，与人民群众的密切联系，严格的个人自律及在党的生活中对民主集中制的维护等，是对党的团结和力量的最大激励。

干部是在党的一个组织中正常参加组织活动的党员，他们长期努力提高个人掌握马列主义和党的政治路线的水平，严格履行缴纳党费的义务，并：

第一项 当选为党的委员会的领导职务，或者与党的领导机构一起，作为辅助委员会或其他支持性职位的成员。

第二项 在公共机构或在群众组织领导岗位上，作为经选举或党指定的政治代表开展活动。

第三项 在国家事务、学术和科学文化领域，为议会党团和党的领导机构提供专业咨询。

第八条 在符合集体利益的前提下，党的干部政策鼓励根据每个人的能力、潜力和天赋等综合素质，对各级干部进行培训、长期观察、评估、提升和分配。在党务工作中，借助杰出干部完成主要任务。反对任人唯亲、钻营、个人主义、官僚主义和腐败等与共产党人政治修养格格不入的倾向。表彰具有敬业精神的党务工作者，不断提高他们的政治和业务、文化和思想素质，发挥其社会和政治作用。作为共产党人终身教育的组成部分，在党务工作中坚持实行干部轮岗交流机制，实现均衡。

第四章 党费和全国党员证

第九条 缴纳党费是党员履行对党组织、对理想和斗争所做承诺的表现。对党的活动及对党的委员会的物质和财务支持是全体党员的共同责任。全体党员都应尽已所能保证兑现承诺，具体数额如下：

第一，每年缴纳的党费至少相当于工资或月收入的百分之一，基数按最低工资计算，收党费的工作由州委员会承担。

第二，党员干部的月党费应至少相当于其工资或月收入的百分之一，收费工作由中央委员会负责。

第三，担任由选举产生的公职、党指派的代理职务、立法或行政部门推荐职位的党员，将按照中央委员会的规定缴纳特殊党费、月党费或附加党费。

第一款 党的各级委员会应制定在党的各级组织机构中分配收到的资金的规范。

第二款 党的组织机构可以采取集体募捐形式筹集资金，以免除失业党员或无收入党员按第一项要求缴纳的党费。

第十条 全国党员证是党员的身份证明，是在党的组织机构行使选举和被选举权以及参加活动时上级领导机关要求出示的必不可少的文件。所有按本章程第九条要求向党缴纳党费的党员，每年都可得到由中央委员会换发的证书。

第五章 民主集中制

第十一条 党内生活的形成和发展建立在民主集中制原则之上。民主集中制即在唯一中央——党的全国代表大会（在两次代表大会间，是中央委员会）的领导下，鼓励个人以自由和负责的方式发表意见，鼓励每个党员和所有党组织充分发挥积极主动性，以此作为党的方针建设的积极因素。党在自主和自觉遵守纪律的基础上保持行动的一致性。团结就是党的力量。

实行并创造性地发展民主集中制，旨在通过集体力量，在全党政治行动团结一致的前提下，增强党的政治和思想凝聚力。

第一项 民主是党内生活的根本财富，它意味着：

第一目 所有党员权利和义务平等。只要履行对党义务，在党组织里拥有选举权和被选举权。

第二目 自下而上选举产生党的各级领导机构，选出它们的组织有权解除被选举人职务。

第三目 党内自由发表意见，在党的组织机构中广泛讨论党的方针。

第四目 党的领导机构应定期向选出它的组织和全体党员汇报情况、提供信息。

第五目 在根据本章程及党的中央委员会制定的准则和条例的规定开展各项活动时，严格遵循制度化、诚实正直和客观原则。

第二项 集中制确保全党政治行动必不可少的一致，它意味着：

第一目 通过协商共识或多数做出的集体决定，对所有党员均有效。个人利益服从集体利益，少数利益或多数利益。

第二目 由上级组织做出的决定对其所有下属组织都有效，全党必须执行由全国代表大会或中央委员会做出的决定。

第三目 意见分歧并不免除党员执行、捍卫和宣传党的方针的义务。

第四目 不允许党员或党组织在党的组织架构之外，围绕自己的建议或行动方案（无论是个人的，还是集体的，临时的抑或长期的）而组织帮派的倾向和活动。

第六章 党的组织和运行体系的一般准则

第十二条 党是一个由相互联系的各级组织组成的体系,党的各级组织以国家行政区划为参考标准设立,包括最高层级的全国组织、中间层级的州级组织以及市级和地方组织,党的各级组织具有审议性质。

第一,党的全国代表大会、中央委员会以及全国选举会议。

第二,在联邦各州(联邦区)设立的州级会议、委员会和选举会议。

第三,在联邦各市(联邦区下辖的行政区)设立的市级会议、委员会和选举会议。

第四,基层会议和基层组织。

单独条款 根据党的政治行动和党的组织架构需要,在遵守本章程规定的情况下,经党的中央委员会、州委员会或市委员会审议批准,可根据其他标准设立党的委员会。

第十三条 党的运行体系还包括各级协商机构,其任务是加强横向协商机制,加强党的方针政策的设计和引导。各级协商机构由相应党的委员会召集,要讨论的问题及参与人的标准也由相应委员会确定。协商机构所作的决定和建议应由相应委员会审议。协商机构的构成如下:

第一,全国性会议,在全国层面召开。

第二,各种会晤,可以是全国性的,也可以在州及市层面召开。

第三,全国、州、市级论坛。

第一款 召开全国性会议是为了由集体协商确定党的政治立场,或制定特定行动或认知领域全国层面的纲领性政策。

第二款 召开会晤是为了讨论和贯彻党的方针政策,监督其实施情况。

第三款 召开论坛是为了使党的方针政策的实施系统化,并加以监督。论坛可以是常设的,也可以是临时的,与会人员构成、论坛的目标由党的委员会审议确定。

第四款 根据党的中央委员会和州级委员会设置的标准,可以组织全国层面或州层面的跨区论坛,讨论和实施由党的相应委员会制定的方针政策。

第五款 还可以召开不同级别的研讨会、行业性会议和座谈会，此类会议起草的决议和提出的建议，只有在经相应委员会批准通过之后，才可以作为党的意见加以公布。

第十四条 党的各级委员会委员根据本章程的规定选举产生，有明确任期。党的委员会应由按时履行党要求的各项义务的正式党员组成，应鼓励选举妇女、劳动者（尤其是产业工人）进入党的各级委员会。

单独条款 只有按照本章程第九条第二项规定按时缴纳党费的党员，才有资格被选为党的中央委员会、州级委员会和市级委员会（在居民人数超过十万以上的城市建立）委员。通过选举担任公职或党委派做代理人的党员，应根据本章程第九条第三项的规定按月缴纳党费。

第十五条 各级委员会从其成员中选出政治委员会，在相应委员会闭会期间，政治委员会履行政治指导的职责，在政治、思想和组织方面指导群众和党组织的行动。

第一款 政治委员会委员人数不应超过相应委员会总人数的一半。

第二款 政治委员会通常每三十天召开一次例会。经政治委员会主席召集或由委员会多数成员同意，可以召开特别会议。

第三款 由党的中央委员会、州级委员会和市级委员会负责选定党在众议院、联邦参议院、州议会及市议会的议会党团领袖，议会党团领袖是相应政治委员会委员。

第四款 在组建政治委员会时，各级委员会应指定其正、副主席。

第五款 通常由主席代表相应政治委员会。当主席暂时不能履行职责时，由副主席代行职责。当政治委员会主席出现空缺时，它所隶属的委员会应在四十五天内选定新主席。

第六款 中央委员会可设三位副主席，应确定其在主席暂时不能履行职责的情况下临时代替主席履行职责的先后次序。

第七款 各级委员会可根据各种具体情况选出组织秘书处、财务秘书处、联络秘书处、工会秘书处、培训和宣传秘书处、青年秘书处、社会运动秘书处、机构活动秘书处、公共政策秘书处以及其他辅助性委员会的负责人。这些负责人在政治委员会指导下履行职责，完成日常任务。

第八款 中央委员会和州级委员会下设的政治委员会可以在其职权范围内组建临时委员会。这些临时委员会至少由三名成员组成，最长任期为一年。

第九款 每个委员会的执行权限应在由中央委员会批准的条例中加以规定。

第十款 中央委员会政治委员会能将党的中层领导组织的任期延长六个月。

第十六条 各级委员会可以从自身成员、政治委员会成员或非成员中指定组成一个秘书处，协调各秘书处的行政工作。依照本章程第四十八条的规定，各级委员会还可以建立监督委员会。

单独条款 秘书处定期向相应政治委员会汇报活动情况。

第十七条 只要不违背党的总体方针，党的各级组织在其管辖范围内有主动采取行动的自由。党提倡党组织的行动广泛地分散开来，鼓励党的组织建设实行两年规划，并鼓励监督这些规划的实行，反对自发主义、派别主义、社团主义等倾向。党的各级组织按照集体工作、个人负责的机制运行。党提倡批评和自我批评，以此作为促进党完善工作的推动因素。党反对专断倾向，反对个人崇拜。倡导在党的行政职位和代表职位上实行轮换制。

第十八条 除本章程有相反规定的事务外，当具备法定人数时，党的各级组织可以通过与会多数成员投票赞成做出决议，投票公开、一人一票，且投票权不可转让。为选举领导机构或代表机构成员，应在相关机构中开展紧张的民主的集体酝酿工作，先由领导层提出初步建议，然后进行广泛的磋商和讨论，以便形成一个能在党组织所辖区域内更好地反映党的总方针的一致意见。最终表决应通过不记名、一人一票和投票权不可转让的方式进行。想要享有选举权和被选举权，党员必须按时缴纳党费，并由所属的党组织以适当方式加以证明。

第七章　党的组织机构

第十九条　全国代表大会是党的最高领导机构，也是确定党的方针和选举党的中央委员会的最高民主审议机构。基层组织及以上的党员和干部在内的所有人均参与其中。全国代表大会的决议对全党有约束力。除新一届代表大会外，不能修改、替换或废除全国代表大会的决议。

党的全国代表大会由中央委员会召集，应至少提前三个月发出举行全国代表大会的通知，在党的新闻机构公布大会要讨论的内容、会议日期与地点，以及将由党的各级机构讨论的决议草案。全国代表大会应每四年召开一次。经三分之二中央委员会委员同意，可以召开全国代表大会特别会议。

第一款　参加全国代表大会的代表由州代表会议根据中央委员会制定的规范选举产生，代表人数应以参加基层全体大会的人数为基础确定。

第二款　中央委员会委员是全国代表大会的当然代表，有发言权和投票权，但人数不能超过全国代表总人数的百分之十；如果超过百分之十，只能遴选百分之十享有发言权和投票权，其余仅有发言权。

第二十条　全国代表大会具有以下职权：

第一项　批准工作日程安排，批准内部及选举规章；选举大会领导机构，选举决议委员会和选举委员会；在全国代表大会召开期间，由全国代表大会领导机构行使中央委员会职责。

第二项　讨论和审议中央委员会决议草案，审议由代表提交的关于规章的建议。

第三项　按照日程安排，修改党的纲领和章程。

第四项　针对当前政治局势中的根本问题，确定政治路线。

第五项　选举中央委员会，审定其活动总结，并确定其成员人数。

第六项　审理针对中央委员会或中级领导机构所做决定的上诉。

第二十一条　除了召开全国代表大会特别会议的规定之外，在定期召开的全国代表大会闭会期间，中央委员会是党的最高领导机构。党的所有组织均应执行中央委员会的决议。中央委员会至少每四个月举行一次例会。可由中央委员会主席、政治委员会或中央委员会多数委员提议召开特别会议。

第二十二条 中央委员会有如下职权：

第一项 召集召开全国代表大会并确定会议规范。

第二项 从其成员当中选举主席、全国政治委员会、全国秘书处和监督委员会。

第三项 制定党的全国方针。

第四项 捍卫党的完整性，必要时对州委员会进行纪律审查，必要时也可越过州委员会直接对市委员会进行纪律审查，甚至可以召集召开相应州或市委员会特别会议；在执行政治和组织决议、全国性运动和计划、关于劳动者的系统工作、推动财务、宣传和培训等方面，对州委员会的行动进行指导、鼓励和评估。

第五项 确立各级推举公职和党的委员职务候选人的规范和程序；审批由相应州选举大会推选的参加州选举的候选人。

第六项 通过全国政治委员会指导党在联邦众议院和联邦参议院中的党团，审批关于议会党团的规章。

第七项 在联邦层面，指导通过选举担任公职、由党委派为代理人或在议会或政府等要害部门履职的党员的活动。

第八项 在联邦层面，指导在全国性群众团体和社会运动中担任代表的党员的活动。

第九项 指导和监督党的全国性传播机构，确定其负责人。

第十项 发放全国党员证。

第十一项 每年审批关于党的基金使用情况的决议，每年确定从各种来源募集到的资金在党的各级组织之间的分配比例。

第十二项 与有关职能机构一起，推动党的章程和纲领的登记；审理针对全国政治委员会或州委员会所做决定的上诉；批准关于各级政治委员会和秘书处的构成和运行的规章。

第二十三条 党的中央委员会的机构如下：

第一项 全国政治委员会，是闭会期间的全面领导机构。

第二项 全国秘书处，是党的活动的执行机关，隶属于全国政治委员会。

第三项 联邦众议院和参议院中的议会党团。

第四项 监督委员会。

第二十四条 当认为有必要围绕党的参与和结构政策、与政治和社会相关的一般或具体问题以及在各个行动领域制定纲领和开展政治行动等问题讨论、准备和定位时，应由党的中央委员会召集召开全国代表会议。

第一款 全国代表会议由中央委员会委员以及州委员会根据中央委员会的有关规定指派的代表构成。

第二款 为使全国代表会议的决议有效并对全党有约束力，决议应得到中央委员会批准。

第二十五条 全国选举大会由党的中央委员会召集，目的是就与其他政党的联合与结盟以及共和国总统和副总统的人选做出决定。全国选举大会由中央委员会委员和州委员会根据中央委员会的有关规定指派的代表组成。全国选举大会的决定对全党有效。

第二十六条 州或市代表会议是州或市的最高领导机构。应当每两年召开一次，由相应委员会召集。经委员会三分之二多数同意或经中央委员会同意，可以召开特别会议，讨论议程中所包括的经常性议题。

第二十七条 代表会议是由下一级代表会议或基层全体会议根据上级委员会通过的规范和补充规则选出的代表组成。

单独条款 委员会委员自动成为相应代表会议的代表，有发言权和投票权，但人数不能超过由选举产生的代表人数的百分之十；如果超过百分之十，委员会应遴选百分之十的委员享有发言权和投票权，其余仅有发言权。

第二十八条 州或市级代表会议的职权如下：

第一项 分析其辖区的政治形势，根据党的全国代表大会和上级组织的方针，制定行动方针。

第二项 选举相应委员会，并根据本章程第三十一条所规定的限额确定其成员人数。

第三项 根据会议通知的相关规定，选出参加全国代表大会和上一级党的代表会议的代表。

第四项 审议针对相应委员会所做决定提出的上诉。

第二十九条 选举大会的召开应遵循与代表会议同样的规范。对于在选举中与其他政党的联合和结盟，以及在其辖区由选举产生的公职候选人，应征得上级委员会的意见和同意后做出决定。

第三十条 州或市委员会任期两年。领导辖区内所有党组织的活动。州委员会至少每三个月召开一次例会，市委员会至少每两个月召开一次例会。委员会主席、政治委员会或委员会多数委员可提议召开特别会议。

第一款 至少有百分之五的市举行代表会议的州才可以选举组建州委员会，联邦区也是如此。

第二款 至少有十五名党员且每千名选民中至少有一名党员的市才可以按照本章程第二十七条的有关规定通过选举组建党的市委员会。在联邦区，其行政区相当于市。

第三十一条 以党员登记表中所登记的党员人数为基础，州或市委员会的构成应遵照下述最高人数限额。

第一项 一百名及以下党员：市委员会最多十五名成员，州委员会最多十九名成员。

第二项 一百零一到五百名党员：市委员会最多二十三名成员，州委员会最多二十七名成员。

第三项 五百零一到一千名党员：市委员会最多二十七名成员，州委员会最多三十九名成员。

第四项 一千零一到三千名党员：市委员会最多三十五名成员，州委员会中最多五十一名成员。

第五项 三千零一到五千名党员：市委员会最多四十三名成员，州委员会中最多五十九名成员。

第六项 五千名以上党员：市委员会最多五十一名成员，州委员会最多六十三名成员。

第三十二条 州或市委员会的一般权限和义务如下：

第一项　召集相应代表会议。

第二项　贯彻上级机构做出的决定，确保其下属机构执行相应决定，定期举行会议，倡议、制定辖区的政治方针，向全党通报其决定和活动情况。

第三项　支持、组织、加强所领导的党组织在劳动者或人民中间开展活动，以及其开展的斗争。

第四项　在其委员间分派任务，关注其活动；鼓励参与，提倡争论，深化内部民主，听取并采纳党员意见；鼓励批评和自我批评；了解、培养、严格考察或罢免所领导的党的干部，考虑更好地发挥党员干部的能力和天赋。

第五项　传播、鼓励阅读《工人阶级报》和党的其他出版物；组织党员缴纳党费，并向党提供其他形式的资金支持；定期将党费上缴给上级党组织；鼓励党员提高政治文化水平，推动学习马克思列宁主义和党的文件。

第六项　通过其政治委员会指导职权范围内的议会党团，审批辖区的党组织指定的候选人名单，督促辖区的候选人进行登记。

第七项　通过其政治委员会指导通过选举担任公职、由党委派的代理人及在议会或政府等重要部门任职的党员的行动。

第八项　指导其辖区内在群众团体和社会运动中担任代表的党员的活动。

第九项　选举监督委员会；监督下属委员会的活动，对其实施纪律惩处，确保党整体一致；审核针对相应政治委员会和由其直接领导的组织作出的决定的上诉。

单独条款　市委员会应每年至少一次与其辖区内未加入基层党组织的党员举行一次全体会议，以便讨论党的政治方针，把他们纳入党的队伍。

第三十三条　根据市政治行动的需要，只要有三个基层组织及/或活跃在基层组织的三十名党员，市委员会可以以区委员会、企业委员会、大学委员会、行业或行业分支委员会的形式，设立辅助委员会，以加强对基层组织的管理和领导。

这类委员会的权限与本章程第三十二条第二项、第三项、第四项、第八项所规定的权限相同。市代表会议授予委员会规范辅助委员会在自身领导下召开代表会议或通过基层代表大会或党员全体会议直接选举代表的权力。辅助委员会委员将由专门召开的代表会议根据市委员会的规定选举产生。

第三十四条 基层组织是党的日常行动的支柱，是党与劳动者和人民之间的纽带，了解他们的愿望和要求，有助于党的方针制定和政治参与。通过定期参加党的基层组织活动，党员可以实现参与党的生活的许诺，并提高理论和政治觉悟。

基层组织至少由三名党员组成，建立在工厂、企业及其他劳动场所、学校和大学、居住地、农村安置点、农庄及农业企业、各职业行业、群众组织和社会运动中。

建立党的基层组织的标准是党员能积极参与党的政策制定和政治行动。委员会在确定基层组织的活动范围时，应关注具体条件及更好地开展活动的形式。用党的政治方案指引，丰富党员及公民的活动，鼓励把党的行动扎根于政治、社会和文化生活之中。

第一款 优先依据其劳动关系组织基层组织的党员，将其作为加强党与劳动者联系的举措，也作为党内生活的力量。

第二款 在特殊情况下，经州委员会或中央委员会决定，特殊领域的党员可以自我组织，直接与州委员或中央委员会联系，作为利用其知识和经验构思和执行党的方针的形式。在州代表大会和代表会议上，可以作为与基层组织对等的组织，直接选举相应代表。

第三十五条 基层组织的日常运转。定期召开会议并充分准备，是基层组织履行职责和在当地或相应行业开展工作必不可少的工具。基层组织通常应至少每六十天召开一次会议，应选出至少由三名基层组织协调秘书组成的领导机构（其中一名为政治秘书），来领导政治、意识形态和组织领域的工作。

第三十六条 基层组织的基本任务是确保经常参加基层组织活动的党员履行研究、宣传和按时缴纳党费的义务。

第一项 贯彻党的政策，收集民众意见和批评以制定行动纲领和政治路线；与人民保持紧密联系，开展行动以促进其在捍卫自身利益的斗争中实现团结、动员和组织；支持和引导党员参与民众及工会团体和运动，加强并尊重其自主性；在竞选期间，组织党的竞选活动和指导党的候选人。

第二项 定期开展纳新活动；组织适当的符合规定的活动，宣传传播党的事迹和旗帜。

第三项 推动阅读、订购和传播《工人阶级报》和党的其他刊物、传播和宣传工具。

第四项 鼓励党员加强学习，开设基础课程，开展文化活动，学习党的文件，将之纳入所属委员会确定的培训计划。

第五项 根据党的领导机构制定的规范，确保党员缴纳党费；参与募集特别基金的活动，鼓励自筹资金开展活动。

第六项 关心党的团结，不允许在其内部出现分裂活动。

第三十七条 基层全体大会是全体基层组织的特殊时刻，大会总结工作，确定工作计划，选举其领导机构。在即将召开州代表会议之际，根据相关规定选出与会代表。

基层全体大会应每年至少召开一次。基层组织的所有党员和辖区的预备党员都应参会，会议通知应至少提前七天下发。特殊情况下，可以破例邀请党外友好人士参会，享有发言权，以使他们能参与讨论和接触党的政治方针。

第八章 党的纪律

第三十八条 以党的纲领和章程为基础，党通过所有党员和党组织自觉、自愿、平等义务遵守纪律的方式，确保政治行动一致。对于纪律，全党都应当谨慎，严格执行、捍卫和尊重规范党内生活的本章程和中央委员会确定的规章和规范。

第三十九条 党员违反了纲领性原则、道德、纪律以及本章程所规定的义务，应在其所属的党组织内部，本着教育本人和全体党员的精神，对其进行批评，使其负起责任，保护党的利益。同时，视违纪严重程度给以纪律处罚。

处罚的目的是为了加强全党团结、纪律和革命道德。处罚以每个案例的情况、过失的原因、严重程度和党员应负的责任为基础，以下列形式中的一种或几种进行：

第一，内部警告，由其所属组织做出，并报直接上级组织。

第二，公开批评，应在传播机构发布。

第三，有限期暂停在党的机构和议会党团的职权，最高期限不超过九个月，不可延长。在停职期间，受惩罚者不能以党的名义发表讲话。

第四，撤销党内职务，或者撤销代表党所担任的公职，脱离议会党团。

第五，脱离组织关系。

第六，开除出党。

第一款　处罚应由党员所在的党组织做出，如果该党组织未对其进行处罚，由直接上级组织进行处罚。

第二款　对党的委员会委员的任何处罚，都应经与会三分之二多数票通过，应确保法定人数。

第三款　脱党或开除出党的决定应由直接上级党组织批准。

第四款　中央委员会委员脱党或开除出党的决定应经中央委员会委员三分之二多数做出，并得到全国代表大会批准。

第五款　脱党指一名党员被强制与党脱离关系，相应情况应通报选举法院，被处罚者五年内不能回到党内。

第六款　开除出党适用于严重违纪或屡次违纪的情况，包括对党或党的领导人有明显的敌意或持不尊重态度，犯下寡廉鲜耻的罪行或有违法行政行为。

第四十条　党员涉嫌违反党的纪律，其所在组织应书面通知他的违纪行为，并通过监督委员会启动纪律程序。监督委员会应听取涉嫌违纪党员的申诉，召集适当的证人并听取他们的意见，在初步收集证据之后，于纪律程序启动后三十日内形成一份报告，并将相关结论提交相应组织审议。

违纪者有充分的辩护权利，具体如下：

第一，可以在七天之内向监督委员会提交辩护材料。

第二，针对监督委员会的报告提出反驳理由。

第三，参加讨论处罚决定的会议，有权口头辩护，提交自己和至少三名证人的证据。

单独条款 如果没有监督委员会，该党员所属党组织可以指定一个负责纪律程序的委员会。

第四十一条 党的领导人如果连续三次或累计五次不参加其所在委员会的会议，而又不能提出全体委员认可的理由，应视为离职，同时并不影响对其做出其他处罚。经直接上级党组织同意，可以恢复其党内职务，但应减少其职责。中央委员会委员只有得到中央委员会委员三分之二多数同意，才能恢复职务。

第四十二条 在特殊情况下，如果党员的行为与党的道德规范相违背，并且给党带来负面影响，党组织可以对其进行预防性停职，最长期限为一百二十天，不能延长，应由当事人所在组织三分之二多数同意，并经直接上级组织批准。在停职期结束前，当事人所在党组织应启动有关纪律程序。在此期间，该党员不能以党的名义发表意见。

第四十三条 在特殊情况下，党员因个人问题可以向党组织请假，不履行党组织所要求的任务，但最长只能请假一年，期满后不能延期。在此情况下，不能以党的名义发表意见，但继续受党纪约束，应公开遵守党的方针，履行经济方面对党的义务。请假须经直接上级组织批准，重回党组织也须经直接上级组织批准。

第四十四条 任何违反纲领性原则、道德规范、纪律，或本章程所规定的义务，尤其是第十一条第二项的规定，或全国政治方针的组织，将视情节轻重，在不影响对相关组织的党员个体进行处罚的同时，对其做出如下处罚：

第一项 警告。

第二项 公开批评。

第三项 解散组织。

单独条款 处罚应由直接上级党组织实施。在直接上级组织不作为时，由再上一级组织做出。

第四十五条 受到指控的组织，将会收到上级党组织发出的本章程第四十条提及的违纪事项书面通知，应确保该组织享有充分的辩护权利，具体如下：

第一项 在十五天时间内向监督委员会提交辩护材料。

第二项 针对监督委员会的报告提出反驳理由。

第三项 受到过失指控的组织，最多可由五人组成小组参加对其做出处罚决定的会议，有权进行口头辩护，提交证据，并可有至少三名证人。

第四十六条 在特殊情况下，在与党的全国政治方针和道德规范相抵触并给党带来消极影响的问题面前，党的委员会可以对下属组织采取为期一百二十天不是纪律处罚性质的预防性干预措施。此种措施不能延长，应经委员会委员三分之二多数同意，并经直接上级组织批准。在干预期间，应解散该组织的领导机构，并任命一个临时性领导机构。在干预期结束之前，委员会应启动相应纪检程序。

第四十七条 任何一种纪律处罚，不论是停职、预防性干预或者是准予离职，党员或党组织都可以向直接上级组织甚至代表大会提出申诉。

单独条款 在处罚判决之后的十五天期限内，受到纪律处罚的党员或党组织可以向直接上级组织提出书面上诉。该组织应向听取监督委员会的意见建议，并在六十天内对上诉做出答复。

第九章 监督委员会

第四十八条 监督委员会是党的委员会的机构，拥有如下权限：定期检查党务活动中履行本章程和遵守道德规范的情况，启动纪检程序，审理党的各级组织的上诉，审查党的财务情况。监督委员会由相应委员会选举产生，由三到五名成员组成。根据中央委员会批准的规章运行。

第一款 在中央委员会和州委员会内必须设立监督委员会。

第二款 市委员会可自行决定是否设立监督委员会。如果没有设立监督委员会，尤其在需要对党的财务进行审查的情况下，其职责可由政治委员会或市委员会指定的其他委员会履行。

第三款　监督委员会在其成员中间选出一名书记,定期向所属委员会汇报活动情况。

第四款　相应委员会召开会议时,监督委员会通常也应同时召开会议。在特殊情况下,可以由监督委员会书记、党主席或政治委员会召集监督委员会会议。

第十章　共产党员在社会团体和社会运动中的活动

第四十九条　与广大人民群众、青年、进步知识分子紧密联合的城乡劳动者,是党的政治规划的核心驱动力。党重视在劳动者中开展活动,同时也参与青年运动、学生运动、社区运动以及包括妇女、黑人、印第安人在内的其他人民阶层的运动,重视推动文化、艺术、环境保护、性取向自由等运动,推动人权、退休者、儿童和青少年、受压迫和歧视的少数群体、民主和进步事业以及各国人民争取和平及国际团结的运动。反对工团主义倾向。根据党的方针,通过政治斗争联合上述运动。

与不同制度领域的行动紧密联系的群众政治行动是党参与和架构的核心要素。作为共产党员,必须扎根劳动者和人民之中,在政治、社会和文化生活的不同领域开展活动,以争取人民群众并按照党的政治规划方向提高群众运动的觉悟。

第五十条　党员应参与人民的组织和动员,以加强各种社团和社会运动。党员还应捍卫社团成员和人民群众的利益,尊重、维护和遵守上述团体和运动的自主、团结和民主生活。

单独条款　作为社团或运动领导者的共产党员应参加相应委员会领导下的基层党组织的活动。

第五十一条　当社团或运动具有全国性质或者其活动范围包括一个以上的市时,在其领导机构任职的党员可以组成一个党小组,分别服从党的中央委员会或州委员会领导。

党小组是协调社团或运动领导机构中的共产党员的辅助机构。党小组不具备一级党组织的权利,也不是党的领导机构。应指定一名协调者,定期向所属党组织汇报活动。

第一款　只要在社团或运动的领导机构中有三名或以上党员,应成立党小组。

第二款　参加党小组的活动,不能替代该共产党员参加其所属的基层组织或委员会的活动。

第五十二条　党重视在劳动者中间开展活动和建立组织,要在一切类型的群众组织和运动中开展活动,包括在企业内部,直至工会所在地。努力传播行动纲领,使其得到加强;同时,也要尊重其组织独立性。

第五十三条　在党的活动和内部生活中,反对歧视女性的斗争占优先位置。党推动争取女性解放、两性权利平等的斗争,鼓励党员加入致力于此项事业的团体,培养和造就女性干部和党员,制定扩大女性参与党的各级组织及其领导机构的政策。

第五十四条　中央委员会应定期召开关于女性问题的全国会议,并根据女性解放和参与变革的斗争及党的生活的需要,从性别的视角制定和实施政策。

第五十五条　女性问题全国会议应设立一个全国常设论坛,由党的中央委员会的一个秘书处进行协调。它将是构思女性解放政策和跟踪党的各项政策执行情况的平台。全国常设论坛的任期与两届女性问题全国会议的闭会期相同。

第五十六条　党支持巴西青年的斗争,保护他们的利益和权利,为实现他们的愿望而斗争。党鼓励发展青年运动和斗争,为使社会主义青年联盟更有活力并在政治、意识形态和组织方面得到加强做贡献。

所有青年共产党员在年满二十五岁之前都应参加社会主义青年联盟的活动。担任领导职务的,可以延至三十岁。

第五十七条　所有青年党员都应通过党的基层组织定期与党保持联系,在特殊情况下,参加由相应委员会召开的青年共产主义者大会,积极参与讨论党的方针,推动党的思想教育工作。遵守通过社会主义青年联盟组织的青年运动的行动标准。

第一款　鼓励选举青年共产党员进入各级委员会和政治委员会,使之成为他们更多参与党的生活的方式,不应指派他们在所在的党组织担任行政职务。

第二款 州委员会可以提供特定环境，使青年共产党员在青年运动中承担主要任务。

第五十八条 反对种族主义是党为实现社会和民族解放而斗争的纲领的重要内容，不仅只有在反对种族主义前线的党员，全党都应参与。

共产党人站在阶级斗争的立场，对本国的种族压迫进行马克思主义分析，支持并参与黑人及其组织的运动，通过制定反对偏见和歧视的政策、推动权利平等为战胜种族主义做出贡献。

第十一章 代表党担任公职的共产党人的活动

第五十九条 不论是担任通过选举获得的公职，还是充任由党指派的代理之职，抑或担任立法或行政机构委派的职务，或党所参加的所有政府机构，都构成重要的工作前线，都为党的政治目标服务，都应遵守党的中央委员会的相应规范。这些职位的共产党员应根据职位本身及所属党组织的规范和决议开展活动，不能超越它们之上。在党的名义之下所取得的选举产生的职务属于党的整体。

在这些职位上，共产党人应尽其所能做到以下事项：

第一项 捍卫并传播党的政治方针和决议，贯彻实施所属的党的领导机构做出的决定。

第二项 珍视党的名称，诚实履行职务，关注公共事业和人民的权利，定期向组织汇报。

第三项 通过所在的组织，积极参加党的生活。

第四项 致力于反对实用主义和官僚主义行为，保持本人的习惯、生活方式及与原单位的社会关系。

第五项 利用自己的知识、自己所能得到的资料和信息，帮助党了解现实，以找到解决当下问题的创新性方法。

第六项 根据本章程第九条第三项的规定及党的领导机构的规范，缴纳常规和特殊党费。

第六十条 根据本章程第三十四条第二款的规定，担任经选举产生的公职或由党指派的代理职务的党员，应坚持作为所属党组织的一员，或组建一个党集体。除非获得直接上级党组织的明确批准同意，党的主席原则上不在政府中担任职务；如果担任公职，应辞去所任主席职务。

第六十一条　即便担任议员的党员不是相应委员会委员，各级议会党团是相应委员会的一个机构。议会党团应接受相应委员会政治委员会的领导，遵守党的中央委员会的各项规章制度，党委负责监督议会党团，议会党团由相关领袖协调。在征求议会党团成员意见后，由党的政治委员会指定各级党团领袖。

第六十二条　在各级议会的党团应根据指导党组织运行的总体规章履行职责，还应该履行参加相应党组织的义务。议会党团应定期开会讨论党的政策及在议会中的提案，明确投票时应采取的立场，给党派驻议会委员会的代表提供建议，负责确定议题，参加全国性或国际性活动。议会党团的所有成员都有义务执行政治委员会的决议，议会党团的决议应得到相应政治委员会的批准。如何行使咨询的职责应由党的议员与相应政治委员会协商确定。

第十二章　党的交流传播媒介

第六十三条　党的交流传播媒介由系列负责信息、政治方针和党的方针与社会主义宣传工作的传播组织组成。对于党的政治行动、组织建设、政治和思想教育以及讨论和阐述国内和国际热点问题而言，交流传播媒介必不可少。

《工人阶级报》创建于1925年，是党的中央机关报。党在因特网上的门户网站也是使党与党员和全社会得以进行日常交流的工具。理论杂志是党与进步知识分子进行互动和传播自身学术成果的工具。宣传党的出版物是所有党员及党组织的一项义务。

第一款　党的全国性传播媒介的领导机关应由中央委员会任命。

第二款　在不影响中央机构传播的情况下，州、市委员会可以在其辖区发行出版物。

第十三章 毛里西奥·格拉博伊斯基金会

第六十四条 毛里西奥·格拉博伊斯基金会属于法人组织，有自己的领导机构和章程。它是党从事科学研究、构思及政治和理论培训等活动的协作机构，是一个理论、科学和文化性质的协会，是共产党员参与思想斗争以及与马克思主义和进步知识分子对话和联系的平台。

高级知识分子在推动社会转型、提高巴西劳动者和人民的觉悟水平、发展国家社会经济、文化、科学和技术及维护国家主权等方面都发挥突出作用。共产党人与其一起行动，以发展马克思主义，并加强为《巴西社会主义纲领》的斗争。

毛里西奥·格拉博伊斯基金会由党员和学术、文化与知识界打算与党合作的人士组成。目标主要有：

第一，受中央委员会委托，推动和支持在政治、经济、社会、文化、技术和环保等领域对巴西和国际现实进行调查、研究和分析；根据基金会工作纲领，组织学习小组、会议、研讨会、讨论会和其他活动；研究和宣传巴西人民、工人运动和巴西共产党的历史。

第二，通过理论和政治形势课程，推动党员的政治和思想理论教育工作；根据要求协助党的领导机关和党的议会党团履行其职责；向党的组织机构提供技术服务、咨询和协助。

第三，同国内或国际公私机构签署并履行协议，与之交流；编辑制作刊物、电视节目、录像、电影、因特网、音频或其他必要媒体形式，以推动党的理念宣传及理论和政治教育活动。

第一款 除了其他可以采取的措施之外，党的中央委员会应把所获政党资助的至少百分之二十拨给毛里西奥·格拉博伊斯基金会使用。

第二款 在遵守毛里西奥·格拉博伊斯基金会章程规定的情况下，党的中央委员会任命党员担任基金会领导。

第三款 在毛里西奥·格拉博伊斯基金会章程允许的范围内，党的各联邦单位委员会可以建议设立毛里西奥·格拉博伊斯基金会分部。

第十四章　党产与财务管理

第六十五条　党产主要包括有权和有义务获得诸如证券、财产收益和党通过自有资金、捐赠、法律允许的遗产或其他形式获得的动产和不动产。

第六十六条　党的财政收入有：

第一项　根据本章程第九条的规定，通过党员缴纳党费获得的资金。
第二项　党员或党的同情者的捐款。
第三项　通过党所组织的竞选和募捐活动筹得的款项。
第四项　出售出版物和宣传材料所得。
第五项　法律许可的商业性质的合同和协议所得。
第六项　政党基金的资助。
第七项　其他不违法的捐献，诸如自然人或法人的可以折合成金钱的实物捐赠、服务或工作。

第六十七条　党的各级委员会有在其辖区内筹集资金并妥善加以使用的自主性，以为党的各级组织的良好组织和有效运行提供必需条件。所有层级的政治委员会都应向相应委员会和选举法院提交收支账目，应遵守经济和财务自给自足、收入集中和分配、合法、道德、诚实、透明、定期报账和集体监督等原则。

第一款　中央委员会将根据相应规范确定在党的各级组织中分配从各种来源获取的资源的比例。政党资助将在本章程第六十四条第一款规定的基础上，按中央委员会百分之八十、联邦单位委员会百分之二十的比例分配。

第二款　各级委员会可以就其名下的社会财产的管理做出决定，包括可以获取、转让、出租、租用或抵押财产，也可以接受捐赠和遗产赠予。

第三款　党的资金由各级政治委员会管理，由主席办公室和财务秘书处负责，应每年向相应委员会提交一次账目。应在全国代表大会期间公开全党资金账目；在选举州、市委员会的州、市党员代表大会召开时，向代表大会报告。

第四款 当需要时，监督委员会有权查账并就政治委员会提交的账目提出意见；可以要求对方提出理由和解释性材料，为了更好地履行其职责，监督委员会有权自由查阅所有必要文件；相应监督委员会的意见，是向选举法院提交账目的先决条件。

第五款 党员不用偿还以党的名义欠下的债务，但是如果浪费党的资金和财产或给党造成损失，违反合法和诚实原则、本章程的规定以及党的领导机构的规范，就要负法律责任。

第六十八条 除非党的相应财务秘书或政治委员会主席授权，任何人，无论党员与否，以个人名义或使用党的法人全国登记号所进行的任何金融交易，党都不会替其承担责任。

第一款 党的各级组织都应拥有自己的法人全国登记号。

第二款 未经相应负责人授权，任何党组织或党员使用任何一级党组织的法人全国登记号都构成严重违纪行为，应受到相应纪律处罚。

第六十九条 党的账目报告应符合会计基本原则、国家关于会计的规范和国家法律中包含的其他规定。

第一项 记账工作应由精通会计业务的专业人员进行，以便可以查清收入来源和支出去向，同时也有利于查清财务状况。

第二项 依法履行向选举法院上报账目的义务。

第三项 在做党的年度收支和选举年收支状况账目报表时，应使用由选举法院提供的表格，同时还应遵守法律中的其他规定。

第四项 除非是毛里西奥·格拉博伊斯基金会所做的投资，不对其任何收支情况进行会计记录，但应记在基金会自己的账目上。

第十五章　最后条款

第七十条 巴西共产党的名称缩写为"PCdoB"，选举编号为65。党徽是交叉的一把镰刀和一把锤子，象征城市和农村劳动者的联盟。党旗为红色横向长方形，中间为黄色党徽和白色名称缩写。

第七十一条 党的全国总部及其办公地在联邦区巴西利亚。

第七十二条 本章程经党的全国代表大会批准后方可生效，应刊登在联邦官方公报及党的报刊上，应到民事职能机构注册登记，并提交给最高选举法院。

单独条款 任何需要得到选举法院批准的审理、修改或改动，应由党的中央委员会做出决定，并由其提交选举法院。

（依照2009年11月修订的巴西共产党章程译出。）

参考文献

一、中文文献

（一）著作

《马克思恩格斯选集》第 1—4 卷，北京：人民出版社 1995 年版。

《马克思恩格斯全集》第 18、第 35 卷，北京：人民出版社 1971 年版。

《列宁选集》第 1—4 卷，北京：人民出版社 1995 年版。

《列宁全集》第 11、第 15、第 17 卷，北京：人民出版社 1988 年版。

祝文驰、毛相麟、李克明：《拉丁美洲的共产主义运动》，北京：当代世界出版社 2002 年版。

《英勇斗争中的拉丁美洲各国共产党》，北京：世界知识出版社 1959 年版。

聂运麟：《当代资本主义国家共产党（低潮中的奋进变革与转型）》，北京：社会科学文献出版社 2007 年版。

万福义：《党鉴：共产党执政实践与规律研究》，济南：山东人民出版社 2003 年版。

郭亚丁：《全球视野下的共产党》，北京：中国经济出版社 2007 年版。

苏希胜：《共产党执政规律研究》，北京：国防大学出版社2000年版。

王建国、王洪江：《社会主义国家执政党建设的历史、理论与实践》，北京：中国社会科学出版社2008年版。

吴振坤：《20世纪共产党执政的经验教训》，北京：中共中央党校出版社2002年版。

黄宗良：《共产党和社会党百年关系史》，北京：北京大学出版社2002年版。

钟清清：《各国共产党总览》，北京：当代世界出版社2000年版。

刘洪长：《当代世界共产党党章党纲汇编》，北京：当代世界出版社2009年版。

吴斌康：《八十年代世界共产党代表大会重要文件选编》（下），北京：中国广播电视出版社1989年版。

郭建平、王坚红、左凤荣：《在低谷中的奋斗——80年代以来资本主义各国共产党变化评介》，哈尔滨：黑龙江教育出版社1995年版。

王坚红：《冷战后的世界共产党》，北京：中共党史出版社1996年版。

帅能应：《发达资本主义国家共产党的历史与现状》，北京：中国人民大学出版社1990年版。

张湘霓：《共产党执政方式探讨》，郑州：河南大学出版社1989年版。

张志军：《20世纪国外社会主义理论、思潮及流派》，北京：当代世界出版社2008年版。

高放、张泽森、曹德成：《当代世界社会主义文献选编》，北京：中国人民大学出版社1990年版。

中国大百科全书出版社编辑部：《科学社会主义百科全书》，北京：知识出版社1993年版。

北京师范大学中共党史系世界史组：《毛主席关于亚洲、非洲和拉丁美洲民族解放运动的论述》，1974年版。

李慎明：《低谷且听新潮声：21世纪的世界社会主义前景》，北京：社会科学文献出版社2005年版。

李慎明：《2005年：世界社会主义跟踪研究报告——且听低谷新潮声》

（之二），北京：社会科学文献出版社2006年版。

李慎明：《2006年：世界社会主义跟踪研究报告——且听低谷新潮声》（之三），北京：社会科学文献出版社2007年版。

李慎明：《2008年世界社会主义跟踪研究报告：且听低谷新潮声》（之四），北京：社会科学文献出版社2008年版。

周克明：《当代世界工人和工会运动》，沈阳：辽宁大学出版社1990年版。

王兴斌：《1847—1985：国际共产主义的实践与理论》，济南：山东人民出版社1986年版。

黄宗良、林勋建：《冷战后的世界社会主义运动》，北京：北京大学出版社2003年版。

黄宗良、孔寒冰：《世界社会主义史论》，北京：北京大学出版社2004年版。

姜士林、郭德宏：《当代社会民主党与民族主义政党论丛》，北京：中国展望出版社1986年版。

高放：《当代世界社会主义新论》，昆明：云南人民出版社2002年版。

肖枫：《社会主义向何处去——冷战后世界社会主义运动大扫描》，北京：当代世界出版社1999年版。

宋世昌：《科学社会主义通论》第2卷，北京：人民出版社2004年版。

黄安淼：《当代国际共产主义运动》，北京：中国人民大学出版社1991年版。

何宝骥：《世界社会主义思想通鉴》，北京：人民出版社1996年版。

［美］谢尔顿·B.利斯：《拉丁美洲的马克思主义思潮》，林爱丽译，北京：东方出版社1990年版。

毛相麟：《古巴社会主义研究》，北京：社会科学文献出版社2005年版。

肖枫、王志先：《古巴社会主义》，北京：人民出版社2004年版。

《古巴人民的英勇斗争》，北京：世界知识出版社1959年版。

〔古〕菲德尔·卡斯特罗：《在古巴统一革命组织马坦萨斯省委会上的讲话》，北京：人民出版社1962年版。

〔古〕菲德尔·卡斯特罗：《在古巴共产党第一、二、三次全国代表大会上的中心报告》，北京：人民出版社1990年版。

徐世澄：《古巴——列国志》，北京：社会科学文献出版社2003年版。

〔美〕W.E.拉特利夫：《拉丁美洲的卡斯特罗主义和共产主义》，北京：商务印书馆1979年版。

〔古〕菲德尔·卡斯特罗、〔法〕伊格纳西奥·拉莫内：《卡斯特罗访谈传记——我的一生》，中国社会科学院拉丁美洲研究所译，北京：中国社会科学出版社2008年版。

杨道金：《拉美巨人——菲德尔·卡斯特罗·鲁斯传奇》，北京：时事出版社2006年版。

徐世澄：《拉丁美洲政治》，北京：中国社会科学出版社2006年版。

袁东振、徐世澄：《拉丁美洲国家政治制度研究》，北京：世界知识出版社2004年版。

关达：《第二次世界大战后拉丁美洲政治》，北京：中国社会科学出版社1987年版。

肖楠：《当代拉丁美洲政治思潮》，北京：东方出版社1988年版。

苏振兴：《拉美国家现代化进程研究》，北京：社会科学文献出版社2006年版。

郭立明：《拉美的新世纪（玻利瓦尔与圣马丁的功勋）》，吉林：吉林出版社1995年版。

吴国平、杨仲林、吕银春等：《拉美三国议会/国外议会丛书》，北京：中国财政经济出版社2005年版。

李明德：《拉丁美洲和中拉关系现在与未来》，北京：时事出版社2001年版。

〔美〕托马斯·艾·巴：《拉丁美洲史》，北京：商务印书馆1973年版。

山东师范学院政史系：《拉丁美洲独立运动中的几个英雄人物》，北京：人民出版社1977年版。

［美］鲍勃、［美］J.扬：《拉丁美洲的解放者》，黄世康译，北京：商务印书馆1979年版。

《拉丁美洲的民族民主运动》，北京：世界知识出版社1960年版。

［法］杜蒙、莫坦：《拉丁美洲的病态发展》，北京：世界知识出版社1984年版。

［德］格雷贝道尔夫：《拉丁美洲向何处去》，齐楚译，北京：时事出版社1985年版。

中共中央对外联络部拉丁美洲研究所：《拉丁美洲各国政党》，上海：上海人民出版社1980年版。

李春辉：《拉丁美洲史稿》，北京：商务印书馆1983年版。

李春辉、苏振兴、徐世澄：《拉丁美洲史稿》（第三卷），北京：商务印书馆1993年版。

［美］马丁：《拉丁美洲史》，黄磷译，海口：海南出版社2007年版。

［阿根廷］林奇：《拉美传奇英雄格瓦拉》，肖芳琼译，北京：新华出版社1990年版。

［秘］罗德里格斯（陈汉基）：《拉丁美洲的文明与文化》，白凤森等译，北京：商务印书馆1990年版。

［英］戈特：《拉丁美洲游击战运动》，上海：上海人民出版社1975年版。

王春良：《拉丁美洲民族民主运动史论》，北京：中国地图出版社1992年版。

［美］亚历山大：《拉丁美洲的托洛茨基主义》，高铦、涂光楠、张森根译，北京：商务印书馆1984年版。

［美］卡梅洛·梅萨-拉戈：《七十年代的古巴——注重实效与体制化》，丁中译，北京：商务印书馆1980年版。

［秘］马里亚特吉：《关于秘鲁国情的七篇论文》，北京：商务印书馆1987年版。

［美］詹姆士·西伯奇：《苏联出现在拉丁美洲》，辛季华译，上海：

上海三联书店1976年版。

［美］利昂·古雷、莫里斯·罗森堡：《苏联对拉丁美洲的渗透》，上海：上海译文出版社1979年版。

［美］J.格雷戈里·奥斯瓦德、［德］安东尼·J.斯特罗维尔：《苏联与拉丁美洲》，上海：上海人民出版社1974年版。

［西班牙］费南德·克劳丁：《共产主义运动：从共产国际到共产党情报局》，福州：福建人民出版社1982年版。

中国社会科学院拉丁美洲研究所：《拉美研究：追寻历史的轨迹》，北京：世界知识出版社2006年版。

中国社会科学院拉丁美洲研究所图资室：《战后四十年拉丁美洲问题中文论文资料索引和书目（1945—1985）》，北京：中国社会科学院拉丁美洲研究所图书资料室1986年版。

［美］罗纳德·奇尔科特：《替代拉美的新自由主义》，江心学译，北京：社会科学文献出版社2004年版。

杨煌：《解放神学：当代拉美基督教社会主义思潮》，北京：中国社会科学出版社2006年版。

美洲开发银行：《影响发展的非经济因素》，北京：世界知识出版社2007年版。

江时学：《拉美发展模式研究》，北京：经济管理出版社1996年版。

江时学：《2006—2007年：拉丁美洲和加勒比发展报告》，北京：社会科学文献出版社2007年版。

李明德：《拉丁美洲和加勒比发展报告（2000—2001年）》，北京：社会科学出版社2001年版。

刘文龙、朱鸿博：《西半球的裂变——近代拉美与美国发展模式比较研究》，上海：上海辞书出版社2005年版。

钱明德：《拉美文化与现代化》，沈阳：辽海出版社1999年版。

［英］莱斯利·贝瑟尔：《剑桥拉丁美洲史》1—8卷，北京：经济管理出版社、当代世界出版社、社会科学文献出版社等1991—2003年版。

索萨：《拉丁美洲思想史述略》，昆明：云南人民出版社2003年版。

［美］亚当·普沃斯基：《民主与市场——东欧与拉丁美洲的政治经济改革》，包雅均等译，北京：北京大学出版社 2005 年版。

中国社会科学院拉丁美洲研究所：《拉丁美洲历史词典》，上海：上海辞书出版社 1993 年版。

李建忠：《简明拉丁美洲文化词典》，北京：旅游教育出版社 1997 年版。

李明德：《简明拉丁美洲百科全书》，北京：中国社会科学出版社 2001 年版。

［墨］C. A. 罗哈斯：《拉丁美洲：全球危机和多元文化》，王银福译，济南：山东大学出版社 2006 年版。

［美］爱德华·J. 威廉斯：《从发展角度看拉丁美洲的政治思潮》，北京：商务印书馆 1979 年版。

［美］W. Z. 福斯特：《美洲政治史纲》，冯明方译，北京：生活·读书·新知三联书店出版 1959 年版。

［美］特伦斯·M. 汉弗莱：《美洲史》，王笑东译，北京：民主与建设出版社 2004 年版。

［俄］B. B. 扎格拉金娜：《现代世界政党》，高桂芬、关国为等译，北京：求实出版社 1989 年版。

熊复：《世界政党辞典》，北京：红旗出版社 1986 年版。

钟清清：《世界政党大全》，贵州：贵州教育出版社 1994 年版。

史志钦：《全球化与世界政党变革》，北京：中共中央党校出版社 2007 年版。

王长江：《世界政党比较概论》，北京：中共中央党校出版社 2003 年版。

王长江：《政党现代化论》，南京：江苏人民出版社 2004 年版。

王邦佐：《西方政党制度的社会生态分析》，上海：学林出版社 1997 年版。

王邦佐：《中国政党制度的社会生态分析》，上海：上海人民出版社 2000 年版。

季正矩、彭丽萍、王瑾:《当代世界社会主义前沿学术对话》,重庆:重庆出版社 2005 年版。

李慎明:《执政党的经验教训》,北京:社会科学文献出版社 2008 年版。

本书编写组:《兴衰之路:外国不同类型政党建设的经验与教训》,北京:当代世界出版社 2002 年版。

唐君、辛易:《国外政党执政镜鉴》,杭州:浙江人民出版社 2005 年版。

王长江:《政党政治原理》,北京:中共中央党校出版社 2009 年版。

王家瑞:《当代国外政党概览》,北京:当代世界出版社 2009 年版。

[美] J. M. 伯恩斯:《领袖论》,刘李胜等译,北京:中国社会科学出版社 1996 年版。

[英] 戴维·米勒、韦农·波格丹诺:《布莱克维尔政治学百科全书》,邓正来译,北京:中国政法大学出版社 2002 年版。

林勋健:《西方政党是如何执政的》,北京:中共中央党校出版社 2001 年版。

[苏] 西比列夫:《社会党国际》,姜汉章等译,北京:中国社会科学出版社 1983 年版。

[美] D. 伊斯顿:《政治生活的系统分析》,王浦劬译,北京:华夏出版社 1989 年版。

(二) 学术文章

杨岭华:《处于困境中的拉美共产党》,载《当代世界社会主义问题》1993 年第 2 期。

郭建平:《逆境中的拉美国家共产党》,载《科学社会主义》1991 年第 5 期。

李锦华:《拉丁美洲共产党的现状与走势》,载《当代世界社会主义问题》1994 年第 4 期。

郭元增、江时学:《拉美国家的共产党为什么不能上台执政》,载《红旗文稿》2005年第2期。

郭元增、江时学：《拉美国家的共产党为什么难以取得政权》，载《红旗文稿》2005年第18期。

毛相麟：《战后拉美的游击战争与共产党人》，载《当代世界社会主义问题》1997年第2期。

申文杰：《当今拉美共产党的统一战线政策》，载《当代世界社会主义问题》1994第1期。

郭建平：《拉美国家共产党近况》，载《理论前沿》1991年第3期。

舒吉昌：《马克思主义在拉丁美洲的早期传播》，载《拉丁美洲研究丛刊》1983年第2期。

王丽华：《拉丁美洲共产党人探索走向21世纪的道路》，载《国外理论动态》1998年第8期。

安奥本海默：《公开性震撼着拉美的共产党》，载《当代世界社会主义问题》1989年第2期。

张登文：《对前苏联解体后古巴共产党自身建设的再认识——基于构建和谐社会的视角》，载《北京社会科学》2006年增刊。

赵慧玲：《革新开放过程中古巴执政党的思想建设》，载《廊坊师范学院学报》2007年第5期。

姜述贤：《古巴对社会主义道路的不断探索》，载《当代世界与社会主义》2007年第1期。

朱佳木：《古巴的社会主义政权为什么能够长期存在——访问古巴后的思考》，载《马克思主义研究》2007年第11期。

王钦元：《古巴共产党的党建经验分析》，载《和田师范专科学校学报》2006年第3期。

王瑜：《古巴共产党密切党群关系的基本做法和经验》，载《当代世界与社会主》2006年第4期。

徐世澄：《古巴共产党巩固执政地位的战略举措》，载《当代世界与社会主义》2007年第6期。

毛相麟：《古巴共产党的前身及其独特的建党历程》，载《拉丁美洲研究》2000年第6期。

谭荣邦：《冷战后古巴共产党社会主义道路的新探索》，载《理论前沿》2003年第9期。

刘艳：《古巴共产党》，载《前进论坛》2007年第3期。

《稳步改革开放中的古巴共产党》，载《红旗文稿》2007年第1期。

倪润浩：《古巴共产党第四次代表大会闭幕》，载《瞭望》1991年第43期。

寒言：《民主、团结、务实——古巴共产党召开五大》，载《当代世界》1997年第12期。

徐世澄：《论古巴社会主义现代化进程》，载《江汉大学学报》（社会科学版）2006年第3期。

李锦华：《古巴共产党是如何继承和发扬何塞·马蒂思想进行治国理政的》，载《当代世界》2008年第5期。

李锦华：《苏东剧变后的古巴共产党》，载《当代世界与社会主义》2000年第3期。

李锦华：《苏东剧变后的古巴共产党的理论、方针政策与实践》，载《马克思主义研究》2000年第6期。

李锦华：《古巴共产党开展"思想战"战略》，载《当代世界》2007年第11期。

毛相麟：《古巴共产党为何在建党原则上作出让步？》，载《当代世界社会主义问题》1992年第2期。

吕飞科：《古巴共产党如何抓党建》，载《领导之友》2005年第5期。

王玫：《在斗争中成长的古巴共产党》，载《当代世界社会主义问题》1990年第2期。

冯秋婷：《古巴共产党长期执政的经验》，载《共产党员》2004年第4期。

周余云：《古巴共产党为什么能长期执政》，载《科教文汇》2005年第8期。

卓伊：《古巴共产党的监察制度》，载《正气》2001年第4期。

《古巴共产党监委机构概况》，载《党风通讯》1994年Z1期。

梁英：《古巴共产党改善民生的措施》，载《当代世界》2008年第7期。

李海洋：《古巴共产党党的建设的基本经验》，载《学习与实践》2008年第6期。

耿克民：《古巴共产党近年来的理论探索与政策调整》，载《党政干部文摘》2005年第4期。

毛相麟：《古巴为何能坚定地走社会主义道路》，载《学习月刊》2007年第8期。

郭元增：《古巴坚持社会主义的一些做法》，载《红旗文稿》2007年第4期。

季正矩：《古巴缘何红旗不倒》，载《党史纵横》2007年第4期。

季正矩：《社会主义是表率的科学——古巴共产党的立党原则》，载《党的建设》2007年第6期。

贺钦：《近年来古巴马克思主义研究动态》，载《马克思主义研究》2007年第10期。

张登文：《苏东剧变后古巴共产党的自身建设》，载《上海党史与党建》2007年3月号。

戴平辉：《苏东剧变后古巴共产党执政战略策略研究》，载《东华理工学院学报》（社会科学版）2006年第1期。

唐贤秋、解桂海：《苏东剧变后古巴共产党加强廉政建设的经验》，载《国外理论动态》2008年第2期。

焦震衡：《拉美左派执政的国家为何越来越多?》，载《拉丁美洲研究》2004年第5期。

孙岩峰：《巴西第一位工人总统卢拉》，载《国际资料信息》2007年第3期。

徐世澄：《巴西劳工党政府应对社会矛盾的主要做法》，载《拉丁美洲研究》2005年第6期。

郭元增：《与时俱进的巴西共产党》，载《党建》2007年第10期。

张宝宇：《巴西共产党目前的政治地位》，载《拉丁美洲研究》2004年第5期。

袁征：《巴西共产党：红旗为什么不倒》，载《当代世界》2000年第9期。

郭元增：《一颗红星陨落了——悼念巴西共产党名誉主席若昂·阿马佐纳斯同志》，载《当代世界》2002年第9期。

陈晓玲：《社会主义在中国——巴西共产党主席拉贝罗谈访华观感》，载《当代世界》2002年第8期。

周仪、贺双荣：《阿根廷"断路者"现象：根源及其政治影响》，载《拉丁美洲研究》2007年第3期。

梁晓理：《查韦斯的"21世纪社会主义"》，载《广州社会主义学院学报》2007年第1期。

苏振兴：《拉美印第安人运动兴起的政治和社会背景》，载《拉丁美洲研究》2006年第3期。

李慎明：《21世纪的社会主义》，载《当代世界社会主义问题》2007年第1期。

向文华：《拉美托洛茨基主义的历史演变》，载《怀化师专学报》1994年第4期。

向文华：《拉美托洛茨基主义思潮兴衰原因初探》，载《拉丁美洲研究》1994年第3期。

徐世澄：《拉美政党新趋向》，载《当代世界》2000年第7期。

江时学：《拉美左派的变迁：从卡斯特罗到查韦斯》，载《人民论坛》2007年第3期。

李阳：《拉美左翼力量崛起评析》，载《拉丁美洲研究》2005年第5期。

江时学：《拉美政党政治的新变化》，载《世界经济与政治》2004年第1期。

江时学：《论拉美左派东山再起》，载《国际问题研究》2007年第3期。

程洪：《试论俄国十月革命与拉丁美洲》，载《拉丁美洲研究》1998年第3期。

蔡树立：《试析拉丁美洲接受十月革命影响的独特性》，载《湖北大学学报》1988年第2期。

《如何看待拉丁美洲的社会主义——徐世澄研究员访谈》，载《国外理论动态》2008年第2期。

郑振成：《近十年来国外拉美政治研究综述》，载《拉丁美洲研究》2000年第6期。

熊光清：《当前世界社会主义的发展态势》，载《求实》2004年第10期。

聂运麟：《低潮、成因、特征与前景——论21世纪初的世界社会主义运动》，载《华中师范大学学报》（人文社会科学版）2004年第1期。

李爱华：《低潮中的奋进：苏东剧变后的世界社会主义》，载《社会主义研究》2003年第2期。

李兴中：《二十一世纪经济文化不发达国家社会主义的前途和命运》，载《理论前沿》1999年第2期。

汪亭友：《冷战后世界社会主义运动的总体态势与基本特点》，载《中共长春市委党校学报》2004年第1期。

肖枫：《社会主义百年实践的粗略回顾与前瞻》，载《马克思主义研究》2000年第2期。

王亚玲：《苏东剧变后世界社会主义运动现状及成因分析》，载《青海社会科学》2006年第5期。

李锦华：《世界共运现状综述》，载《当代世界社会主义问题》1998年第3期。

于洪君：《关于后冷战时代世界社会主义问题的几点认识和思考》，载《当代世界与社会主义》2005年第3期。

史武：《全球化与共产党》，载《社会科学论坛》2003年第10期。

王建新：《论在低潮中顽强行进的各国共产党》，载《当代世界与社会主义》2005年第1期。

张晓敏：《国际共运的弄潮儿——当今亚非拉发展中国家共产党和左翼阵线的三位领头羊》，载《领导科学》2005年第22期。

张晓敏：《潮起潮落自岿然——冷战后亚非拉发展中国家共产党扫描》，载《领导科学》2005年第10期。

张晓敏：《冷战后亚非拉美发展中国家共产党一瞥》，载《党的建设》2005年第2期。

任晶晶：《亚非拉美发展中国家共产党现状》，载《党员干部之友》2004年第11期。

钟和：《各国共产党和左翼政党对社会主义的看法综述》，载《党政论坛》2001年6月号。

耿克明：《耿克明扫描今日世界共产党》，载《党史文苑》2005年第1期。

李亚雄：《80年代发展中国家共产党的改革》，载《社会主义研究》1994年第1期。

二、外文文献

（一）著作

Rollie E. Poppino, *International Communism in Latin America: A History of the Movement* 1917–1963, London: Collier-Macmillan Limited, the Free Press of Glencoe, 1964.

Ronaldo Munck, *Revolutionary Trends in Latin America*, McGill University: Center for Developing-Area Studies Monograph Series, No. 17, 1984.

Luis E. Aguilar, *Marxism in Latin America*, Philadelphia: Temple University Press, 1978.

Michael Lowy, *Marxism in Latin America from 1909 to the Present*, New Jersey-London: Humanities Press, 1992.

Richard L. Harris, *Marxism, Socialism, and Democracy in Latin America*,

San Francisco: Westview Press, 1992.

Robert J. Alexander, *Communism in Latin America*, New Brunswick, N. J.: Rutgers University Press, 1957.

Stephen G. Rabe, *The Most Dangerous Area in the World: John F. Kennedy Confronts Communist Revolution in Latin America*, Chapel Hill and London: University of North Carolina Press, 1999.

Donald L. Herman, *The Communist Tide in Latin America: A Selected Treatment*, London: Texas University Press, 1974.

John Lamperti, *What Are We Afraid of? An Assessment of the "Communist Threat" in Central America*, South End Press, 1988.

John Riddell, *Latin America at the Crossroads: Cuban Communist Makes the Case for International Revolutionary*, Ocean Press, 2007.

D. L. Raby, *Democracy and Revolution: Latin America and Socialism Today*, Pluto Press, 2006.

Juan José Arévalo, *Anti-Kommunism in Latin America*, L. Stuart, 1963.

Roger East, *Communist and Marxist Parties of the World*, Essex: Longman Group UK Limited, 1990.

Richard F. Staar, *Yearbook on International Communist Affairs*, Stanford CA: Hoover Institute Press, 1979 – 1991.

William B. Simons, *The Party Statutes of the Communist World*, Martinus Nijhoff Publishers, 1984.

Thomas C. Wright, *Latin America in the Era of the Cuban Revolution*, New York: Praeger Publishers, 2001.

Irving Louis Horowitz, *Cuban Communism* (10th edition), Transaction Publishers, 2000.

Sheldon B. Bliss, *Fidel Castro's Political and Social Thought*, San Francisco: Westview Press, 1994.

Angelo Trento, *Castro and Cuba: From the Revolution to the Present*, Interlink Books, 2000.

Yuri Pavlov, *Soviet-Cuban Alliance* 1959 – 1991, New Brunswick, N. J.: Transaction Publishers, 1993.

Cole Blasier, *The Giant's Rival: The USSR and Latin America*, Pittsburgh: University of Pittsburgh Press, 1983.

Stephen G. Rabe, *Eisenhower and Latin America: The Foreign Policy of Anticommunism*, University of North Carolina Press, 1988.

Barry Carr, Steve Ellener, *The Latin American Left*, San Francisco: Westview Press, 1993.

Jorge G. Castañeda, *Utopia Unarmed: The Latin American Left after the Cold War*, New York: Alfred A. Knopf, 1993.

Arthur Domike, *Civil Society and Social Movements: Building Sustainable Democracies in Latin America*, Inter-American Development Bank, 2008.

Ernesto Stein, *Policymaking in Latin America: How Politics Shapes Policies*, Harvard University Press, 2008.

Harry E. Vanden, *Politics of Latin America: The Power Game*, Oxford University Press, 2001.

Gerardo L. Munck, *Regimes and Democracy in Latin America: Theories and Methods*, Oxford Studies in Democratization, 2007.

Edward A. Lynch, *Religion and Politics in Latin America: Liberation Theology and Christian Democracy*, New York: Praeger Publishers, 1991.

Robert G. Breene, *Latin American Political Yearbook*, Transaction Publishers, 2002 – 2005.

Malcolm Deas, *Latin America in Perspective*, Boston: Houghton Mifflin Company, 1991.

Abraham F. Lowenthal, Gregory F. Treverton, *Latin America in a New World*, San Francisco: Westview Press, 1994.

Leslie Bethell, *Ideas and Ideologies in Twentieth Century Latin America*, London: Cambridge University Press, 1996.

C. Stone, *Understanding Third World Politics and Economics*, Kingston:

Earle Publishers, 1980.

Jonathan Hartlyn, *The United States and Latin America in the 1990s: Beyond the Cold War*, University of North Carolina Press, 1992.

Leon D. Epstein, *Political Parties in Western Democracies*, Transaction Inc. New Brunswick, 1980.

(二) 学术文章

Harry Gunnison Brown, "The Communist Specter in Latin America", *The American Journal of Economics and Sociology*, 1962.

Spruille Braden, "The Communist Threat in the Americas", *New Hampshire*, 1953.

Munroe, Trevor, "Contemporary Marxist Movements: Assessing WPJ Prospects in Jamaica", *Social and Economic Studies*, 1987.

Paul M. Feran, "Communist Subversion in Latin America" (Air University), 1975.

Goetz K. H., "Making Sense of Post-communist Central Administration: Modernization, Europeanization or Latinization?" *Journal of European Public Policy*, Vol. 8, No. 6, 2001.

Daniel P. Bergen, "Communist and American Cultural Strategy in Asia, Africa, and Latin America", *Library Quarterly*, 1962.

Halperin, Ernst, "The Decline of Communism in Latin America", *Atlantic*, Vol. 215, 1965.

Filardo Peter Meyer, "What is the C/case? C/communism/s, Communist/s, Anti-C/communism/ist/s, and the C/capitalization Question", *American Communist History*, Vol. 7, No. 1, 2008.

Santiago Fittipaldi, "Socialism or Death", *Hispanic*, 1994.

O'Grady, Mary Anastasia, "The 'Cubanization' of Latin America", *Wall Street Journal-Eastern Edition*, Vol. 245, 2005.

Larry C. Backer, "Cuban Corporate Governance at the Crossroads: Cuban

Marxism, Private Economic Collectives and Free Market Globalism", *Transnational Law & Contemporary Problems*, Vol. 14, No. 1, 2005.

Robinson, "Towards a Realistic Cuba Policy", *Survival*, Vol. 42, No. 1, 2000.

Harold D. Sims, "Cuban Labor and the Communist Party, 1937 – 1958: An Interpretation", *Cuban Studies*, 1985.

Rhoda Rabkin, "Cuban Socialism: Ideological Responses to the Era of Socialist Crisis", *Cuban Studies*, 1992.

Brain Latell, "Cuba after the Third Party Congress", *Current History*, 1986.

Juan M. Aguila, "The Party, the Fourth Congress, and the Process of Counter-Reform", *Cuban Studies*, 1993.

Tom Fleming, "Cuba in Transition: Waking or Awakening the Socialist Economy?" *America*, 1993.

Archibald M. Ritter, "Prospects for Economic and Political Change in Cuba in the 1990s", in *Latin America to the Year 2000: Reactivating Growth, Improving Equity, Sustaining Democracy*, New York: Praeger Publishers, 1992.

"Leadership Strategies and Mass Support: Cuban Politics before and after the 1991 Communist Party Congress", in *Cuba at a Crossroads*, Gainesville: University Press of Florida, 1994.

"Reforming Cuba's Economic System from Within", in *Cuba at a Crossroads*, Gainesville: University Press of Florida, 1994.

"Economic Reform in Cuba: Lessons from Eastern Europe", in *Cuba at a Crossroads*, Gainesville: University Press of Florida, 1994.

"Cuba's Economic Strategy and Alternative Futures", in *Cuba at a Crossroads*, Gainesville: University Press of Florida, 1994.

"Continuity and Change in Cuba's International Relations", in *Cuba at a Crossroads*, Gainesville: University Press of Florida, 1994.

Mark Falcoff, "Cuba and the United States: Back to the Beginning",

World Affairs, 1993.

David Burks, "The Future of Castroism", Current History, 1963.

Irving Louis Horowitz, "Castro and the End of Ideology", North-South, 1994.

Wayne S. Smith, "Castro: to Fall or not to Fall?" SAIS Review, 1992.

Luis E. Aguilar, "Castro's Last Stand", Policy Review, 1990.

Juan Aguila, "Political Developments in Cuba", Current History, 1986.

Jorge I. Dominguez, "Cuba's Relations with Caribbean and Central American Countries", Cuban Studies, 1983.

William M. LeoGrande, "Cuban-Soviet Relations and Cuban Policy in Africa", Cuban Studies, 1980.

George Volsky, "The Soviet-Cuban Connection", Current History, 1981.

Ilya Prizel, "Castro's Quarrel with Moscow", SAIS Review, 1989.

Jules R. Benjamin, "Interpreting the U.S. Reaction to the Cuban Revolution, 1959-1960", Cuban Studies, 1989.

Michael J. Francis, "Chile: Christian Democracy to Marxism", Review of Politics, 1971.

Alvaro H. Garca, "Chile: A Laboratory for Failed Experiments in Capitalist Political Economy", Cambridge Journal of Economics, 1983.

Alan Angell, "Chile: From Christian Democracy to Marxism?" Current History, 1971.

Leslie Watson, "The Communist Movement in Chile", SAIS Review, 1967.

James F. Petras, "Urban Proletariat Politics in Chile", Insurgent Sociologist, 1974.

Carl Stone, "Social Modernization and Left-wing Voting in Chile", Social and Economic Studies, 1971.

Donald W. Bray, "Latin American Political Parties and Ideologies: An Overview", Review of Politics, 1967.

Farah, Douglas, "Latin Revolutionaries Try Common Crime", *Washington Post News Feed*, Vol. 120, 1997.

Molyneux, Maxine, "The left in Latin America: Past and future", *Bulletin of Latin American Research*, Vol. 15, 1996.

三、网络媒体

1. 古巴共产党，http://www.pcc.cu。
2. 巴西共产党，http://www.pcdob.org.br。
3. 智利共产党，http://www.pcchile.cl。
4. 委内瑞拉共产党，http://www.pcv-venezuela.org。
5. 秘鲁共产党（团结），http://www.pcperuano.com/。
6. 乌拉圭共产党，http://www.pcu.org.uy/。
7. 厄瓜多尔共产党，http://www.pcecuador.org。
8. 厄瓜多尔马列主义共产党，http://www.pcmle.org/。
9. 阿根廷共产党，http://www.pca.org.ar。
10. 哥伦比亚共产党，http://www.pacocol.org。

后 记

对拉美共产党的社会主义理论与实践进行研究是一项富有挑战的任务。经过努力，虽然存在各种问题与不足，总算初步完成了任务。通过此颇考验意志与韧性的过程，笔者的学术研究能力有了一定提高，本书的粗涩与拧巴是对此过程的一种反映。

本书既是一个阶段的结束，也意味着新阶段的开始。新的阶段不仅可以开展完善工作，也可以在现有基础上继续深入。2016年以来出现的许多新情况（如古共七大、拉美左翼遭遇的困境，等等），都是可以继续跟踪的好问题。

对多年前一位好友"拉美有共产党吗"的戏语，笔者已经有了答案。希望本书能帮助读者形成自己的判断和认识。

感谢各位师长、前辈的关怀与指导，感谢亲朋好友的支持与鼓励。

靳呈伟
2016年6月

图书在版编目（CIP）数据

多重困境中的艰难抉择：拉美共产党的社会主义理论与实践／靳呈伟著．—北京：中央编译出版社，2016.10
ISBN 978-7-5117-3158-6

Ⅰ.①多…
Ⅱ.①靳…
Ⅲ.①共产党-研究-拉丁美洲
Ⅳ.①D373

中国版本图书馆 CIP 数据核字（2016）第 257161 号

多重困境中的艰难抉择：拉美共产党的社会主义理论与实践

出 版 人：	葛海彦
出版统筹：	贾宇琰
责任编辑：	薛迎春
责任印制：	尹 珺
出版发行：	中央编译出版社
地　　址：	北京西城区车公庄大街乙5号鸿儒大厦B座（100044）
电　　话：	（010）52612345（总编室）　（010）52612336（编辑室）
	（010）52612316（发行部）　（010）52612317（网络销售）
	（010）52612346（馆配部）　（010）55626985（读者服务部）
传　　真：	（010）66515838
经　　销：	全国新华书店
印　　刷：	河北下花园光华印刷有限责任公司
开　　本：	787毫米×1092毫米　1/16
字　　数：	356千字
印　　张：	24
版　　次：	2016年10月第1版第1次印刷
定　　价：	89.00元

网　　址：	www.cctphome.com	邮　　箱：	cctp@cctphome.com
新浪微博：	@中央编译出版社	微　　信：	中央编译出版社(ID: cctphome)
淘宝店铺：	中央编译出版社直销店（http://shop108367160.taobao.com）		（010）52612349

本社常年法律顾问：北京嘉润律师事务所律师　李敬伟　问小牛
凡有印装质量问题，本社负责调换，电话：（010）55626985